心理系公務員試験対策　記述問題のトレーニング

試験にでる心理学

臨床心理学編
山口陽弘・高橋美保

北大路書房

目次

第一部　本書の使い方と勉強法について

I章　本書の立場 …… 1

II章　心理職公務員受験必携必読ブックリスト〈臨床心理学編〉 …… 3
- 0．はじめに………………………………………………… 3
- 1．事典・辞典・用語集・問題集………………………… 4
- 2．テスト（検査）法・心理療法関係…………………… 9
  - A．テスト法について／B．心理療法・ケース研究，その他
- 3．概論書………………………………………………… 12
- 4．雑誌　その他………………………………………… 16
- 5．おまけ〈人物試験にかかわる職務研究・業界研究の必要性〉 …… 17
  - A．人物試験は職務研究から／B．地方上級心理職の業界動向

第二部　試験にでるポイント・問題・解説編

I章　重要心理検査集 …… 23
- 1．心理検査の見取り図…………………………………… 24
  - §1　心理検査の定義　24
  - §2　事典的，網羅的な分類〈池田（1971）の分類をもとに〉　25
  - §3　検査で獲得するものが表層か深層かという視点　26
  - §4　心理検査の入手，利用可能性による分類　27
  - §5　本書での分類〈必修心理検査を選んだ基準〉　27
- 2．心理検査必修四十選…………………………………… 28
  - §1　質問紙法によるもの　28
    - （0）質問紙法の注意点／（1）EPPS／（2）MMPI／（3）YG／（4）MAS／（5）MPI／（6）

i

CMI／（7）Big Five 人格検査などの特性論的なもの／（8）GHQ／（9）その他の質問紙法検査

§2　投影法的なもの　37
(0) 投影法の注意点／（1）投影法の分類／（2）Inkblot test, Rorschach test／（3）TAT／（4）SCT／（5）P-F study (Picture-Frustration study)／（6）Szondi Test／（7）箱庭療法／（8）図式的投影法

§3　適性検査　47
(0) 適性検査の注意点／（1）VPI／（2）GATB／（3）それ以外の適性検査

§4　知能検査　49
(0) 知能検査の注意点／（1）ビネー式検査（田中ビネー，鈴木ビネー）／（2）ウェクスラー知能検査（WAIS, WISC, WPPSI）／（3）ITPA／（4）K-ABC

§5　発達検査　54
(0) 発達検査の注意点／（1）乳幼児精神発達診断検査／（2）親子関係診断検査

§6　作業検査　58
(0) 作業検査（performance test）／（1）内田クレペリン検査（Uchida-Kraepelin Performance Test）／（2）その他の作業検査

§7　描画法　59
(0) 描画法に関する注意／（1）HTP／（2）Baumtest／（3）DAP（Draw-A-Person-Test）／（4）FDT（Family Drawing Test）／（5）風景構成法／（6）Bender Gestalt Test（BGT とも）

§8　それ以外の心理測定法　64
(1) Sociometry／（2）PIL テスト／（3）Q-Sort Technique

Ⅱ章　重要心理療法集　69

1．心理療法の見取り図　69
§1　心理療法の定義　69
§2　心理療法の過程，重要概念　70
§3　心理療法の分類法　71

2．心理療法必修二十選　72
§1　精神分析療法（psychoanalytical therapy）　72
§2　行動療法（behavior therapy）　76
§3　認知行動療法（cognitive behavior therapy），認知療法（cognitive therapy）　78
§4　箱庭療法　80
§5　芸術療法（art therapy）　81
§6　森田療法　83
§7　心理劇（psychodrama），ロールプレイ（role play）　84
§8　自律訓練法（autogenic training; AT）　85
§9　催眠療法（hypno therapy）　86
§10　フォーカシング（焦点づけ，focusing）　88
§11　動作療法（motor action therapy）　89

- §12 ゲシタルト療法（Gestalt therapy） 89
- §13 来談者中心療法（client-centered therapy） 90
- §14 集団療法，集団精神療法（group psychotherapy） 93
- §15 家族療法（family therapy） 95
- §16 治療共同体（コミュニティ），社会的治療（療法），地域精神医療，環境療法 97
- §17 生物学的治療（薬物的治療，外科的手術） 99

Ⅲ章　パーソナリティの諸理論　　101

1．パーソナリティ理論の分類の視点 ………………………………… 101
- §0 はじめに 101
- §1 パーソナリティ理論を評価する際の6つの基準 101
- §2 人間性に関する基礎的な9つの前提条件 103

2．必修パーソナリティ理論 ………………………………………… 107
- §1 精神分析学およびその諸派（フロイト，アドラー，ユング） 107
- §2 自我心理学およびその諸派（エリクソン，フロム，ホーナイ） 109
- §3 特性論（オールポート，キャッテル，アイゼンク） 111
- §4 学習理論・行動主義（スキナー） 116
- §5 社会的学習論，社会的認知論（バンデューラ，ロッター） 117
- §6 個人的構成体論（ケリー） 118
- §7 人間主義心理学，人間性心理学，ヒューマニスティック心理学（マズロー） 120
- §8 現象学的心理学（ロジャース） 122

Ⅳ章　過去問・類問の解答・解説　　125

1．択一問題編 ………………………………………………………… 125
- §1 発達心理学領域 125
- §2 臨床心理学領域 146
  - （1）心理検査・アセスメント／（2）心理療法／（3）パーソナリティ・自己・自我に関する理論／（4）異常心理・精神医学的診断

2．記述問題編 ………………………………………………………… 200
- §1 発達心理・生涯心理・発達臨床心理 200
  - 用語説明／論述
- §2 心理検査・臨床心理検査（アセスメント） 213
  - 用語説明／論述
- §3 カウンセリング・心理療法 228

§4 コミュニティ・アプローチとこれに関する異常心理　240
　　　用語説明／論述
付録　246

あとがきにかえて／252

索引／257

【編集部注記】
ここ数年において，「被験者」(subject) という呼称は，実験を行なう者と実験をされる者とが対等でない等の誤解を招くことから，「実験参加者」(participant) へと変更する流れになってきているが，執筆当時の表記のままとしている。文中に出現する「被験者」等は「実験参加者」と読み替えていただきたい。

第一部

本書の使い方と勉強法について

I章　本書の立場

　臨床心理学は勉強しにくい。その理由については，既に上梓した本シリーズの〈一般心理学編〉のブックリストの「臨床心理学」の項目でも少しは触れている。本書でも最初になぜ勉強しにくいかを述べることから稿を起こす。

　「臨床心理学」はそもそもその名称からも分かるように，実践的な学問である。従って，臨床心理学の専門家になるためには，必ず生の人間と接するトレーニングが必要とされる。さらにそれに対して，然るべきスーパーヴァイザーによってスーパーヴィジョンを受けることが必要となる（スーパーヴァイザー等の用語について不明な人はさっそく勉強すること）。

　こうした点から，他の心理学の領域，たとえば認知心理や社会心理や心理統計学と異なり，「机上の」心理学的な理論や知識に関して，臨床心理分野の学者は批判的立場をとることが多いようである。戯画化して言えば，どれだけ知識としてさまざまなことを知っていても，実際の「現場」からみると，所詮「畳の上の水練」でしかないといった批判である。

　この批判の是非に関しては，問わない。ただ，臨床心理学の勉強のしにくさの原因の1つは，やはり「現場」主義の観点がある点だろう。これは確かにやむを得ない部分もある。まず「生身の人間」あってこその臨床心理学であることは，その学問の成立事情からしても否定できない。

　かく言う筆者らは，いわゆる「臨床心理学」の専門家ではない。狭い意味での臨床の「現場」での実務経験はほとんどない。山口はデイケアセンターで少し勤めた経験や安定所で職業紹介をした経験があり，髙橋は障害者職業総合センター時代に高次脳機能障害のケースを担当し，現在は大学のキャリアカウンセラーなどを行っているが，いずれも狭義の臨床経験ではない。

　この点からも，本書は「臨床心理」のテキストとしては異例なものである。それは

筆者らが臨床の専門家ではない点が第一。さらに本来「机上の知識」で限定されてはならない知識を，開き直って確信犯として身につけるためのテキストである点が第二である。

本シリーズ既刊の「前書き」で，本シリーズ成立の過程や趣旨についてくどく書いているのでなるだけ重複は避けるが，本書は国家I種〈人間科学I〉試験，家裁調査官補試験，地方上級心理職試験等に必要とされる臨床心理学の基礎的知識を獲得するためのツールである。これらの試験はいずれも非常に難しく，そのための試験勉強もやりにくい。本書はその対策として，これらの試験の中に含まれる「臨床心理学」の問題を収集し，それらに模範解答を加える。また，いきなり模範解答を呈示されたとしても，理解しにくいものも多いため，必要最低限度の基礎知識も適宜補いながら解説を加えていく。

注意していただきたいのは，本書は臨床心理士のための試験対策本ではないし，即戦力の臨床の専門家を養成するためのものでもない。本書が公務員試験向きの受験対策本であるということを最初に断っておきたい。

ただし，上記の公務員試験を突破するだけの知識を身につけることは，関連諸領域にとって無益であろうはずがない。さっそく就職できるという点でメシの種になるわけだし，たとえ既に「現場」にいる人であったとしても「机上」の基礎知識を獲得することは，絶対に必要なものであると確信する。

知は力である。知識をおろそかにしてはならない。また，知識は力になるように学ばねばならないという信念が本書（本シリーズ）の基本的な立場である。

公務員試験対策として，臨床心理学のどのような知識かと言えば，心理検査，アセスメントに関する知識がまず第一であろう。次にさまざまなセラピー（心理療法）に関する知識が第二，最後が，その心理療法の背景となる心理学の理論体系である。それらが本書の核となる。

本書は，特定の臨床心理学の流派のどの理論的な立場にも立たない。極力中立的な立場で知識を伝達していくことにする。とはいえ，筆者らとて，ある流派には懐疑的であったり，よくもまあ，このようなものが天下に通用している…と心密かに呟くことはある。それは無理に隠蔽せずに，必要事項を紹介していくことにしよう。そもそも臨床心理学において「客観的な」視点で描かれたテキストなど，この世に存在しないものであろうから。

II章 心理職公務員受験必携必読ブックリスト〈臨床心理学編〉

0. はじめに

　そもそも公務員試験心理職のための，臨床心理学の本はこの世に存在しない。また，公務員になるにあたっての必要な知識は，即戦力の臨床家になるためのものとは少し質が異なる。

　さらに，一冊これだけやっておけば大丈夫，というような本が，こと臨床心理学において存在するわけがない。複数の異なる視点の書物を参考にしつつ学習を進めざるをえない。ただ，公務員試験という点で限定して考えれば，コアとなる知識は限定されてくる。「図と地」の関係で言えば，「図」となるのは心理検査，心理療法に関する知識であり，「地」となるのが，理論体系やさらにそれを取り巻く人間知であろう。

　初めに言ってしまうと，この人間知が，この本を読んでいる時点で，まさに今，備わっていない人は，公務員心理職はあまりお薦めしない。これにばっかりは臨床の知識をいくら詰め込んでも，身につかないであろうからである。それゆえ，臨床の理論体系は，知識として知っておく必要があるが，のめり込んだところでさして有益ではない。知識によって短期間に人間知をレベルアップさせることは不可能であろう。

　もちろん人間知や，臨床的なセンスはもちろん必要だし，勉強することは大いに奨励する。自分がとりあえず納得できる理論体系を見つけて，ひとまずそれをベースとして，人間知を高める努力は，日常的に必要である。これは試験を受ける際の面接対策ともなる。

　このように最初に拘るのは，「臨床家」を目指そうとするのは，心理学を勉強する人の中でも，特にこの人間知が欠落している，あるいは歪んでいる人が多いように見受けるからである。もちろん，ある種の歪みがあり，その歪みがあるが故に臨床家を志し，さらにその歪みを乗り越えた上で，常識を身につけた人というのが深い人間知を有するであろうことは否定しない。そういう人が優れた臨床家であろうことも否定しない。

　しかし，公務員試験は二十歳を少し超えた人が，短期間で勉強をして試験を突破するという性質のものである。知識だけはあっても，非常識な人は，まず，面接で落とされる。「歪んだ人」が時間や経験を積んで「常識」を身につけていくうちに，試験時の年齢制限を越えてしまう。ということは，スタートの時点である種の「歪み」を持った人は，公務員心理職にとっては非常に不利なのである。

こうした点から，以下のブックリストは，「知識」として必要なものを呈示するという目的で作成している点を断っておく。すなわち，「図」となる基礎事項をしっかりと会得してもらうためのものであり，その背景たる「常識」「人間知」は各自で身につけてほしいのである。

〈マークの見方〉
- ☆　必携必読本
- ◎　必読。できれば購入を薦める。
- ○　国Ⅰレベルであれば必要。
- △　持つ必要はないが，必要に応じて参照してほしいもの。
- ・　参考文献。事実確認やその方面に興味をもったり，深く調べようとする人向き。
- ?　大部であったり，古かったり，やや特殊であったりと，「受験」目的からするとやや迂遠な本。必ずしも難易度が高いというわけではない。臨床心理を志し，やがてその種の仕事に就くことが予想される人に，このような本があるという意味で紹介している。

1. 事典・辞典・用語集・問題集

こと公務員試験においては，事（辞）典類を最大の重要テキストとしたい。これを使いこなすかどうかに合格の鍵はある。特に複数の辞書を参照してほしい。同一の心理検査，知能テストにしても，記述する人によってその解釈，使い方も異なる場合が多いからである。

☆梅津八三・相良守次・宮城音弥・依田　新（監）　1981　心理学事典　平凡社　12000円

　　通称「事典＝コトテン」。事典代わりに引いてよし，参考書代わりに読んでよしの万能事典。必携である。この事典の特徴は中（〜大）項目主義にあり，「丹念に味読することによって思いがけない多量の情報をもたらし，単行書における知識の間隙を埋め，その充実度をさらに高めることができる（「編集者のことば」より）」。
　　その意味でハンディなタイプの辞典とは区別すること。国家Ⅰ種に合格するためには，これを1冊記憶すること（くらいの意気込み）が1つの目安である。初版からもう20年以上にもなりかなり古いところもあるが，いまだにその重要さは変わらない。
　　臨床心理学編として追加コメントすると，さまざまな心理検査に関する記述，心理療法に関しては本書では不十分であるので，以下に示す他の辞典（事典）をぜひとも参照してほしい。
　　また，心理検査・療法は，実際に実物，現場に接さないと理解しにくいことが多い。そのため，大学の一般実験等で，少なくとも心理検査の実習がなされない心理学科の学生はいないであろうから，その実習の際には授業を完全に消化する意気込みで取り組んで

ほしい。その時点で怠けているような学生は公務員試験はおろか，いっさいの心理学関連職種には到底就けないであろう。

☆中島義明・安藤清志・子安増生・他（編）　1999　心理学辞典　有斐閣　6800円
上記の「事典」の古さを補う意味でも併せて持って利用して欲しい。コンパクトながら項目ごとの記述が読みやすく，家裁二次試験の用語記述問題などにはそのまま使うこともできる。CD-ROM も出ている。

臨床関係の叙述はあまりに簡潔すぎてものたりないものが多く，これだけでは大ざっぱな概要しか分からない場合がほとんどではある。

☞ 当然ながら，臨床心理学のための知識としては，この二冊の事典，辞典を通読・熟読・理解しただけでは，まったく不十分である。基礎的な領域の学習をするために，この二冊を押さえる必要があるということである。それだけで足りないところは，他の臨床のテキスト・参考書を併用して補っていくことが必要となる。

☆東　洋・大山　正・詫摩武俊・他（編）　1973　心理用語の基礎知識—概念の正確な理解と整理—　有斐閣　3800円
心理職受験者のロングセラー。心理学史から産業心理，犯罪心理，心理測定まで，心理職受験者に最低限必要な知識は一般的には大体これでカバーできる（現在形で書いたが過去形か…）。

この10章が臨床心理学・異常心理学にあたるが，残念ながら記述があまりに貧弱である。項目選定も悪くはないが国Ⅰ・家裁対策としても，いかにも古い。それでもこれらに記載されている事項を押さえておく必要は，もちろんあるだろう。

☆東　洋・大山　正・詫摩武俊・他（編）　1970　心理学の基礎知識—補習と復習のために—（有斐閣ブックス）　有斐閣　3600円
これもロングセラー。特に家裁，国Ⅰの記述対策に力を発揮する。この本に載っているテーマがそのまま出題されたことが過去（あくまで二昔前の過去）は多かった。これの9章が臨床・異常心理学であるが，やはりいかにも古い。

☞ 上記の二冊，および事典や辞典まで含めると上記四冊に対して否定的な書き方をしている。これは，臨床・異常心理学の専門知識獲得という点ではものたりないということを指摘しているのである。しかし，臨床心理学は，その領域だけ知っておけばそれで足りるものではない。

しばしば誤解されることが多いのだが，他の領域（具体的には要求・感情，知能，性格など）も絶対知る必要があるし，それらと関連した上で理解しなければ，少なくとも知識体系として体をなさない。関連させて理解できない臨床心理学専攻者は，知の体系として欠陥を有しているとすら言えよう。

それゆえ，やはり上記四冊の基礎知識は必要であると強調しておきたい。これらの基礎知識が乏しい臨床家が得体の知れない擬似科学にはまる（既にはまっている？）のである。

二昔前は，この二冊が公務員試験，大学院試験の必携本で，多くの受験生はこれを丸暗記していた。ただし，「…用語の基礎知識」も「…学の基礎知識」も30年以上前のものなので，記述が古く現代的ではない。基礎的な部分を大急ぎで習得するためのツールである。本書もこの両著を刷新する目的で執筆しているが，以下に紹介するテキストと併せて使ってほしい。

　公務員試験と大学院試験との対策で最も異なるのがこの二冊の使い方の比重である。一般に公務員試験ではこの2冊をメインのテキストとして学習するであろうが，院試では得策の勉強法ではない。院試は辞典（事典），用語集をメインにするより，受験したい大学で使用されているようなテキストを，しっかり読み込むような勉強法の方が望ましい。

　なお，この二冊に関しては，近日改訂されるようであるので，それが出版されたなら，さっそく購入して参照するべきであろう。臨床心理学の理論は他の領域に比較して，かなり時代の波に翻弄される。フロイトの意義や，心理検査の骨格が十年程度で変化するものではないが，ご存じのように，「精神分裂病」が「統合失調症」に言い換えられたり，「PTSD」などが阪神大震災や地下鉄サリン事件等で話題になり，出題されたりすることがある。DSMも改訂のたびに変化している。新しい動向にも注意を払うべきである。

△氏原　寛・亀口憲治・成田善弘・他（編）　2004　心理臨床大事典（改訂版）　培風館　28476円

　　臨床心理関係で一冊だけ選べと言われたら，誰でもこれを挙げるに違いない。臨床心理学に関する必要事項を最大限に網羅しており，心理職志望であろうと大学院志望であろうと臨床心理を本格的に勉強する者にとって欠かせない「大」事典である。当然☆に匹敵するのだが，学生が自腹で購入するにはやや高いので，△にとどめた。
　　今回の改訂版では大項目として，「実証に基づく（evidence-based）臨床心理学」や「虐待」，「臨床心理的地域援助」が，中項目としては「PTSD」，「人格障害」など近年注目度の高まっている事項が組み込まれ，さらに時代のニーズを汲んだ構成になっている。純粋に事典として臨床に関する知識を調べるために使ってもよいし，参考書としても使える。将来本格的に臨床の方面に進みたい学生には，特にすすめたい。本書も多くの部分をこの本に拠っている。

・小此木啓吾・深津千賀子・大野　祐（編）　1998　心の臨床家のための必携精神医学ハンドブック　創元社　3675円

　　読みやすいし，安価でハンディであるという点で，まずまずのお薦め本。実際に家裁，法務省，福祉系の公務員として勤めるにあたっては司法精神医学，社会福祉が必要となり，その点でも良書である。ただ98年の初版から改定がなされておらず，その点での物足りなさはある。

△精神医学ハンドブック　第5版　山下　格　2004　日本評論社　2415円

　　小此木のものと同種のハンドブックだが，どちらかと言えば，こっちの方がお薦め。安価，個人で書いている点，新しい点などにおいて，優れていると思われる。好みの問題

ではある。

?國分康孝（編）　1990　カウンセリング辞典　誠信書房　3800円
　どちらかと言えば，臨床心理士指定校の大学院受験向き。言葉の定義の仕方は曖昧なものが多く，正直，公務員試験としてはまったく感心しないが，臨床心理士の受験にはよく使われているという。

・恩田　彰・伊藤隆二（編）　1999　臨床心理学辞典　八千代出版　4725円
　コンパクトな辞典ながら，利用者の利便性と学習の充実を考慮した工夫が随所にこめられている。小項目のため，用語の大まかな把握が迅速にできるのに加え，ほとんどの項目に参照すべき関連事項が併記されている。索引の充実度はこのタイプの辞典では特筆に値する。また「虫の知らせ」や「八識」など臨床心理学と無関係ではない日常的なことばや宗教用語も多く掲載されている。

?宮城音弥　1979　岩波心理学小辞典　岩波書店　1500円
　宮城が一人で書いているだけあって個性的。非常に癖のある叙述であるが，これがかえって分かりやすいときもある。精神医学的観点も備えている点で，臨床的な項目の叙述は初心者にはヒントになることがある。これが絶対の正解とは思わないでほしいが…
　「?」扱いだが，図書館等で適宜参照してほしい。もともと安価であるし，古書市場ではさらに安価で入手しやすい。

○外林大作・辻　正三・島津一夫・他（編）　1981　心理学辞典　誠信書房　3800円
　心理学一般を解説している中辞典としては，最もよくできている。巻末の人名辞典が特に優れている。試験では臨床心理史上の有名人物の解説を求められることもあるので，そのためにもできれば持っておく方がよい。心理検査の叙述もなかなかわかりやすいものが多い。

☆小川一夫（監）　1995　（改訂新版）　社会心理学用語辞典　北大路書房　3700円
　記述量，叙述量が多い傑作辞典である。家裁の二次にも対応できるだけの量が盛り込まれている。「社会心理」と題されているが，ここに収められている臨床関係の用語の記述もなかなか個性的で分かりやすい。是非，持っておいてほしい。

☞『…用語の基礎知識』などを含めると，なんと，事典・辞典の類だけで，10冊以上も紹介しているので面食らう人がいるかもしれない。確かに，すべてをマスターするのは大変である。しかし，上記のものの中で臨床心理関係のものは，氏原ら（2004），小此木ら（1998），山下（2004），國分（1990），恩田・伊藤（1999）の五冊である。いずれも，「一般心理学」「心理測定・統計」「社会心理学」などとも重複するものであるし，また，調べるための「地」として知っておいてほしいと思い，あえて紹介した。すべてを所有せよ，参照せよ，と言っているわけではない。

☆資格試験研究会（編）　2003　心理学の頻出問題〔改訂版〕〈上・中級公務員試験技術系よくでるシリーズ6〉　実務教育出版　2520円

初版は解答の誤り，誤記，誤字，誤植が多い上，掲載されている問題は古く，「おはなしにならない」状態だったが，改訂されて新しい問題も掲載され，少しは使える本になった。それでも記述問題の解答例は，お粗末なものが少なくない。過去問（これは受験すればその問題冊子を持ち帰ることもできるし，さかのぼっての過去問は人事院から購入することもできる）を入手しづらい学生にとっては，「出題傾向を知る」という意味でのみ，利用価値があるといえよう。なお，利用する際は，記載されている解答・解説は鵜呑みにせず，必ず自分で調べなおすこと。

☆法学書院編集部（編） 2003 家裁調査官補Ⅰ種試験問題と対策［改訂第3版］法学書院 2730円

タイトル通りの家裁調査官志望者向けの対策本。過去問が多く収録されており，利用価値は高い。しかし残念ながら過去問に模範解答例がついているのはわずかであって，しかもその出来がよくない。むしろ家裁調査官補の職務内容や試験情報に関してのガイドブックとして持ってほしい。受験参考書であるために，数年ごとの出版のたびに改訂されているので最新版をそろえてほしい。

なお，家裁調査官補の試験に関しては，ここ2,3年，内容形式ともに大きく変化してきている。試験科目についてももちろんだが，受験資格としての年齢制限も年々ゆるく（年齢が高く）なっている。最新の動向については最高裁のウェブサイトなどで各自，調べてほしい。

☆高橋美保・山口陽弘 2001 試験にでる心理学〈一般心理学編〉 北大路書房 2600円

☆山口陽弘 2002 試験にでる心理学〈心理測定・統計編〉 北大路書房 3000円

☆高橋美保 2003 試験にでる心理学〈社会心理学編〉 北大路書房 2500円

特に国Ⅰ・家裁の記述対策向けに作成された試験対策本。本書の姉妹本である。心理学史，基礎心理学系の諸領域，心理測定，統計，社会心理学一般の事項を手際よくまとめているもの。ブックリストおよび公務員試験に関する情報という点では，おそらくこれ以上の本はないと自負する。今後できる限り内容を増補改訂していきたい。

☞ 公務員試験全般に関する補足

平成16年度より，家裁二次の出題範囲から「心理測定・統計」が削られた。これで特に臨床志向の心理職志望者の多くが苦手なこの領域を，「捨てる」人が激増するであろう。

しかし，その対策法はやめた方がよい。

まず第一に，統計的な考え方（論理的であること）が臨床心理学をドグマに陥らせずにすむ有効な支柱であるからである。これは一見受験生には関係ない話と思うかもしれない。しかし，公務員試験で求められる記述問題が，非論理的な記述であってよいはずがない。ともすれば共感，感情的な面を重視するあまり，非論理的な記述に流されがちな臨床心理独特の書き方を矯正する意味でも，純粋に試験対策としても，統計的な思考法は必要であると思われる。

第二に，国家Ⅰ種ではあいかわらず，一次専門択一で統計領域の問題（分散分析，χ^2検定，t検定，ポアソン分布など）が出題され続けている。もちろん，地方上級でも，一次専門が択一型のところでは毎年5題程度（40〜50問の専門試験中）統計の問題が，多くの県で出題されている。家裁に関しても，試験の形式や内容が近年たびたび変動しているので，いきなりまた復活する可能性がないとは言えない。

　昔から，国Ⅰと家裁とは併願されてきたし，たとえ片方しか希望をしていなくとも，もう一方を「勉強のため」「試験慣れするため」に受験しておくことが望ましい。地方上級が第一志望である場合はなおさらである。専門択一で必ず出題される統計領域の問題を「捨てる」ことで，明らかな差がつき，それが命取りになる可能性が高い。

　近年の大学受験方式で，「捨てる科目」を大量に作って，一点集中で勉強して，少子化のどさくさに紛れて自分に見合った大学への入学を果たすというやり方は，こと公務員試験ではやめた方がよい。志望者に分け与えられるパイ自体が，きわめて限定されている心理職という公務員試験受験では，なるだけ「包括的な」勉強を行い，あらゆる受験機会を逃さず受けまくる必要がある。その結果，たまたまうまくいったどこかに，なんとか潜り込むという方略でないと到底サバイバルできない。要するに，自分は家裁しか考えていません，と言っていると，どこも行き場がなくなる可能性が高いのである。

　実際，筆者（高橋）は教えている予備校に来る学生に専門科目（心理学）の勉強について「択一対策は国Ⅰ一次レベル，記述対策は国Ⅰ二次記述と家裁レベル」で勉強することを常に求めている。どこが第一志望だろうが関係なく，である。そうやってはじめて「第一志望の家裁がかなわなくても，地上には合格した」とか，「第一志望の地上はもちろん合格したが，さらに国Ⅰも合格」ということが起こる。

　どこかに受け皿がある大学受験方式の勉強法ではなく，受験者側が，どこかに拾ってもらうべくさまざまな自身のチャネルを開発されることを読者には望みたい。それが合格の秘訣でもある。

2．テスト（検査）法・心理療法関係

　これが本書のメインとなる基礎事項である。ただし，テスト法に関してその本質を習得するのは本当に難しい。

　テストはそれを使う人の「面接力」，さらには既に述べた「人間知」とでも言うべきものに大きく依存するからである。しかし，どんなに面接力があろうが，当該検査に関する最低限度の知識がなければ，少なくともテストは使えない。本書ではそれを身につけてもらうようコンパクトに心理検査法，心理療法に関してまとめて「図」を作成したつもりであるが，本書だけで習得できるとは到底言い難い。心理検査，療法に関しては本書の叙述量，情報だけではまったく不十分なのである。

　図ではない「地」の部分を補う努力は読者各人がめでたく合格し，希望官庁に入庁後積んでいってほしい。そのためにも以下のブックリストは参考になろう。

A．テスト法について

○岡堂哲雄　1994　心理テスト（講談社現代新書）　講談社　631円（品切れ）
　　新書は基本的には載せない方針でこのブックリストは作成されているが，本書は薦められよう。心理検査に関して，まったく知識がない人にはまず読むことを薦める。
　　信頼性，妥当性についての説明は，やや古い印象はあるが，初心者には分かりやすいだろう。

○福島　章　1995　精神鑑定とは何か—何をどう診断するか—（ブルーバックス）　講談社　880円
　　凶悪かつ不可解な事件が起こるたびに，「犯人像」の予想のためテレビのワイドショーにかり出されている福島章先生の新書である。あくまで「精神鑑定」という切り口であるが，テストや面接から対象者をどのように把握するかが，大御所ならではの筆致で書き出されている。テスト法に関する章では，テストバッテリの意味，知能検査，質問紙法，投影法，作業検査法などを具体的に例示し説明している。全体に古い印象はぬぐえないが，平易に書かれているので，心理検査に直接接する機会が少ない人には特に薦めたい。

☆渡部　洋（編）　1993　心理検査法入門　福村出版　2600円
　　本シリーズ心理測定編でも紹介したが，検査をどのようにすれば使いこなせるかという点をうまく示した良著。この本の第Ⅰ部では，心理統計の領域では意外に見逃されがちな，しかし，テストを利用する人は知っておかねばならない概念（e.g. 標準誤差）や，類書にはあまり載っていないものも説明されている。テスト理論の基本中の基本も紹介されている。
　　誤植・誤記があるのが難点で，特に第Ⅰ部のQ&Aは解答に誤りがあり，用心しながら解かねばならない。もちろん，否定しているわけではなく，国Ⅰ，家裁の問題を解く上でこのQ&Aをしっかりマスターした方がよい。
　　第Ⅱ部の心理検査に関する叙述もしっかり勉強すべきであるが，ここで紹介されているものだけでは，心理検査を知るには少なすぎるので，以下に紹介しているものから適宜取捨選択してさらに勉強してほしい。

☆岡堂哲雄（編）　1993　心理テスト入門（こころの科学増刊）　日本評論社　1748円
　　初心者向けで，使いやすく入手しやすい。代表的な心理テストの説明のみにとどまらず，後半部はテストによるケーススタディも紹介されている。心理テストは，投影法，質問紙法，作業検査法と代表的なものを10種類程度取り上げている。これらの中にゾンディ・テストが入っている（用いられる写真も一部掲載されている）のだが，この手の入門書としては珍しいことである。

? 河野友信・末松弘行・新里里春（編）　1990　心身医学のための心理検査　朝倉書店　5800円

?岡堂哲雄（編）　1993　心理面接学─心理療法技法の基本　垣内出版　8000円
?岡堂哲雄（編）　1993　心理検査学─臨床心理査定の基本　垣内出版　11000円
△上里一郎（監）　2001　心理アセスメントハンドブック　第2版　西村書店　14000円

　　いずれも大部のものだし，高価なので個人では購入しづらいであろう。従って，読み通す必要はないが，試験で頻出される心理検査，心理療法の類は，かなり突っ込んだレベルで問われるので，そのための調べる本として挙げておきたい。図書館等で参照すること。なお，『心理面接学…』は以下のブックリストのBの心理療法で紹介した方がよい本だが，『心理検査学…』と同種のシリーズ本と言ってもよいものなのでここで挙げている。

　　最後の『心理アセスメントハンドブック』が一番のお薦めである。ごく最近，改訂され，ますます充実した。大部であるので△印にしているが，☆に匹敵する。この本を使って，テスト法を自分なりにまとめ直すと勉強になるであろう。本書でも十分参考にさせていただいた。

B．心理療法・ケース研究，その他

☆窪内節子・吉武光世　2003　やさしく学べる心理療法の基礎　培風館　2500円

　　心理療法の入門書として最適。紹介されている心理療法は細かいものまで入れると20種類近くある。代表的な心理療法について，歴史的背景，理論，手続きなどていねいに説明されている。各章の最後に「サイコセラピー練習」という，その章の心理療法を簡単に体験できるような付録がついているところがご愛嬌。

?佐治守夫・水島恵一（編）　1977　心理療法の基礎知識　有斐閣（絶版）
?日本心理臨床学会（編）　1983～1987　〈心理臨床ケース研究〉全6巻　誠信書房　2600～3000円

　　調べる本として古典的なものとして紹介しておく。特に後者は，かつては家裁の二次の臨床分野での書き方の雛形にもなっていた。前者の『心理療法の基礎知識』は絶版なのが惜しいが，二昔前では「心理療法」を調べるための本としては類書はなかった。ただし，現在では『心理面接学─心理療法技法の基本』や，上述の窪内らの本，以下の至文堂のものなどで十分代用はきくし，そちらの方が新しくてよいであろう。いわゆる心理療法の「古典」として紹介している。

　　新動向の心理療法に関しては，以下のものを参照してほしい。

△〈臨床心理学シリーズⅠ～Ⅳ〉至文堂

大塚義孝（編）　1998　心の病理学〈臨床心理学シリーズⅠ〉　現代のエスプリ別冊　至文堂　2200円

岡堂哲雄（編）　1998　心理査定プラクティス〈臨床心理学シリーズⅡ〉　現代のエスプリ別冊　至文堂　2200円

大塚義孝（編）　1998　心理面接プラクティス　〈臨床心理学シリーズⅢ〉　現代のエスプリ別冊　至文堂　2200円

岡堂哲雄（編）　1998　貢献者の肖像と寄与　〈臨床心理学シリーズⅣ〉　現代のエスプリ別冊　至文堂　2200円

　　講座ものといってもいいようなものだが，新しく読みやすい。ただ，執筆者の癖がかなり出ている章もあるので，他のものと併用する形で使用してほしい。「臨床心理士」を読者対象にして書いているところがある点が，良くもあり，悪くもあると言える。至文堂の同種のシリーズには興味深い特集が多い。他の「現代のエスプリ」も暇があれば目を通しておきたい。

☞ 基本的に家裁での心理測定分野は，統計学における信頼性と妥当性の話と，具体的なテスト法とがドッキングした問題が出題されていた。

　実例を挙げると，H9年の家裁二次の問題などは「代表的な知能検査を1つ選んで」「代表的な質問紙形式の性格検査を1つ選んで」「代表的な投影法検査を1つ選んで」（これらのどれかを選択）→「その検査の妥当性と信頼性について述べよ」という問題であった。

　つまり，過去においては，統計学に関しての知識と，各テストに関する細かい知識とが両方とも要求されていた。ということは，たとえ「心理測定」分野が家裁の二次からなくなったとしても，今後も「臨床心理」分野で，測定に関する知識を求められる可能性が十分あるのである。また家裁で出題されなかったとしても，地方上級での問題としてその形式が残存し続ける可能性は高い。

　上記のテスト法，療法についての諸知識が必要であるとともに，心理測定・統計分野での知識が必要である所以である。

3. 概論書

　臨床心理学の概論書は極めて多く，どれも一長一短であり，決定版というのは存在しない。以下の概論書は相対的には良書だと思うので，二三冊を適宜取捨選択して，各自が自分なりに納得のいくものを身につけるという方針が，一般的な勉強法であろう。目標は，複数の理論に関するパースペクティブ（見取り図）を持つことである。しかし残念ながら，そういうメタ的な能力というのはちっとやそっとでは身に付かないのだが…

　逆に言えば，いくら臨床のテキストを読みまくってもこういう能力（自分なりの見取り図を持つこと）が培われるかどうかは，結局は本人次第である。むしろ優れた小説や，ノンフィクションを読む方がなまじの概論書よりも臨床的な知見（地としての）を得ることはあるだろう。

　はるか昔から言われていることだが，ドストエフスキーやバルザック（個人的には三原順や根本敬を推したいが）などを知らないで，はたして人間が分かるのか，筆者

(山口)には疑問である。もちろん,それを言い出すと,「生身の人間と接する方が大事」と言うような,最初に書いた悪しき「現場主義」に堕しかねない。それを言いたいわけではない。既に十分繰り返しているように,「人間知」をいかにして身につけるかは,本書の手に余る課題であるということだ。

ただし,オカルト,ココロジーは避けてほしい。臨床関係の本には,その手の本も結構あるからである。その見分けもつかないような人は公務員試験など絶対無理だろうから,何がオカルトかということまではここでは説明しない。

さて,公務員試験の「臨床」というとき,実際は「発達臨床」的な知識の方が必要になってくる場合が多い。たとえば地方上級の心理職というとき,実際の仕事は発達検査や親子関係診断などが主たる業務である場合がある。従って,その問題もいわゆる「臨床心理」ではなく,むしろ発達心理学的知識も出題される。家裁はともかくとして,国Iも臨床オンリーの視点ではなく,発達,教育心理学の知識の方が近年,その出題ウエイトが高まっている。それゆえ以下のブックリストでは,発達臨床的な知識も得てもらうため,その種のテキストも入れている。

ここで紹介すべきかどうか悩ましいのが,いわゆる「教育心理」,さらには「パーソナリティ」領域等の臨床心理周辺領域のテキストである。この類の本も非常に数多いし,確かに国I,地方上級などでは出題されることがある。本シリーズ〈一般心理学編〉で示した以上に紹介したいのだが,あまりに多く列挙して読者の勉強意欲を割くのも問題であるので,あえて割愛した。各自が大学時代に使用したテキストでもかまわないし,〈一般心理学編〉で示したテキストでもよい。何らかの形で補ってほしい。本シリーズ四巻本でわずかだが漏れてしまう部分,すなわち「教育心理」「パーソナリティ」などがあることは注意しておく。

☆坂野雄二 (編) 2000 臨床心理学キーワード 有斐閣双書 有斐閣 1800円
　　ハンディタイプのキーワード本であるにもかかわらず,臨床心理学の全体像を見渡せる構成になっており,内容もこのタイプのものにしては充実している。初心者でもとっつきやすいが,むしろある程度勉強が進んだ後,自分の知識を確かめるために利用するとちょうどよい。巻末に重要用語や人名の用語説明がついているので試験前などの総復習にも活用できる。ただし,もちろんこれだけでは不十分なので,あくまでサブテキストとして,以下のものと組みあわせて使うこと。

☆倉光 修 1995 臨床心理学〈現代心理学入門5〉 岩波書店 2500円
　　ある程度の方向性を保持しつつ,「できるだけ特定の学派に偏らない形で記述するよう心がけた」良書。全体の構成がはっきりしていて,内容も読みやすい。記述は浅めだが,初心者が基本知識を包括的に学ぶにはちょうどよい。

☆下山晴彦　2003　（編）　よくわかる臨床心理学　ミネルヴァ書房　2800円

　2000年以降に出版された臨床心理学の概論書の中では出色である。臨床心理の基本事項に加え，臨床心理の歴史，発達臨床，コミュニティ・アプローチ，さらにはエンパワメントなどの新しいトピックまで，臨床心理を学ぶ者にとって必要な領域はほぼ網羅されている。レイアウトも見やすく，知識の整理のために適宜表や図が用いられているので，今の学生の好みにもあうはずだ。しかし，執筆者によって内容の出来不出来の差が大きいのが非常に残念。

○田中冨士夫　1996　臨床心理学概説（新版）　北樹出版2500円

　臨床関係の大学院受験者はしばしばよく利用すると言われている。しけしんの〈一般心理学編〉でも紹介しているが，それを参考にして，この本と上にも挙げた倉光先生の本を両方買ったという院生（臨床専攻）に言わせると「北樹出版の方は詳しいかもしれないが，岩波の方がだんぜん読みやすい」らしい。ちなみにその院生は2003年の試験で福岡県の心理職に合格（内定）した。

・氏原　寛・杉原保史（編）　1998　臨床心理学入門　培風館　1800円

　新しめのテキストで初学者向きであるし，分量も少な目で読みやすい。知識よりもセンスを重視したいかにも「臨床」的なテキストである。余裕があれば読んでほしい。

◎高橋雅春・高橋依子　1993　臨床心理学序説　ナカニシヤ出版　2000円

　臨床心理学の全体像を把握し，アセスメントや療法についての全般的な知識を深めるのに適切である。長く臨床に携わってきた著者ならではの，記述のきめ細かさが特徴的。メタ分析など心理療法の効果の評価について節を立てて明確に記述しているのは，この時代の概論書にしてはやや珍しいかもしれない。

◎下山晴彦（編）　1998　教育心理学Ⅱ　発達と臨床援助の心理学　東大出版会2900円

　なんで「教育心理」？と思わないように。あえてジャンル分けすれば「発達臨床」の領域のテキストであるが，臨床心理の学習に大いに使える。コラムとしてアセスメントや心理療法に関する記述がまとめられているが，コンパクトでありながら充実していて，概略を手っ取り早く把握するのによい。数年前，厚生労働省から内定をもらったある学生が「国Ⅰの受験の時，臨床の対策にこの本はとても役立った」と強く推していた。

☆子安増生・二宮克美（編）　2004　キーワードコレクション発達心理学（改訂版）　新曜社　2400円

　試験対策としての発達心理学のテキストは残念ながら，なかなか決定版と言えるものがない。そんな中でこれは，読みやすい上に使い勝手もよく，内容のバランスもとれたスグレモノである。92年に出た以前の版もよかったが，改訂版となりますますパワーアップした。いくつかの項目が新たに書き改められ，さらに「心の理論」「ジョイント・アテンション」「目撃証言」等々，新たなテーマが加わっているところがうれしい。「キーワード」本であるため，これ一冊で発達心理を体系的に把握するは若干難があるので，

他の発達，あるいは発達臨床関係のテキストと併用すると学習効果がより高まるはずだ。

△下山晴彦・丹野義彦（編） 2001　講座臨床心理学5　発達臨床心理学　東大出版会　3500円

近年「発達臨床」というくくりで，発達心理学と臨床心理学の協働がクローズアップされている。国Ⅰの試験でも，発達臨床の領域からの出題が目立ち始めている（これに対して国Ⅰではここ2年ほど逆に臨床心理学の出題のウェイトは下がる傾向にある）。発達臨床の領域をひと通り概観しつつ，専門的な知識を確実に押さえようとするなら，本書が最適である。「発達臨床」ということでは，先に，「下山晴彦（編）　教育心理学Ⅱ　東大出版会」を紹介したが，そちらよりもより専門性が高い。この編者らの書くテキストは，臨床家の先生にややもするとありがちな「あいまいさ」がなく，構成は明解で内容が濃く，知識を整理しながら勉強することができるので，試験対策としては大いに薦められる。ただ本書に関しては索引がないのが残念である。

△矢野喜夫・落合正行　1991　発達心理学への招待　サイエンス社　2900円

オーソドックスな発達心理学のテキスト。古典的な発達の理論や研究などもさまざまに紹介されているので，国Ⅰ，地上の択一対策としては有用。発達心理学の歴史について一節割いてあるので，そこは是非目を通しておきたい。

？氏原　寛・成田善弘（編） 1999　臨床心理学・カウンセリングと精神療法　培風館　3800円

？氏原　寛・成田善弘（編） 1999　臨床心理学・診断と見立て　培風館　3800円

？氏原　寛・成田善弘（編） 2000　臨床心理学・コミュニティ心理学とコンサルテーションリエゾン　培風館　3900円

以上三冊はシリーズもの。家裁や少年鑑別所，児童相談所についての情報もあるので，業界研究としても役立つであろう。とても詳しく各自が調べようとするトピックに出会えれば役に立つのだが，執筆者によってはその章の内容に偏りがあるのが残念。

？佐治守男・水島恵一（編） 1974　臨床心理学の基礎知識－概念・技術・問題点の理解－（有斐閣ブックス）　有斐閣　2600円

？藤永　保・三宅和夫・山下栄一・他（編） 1979　臨床心理学〈テキストブック心理学7〉　有斐閣 2000円

？本明　寛　（編） 1980　心理臨床入門　川島書店　2039円

以上三冊は，古典的なテキストであり，2004年現在で，日本で今起きているさまざまな臨床的な事象を説明するには，いかにも古びていると感じざるを得ない。しかし，古典的なものと新しいテキストとを対比させて読むと，何が現代的なトピックなのか，何が昔から今も継続しているトピックなのかが見えてきやすいのであえて挙げておく。

・デビソン，C.G.，ニール，J.M.　村瀬孝雄（監訳） 1998　異常心理学　誠信書房　15000円

以上に紹介してきた一連の日本製の概論書と比較すると，この一冊が個人的（山口）には，もっともお薦めである。網羅的であるし，何より心理学大国アメリカ産のお墨付きを受けている点が安心である。とはいえ，やはりそれが長所であると同時に，短所でもある。「異常」というのはかなり文化的な問題を孕んでおり，日本とアメリカとは文化が異なり，「異常」という概念の生まれるメカニズム，認定の仕方，その診断，治癒の方法もずいぶん異なるからである。「臨床心理」という学問の位置づけもかなり異なる。版も少し古くなっている。英語力があれば，原著の新版を読んでもよい。

ハンドブックとしての利用も可能であるので，「・」扱いだが，是非図書館等で参照してほしい本である。

？臨床心理学大系全20巻　金子書房

1989～2000年にかけて出版された，日本では最も大部で，かつ新しい講座もの。調べる本としてはもっとも記述が豊富なので挙げておく。適宜調べてほしいが公務員試験としては大部なので，読まねばならないという意味で推しているのではない。

4．雑誌　その他

改めて言うが，臨床心理学とは，心理学の中であくまで実践的な要素の強い，応用分野である。テキストや辞典の知識をただ頭に詰め込むだけでは，試験に対応しきれない部分が必ず出てくる。特に，学部生で臨床心理学を専門的に学ぶ機会が乏しい学生は，意識して以下の雑誌等にも目配りをすることである。その際，「臨床心理学は心理的な問題にどのように対応するのか」を事例報告などを通じて具体的に感じ取るよう，心がけてほしい。テキストや辞典にはないリアルな知識を獲得できるはずだ。ただし，雑誌に掲載されている記述は，その執筆者個人の立場に大きく偏っていたり，あくまで主観的な意見という場合もあるので，その点は常に注意をしてほしい。

数年前，哲学科（哲学科心理学専攻といったものではなく，純粋に西洋哲学，ライプニッツで卒論）ながら法務省の矯正局（もちろん国Ⅰ心理職）に内定した女性がいた。彼女は，予備校（もちろん筆者らの教えているところ）にも通っていたが，大学でもなるべく心理学の授業を取るようにしていたという。しかし専攻が心理学ではないため，演習のような授業は取れない。そこで，どうしても手薄になる臨床分野を補うべく，新書や以下のような雑誌の類を通学の行き帰りに電車内で読みまくって，知識を補ったという。彼女に比べたら，心理学科や心理学専攻の学生は，はるかに恵まれた環境にある。その環境を大いに活用してほしい。それに加えて彼女のような日常の努力ができてはじめて，心理職を目指すスタートラインに立てるのである。

・現代のエスプリ　至文堂

臨床心理学関係の特集が多い。特定のテーマについて調べるときだけでなく，単に読み物として気軽に読むのもよいだろう。バックナンバーは大きな書店でも，図書館でも比

較的容易に見つかるはずだ。
- こころの科学　日本評論社

  家裁や地上志望者は，アップ・ツー・デイトな，現場的トピックにも常に目を配っておきたい。「こころの科学」のバックナンバーで必要と思われるものを適宜参照することをおすすめする。たいていの図書館には入っているはずである。

- そだちの科学　日本評論社

  2003年創刊。それまで「こころの科学」で扱っていた発達臨床関連の問題を独立させたもの。創刊号の特集が「自閉症とともに生きる」，2号の特集は「子ども虐待へのケアと支援」である。特に児童相談所に配属されることが多い地方上級の心理職志望者は，なるべく目を通しておきたい。

- 臨床心理学　金剛出版

  どちらかというと臨床心理士志望者向きか。大学で臨床心理を専攻していない学生が，公務員受験対策として現場的な感覚を知るという意味で，貴重な情報源になるだろう。

5．おまけ〈人物試験にかかわる職務研究・業界研究の必要性〉

　ここまでは主として，筆記試験対策のためのテキスト・辞典などを紹介してきた。しかし，本シリーズで何度もくどく言っているように，公務員試験とは，筆記試験の最終合格がゴールではない。すなわち，「最終合格」が「最終」ではないのである！

　国Ⅰは，優秀な成績順位（たとえ一番であっても）で最終合格しても，就職できない場合がある。国Ⅰの最終合格者はその半分以上が，その後の省庁の採用面接で落とされる。筆者らが受験したときは現在とは事情が異なり，成績が採用にかなり関係していた。少なくとも筆記が一番で合格した人間が落ちるなどということは考えられなかった。ところが，この十年来の傾向だが（バブル崩壊後？），あらゆる就職試験が「人物重視」になってきた。

　これは企業でも教員採用試験でも，家裁や地上も同様の傾向である。とはいえ，筆記の成績も無視できない。厳しい面接をクリアして最終合格しても，合格の成績順位が後の方だと採用が回ってこないことがある。筆記試験で上位合格するに越したことはない。

　要するに，試験にだけ合格しても，採用にならなければ意味がないことを学生はよく肝に銘じてほしい。社会心理学編でも述べたが，1番で名簿に登録されても，行く省庁がなかった学生は実在するのである。では，そのために事前にやれそうなことは何か。それが以下の「職務研究」になる。

A．人物試験は職務研究から

　国Ⅰの最終合格後の各省庁における採用面接では，その省庁で働く人材としての人

物適性が問われる。家裁や地上では，二次の人物試験でそれが行われる。人物としての適性は，その受験者自身の資質の問題にも大きくかかわってくるので，小手先の対策だけではなんともならないことも多い。

　たとえばこんな例がある。数年前のことだが，経済学部出身で，心理職として法務省の保護観察官に採用された女性（Ｙさん）がいた。Ｙさんは，傍から見ても人格的にバランスがとれており，明るく穏やかでありながら，意志の強さを持っている人だった。猛勉強の末，家裁，国Ⅰのダブル合格を果たしたが，国Ⅰの保護局の採用面接で，「保護観察官と家裁調査官の仕事の違いを説明してください」とたずねられた。Ｙさんは，仕事について調べはしたが，よく理解できていないまま面接を受けたため，説明しようとしてもことばに詰まってしまった。

　「そんなこともわかってないの？」と言われ，おまけにその場で面接官からその違いを教えてもらったそうだ。面接で完全に失敗したかと思いきや，なんとＹさんは保護局から内定をもらい，現在ももちろん観察官として活躍している。

　はっきり言っておくが，これは極めて稀な，ほとんどありえない例である。面接官が彼女のすぐれた「資質」を見抜き，適性ありと判断したからこそ，「仕事の違い」に答えられなくても，採用内定になったのであろう。Ｙさんのような受験者は，ほんのわずかの少数派である。それでも，その資質が心理職にふさわしいものであれば，それだけで面接で通ることもあるというくらい，資質が大事なのだという話を知っておいてほしいということである（資質，適性については本シリーズ〈社会心理学編〉のあとがきも参照のこと）。

　有名大学によくいる，「学業，人物ともに優秀な学生」であっても，ふつうは決してこうはいかない。仕事の中身（「どういう仕事だと理解しているか」）や他の心理職との違いが説明できなかったら，もうそれだけでおしまいだ。

　特に，家裁の面接などは，これまでの内定者の感想を聞くと「本当に調査官が第一志望か，本当に調査官の仕事をやりたいと思っているかを，いろんな角度から詳しく聞いてくる」という。志望動機としてなんとなく「大学で学んだ心理学を活かして，社会の役に立ちたい」のようなゆるいことを，面接カードに書いたりしたとしよう。

　面接官から「心理学を活かして社会の役に立つ仕事なら，他にもいろいろありますよね。調査官じゃなくてもいいのでは？」などと突っ込まれてしまう。結局，「なぜ自分は調査官になりたいのか」「なぜ他の心理職ではなく調査官なのか」を明確にする必要があるということだ。そのためには，まず調査官の仕事を知らなければ始まらない。

　自分の受験する心理職の仕事はどのようなものかを調べておくことは最低限の必須事項である。仕事について調べれば調べるほど，そこで自分がどのように活躍したい

か，できるかも考えられるようになる。勉強する意欲も湧いてこよう。自分の特性がその仕事に本当に合っているか，活かせるかもわかってくるはずである。面接対策のために，今はやりの「自己分析」ばかりに注意が向いてしまう人も多いだろうが，仕事について分析してこそ，自己分析も意味があるのである。

　そのためには，実際に職場で働いている人にお話を伺うことである。近年は大学でも「説明会」と称して，家裁の調査官や省庁で働く心理職の人を大学に招いて講演の機会を設けるなどのイベントが活発に行われている。まずはそうした機会を最大限に活かしてほしい。そうした機会がない，あるいはそれだけでは物足りないという人は，自分で先輩のつてや名簿などをたどって実際に仕事に就いている方にアポイントをとり，いろいろ個人的に情報を得る努力が望ましい。

　たとえば，ある家裁志望の法学部の学生（当時2年生）は，身近な先輩の知り合いに調査官がいなかった。それでも何とか直接話を聞く機会をもちたいと考え，自ら家裁宛てにその旨を書いて手紙を出した。その結果，家裁から調査官の方を何人か紹介してもらい，話を伺うことができたという。

　もちろん，この点に偏執狂的になる必要はない。実際に仕事に就いてみないことには，自分がその職務に適応できるかどうか，結局は分からないものであるからである。手軽に知識を得るために，以下の本を一冊紹介しておく。

◎佐々木正宏・大貫敬一（編）　2002　カウンセラーの仕事の実際　培風館　2310円
　「心理の仕事」を紹介した本は多くあるが，中にはとんでもないまちがいが書かれているものも少なくない。特に心理職公務員の仕事について『心理系の仕事をみつける本』（中経出版）のように，「想像で書いているのでは？」というようなお粗末な説明しかない本も出ているくらいだ。
　本書は，「カウンセラー」というタイトルになってはいるが，心理系の専門職である公務員心理職，特に児童相談所の心理判定員，家裁調査官，法務省の鑑別技官の仕事について，たいへん具体的かつ細かいところまでていねいに説明している。心理職公務員の仕事についてまず知りたいという人は，この本を参考にするといいだろう。

B．地方上級心理職の業界動向
　児童虐待問題などが日本でも大きくクローズアップされるようになって，児童相談所の仕事に関心を持つ学生が増えている。そのような意味で，本書〈臨床心理学編〉の読者の中には，地方上級を第一志望としている人も多いだろう。また，国Ⅰ，家裁は筆者らがかなり脅していることもあって，「ちょっと…難しそう…」と思い，地方上級ならなんとかなりそうか？と志望を定めた人もいるであろう。

ここでひとつ，地上を第一志望とする受験生に向けて，大まかに業界展望的な情報を提供しておく。ただし，あくまで「大まかな」，しかもこの原稿を書いている時点（2004年5月現在）での筆者らが得た情報である。ここに書かれていることをすべて鵜呑みにせず，個別の動向はそのつど，必ず自分自身で確かめるように。試験の形式，内容，採用基準などの動向は，しばしば変更されることもあるからである。

①臨床心理のウェイトは西高東低
　一口に地方上級と言っても，心理職・心理判定員の場合，自治体によって実施時期，試験内容，難易度はまちまちである。多くの地方上級試験は，6月半ばに行われる。しかしここ数年，関西圏に限っては，1月〜2月に実施されている。
　関東圏では，東京都を除いて，一次専門（心理）が択一式のところが圧倒的に多い。内容は臨床に特化していなくて，心理学全般についてまんべんなく出題される。6月半ばに地方上級試験として一斉に行なわれる試験であれば，専門択一も各県共通で同じ問題が出題される。これは国Ⅰの専門択一に準ずる難易度と考えてよい。これ以降に，中級と時期を同じくして行なわれる心理職の試験であれば，若干易しめになる（かつての群馬県などがこのタイプ）。
　それに対して関西圏は，ほとんどのところで記述中心である。出題は，本書の問題編や〈付録〉を見てもらえばわかるが，臨床心理の用語説明や論述が主である。択一問題もないわけではないが，国Ⅰや上記の地上のような問題に比べるとはるかに単純な形式である。
　京都府の問題を例に挙げると，たとえば「クライエント中心療法，フォーカシングなど心理療法の説明文があり，それと対応する用語（無条件の肯定的配慮，共感的理解，フェルトセンスなど）を選択肢から選ぶ」というような出題である。たまに児童福祉法など法律に関する選択問題もあるので，こうした心理学以外の領域にも注意が必要である。
　以上のように，筆記試験に関しては，関西圏の地方自治体では，臨床心理の出題ウェイトが高くなっているようである。

②「即戦力」の意味
　地上の試験では，国Ⅰや家裁のような国家公務員試験と違い，「即戦力」重視で採用を行うとしばしば言われる。理由があるとすればそれは，研修による人材育成にかける予算があるかどうかということである。法務省の鑑別技官も家裁調査官も，少なくとも入省してから少なくとも2年程度は研修期間と位置づけられており，その間職務に必要な知識や技術を実地訓練も含めて身につけていく。さらには十年単位で一人

前にしていくようなシステムが，ある程度確立されている。

残念ながら地方上級の心理職ではそこまでコストをかけることができない。筆者らの教える予備校から，これまで相当数の地方上級合格者（主として関東圏）を出しているが，その多くは，臨床の経験がそれほど多いとはいえない学部卒の人々である。

彼・彼女らによれば「4月に入庁して，5月にはもう（児童相談所で）ケースを担当した」とか「これまでバウムテストをやったことがなかったが，ある日突然マニュアルを渡されて，できるようになっておくように言われた」といった話がよく聞かれる。つまり地方（都道府県）で心理職となった場合は，現場で仕事をしながら専門性を身につけていくことになると思ったほうがよいだろう（もちろん，都道府県でも若干の研修は行われるが，国Ⅰ，家裁のようなシステムが確立されていないということである）。

以上の経緯から地方上級志望者からよく聞かれるのが，「大学院生の方が有利なんですか」というものである。これは一概には言えない。地方によっても傾向が異なる。関西圏と関東圏で単純に比較をすれば，関西圏では確かに，大学院で臨床心理を専攻し現場経験もある人の方が確実に合格しやすい。関西圏で筆記試験がかなり易しめなのは，単なる知識だけの人よりも，むしろ経験や適性のある，即戦力となる人を選びたいからであろう。

しかし，関東圏では学部卒でも十分地方上級心理職に合格している。筆者らが思い出せる範囲でも，東京，千葉，静岡，群馬，栃木，宮城，福島あたりは，院生でなくとも，さらには臨床を専攻していない心理学科の学生であっても，過去に合格・採用になった人がいる。

地方上級心理職は確かに「即戦力」となる人を採用する傾向があるだろう。それは確かだが，その意味するところは地方（特に関西と関東とで）により，自治体により，違っているようである。

この違いは，その地方ごとの施策，心理職についての思想などの違いに基づいているのだろう。関東圏では，自治体にもよるが，心理職とはいっても上級職であるため，将来の行政官としての幹部候補という意味合いも含めて採用している場合もある。一方，関西圏では虐待その他の喫緊の問題に迅速に対処すべく臨床心理の専門性に重きをおいて採用していることが窺われる。

注意しておきたいことを付け加えておく。関東圏がいくら「臨床を専攻していない学部卒でも採用する」といっても，知能テストや主だった心理検査をまったく扱ったことがない人を採用しようとは思わないはずである。地方上級心理職で採用になると，大体において児童相談所か障害児・者施設の心理判定員の仕事に就くことになるのだから，あたりまえといえばあたりまえかもしれない。

この傾向は特に,「欠員募集」的にイレギュラーな時期に行われる関東圏の心理職の試験に顕著である。たとえば,2004年2月に行われたさいたま市の心理職の試験を紹介すると,形式は完全に関西圏タイプであった。臨床関係の用語説明が5題。さらに作文として,「地域精神保健に携わる臨床家の特徴を挙げ,地域精神保健に携わる臨床家として求められる役割について自分の考えを述べよ。(800-1200字)」が求められたという。受験した人の話では,やはり面接では,発達検査や知能検査がとれるかどうか聞かれたという話である。

　同様に,関西圏でも,臨床心理士の指定校となっている大学院にいるからといって,誰でもが有利ということにはならない。「易しい」と言われる筆記試験に通った上でさらに経験や適性で採用が決まるとすれば,それこそこれまで述べてきた「心理職の資質」重視の実力勝負となり,多くの受験者にとってはむしろ門は狭いものになる。

　今,学部生であって心理職,特に地方上級を志望している学生に対して述べたいことは,受験先を調べる必要があるということである。大学院出身者に過剰な引け目を感じる必要はない。しかし,受験先によっては考慮する必要があるだろう。これまでの採用者がどのような人たちであるかは各自が調べてほしい。逆に大学院修了の人も過剰な自負心も持ってはならない。一昔前と比較して,大学院修了の価値がきわめて下落しているからである。最終的には各自がさっさと実力を身につけることが,遠いようで一番の合格への近道であろう。

第二部

試験にでるポイント・問題・解説編

I章　重要心理検査集

試験にでるポイント①　〈まずは固有名詞の記憶〉

　心理検査は公務員試験心理職の頻出事項である。一見直接的に出題されていないかにみえても，記述問題を解答する際にキーワードとして必要な場合が多い。心理検査に関する諸概念（信頼性，妥当性，解釈の諸問題など）を知らないと，「心理職」には就けないであろう。心理系の仕事では，心理検査を実際に使用することも多い。類書に比べれば，この規模の本としてはかなり多種類の心理検査を本書では紹介している。その理由は，合格したら即不要になってしまう本ではなく，読者が実務に就かれたときにも，少しでも役立つような本を作りたいと思ったからである。

　まとめておくべきポイントは，検査の創案者，その理論的背景，具体的な実施手順，検査の長所，短所であろう。固有名詞が思い出せなければ，説明を求められても記述のしようがないので，まずは人名，専門用語などの固有名詞をしっかりと覚えておきたい。

　国Ⅰの択一試験では，かなり細かい固有名詞が問われることがかつてはあった。最近は考えさせる問題になってきており，単純な暗記物は影を潜めているが，やはり固有名詞の重要性は変わらないと言っておこう。説明の際に，もっとも説得力が高いのが固有名詞や数値データであるからである。とはいえ，事項はほとんど数限りなくある。必要最低限度の暗記すべき重要箇所（人名，専門用語）には●，○を例によって付加しているので，それを中心に理解し，覚えてほしい。●が最重要事項，○が重要事項である。

　なお，理論的な背景や，長所，短所，検査の使用法も，論者の依拠する立場によって相当異なる場合がある。極力中立的な立場で，かつ試験に必要十分な量を簡潔に叙述するべく努力した。しかし本書も one of them として眺めてもらい，学習のための叩き台として批判的に利用してほしい。論者によって見解がまったく異なるテーマが，単に記憶を問う択一形式の問題で出題されることはないだろう。

　実際の過去問は，第Ⅳ章の問題編に示すようなものが出題されていた。ある事項を「さまざまな観点」で記述するよう求められる可能性が高い。記述問題では，論者によって意見が異なる，まさにその点を問われることがある。特定の心理療法の限界を叙述せよという問題（p.229参照）である。深いレベルでの理解と記憶とを求めたい。

　第Ⅳ章の問題例を眺めて，とても現時点では自力で解答不能だと思ったなら，本章をはじめとする第Ⅰ章，第Ⅱ章での必修心理検査，心理療法を先に学習するなり，既に示したブックリストの概論書などを読んだ方がかえって早く学習できるだろう。

> **試験にでるポイント②**　〈信頼性と妥当性の理解〉
>
>   その次にやるべきことは，公務員試験に必要な知識の叙述の骨格，体系の理解であり，そのポイントは検査の持つ長所，短所である。
>   この長所，短所を叙述するためにきわめて重要なのが，信頼性，妥当性という観点である。信頼性，妥当性に関しては，本シリーズ〈心理測定編〉の最重要事項として取り上げているので，是非参照してほしい。こうした統計的概念が分からない人は，残念ながら心理検査をどう評価すればよいのかという最も重要な視点を欠くことになる。たとえば信頼性というときに Cronbach の α 係数という概念が必須であるし，因子分析を知らないと因子的妥当性という概念が分からない。
>   なお，妥当性という観点からみて，問題点のない検査は存在しない。その意味では，すべての心理検査には欠点がある。〈心理測定編〉でも示したように，構成概念妥当性が完全に満たされた心理検査はこの世に存在しない。その意味で，以下の検査における記述で，「妥当性が十分である，高い」としていることがあったとしても，それは限定的，暫定的，相対的な話であることを注意しておく。

1．心理検査の見取り図

§1　心理検査の定義

「心理検査」という語の定義も論者によってさまざまである。

たとえば「ある特定の能力，知識，性格特性などがあるかないか，またあるとすればどの程度か，ということを知るために，ある一定の場面で一定の作業を行わせ，その成績やそのときの行動を一定の基準と比較して記述するものである」（市村，1977）という定義がある。これは網羅的であるし，しかも広い範囲を包括したオーソドックスな定義である。心理学事典（平凡社）や多くの古典的な辞書，テキストの定義もこれと同様である。この中で標準化されているものを，狭義の意味で心理検査と呼ぶ場合もある。まずは，このオーソドックスな定義を知っておいてほしい。

しかし，最近では上記の定義から，より広義の概念によって定義されるようになっているように思われる。心理検査が，面接・治療場面を想定し，心理相談の文脈の中で，目的性を重視して活用されるようになってきている。

この理由の第一は，ある状況に置かれたときの個人，集団や場の中で機能している個人，という人間理解に変貌してきていることの反映であろう。一面的なアセスメントでは不十分であり，多面的な視点や，さまざまな状況や場面も加味して，有効なアセスメントがなされるということである。パーソナリティ理解に状況論的なアプローチも組み込まれてきているようである。

このため，ある特定の心理検査から判断するのではなく，複数の検査を組みあわせて（テストバッテリー），かつそれらをメタ的に包括する視点（直接的にはメタ分析の手法など）が求められている。1つの検査に限定しても，一次元的なものから診断

のための多次元的なものへと需要が変化している。たとえば，知能検査も過去においては田中ビネー式検査が主流であったが，現在は診断的なウェクスラー式検査へとその主流が転じている。

　第二の理由は，臨床場面や応用場面が強調されるようになっており，実際に活用される場が広まっているということがあろう。「臨床心理」を直接，間接的に活用して働く実務者の数が，一時代前よりも増加している。彼らは何より，いかにして活用するか，実効性があるかという観点で心理検査を活用している。必然的に現実的なある文脈性ということが重視され，目的論的な観点が求められる。研究者ではなく，実務者の視点にシフトしてきている時代の流れがある。

　以上の点を踏まえて，目的論的に，若干トートロジー的ではあるが，筆者（山口）が定義しておく。

　心理検査とは，ある特定の目的のために人間を評価・分類するために行われるものであり，ある一定の文脈に基づいて作業，行動を被検者に行ってもらい，その結果から当該目的に基づいて被検者をより深く理解するために，結果を要約整理し，評価・分類したものである。

　次に，心理検査を分類する複数の視点を呈示して，読者の理解を促すこととしたい。

§2　事典的，網羅的な分類〈池田（1971）の分類をもとに〉

　池田によって作成された優れた表をもとに，大幅に加筆したものを表1に示す。
　この中で⑥の「被検者の最大量のパフォーマンス（maximum performance）か，典型的なパフォーマンス（typical performance）かという視点」は，そもそもCronbach（1966）によって提案された非常に古典的なものである。前者はいわゆる能力検査（e.g. 知能検査）であり，後者が性格・心理検査（e.g. MMPI）である。本来ならば被検者の典型値を探る検査であるにもかかわらず，被験者が最高値（最低値）を回答してしまう場合が，たとえば社会的望ましさ●などによる反応歪曲ということになろう。
　⑩の視点は本シリーズの心理測定・統計編でも述べたが，特に学力，能力検査などを考える際に重要な視点である。目標準拠検査の中で，完全に目標に達するまで繰り返されるものを完全習得検査（mastery learning test, mastery test）○と呼ぶ。

表1　心理検査の種類（池田，1971に大幅に加筆）

①測定内容の相違に着目した分類 　知能検査，学力検査，適性検査，興味検査，性格検査，感覚運動検査，価値・態度検査
②測定目的の相違に着目した分類 　選抜検査，診断検査，予測検査，分類検査，教育訓練のための検査
③被検者からの測定方法の相違に着目した分類 　自己検査（学力検査，作業検査，自己報告式（自記式）性格検査） 　他者評定検査（行動観察評定，面接評価，ゲス・フー・テスト●）
④測定人数の相違による分類 　個人検査○，集団検査○
⑤測定用具の相違による分類 　紙筆検査，器具検査（器具を使用する作業検査，感覚運動検査，コンピュータ検査）
⑥測定行動パターンの相違による分類 　最高値検査○（学力検査，作業検査），典型値検査○（性格検査）
⑦回答形式の相違による分類 　客観式検査，論文・作品検査，投影法検査，集団討論検査
⑧回答の量・質の相違による分類 　速度検査●，力量検査●
⑨検査作成の手続きの相違による分類 　標準検査，個別作成検査
⑩絶対評価か相対評価かという分類 　内容準拠検査，目標準拠検査（criterion referenced test, content referenced test）●＝絶対評価 　ノルム準拠検査，規準準拠検査（norm referenced test）●＝集団内の相対評価
⑪文化に影響されるか否かという分類 　文化に影響されない検査，文化的に公正な検査（culture free, culture fair test）● 　　B式●，β式●検査，非言語式検査● 　文化に依存した検査，A式●，α式●検査，言語式検査●
⑫検査の形式（特に反応歪曲を防ぐための技法）に着目した分類 　強制選択式検査●，偽装検査（被検者に真の意図を分からせないもの）
⑬検査の回答形式による分類 　多肢（枝）選択式検査，真偽式検査，正誤式検査，組み合わせ式検査，再配列式検査，再認検査，再生検査，短答式検査，完成式検査，訂正式検査，自由記述式検査，諾否式検査，評定尺度式検査，SD式検査

§3　検査で獲得するものが表層か深層かという視点

　表層的なものから深層的なものまで，その検査で得られる情報の質は異なる。ある人を理解しようとするときに，相対的に客観的，外面的な社会的行動をもって叙述することも可能であるし，その逆に，きわめて私的な本人からの情報で査定することも可能である。

　前者はたとえば「生活空間内の脈絡（e.g. 社会的な身分，属性）」のようなもので，社会調査などのアンケート形式で調査可能なものである。それが「生活史上のエピソード」（e.g. 親から聴取する被検者の幼児期からの回想）になるともう少し深層的なものとなり，いわゆる心理尺度的な項目となる。

さらに「意識的な自己像」は，面接を含むさまざまな質問紙検査（e.g. MMPI）によって抽出することが可能となる。もっと「私的，象徴的なコミュニケーション」を把握したい場合には，投影法的な検査（e.g. ロールシャッハ検査）などによって，被検者の深層意識にかかわる情報が得られる。やはり検査の目的に応じて，そのレベルが異なってくるのである。

特に最後の深層的なもの，投影法的なものに関しては，2の§2の表1（p.26）を参照してほしい。

§4　心理検査の入手，利用可能性による分類

これは APA（American Psychological Association; アメリカ心理学会）が中心になって1950年に，一般に流布されている心理検査を分類したもので，専門家でなければ使用不可能なものか，比較的初心者でも使用可能なものかという視点での分類である。この分類で，心理検査の入手法，利用法などに規制を加えている。

レベルA：責任のある立場の者が手引き書に従い，実施可能な検査。（学力検査，VPIなど）

レベルB：検査に関して専門的な知識を有している者が実施可能な検査。（集団式知能検査，GATBなど）

レベルC：検査，及び関連領域に関して高度な専門知識を有する者のみが実施可能な検査（個別式の各種検査（e.g. WISC），いわゆる心理検査一般，特にロールシャッハなどの投影法が典型例）

現実場面では，レベルCの検査にあたるものを，さして知識を有していない検査者が実施している場合を見聞する。確かにすべての検査者には初心者であった時期があることは否定できない。一刻も早く熟練されることを祈念するが，このようなときには，然るべきスーパーヴァイザーがついて実施されることが望ましい。WISCなどを手引き書片手に，しかも誰もアドバイスする人なしに実施するということは，やってほしくないことである。十分その内容については実施前に習熟（教示の暗記など）しておかねばならない。その意味では，以下の心理検査の記述を読んだぐらいでは，習熟には不十分であることを強調しておく。

§5　本書での分類〈必修心理検査を選んだ基準〉

まず，テキスト等でも見かける一般的な分類を示そう。これは狭義の意味の心理検査を分類したものであり，標準化されているものを，その測定する内容に応じて分類

したもの。§1の①の分類法とほぼ重複する。もっとも直感的に理解しやすい分類法であろう。

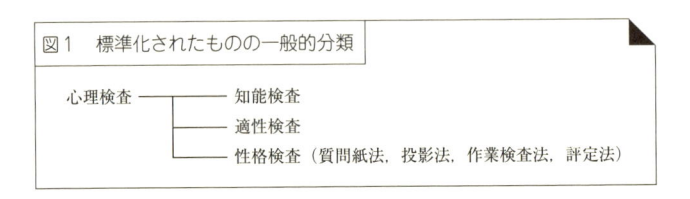

```
図1  標準化されたものの一般的分類

心理検査 ─┬─ 知能検査
         ├─ 適性検査
         └─ 性格検査（質問紙法，投影法，作業検査法，評定法）
```

本書での分類は，上記のものを補足し，性格を主として測定するものか，知能を主として測定するものかという大まかな視点で分類し，それに検査の様式の観点を付け加えたものである。分類法として完全な一次元性を前提とした分類ではなく，複数の次元が混ざっているので，「ねじれ」の位置関係にあるものもあるので注意されたい。意図としては，§2の分類を記述しやすいように整理したものである。

さて，この選択基準であるが，過去の公務員試験によく出題されているもの，また各種のテキスト，事典（辞典）で必ず触れられているもの，その検査に固有な特徴を有しているもの，現場で実際によく使用されているものなどを中心に約四十ほどを選出して，項目を立てた。本文中で実際に紹介しているものはそれを超えるが，せいぜい五十程度が心理検査というとき主要なものであろう。もちろん，これ以外にも心理検査は数多く存在するが，ここに記述しているものを知っておけば，試験対策としては，ほぼ必要十分であると思われる。

これから紹介する心理検査を頭に入れてもらうため，図2に示しておこう。

2．心理検査必修四十選

§1 質問紙法によるもの

（0）質問紙法の注意点

心理尺度としておそらくもっとも代表的なものが質問紙的手法によるものであろう。卒業論文などでも質問紙的手法を利用して書く人は多いし，以下に示す心理検査を一般実験などで複数種類経験したことのない心理学専攻者は少数派であろう。もし質問紙型の心理検査の受検経験のない人がいれば，何らかの手段で経験してほしいのだが，心理検査はかなり高価である。一部でも数百円することが多いし，マニュアルは数千円はする。一部のみで購入することも難しい。

一般書として比較的の入手，閲覧しやすいのが本シリーズ〈心理測定・統計編〉でも紹介した『心理測定尺度集Ⅰ～Ⅲ』（サイエンス社）である。これはたいていの図書

```
図2  本書での分類
```

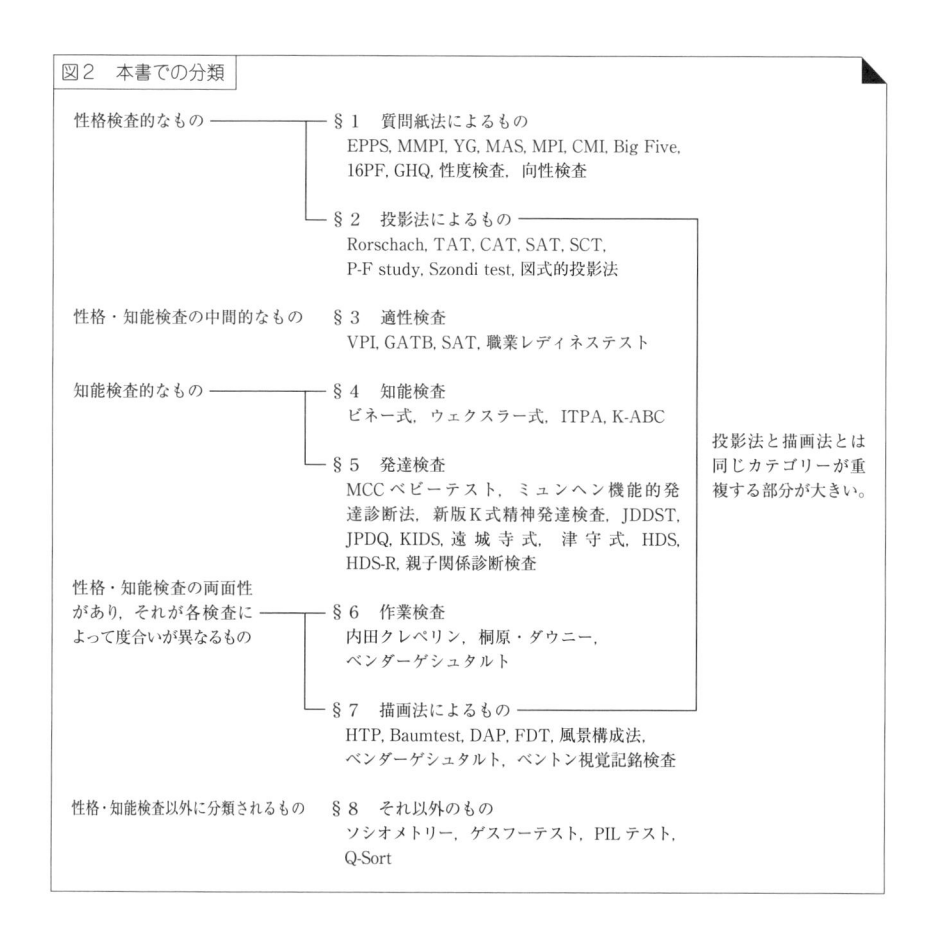

- 性格検査的なもの
  - §1 質問紙法によるもの
    EPPS, MMPI, YG, MAS, MPI, CMI, Big Five, 16PF, GHQ, 性格検査, 向性検査
  - §2 投影法によるもの
    Rorschach, TAT, CAT, SAT, SCT, P-F study, Szondi test, 図式的投影法
- 性格・知能検査の中間的なもの
  - §3 適性検査
    VPI, GATB, SAT, 職業レディネステスト
- 知能検査的なもの
  - §4 知能検査
    ビネー式, ウェクスラー式, ITPA, K-ABC
  - §5 発達検査
    MCCベビーテスト, ミュンヘン機能的発達診断法, 新版K式精神発達検査, JDDST, JPDQ, KIDS, 遠城寺式, 津守式, HDS, HDS-R, 親子関係診断検査
- 性格・知能検査の両面性があり、それが各検査によって度合いが異なるもの
  - §6 作業検査
    内田クレペリン, 桐原・ダウニー, ベンダーゲシュタルト
  - §7 描画法によるもの
    HTP, Baumtest, DAP, FDT, 風景構成法, ベンダーゲシュタルト, ベントン視覚記銘検査
- 性格・知能検査以外に分類されるもの
  - §8 それ以外のもの
    ソシオメトリー, ゲスフーテスト, PILテスト, Q-Sort

投影法と描画法とは同じカテゴリーが重複する部分が大きい。

館にも収められているので，質問紙形式の心理検査をまったく経験したことのない人は参照してみるとよい。ただし，ここで掲載されている心理尺度が，すべて完全に確立されたものではない。研究途上のものも数多く，信頼性，妥当性に関してその記述すらないものも数多く掲載されている。

　もう少し「確立された」心理検査を収集して解説したものが，『心理アセスメントハンドブック第2版』（西村書店），『心理臨床大事典（改訂版）』（培風館）などの，ブックリストで紹介した一連の心理テスト関係の本である。しかしこれらのものは著作権の関係もあり，全文掲載されているものはまずない。その具体的内容について理解するためには不十分な叙述であることが多く，悩ましいところである。

　筆者（山口）がすすめるのは，質問紙法では，まず自分が被検者になってみよ，と

いうことである。心理検査を理解するための一歩はここから始まる。自分が回答したこともない質問紙を他人に実施しても無意味であろう。もちろん，以下の心理検査すべてを経験している余裕は読者にはないだろう。

それならばせめてYG検査ぐらいは経験してほしい。そうすることで，以下に示す心理検査の問題点，限界点なども意識できるはずである。YGには，社会的望ましさ●などによる反応歪曲●，何も回答しない無回答傾向，評定の中心につける中心化傾向，何を聞かれても「はい」と答え続ける黙従傾向（acquiescence; yes-tendency）●など，質問紙法に現われやすい諸問題が露呈しやすい。それがかえって質問紙技法の理解に役立つであろう。

（1）EPPS●

EPPSはEdwards Personal Preference Schedule○の略称であり，EPPS性格検査，エドワーズ人格目録とも日本で呼ばれることがある。作成者は，名称中にも入っているEdwards, A. L.●であり，彼はMurray, H. A.●の顕在性欲求リスト○のうちから15の欲求を選んでこの質問紙法検査を作成した。

これらの欲求は，生理的なもの（一次的なもの）ではなく，もう少し高次の二次的なもの（達成動機づけや社会的なもの）を主として選択されている。

この質問紙法検査の特徴は，異なった欲求に関連する2つの叙述文が呈示され，そのどちらかを強制選択法●によって選択する点である。この際，この2つの文は社会的望ましさ●がほぼ等しいものになるように作成されている。被検者の欲求をプロフィール化し，いくつかのパターンに分けて分析することが多い。

なお，この15の欲求とは，日本語版の訳をもとにして以下，列挙すると，達成，追従，秩序，顕示，自律，親和，他者認知，求護，支配，内罰，養護，変化，持久，異性愛，攻撃である。日本語版の折半法による信頼性係数は男0.79，女0.76で，ほぼ原版と等しい。

この検査の優れた点は，他に類例が少ない「欲求構造」の類型化ができる点であり，検査結果も被検者に理解しやすく，興味も持たれやすい点である。また，強制選択法による手法であり，単に社会的望ましさに依存した被検者の回答を収集する以上の情報が得られることも，他の検査では得難い特長である。結果の集計も容易であり，カウンセリング場面において，面接者のクライエント理解を促進させるために使用しやすいという長所を持っている。

短所としては，項目数がやや多いこと（225項目×2で，450の叙述文からなる）があり，実施時間は平均でも40分以上，場合によっては90分以上かかることもある点である。また，結果のプロフィール分析に関して，範例となりそうなパターンがまだ確立しているとは言い難いこと，15の各欲求の構成概念妥当性がまだ不十分であり，

何を基準として妥当性を検証すべきかが不明瞭である点である。

(2) MMPI●

MMPIは，Minnesota Multiphasic Personality Inventory○の略称であり，ミネソタ多面人格目録●と日本では呼ばれることが多い。Hathaway, S. R.●とMcKinley, J. C.●が1930年代から，特に精神医学的診断の客観化を目的として開発を進めたものであり，全部で550項目○からなる質問紙検査法である。

これらの項目は，社会的態度，習慣，行動傾向，興味などに関する短い自己叙述文である。被検者は，各項目に対して，「あてはまる（True）」「あてはまらない（False）」の二件法で回答する。

この検査の特徴としては，その基準を精神医学的診断という，外的基準に置いている点である。従って，正常群と臨床群（たとえば鬱患者）とを弁別可能かどうかという客観的，経験的アプローチを取っている点が本検査の長所である。ただし，このため「尺度」としての内容的妥当性に関しては優先順位が後にされているという問題もある。

また，この検査は，虚偽尺度●などを含む妥当性尺度●を備えており，被検者の回答態度に関する情報を得られる点も優れた長所である。この点で，質問紙法のしばしば陥りやすい社会的望ましさなどの影響を脱することが可能になる。

最後に，550項目という膨大な項目からなる点から分かるように，特定の理論に依拠せず，幅広くさまざまな行動，特性などを含むことから，ある意味で，人間の行動，特性項目の総便覧としての利用可能性が高い点がある。これは長所でもあるが，同時に特性に関して理論的背景がないために，各項目の叙述文が示すものが相互にあまりにもレベルが違いすぎること，特定の利用目的からするとまさに玉石混淆である点などが短所としてあげられよう。これと関連するが，項目数が多い点が被検者の労力を必要とし，実施時間も45〜90分と長い。その結果が膨大であるため，範例となるプロフィール分析もかなり複雑なものである点も短所である。

何よりも，当初の目的であった精神医学的診断の客観化という目的は達成されていない。つまり，内容的妥当性●が問題であるため，各項目間の弁別的妥当性●が低く，たとえば抑鬱症状を示すクライエントが抑鬱尺度に反応すると同時に，統合失調症症状を示すクライエントも抑鬱尺度に反応してしまうのである。日本でも多くの翻案がなされており，半世紀以上の研究史があるが，研究目的に応じた内容的妥当性の充実が望まれるところである。

(3) YG●

YGとは，矢田部ギルフォード検査●の略称である。その名の通り，Guilfordの考案によるアメリカのギルフォード性格検査をもとに，矢田部達郎が作成に着手し，園

原太郎，辻岡美延らの手を経て完成された。日本ではMMPIらと並んで，非常に流布され，使用されている質問紙検査である。この検査は特性論に基づいて作成されており，12の尺度からなる120項目の質問項目によって構成されている。

その12の尺度とは，抑鬱，回帰性傾向，劣等感，神経質，客観性，協調性，攻撃性，一般的活動性，のんきさ，思考的外向，支配性，社会的外向である。回答形式は「はい」「？」「いいえ」の三件法である。

結果の分析は，かなり類型化されており，プロフィールを分析することで，A（average type），B（black list or blast type），C（calm type），D（director type），E（eccentric type）などに分けられる。

他の性格検査，特に質問紙式のものの中では，その実施時間も短く（30分程度），解釈が容易であり，信頼性や妥当性に関しても長年の実証的，数量的蓄積があるという長所がある。そのため，臨床的な場面での利用はもちろん，産業，教育場面での利用も実際に多くなされている。しかし，社会的望ましさ●の影響を受けやすく，被検者の虚偽性を看破することは難しいという難点がある。さらに，12の尺度に関しては因子的妥当性●という点からみると，しばしば疑問視されることが多く，その質問項目に関しても現在の観点からみるといくつかのものは内容的妥当性●に問題があるという短所がある。

本検査を有効に使うためには，その実施手順の容易さに引きずられることなく，検査自体への実践経験を積み，そのプロフィール解釈を上述の典型例以上に深めることが望ましい。また，被検者に対する背景知識や他のテスト（投影法など）とのテストバッテリー●を適切に組むことも，的確な査定のための必要条件であろう。

なお，同種のものとして本明寛によるMG（本明-ギルフォード）検査というものも存在する。

(4) MAS●

MASはManifest Anxiety Scale●の略称であり，日本では顕現性不安尺度○，顕在性不安尺度○と訳されている質問紙法検査である。1953年にTaylor, J. A.●によって，個人の不安を測定するために開発された。MMPIの中から不安を記述していると思われる項目をCameron, N.の慢性不安反応に関する理論をもとに50項目を選択抽出している。日本版MASでは，15項目の虚偽尺度が加えられ，全65項目となっている。この各項目に「そう」「ちがう」のどちらかに○をつける二件法であるが，両者に×をつけて「どちらでもない」とすることも可能である。

信頼性は日本版では未確認であるが，原版では再検査信頼性が.88と高い値である。実施時間も20分程度とかなり短時間でできる点も優れている。他の検査（e.g. CMI, YG）との併存的妥当性があるという研究もあるが，因子分析による研究では，多く

の概念が混在しており，因子的妥当性に関しては否定的な見方がされることが多いようである。

　もっとも問題とされるのは，この検査が，その名称にもあるように，顕在性の不安の検出を目的とするもので，無意識的な不安の検出には不適であることである。これは主観的，内観報告としてとしての不安の抽出に基づく限界であり，これらの問題を回避するためにはロールシャッハ検査などの投影法的な検査をテストバッテリーとして組むことが望まれる。

　児童用 MAS として，CMAS○（Children's form of Manifest Anxiety Scale）（CMA○ と略されることもある）があり，これは 42 の不安項目と 11 の虚偽項目の計 53 項目からなる。

▶補足

　不安を測定する類似の尺度として，STAI (State-Trait Anxiety Scale) ○，日本語訳「状態－特性不安尺度」などもある。これは Cattell, R. B.● らが開発したもので，MAS を因子分析したところ，その一次元性に疑問が生じ，特性不安に加えて状態不安も加えていくべきであるとし，より詳細な検討をされたものである。この STAI がわが国に紹介されるにあたって，さまざまな日本語版があり，いずれも信頼性，妥当性に関してはかなりの肯定的な検討がなされている。

（5）MPI●

　Maudsley Personality Inventory○ の略称であり，日本ではモーズレイ性格検査と呼ばれている。1950 年代に，Eysenck. H. J.● によって開発された質問紙検査である。Eysenck は，特性論的な立場と類型論的な立場とを繋ぐものとして，外向性－内向性と，神経症傾向という 2 つの因子を見いだした。この因子を測定する目的で構成されている。前者は E（extraversion）尺度，後者は N（neuroticism）尺度と命名されており，日本版 MPI では，各々 24 項目の質問で構成されている。これに虚偽尺度 L の 20 項目がさらに付け加えられており，さらに採点からは除かれている緩衝項目 12 を加えて，全 80 項目である。回答形式は 3 件法である。

　検査に要する時間は 30 分以内であり，労力も少なく，集団式でも実施できる点が優れている。またその信頼性も折半法で 0.90，再検査法でも 0.85 とほぼ十分である。プロフィールの類型化に関しては，E，N 各々について 3 つに分類されており，3 × 3 = 9 類型化が可能であり，解釈も比較的容易である。臨床的な場面（内科の心身症例など）や職業適性などとの基準関連妥当性も検討されており，その有用性は確かにあるという実証的研究もある。

　その反面，9 つの類型の中で解釈が困難なものもあるし，9 つの類型の中でさらにさまざまな下位型があり，それらの判定に関しては慎重な態度が必要である。また，

EとNという二尺度で人間をとらえるというのは，いかにも単純すぎる点は，検査自体が抱えている限界であると言えよう。

◆補足◆：EPI○，EPQ○
　同種のものとして，同じアイゼンクの人格理論に基づいて作成された，アイゼンク人格目録（EPI; Eysenck Personality Inventory ／ EPQ; Eysenck Personality Questionnaire）というものもある。これは MPI の外向 – 内向，神経症傾向に加えて第三の精神病質傾向の次元を加えて三次元にしたものであり，1970 年代に開発されている。

（6）CMI●

Cornell Medical Index-health questionnaire の略称であり，コーネル・メディカル・インデックス●と呼ばれる質問紙法の心理検査である。そもそもはコーネル大学の Brodman, Erdmann, & Wolff（1955）によって，患者の精神・身体に関する異常を短時間のうちに査定する目的で作成されたものである。

その質問内容は，臨床医の初診時の問診内容を被検者にもわかりやすく構造化したもので，自覚症プロフィールと呼ばれるものが作成できる。しかも項目数が日本版では男子211項目，女子213項目と数多いのに，チェックリスト形式（「はい」「いいえ」）であるため回答しやすく，作成時間は 30 分程度で終了する点も診断的有用性の点で優れている。医療場面での利用や，大学での精神健康調査などにも，特にわが国ではスクリーニングテストとして幅広く有効活用されており，実証的な多くの研究蓄積が存在する点が長所であろう。

しかし，あくまで自覚症状に基づいての質問なので，①虚偽の反応には弱いこと（健康にみせかけることも可能），②無意識的なレベルでの反応に関しては拾いにくいこと（統合失調症などの内因性精神病には不適），③二者択一の質問形式にそぐわない項目（「どちらでもない」の方が回答として望ましい場合がある）もあることなどがこの検査の問題点であると言えよう。

（7）Big Five 人格検査などの特性論的なもの

その他の特性論的な観点に基づくものとしては Big Five 人格検査●や 16PF●がある。

特に Big Five 人格検査は，さまざまな特性論的なパーソナリティ研究を最大公約数的にまとめるものとして，1980 年代以降着目されており，海外でもわが国でも複数標準化されたものが存在する。その起源は Allport, G. W. による性格特性語の収集，整理にまで遡れるが，主たる提唱者としては Goldberg, L. R., John, O. P.●, McCrae, R. R.●, Costa, P. T. らがあげられる。彼らは人間の性格はほぼ五次元で説明可能であると主張しており，この説をもとにして構成されている。その五次元とは，OCEAN，あるいは NEO-AC とも略称されるものであり，Openness to experience（経

験への開放性），Conscientiousness（勤勉性），Extraversion（外向性），Agreeableness（協調性），Neuroticism（情緒不安定性）である（なお，因子の命名に関しては諸説がある）。

　Big Five関係の人格検査は，膨大な性格特性語の因子分析を行い，その因子を求めた結果導き出されている。日本版でも辻（1991），和田（1996），下仲（1996）らのものが数多く存在する。たとえば下仲らによる日本版NEO-PI-Rは240項目であり，5段階評定を行う。短縮版，自記式，他者評価式などのものが用意されており，短縮版は10～15分程度で実施できる。その信頼性はおおむね高く，実証的な研究結果はきわめて数多い。教育，産業場面などでも使用されだしてきている。

　同様に，辻ら（1998）も五因子性格検査（Five-Factor Personality Questionnaire; FFPQ）を作成しており，その信頼性に関しては多くの肯定的な研究がある。

　しかし，そもそもの理論的な基盤が弱く，なぜ五因子なのかについては確たる論拠が薄い点（近年では行動遺伝学にその論拠を求める動きもある），五因子の命名に関してはまだ完全に統一をみておらず，決定版といえる質問紙がまだ誕生していない点，何よりも健常人を対象にデータを収集しているため，カウンセリング場面への適用に関してはまだまだ歴史が浅い点などが問題点としてあげられるだろう。

　16PFは，Cattell, R. B.●の創案によるものであり，The sixteen Personality Factor questionnaieの略称である。これは，1946年から1949年にかけて発表され，わが国でも日本版16PF人格検査として，伊沢ら（1982）によって公刊されている。16PFの構成は，12の根源特性，4個の根源特性とに分けられ，各々10段階の標準得点（Standard Ten）化されており，プロフィール化が可能である。臨床，産業などのさまざまな場面で使用されているが，いくつかの因子が明確に分離されていない点が，特に日本版での標準化の過程で明らかにされている。16という分類ではなく，やはりBig Five的な五因子の方が因子の分離という点では望ましいのかもしれない。

（8）GHQ ○

　精神的な健康を診断する心理検査は数多いが，その代表的なものとしてGHQ（General Health Questionnaire）がある。GHQ（一般精神健康質問紙）は，イギリスのGoldberg, D. P. によって開発されたもので，日本版も中川・大坊（1985）によって公表されている。これは神経症の複雑な諸症状を広く収集し，それを一般人に質問することで，どの程度その諸症状が存在するのかを見極めることを目的としている。従って，集団で精神健康度をチェックするためのスクリーニングテストや職場の健康管理のための資料として使用される場面が多い。オリジナル版は60項目（GHQ60）であり，7つのカテゴリーから成り立っている。それは①一般的健康と中枢神経系②心臓脈関係，筋神経系，消化器系③睡眠と覚醒④個人独自の行動⑤客観的行動（他者との

関係）⑥自覚的感情（充足感欠如，緊張）⑦自覚的感情（鬱，不安）に関しての健康度をチェックしている。

　質問項目の具体例としては，たとえば「気分や健康状態は」という語に続いて，（よかった，いつもと変わらなかった，悪かった，非常に悪かった）の四件法で質問し，回答してもらうものである（ただし採点に関しては二件法を採用するのが基本である）。これを因子分析した結果は，必ずしも7つのカテゴリーに分類されるわけではなく，身体症状，不安・不眠，社会的活動障害，鬱傾向の四因子が見いだされたという場合もあれば，一般的疾患傾向，身体的症状，睡眠障害，社会的活動障害，不安・気分変調，鬱傾向の六因子が見いだされたという場合もある。その点では因子的妥当性に関して疑問視されることがある。

　なお，GHQには短縮版としてGHQ28，GHQ30があり，前者は上述の4つの因子から各7項目を選んで構成されており，後者はやはり上述の六因子から5項目ずつを選択して構成されている。

　適用対象としては既に述べたように，学校，企業場面でのスクリーニングテストとしての活用がもっとも多く，さまざまな基準との関連を調べた基準関連妥当性●も多くが認められている。英語版GHQの折半法による信頼性係数も0.95と高い。実施時間も10分程度で終了可能である点も優れている。ただし，健康－不健康という一次元的な連続的な尺度を想定しており，性格特性を把握するためのものではないため，構造面では理論的にも弱い部分がある。それゆえ不健康という場合に，性的異常などの下位尺度での診断は不可能である。また，一次元的尺度のどこに異常の線を引くかは一応は経験的に分かっているとはいうものの，今後の研究の余地は大いにあるだろう。

（9）その他の質問紙法検査

　性度検査（masculinity-feminity test）○も近年，ジェンダー論の観点から注目されているものである。これは，男性度と女性度とを測定する検査であり，Terman, L. M.○らによる「態度・興味分析検査（attitude-interest analysis test）」（1936），あるいはHasthaway, S. L.●らによるMMPI●のMf尺度（1943）などが最初期には原型となった。男女間の集団で平均値に有意差が出た項目をもとに作成されている。この検査の作成方針でも分かるように，伝統的には男性性と女性性とを両極にする一次元上に個人を位置づけるものが多かった。

　近年は，ジェンダー論の進展により，この一次元性に関して疑問視される研究が多く出現した。たとえばBem, S. L.○によりBSRI（Bem Sex Role Inventory，ベム性役割尺度，1974）などでは，この男性性と女性性とを独立させて別々の次元であると考えている。Bemはさらに両性性（androgyny）の概念も提唱しており，他の研究

者からも各性の中に下位尺度を想定すべきではないかという意見もある。両性性の概念については，Bem の主張を裏付ける客観的証拠が乏しかった点から，彼女自身も後に取り下げているに至っている。性度検査の利用目的を明確にすることがこの種の検査の有効活用，今後の発展に大きな鍵を握るだろう。

　向性検査（extroversion-introversion test）は，そもそも Jung, C. G. が提唱した外向－内向概念をもとにして作成されたものである。日本では淡路・岡部式向性検査が1932 年に淡路円治郎，岡部弥太郎によって作成されており有名である。それを田中寛一○が修正した田中向性検査もある。いずれも 50 項目からなり，「はい」「いいえ」の二件法である。現在ではこの向性検査が，さまざまな心理検査（たとえばビッグファイブなど）の部分集合として，より洗練された形で吸収されていると言ってよいだろう。

§2　投影法的なもの
（0）投影法の注意点

　投影法は，projective technique（method）の訳であり，投映法とも訳されることがある（どちらかと言えば前者の方が一般的か？）。どのような技法にも共通して言えることは，①曖昧な刺激を被検者に与えてそこから表出する反応をもとにして分析する点，②被検者のダイナミックで無意識的な心の動きを推察しようとする点である。その形式，解釈体系も柔軟なものが多く，検査者の力量が高ければかなり深いレベルの情報が得られる点が優れている。逆に，検査者の力量が低ければ，それに応じた情報しか得られないという難点がある。習熟に時間もかかり，理論体系も難解，未整備なものが多く，実証的な研究がしにくい。また実施にも手間がかかり，手軽に実施できないというのも難点であろう。

　こうした点から，特に投影法で注意してほしいのが被検者以上に検査者の問題である。たとえば解釈における信頼性である。同じ TAT 記録を解釈したとしても，検査者によって大きく異なる場合は，心理検査の信頼性が疑われる。さらには記録を取る段階ですら検査者の力量によって大きな差異が生じる。通常，信頼性という場合には，測定したデータの安定性を意味する。質問紙法の場合には，被検者のデータがそのまま，とりあえず客観的に採集できるため，検査者の信頼性が特に問題になることはない（実際には手続きの標準化●の問題も十分注意せねばならないが）。しかし投影法の場合には，測定時のデータ採集の時点から，検査者の主観がかなりの部分介在して，はじめて活用できる場合が多い。従って，被検者の安定性（たとえば再検査信頼性●）の問題と，検査者の解釈の安定性の問題との両方を考えながら，信頼性を検討する必要がある。そしてこれは，妥当性にも当てはまることであろう。なお，この検査

者の安定性のことを，採点者（評定者）間信頼性●と呼ぶ。

　これらの諸問題をクリアして，大学での心理学専攻者が，深く習得することは学部卒業時点では非常に困難であろう。大学院を修了してもさらに実務経験が必要な心理検査であると言える。一般実験の中でもその実習が十分にはなされない場合も多い。従って，国Ⅰ，家裁の公務員試験として，Rorschach Test や TAT がすぐに実施できることが求められることはまずない。最低限度どういうものかについての基礎知識（それを以下に紹介している）を有していれば十分だろう。

　ただし，心理検査の使用のされ方が，定義の部分でも述べたように，ある文脈や他の検査との組み合わせ（テストバッテリー）を重視されたものになってきている。それゆえ，各々の投影法が他の手法（特に質問紙法）では採集できないような当該検査の独自性が何であるかを明確にして覚えておくとよい。

　なお，描画法の多くはこの投影法に一般的には分類されるものであるが，非常に数多いので，あえて別項目にして§7で紹介することにした。

（1）投影法の分類

　投影法は，現在きわめて数多くあり，その分類法もさまざまなものがある。投影法理解のために重要な分類の視点を紹介しておく。この分類は，テストバッテリーを組んだり，目的に応じて適切な投影法を選ぶためのものであることが前提でなされるものであり，必要に応じてさまざまな分類が成り立つであろう。

　投影法という用語を初めて用いたとされる Frank, L. K.（1939）は，投影法の反応を①構成法，②解釈法，③洗浄法，④組み立て法，⑤歪曲法の五種類に分類している。これは投影法によって得られる反応の性質から分類したものである。①構成法（constitutive method）とは，未分化な素材に構造を与える方法であり，ロールシャッハ，指筆法などがこれに入る。②解釈法（interpretive method）とは，絵のようなものを想像力を駆使して解釈してもらうものであり，TAT や P-F スタディが代表例である。③洗浄法（cathartic method）は，ある題材を使って，感情反応を起こさせるものであり，治療法と区別がつけにくいものである。心理劇，人形遊び，箱庭療法などがここに入るだろう。④組み立て法（constructive method）は，積み木細工やモザイクテストのように無意味と思われる部分を組み上げてゲシュタルトを作る方法である。⑤歪曲法（refractive method）は，筆跡学などが代表例であり，言語表出などのコミュニケーション時の反応をもとに解釈するものである。

　他にも Lindzey, G.（1959）の分類は，①刺激素材の性質（構造化されているか否か，視覚的か聴覚的か），②テストが理論的か経験的か，③解釈法（形式か内容か），④目的（一般か特殊か），⑤実施法（集団か個人か，他記式か自記式か）⑥反応の型の六

次元があるとしている。特に最後の⑥の反応の型については，もっとも重要な視点であるとして，さらに，（a）連想（association）（b）構成（construction）（c）完成（completion）（d）選択・順序づけ（choice or ordering）（e）表出（expression）の五種類に分類している。

Lindzey は，さらに，①から⑥までの視点をもとに，11 種類のテストを類似性から，5 つのクラスターに分けているが，この試みは必ずしも成功しているとは言い難い。確かに投影法を分類するためには，複数の視点が必要であることは確かだが，それがかえってわかりにくいものになってしまっているようである。むしろ単純に，反応様式の一次元のみに着目した（a）連想（b）構成（c）完成（d）選択・順序づけ（e）表出の視点の方が望ましいように思われる。この分類法と Aiken, L. R.（1999），

表2　投影法（投映法）の分類

(池田，1971 に Lindzey, 1959 および Aiken, L. R., 1999 等の視点を加味して加筆)

①連想法（association）によるもの 　連想する単語を言わせたり，インクのしみから連想する語を言う。 　あるいは刺激語から連想される色彩を選ばせる。 　　自由連想法（Freud, S., 1894）●， 　　言語連想語テスト（Jung, C. G., 1906●；Kent, G. H. & Rosanoff, A., 1910）， 　　インクブロット・テスト（Rorschach, H., 1921）●， 　　色彩象徴テスト（小保内虎夫，1952；松岡武，1972）
②構成法（construction）によるもの 　曖昧な絵や写真から物語を作らせたり，背景画と部分構成画で 1 つの状況画を作らせる。 　　TAT，CAT（Murray, H. A., 1935 他）， 　　ブラッキー絵画検査（Blacky picture test）（Blum, G. S.）， 　　MAPS（Make A Picture Story）（Shneidman, E. S., 1947），HTP（Buck, J. N., 1948）● 　　図式的投影法（水島恵一，1993）
③完成法（completion）によるもの 　未完成文を完成させたり，人物間の会話を完成させる。 　　文章完成法（SCT）●（Rotter, J. B., 1946; Rohde, A. R., 1947; 精研式＝佐野・槇田，1976），PF スタディ（Rosenzweig, S., 1942）●
④選択・順序づけ（choice or ordering）によるもの 　絵や言葉の中から選択させる。 　　ソンディテスト（Szondi, L., 1947），Tomkins-Horn Picture Arrangement Test 　　Kahn Test of Symbol Arrangement
⑤表出法（expression）によるもの 　描画や遊技，演技の中で表出させる。多分に治療的な部分を持つ 　　┌─ DAP（Draw-A-Person）Test ●，handwriting analysis 　　│　　（治療的なニュアンスが少ないもの） 　　│ 　　└─ 指筆法（指絵法）（finger painting），人形劇（doll play），遊戯療法（play therapy），心理劇， 　　　　社会劇（Moreno, J. L.）●，箱庭療法●，風景構成法● 　　　　（治療的なニュアンスが強いもの）

註）創案者と年号は代表的なものをあげておいた。詳細はブックリスト等を参照してほしい。

さらには池田（1971）などを参考にして，筆者（山口）が分類したものが，表2である。

ただし，必ずしも1つの投影法が，1つのカテゴリーに入るわけではなく，複数入りうる可能性がある。特に描画法に関しては，わざわざ§7で論じたように，さまざまな側面を有している。このように投影法の検査は，その各々が one and only の要素が強い技法であるため，独自性に着目すると，1つのカテゴリーに1つの検査しか入らなくなる。絶対的な分類法は存在しないことを強調しておこう。

なお，臨床心理学者が臨床場面で使用することが多いものはアメリカでは次の6種類であるという（Watkins et al., 1995）。わが国とは少々異なるであろうが，参考までに挙げておく。

1．文章完成法（Sentence Completion Test）
2．TAT（絵画統覚検査）
3．Rorschach test
4．Bender-Gestalt test
5．Projective Drawings（投影法的描画検査）
6．CAT（Children's Apperception Test）

(2) Inkblot test ●, Rorschach test ●

最も代表的で，使用されることも多く，歴史的にも古い投影法検査である。そもそもインクのしみを使って，人間の精神を測定するというアイデアは Binet, A.● も持っていた。Rorschach test 自体は，1921年にスイスの精神科医 Rorschach, H.●（1884-1922）によって発表されたが，このときは精神力動的解釈には触れず，実験報告のみであった。この採点と解釈については，彼の死後多くの研究者がこれに取り組んでいる。解釈法は提唱者の名がつけられることが多く，Beck 法，Klopfer 法，Piotrowski 法，Rapaport-Schafer 法，Exner 法，わが国でも Klopfer 法に準拠した片口法，大阪大学法，Beck の影響の強い名古屋大学法，Exner をもとにした包括的システムなどがある。これらの分析法によって，分類の符号などが若干異なる場合があるが，基本原則は同じである。

Rorschach test は，一般に10枚の刺激図版からなっており，各図版は白色ボール紙に左右対称のインクのしみが印刷されている。10枚のうち5枚は無彩色で，他の5枚は赤，緑などの色彩または赤と無彩色の彩色図版である。図版の他，検査者は筆記用具や記録用紙，場合によってはストップウォッチが必要である。

教示は，一般に「これから10枚の絵を見てもらいます。これがあなたには何に見

えるか，どのようなものに似ているかを答えてください。正しい答えとかよい答えといったものはありません」などと言って，一枚ずつ順番に受検者に渡すものである。このように，実施手順自体は特別難しいというわけではない。ただ，この教示も解釈法によっては，かなり変わることもある

その符号化，解釈などは，膨大なのでかいつまんで紹介する。

この検査の基本構造は，3つの次元，すなわち「視野（どこにみたか）」「刺激特性（どのような刺激特徴からみたか）」「内容（何をみたか）」に分けた上で，その体験の評価を行う。視野は反応領域，刺激特性は反応決定因，内容は反応内容と呼ばれ，体験評価は形態水準，平凡反応の二側面で行われる。

この解釈も構造分析，継列分析，状況分析という3つの側面からなされている。構造分析は各種の産出反応数，比率などの数量的データを手がかりに解釈を進めていく立場である。Exner法ではこのための構造一覧表が用意されている。この数値データを中心にして解釈するのが構造分析である。継列分析は10枚の図版の特徴を念頭に置いて，個別の反応を関連づけようとするものである。状況分析は被検者と検査者間の関係性を通じて解釈を進めるというものである。

本検査の抱える問題は，その符号化，分析，解釈に要するトレーニングがかなりのものを要する点である。特に符号化，スコアリングの方法が煩雑であり，外国語の習得にも似た大変さがある。その解釈も外国語解釈と同様に，その場の文脈によって大きく変化し，一語一義，一対一の対応の解釈はできない。

逆に言えば，優れた検査者であれば，被検者の深層心理，無意識的な心理を拾うこともできるし，被検者の反応歪曲も含めて人間のダイナミックな理解が可能になるという投影法の持つ代表的な長所も有している。

統計的手法を使った実証的な点での，信頼性，妥当性の研究も非常に多くのものがあるが，肯定的なものもあると同時に否定的なものも多く，いまだに今後の研究に待たれる部分が大きい。

(3) TAT●

Thematic Apperception Test●の略称であり，主題統覚検査●が邦訳であるが，絵画を使用するため，絵画統覚検査とも呼ばれたこともあった（「絵画」という邦訳は強く否定する人が多いのでやめた方がよかろう）。1935年にMorgan, C. D.とMurray, H. A.●によって「空想研究の1つの方法」と題された論文によって最初に報告された。今日のTATは，その後三度の改訂を経て，Murrayが発表した図版と手引き（1943）（ハーバード版）が世界に流布されている。精神医学的な診断の補助として開発されたのではなく，パーソナリティの諸側面を解明することを目指す。

現在日本では，全31枚の中から一部（数枚から十数枚）を選択し，短時間に一度

で済ませる短縮法で行われることが多い。このときは「これから一枚ずつ絵を見せますので，それぞれの絵についてできるだけおもしろい話を作ってください。どのようにしてその出来事が起こったか，これからどのような結末になるかを，心に浮かぶまま話してください」のように教示する。

投影法が一般にそうであるように，その分析法が十分確立されているとは言い難い点が短所である。Murray の欲求－圧力分析●が有名ではあるが，EPPS と同様に，その欲求－圧力が妥当なものかどうかは今後も検討していく必要があるだろう。被検者から得られたデータ（物語の特徴）は，ロールシャッハテストのような記号化や量的分析に適さないため，分析・解釈には，臨床的な洞察力はもちろん，かなりの熟練を要する。

信頼性に関しては，「（0）投影法の注意点」で述べたような検査者の解釈上での一致の問題（解釈信頼性），被検者の再検査信頼性の問題の2つが十分検証されたとは言い難い。解釈信頼性は 0.30～0.96，再検査信頼性●は2カ月から10カ月で 0.80 から 0.50 に落ちたという Tomkins の報告もあるが，いずれも事例的なデータである。妥当性も，他の投影法（Rorschach test）との一致を調べたり，自叙伝や面接との基準関連妥当性を検討したものがあるが，やはりいずれも事例研究的なものが多く，必ずしも十分検証されたとは言い難い。そもそも顕在的に出現する行動ではなく，その底に潜在する欲求，期待などを測定するために考案されたものであるため，反証可能性が十分確保された理論構造ではないという部分もある。

しかし，投影法の代表的な検査として，Rorschach test と同様に，被検者の人格を豊かに，ダイナミックにとらえることができるという点は最大の特長であると言えよう。この点で，精神力動的な面をとらえやすく，理論的な面でよい意味（説明力が高い点）でも悪い意味でも（反証可能性がきわめて乏しい点），精神分析学への親近性があり，精神分析療法と併用されることもある。

▶補足

10歳以下の幼児用として，人物ではなく，動物画を使用して構成された CAT（Children's Apperception Test）●が Bellak, L.● &, Bellak, S. S. らによって作成されている。これを通称ベラック版 CAT●と呼ぶ。その後，動物画に対して否定的な見解も生まれて，人物画にした CAT-H も同じ Bellak らによって作成された。日本版 CAT はベラック版も参考にしているが，図版の質量ともに独自の工夫が凝らされている。

SAT（Senior Apperception Test, Senior Apperception Technique）○は，CAT とは逆に，65歳以上を対象とした高年齢者版で，やはり Bellak○らによって作成されている。Bellak らは単なる査定を超えた臨床技法という意味を込めたようで，test ではなく，technique という語を用いている。登場人物が老齢者が多く出現しており，高齢者が回答しやすいよう工夫されている。

（4）SCT●

　Sentence Completion Test●の略称で，日本では文章完成法，文章完成テスト●と訳される。もともとは言語連想検査から派生したものであり，最初に心理検査法として用いたのは Ebbinghaus, H.●（1897）であるとされるが，これは知的な面の検査として使用された。1920年代から30年代にかけて，アメリカの大学生の職業相談の文脈で使用されだし，1940年代に入ってからは，アメリカでは第二次世界大戦の軍人のスクリーニング検査として利用されたという経緯もある。きわめて数多くの研究者による研究史があり，また種類も豊富であるが，このスクリーニング検査等の流れでは，Rotter, J. B.（1950）の ISB（Incomplete Sentence Blank）が歴史的にみても古く，現在も改訂され RISB（The Rotter Incomplete Sentence Blank, Second Edition, 1992）として使用されている。

　なお，アメリカでは広義の用語として SCM（Sentence Completion Method）という語があり，こちらを文章完成法と訳す場合もある。この場合は，課題の形式について広義に定義しており，知的な面の測定も含まれる。文章完成テストとして狭義の意味で使うときには，パーソナリティの査定のための検査であることを指す。

　日本では『精研式文章完成法テスト』（佐野・愼田，1976）○などが代表的であり，「子どものころ，私は…」「私はよく人から…」などの後に続く空欄を埋める作業を求める形式のものである。検査の実施はこのように，特殊な技能や器具を必要とせず，実施も比較的容易であるという長所がある。ただし，このような文が全部で30文あるので，実施に1時間程度の時間は必要であろう。この文を老人向きに変えた老人用 SCT，達成動機を計るために作成されたもの，法務省で活用されている MJ 式 SCT（法務省式文章完成検査）○など，目的に応じて作り替えることが容易で，コストもかからず応用可能性が高いという利点がある。

　それに対して，その結果の解釈には専門的な知識と経験が必要であり，数量化も困難であるという短所がある。そもそも投影法的な検査であるので，さまざまな質的な情報が得られる利点はあるが，あくまで言語表出に頼っているため，深層心理をとらえることは難しい。また，ある程度の知的言語表出能力が必要条件であるという限界もある。投影法に限定しても，深層レベルでの意識を探る別種のもの，たとえばTAT や Rorschach test との併用が望ましい。

（5）P-F study（Picture-Frustration study）●

　P-F study は Rosenzweig, S.（ローゼンツァイク，ローゼンツヴァイクと表記されることもある）●（1907-）によって作成された投影法的なパーソナリティテストで，初めて公にされたのは1945年である。その後児童用，青年用などが出版され，Rosenzweig 自身により1978年に「基本手引き」が公刊されている。絵画 - 欲求不満

テスト●とわが国では呼ばれる。

　Rosenzweigはフロイトらの影響を受け，パーソナリティ研究の方法としてフラストレーション現象に着目した。その結果，フラストレーション状況における反応を系統的に分類する方法を模索する中で，この投影法的な検査を開発した。P-Fスタディは，通常の心理検査と異なり，フラストレーション研究のための技法として考案されたことを示すため，あえてテストではなくスタディということばがあてられている。

　児童用，青年用，成人用があるが，基本的な構成はすべてに共通している。わが国のものは1950年代から試案版が検討されてきたが，1987年に「P-Fスタディ解説」が出版されている。テストは1冊の冊子になっており，刺激図版は24個ある。刺激図版の場面はすべてが何らかのフラストレーション事態を示している。

　教示は冊子の表紙に，例といっしょに書かれている。例は一枚の図版であり，2人の人物が描かれている。左側の人物がfrustrater（欲求阻止者）であり，右側がfrus-tratee（被欲求阻止者）である。左側の人物が右側の人物に向かってフラストレーションを起こさせるような発言，状況を作り出しており，それに対して右側の人物がどのように答えるかを吹き出しの中に書き込む。

　教示文は「絵の左側の人物が言ったことに対して，右側の人は，どんなふうに答えるでしょうか。あいている箱の中にこの右側の人が答えると思われることばを書き込んでください。一番最初に思いついた答えをすばやく書いてください。答えを書き直したい時は，消しゴムで消さずに，鉛筆で線を引いて消してください」のようなものである。

　分析法が非常にシステム化されている点が優れた特長と言える。アグレッションの方向によって他責的，自責的，無責的，アグレッションの型によって障害優位，自我防衛，要求固執の3×3の9類型に分類される（ただし，図版のフラストレーション事態は，自我阻害場面と超自我阻害場面からなるため，被験者の反応をスコアリングするときは，9ではなく11類型となる）。スコアリングのやり方についてもほぼ完備されている。それゆえ，個別法だけではなく，集団法でも実施可能である。また，実施時間が比較的短時間（20～30分）である点も望ましい点である。

　信頼性については，再検査信頼性も，スコアリングの信頼性も，ともに十分な実証的結果が得られているが，妥当性に関しては，必ずしも肯定的なものばかりではない。特に予測的妥当性の面で否定的な見解があり，犯罪者や非行少年に鑑別所，児童相談所等で実施すると，自責的，無責的反応が多いということである。もちろん，これはデータ採集時が被検者に反省を求められている場面であるためであろうが，今後の追跡調査等が待たれるところである。

（6）Szondi Test

　Szondi Test（ソンディ・テスト）は，1939年に，Szondi, L.○（1893-1986）によって1939年に考案された投影法検査であり，彼が構想した運命分析学（Schicksalsanalyse）を検証するために考案されたものである。1947年に，テストマニュアル，48枚のトランプカード状の顔写真セットのテスト用具が公刊されるようになった。

　同性愛，鬱病などの8タイプの精神疾患患者の顔写真を被検者に呈示し，好き嫌いを評定させることで性格の査定を行うものである。Szondiによれば，Freudの個人的無意識と，Jungの集合的無意識との中間に，家系的無意識があるという。この家系の遺伝に基づく無意識的衝動を明らかにして，その否定的なものを予防し，肯定的なものへと転換することが治療に役立つとした。

　48枚の顔写真は，典型的な精神疾患患者であると言いつつも，実はそれ以外のものが含まれており，Szondiの理論構成の是非はさておいても，内容的な面での妥当性を疑問視されることもある。また，いずれもヨーロッパ人の顔写真であるため，日本人に適用することへの問題もあろう。

　結果の分析については，衝動プロフィールの作成手続きがかなり整備されており，さまざまな量的な分析法も，とりあえず確立されている。日本では大塚義孝らによる多くの研究もあり，深層レベルの意識を拾い上げる検査として，多くの場面で用いられてきたという事実はある。

　本検査の最大の問題は，やはりSzondiの運命分析，衝動分析などの理論的根拠である。今後もこの理論の妥当性に関して検討されねばならないだろう。

（7）箱庭療法 ●

　箱庭療法は，心理検査というよりはまさに「心理療法」「心理面接」の一技法である。しかし，同時に投影法的な性格を持つ検査としての側面を持つものでもあるので，ここでも少しだけ触れる。かつて，このような問題が出題されたことがある。

> ●治療的，教育的働きかけによって生ずる人格や行動の変化を査定する方法を1つ挙げて，具体例を挙げて説明し，さらにその方法論状の問題点についてのべよ。（家裁H4，心理測定分野）

　この代表例はまさに箱庭療法であろう。もちろん（1）で紹介したように描画法の多くも同様な傾向を持っているし，ロールプレイやQ分類もやはり治療的働きかけの性質を有している。このような問題の場合には，こうした治療的，教育的働きかけを有している検査に焦点を当てて論じるのが模範解答である。

しかし，他の質問紙法の心理検査についても考えてみてほしい。通常の心理検査が，そのまま治療的側面を有しているわけではないが，ある文脈における治療的，教育的側面なしには，心理検査は実施しにくい。たとえ実施できたとしても，ある種の治療的，教育的な文脈性があってはじめて，心理検査は意味を持ち得るし，活用できるのである。一連の流れの中で，治療的な意義が心理検査に与えられることもありうる。

箱庭療法的な側面（治療的，教育的意義）を，多くの心理検査は多かれ少なかれ有しているということである。描画法の部分で紹介する風景構成法もその側面が強い検査である。このように，心理検査と心理療法との境界が必ずしも明確ではない点は意識してほしいことである。

なお，箱庭療法の詳細は心理療法の部分で紹介する。p.80 参照。また，上記の解答は本シリーズの〈心理測定・統計編〉を参照してほしい。

(8) 図式的投影法

図式的投影法は，水島恵一（1993）らによって開発された技法であり，投影法に位置づけられるが，治療場面に使用されることも想定されており，心理療法的な意味合いもあるものである。描画法的側面を有するので，§7で紹介してもよかったのだが，描画そのものに頼るというよりは，まさに図式に依拠する部分が大きい。カードや円形コマ，針金などの簡単な材料を一定のルールに従い配置させることで被検者の心理状態を把握しようとするものであるため，あえてここで紹介している。

単純図式投影法，カード式投影法などの技法があり，前者は，自己像単純図式投影法，家族関係単純図式投影法というものがある。自己像単純図式投影法は，針金（30cm），円形コマ（一円玉大），対象カードを用いて，ある対象に対する自己像を作品にしてもらう。B5版の白紙を縦にして台紙として使い，上方から2cm下に対象カードを固定する。対象に「父親」「家族」「社会」などのさまざまな概念を入れ，以下の標準教示によって自己像を作成させる。その際の標準教示は，「コマを自己の核，針金を自己の枠とし，核の位置，枠の位置とその開き具合，向きによって外界に対する自分の姿を作成してください。その際，自己の枠を表わす針金はなめらかな円形になるようにしてください」というものである。

特別な器具が不要で，実施にコストがかからない点や，比較的導入がしやすい点などが優れていると言えるが，無意識的な部分まで反映されているのかということにはかなり疑問があるし，分析手続きが完備されているとは言い難い技法である。今後の妥当性の検討が望まれるとともに，まずは手続きの整備が急務であろう。

なお，以上に紹介したもの以外で，通常投影法に分類される重要なものは，描画法で紹介している。（1）の表2（p.39 参照）にも，さまざまなものをまとめて載せて

いるので参照してほしい。

§3 適性検査
（0）適性検査の注意点
　適性検査は Aptitude test の訳であり，何らかの課題や仕事に適性があるかどうかを判定する検査である。しかし，その範囲を厳密に考えると難しい点もある。知能検査はそもそも学校場面への適応を意図して Binet により創案されたものであり，その点では適性検査としての側面もないとは言えない。同様に適性検査は，学習の達成度などを測定する学力検査とははっきりと区別されているが，入学試験などの学力検査は入学後の適性を判定するためのものであるため，適性検査に入れられる場合もある。

　たとえば，アメリカで施行されている SAT（Scholastic Aptitude Test; 進学適性検査）●は，その名称にもあるように適性検査という位置づけが一般的である。わが国では1979年から共通一次試験，1990年からはセンター試験が，適性検査的役割を果たすべく実施されている。あるいは各大学での入学試験も，作成者は「適性」を判定するために作成しているはずであろう。しかし，アメリカとわが国では入試システム，大学運営のシステムが異なるし，実際問題としてはたして現在，それらが適性検査たり得ているかどうかは悩ましい。

　確かに適性検査と言う場合には，学力検査を除くのが普通であり，職業，職務への適性を判定するためのものである。しかし，適性とは本来，より広い概念の中で定義されるべきであり，学力はもちろん，さまざまな能力を包含して，本人の適応を予測するためのものであるべきなのであろう。以下に紹介する（1）（2）は，その点で適性検査の代表例であるが，狭義の意味でのものであると言えよう。

（1）VPI●
　Vocational Preference Inventory●の略称で，職業興味検査と日本では訳される。他にも，VIT（Vocational Interest Test）と呼ばれることもある。さまざまな職業活動への興味を測定するために作成された主として質問紙法検査である。日本でVPIと言う場合には，厚生労働省が関与して（その特殊法人の独立行政法人日本労働政策研究・研修機構），大学生向きに作成したものを指すVPI職業興味検査のことをさすのが一般的である。

　この日本語版VPIは，Holland, J. L.●の理論に基づき，彼の1978年版VPIをもとに作成され，人間は6つの人格型（現実，研究，芸術，社会，企業，慣習）のどれかを志向するというものである。これは，Spranger, E.●の価値指向性の類型とも関連しており，実証的にもある程度の信頼性，妥当性が検証されており，比較的短時間（30分以内）で実施可能である。

なお，職業興味検査は他にも数多く存在し，ストロング職業興味検査（Strong Vocational Interest Blank）○などもこれに入る。これは，Strong, E. K., Jr. によって1927年に開発された目録法によるもので，400くらいの職業活動に就いている人々に直接興味の傾向を尋ねて類型化し，職業活動のパターンを求めていったものである。ストロング職業興味検査を日本語版にした児玉省によるものがあるが，これは10の職業群に分けられている。

職業レディネステスト○は，現在新版が独立行政法人日本労働政策研究・研修機構から公刊されており，主として中学・高校生が自己の進路を探索し，将来の職業や生き方を考えることを援助するために開発された検査である。検査はA～Cの三種類から成り立っており，コンピュータ採点化もされている。このうちのA検査がVPIにあたると言えよう。いわばVPIをさらに包括した適性検査である。B検査が基礎的志向性（対情報，対人，対物），C検査（職務遂行への自信）を測定し，多面的に適性判断できるよう工夫されている。

（2）GATB●

General Aptitude Test Battery●の略称であり，アメリカ労働省による「一般職業適性検査」を一般には指す。これをわが国に翻案したのが，厚生労働省版の一般職業適性検査である。多くの職業の中から，ある職務を遂行するにあたっての必要な能力を測定する検査であり，職業適性検査（vocational aptitude test）○のもっとも代表的なものである。職業適性検査の中には，他には，特定の職務に必要な能力を測定するための特殊職業適性検査もある。

日本における厚生労働省編一般職業適性検査は，15種類の下位検査からなり，ここから9つの適性を求めて，どの職業群に合格するかを判定する。残念ながら将来において適性のある職務を予測するという予測的妥当性は，そもそもの検査の設計方針からして備わっていない。現時点でのある職業に必要な能力を備えているか否かを判定するものであるからである。

特定の職業への予測的妥当性を求めるのであれば，特殊職業適性検査の方が適切である。GATBの使用のされ方は，むしろ職業興味検査（VPI）●と同様に，検査結果をもとにして幅広い職業の中で，おおよその自分の傾向を見極めるために利用されることが望ましいであろう。

なお，わが国では，平成13年に独立行政法人日本労働政策研究・研修機構（かつての厚生労働省の特殊法人）によって「インサイト2000」という，パソコンを用いた職業適性診断システムが開発されているので，これも頭の片隅に入れておくとよい。

（3）それ以外の適性検査

注意点のところで述べたSAT（Scholastic Aptitude Test，進学適性検査）は入れ

るかどうか議論はあるだろうが，一応ここに入れておく。それ以外にも，Bennett, G. K. によって1951年に開発された弁別的適性検査（Differential Aptitude Test, DAT）があり，日本語版は「DAT式適性検査」として1966年に公刊されている。この検査では言語推理，数能力，抽象推理などの8種類の下位検査から構成されている。

同じくBennetによるベネット式機械的理解力検査（Bennet Test of Mechanical Comprehension），田中教育研究所が開発した田研式「事務的職業適性検査」などの，事務能力，機械的能力を判定するための職務適性検査もある。

音楽適性検査（e.g., Seashore's Measurement of Musical Talent; シーショア音楽的才能検査）や芸術鑑賞適性検査も作成されているが，その試みは成功しているとは言い難い。

§4 知能検査

(0) 知能検査の注意点

知能検査には，その開発過程からも発達検査としての側面がある。また，適性検査の項でも紹介したように学校場面での適応を調べる適性検査という側面もある。厳密に発達検査，適性検査などと，区別すること自体には，あまり意味はないだろう。

しかし，もちろん知能検査とはっきり言い切れるものはあり，以下に示すビネー式検査とウェクスラー式知能検査とが，典型的な二種類である。ITPAはそれよりも発達検査，臨床検査的な色彩が強くなる。描画法に分類したDAPなども知能検査と言ってもよいものである。現在はより診断的な需要が高まっていると言えよう。

知能検査の実習は心理学専攻者に不可欠なものである。一般実験での実習には熱心に臨んでほしい。

(1) ビネー式検査（田中ビネー，鈴木ビネー）●

Binet, A.●によってSimon, T.○とともに1905年に作成されたもっとも伝統的な知能検査である。その後，Binetが亡くなるまで1908年法，1911年法と二回の改訂がなされた。

彼のもっとも優れた創案が精神年齢（Mental Age; MA）●というものである。これは，彼がパリ市教育委員会から，精神薄弱児と正常児とを弁別するための方法を求められて考案したもので，各年齢（1歳から13歳以上）に応じて解けるであろうと思われる問題を設定し，その問題ができたときに当該の精神年齢であるとするものである。当初は，精神薄弱児と正常児との弁別が目的であったが，やがて，普通児と優秀児との弁別にも使用されるようになった。

特に，Stern, W.●が，

$$知能指数(\text{Intelligence Quotient}) = \frac{精神年齢(\text{Mental Age})}{生活年齢(\text{Clonological Age})} \times 100●$$

というアイデアを出したことから，後に Terman, L. M.●が第一次世界大戦の徴兵を契機として多くのデータを採集し，スタンフォード・ビネー知能検査●において，知能指数が標準化される。このスタンフォード・ビネー改訂版は，90問から成り立ち，1400人の児童を対象として標準化がなされている。

日本でも非常に古くからビネー式知能検査が紹介されてきた（最初は1908年に三宅鉱一）が，有名なのは鈴木治太郎●による鈴木ビネー式知能検査●，田中寛一●による田中ビネー式知能検査●などである。

ビネー式知能検査はビネー自身が明確な知能の定義を行っていないが，有機的に統一されたものであるとみているようであり，解答結果をすべてを包括し，総合的に判定した精神年齢が得られるというのが長所である。また，検査の所要時間が比較的短く，熟練した検査者であれば30分以内にすませることも可能である点も望ましいことである。

しかし，同時に全体を包括した精神年齢という概念しか，検査結果から獲得できない点が短所でもある。つまり，ウェクスラー式のような診断的な判定ではなく，下位尺度のプロフィール化といったことがいっさいできないのである。このため，検査結果の信頼性は一般に高いが，妥当性というときに，ウェクスラーのような弁別的な妥当性が乏しい。ウェクスラー検査とのテストバッテリーを組むことなども，検査を有効活用するためには必要なことであろう。

また，知能検査は日常生活に根ざして設計されているため，生活が変化することで，今現在の児童には不適切な設問になっていく場合が多い。田中ビネー式知能検査も，全面改定した1987年からすでに二十年近く経っており，時代によってその意味が異なる点には十分な注意を要する。各々の検査の早期改訂が望まれる所以である。

◆補足 1

アメリカ陸軍式知能検査（アーミーテスト）○の中で，検査問題が言語性のものだけで構成されている場合，α 検査●，言語性検査●，A式知能検査●と呼ばれる。

それに対して，記号や図形などの非言語性の問題のみで構成されたものは，β 検査●，非言語性検査●，B式知能検査●と呼ばれる。両者をまちがえないように。前者の方が先にできたと覚えておけば混同せずにすむであろう。

◆補足 2

B式知能検査の集団版として，苧阪・梅本（1953）による「京大NX知能検査」●（NX●と略称されることもある）がある。これは適用年齢に応じて分かれているという特徴を

持つ。

(2) ウェクスラー知能検査● (WAIS, WISC, WPPSI) ●

　この検査は，WAIS (Wechsler Adult Intelligence Scale) ●，WISC (Wechsler Intelligence Scale for Children) ●，WPPSI (Wechsler Preschool and Primary scale of Intelligence) ●らを含む，Wechsler, D.● (1896-1981) によって作成された，最も代表的な診断的知能検査である。

　もともとはウェクスラー－ベルビュー知能検査 (Wechsler-Bellevue Intelligence Scale) ○が，1939年にWechslerによってBellevue病院で，個人の知能を診断するために作成されたものが最初である。

　この検査は，6種類の言語性検査と5種類の動作性検査によって構成されており，10歳から60歳までが適用範囲とされる個別検査である。言語性IQ○，動作性IQ○，全体IQ○という三種類のIQが測定され，下位検査のプロフィール化，偏差IQ（偏差知能指数；deviation IQ) ●なども可能になった点で優れた特徴をもっている。

　偏差IQとは，オリジナルの知能指数とは異なり，CAとMAの比を取るのではなく，同一年齢集団の平均値からのずれ，すなわち偏差からIQを表現しようというものである。式で示すと，

$$偏差IQ (deviation\ IQ) = \frac{15(X-M)}{SD} + 100 ●$$

で示される。ここで，Xは当該被検者の評価点の合計であり，MとSDとは，同一年齢集団の評価点合計の平均値と標準偏差である。従って偏差IQでは，どの年齢集団においても，平均が100，標準偏差が15になる。

　その後，改訂を続け，上記に述べた WAIS（成人用，後にWAIS-R），WISC（児童用，後にWISC-R，WISC-Ⅲ），WPPSI（幼児用）などが現在存在している。知能に関する仮説としてはWechslerは，知能と性格とを結びつけるAlexanderの因子説を取り入れて彼の理論を発展させている。

　Wechslerは知能を「自分の環境に対して目的的に行動し，合理的に思考し，効果的に処理する個々の能力の集合的または全体的なものである」と定義している。この集合，全体という際に，言語性と動作性との両方から成り立つと考えたのである。

　ウェクスラー検査の最大の特長は，上述した開発目的からも分かるように，知能の構造に関して診断的側面をもっている点である。その上，下位尺度のプロフィール化に関しても長年の肯定的な実証研究の蓄積があり，その信頼性については非常に高いという多くの報告がある。また，成人用から幼児用まで開発されており広範囲の年齢（3歳から75歳まで）に活用されうる点も優れている。

問題点としては，妥当性に関してはまだ実証研究は不十分であり，特に幼児，児童版の予測的妥当性に関しては疑問視する見解もある。また，検査の実施時間が2時間以上にわたるときもあり（通常は1時間程度だが），被検者の労力がかなりかかる検査である点も難点である。

さらに，幅広い年齢にわたって使用可能であるものの，検査の構造が，広範囲の年齢で同じであるという問題がある。これは，知能に関して，その構造がどの年齢でも同じであるということで，現在の脳神経科学上の知見からしても，直感的にも不自然であり，構造自体を年齢ごとに解明していく必要があるだろう。

（3）ITPA●

Illinois Test of Psycholinguistic Abilities○の略であり，イリノイ大学のKirk, S. A.●によって開発された，児童の知的能力を言語学習能力の側面から測定するための診断テストである。その点では，知能検査の一種であるが，発達診断の要素が強い検査である。原版は1961年に実験版，1968年に改訂版が出され，日本版ITPAはこれをもとにして作成された。その後20年を経て，日本独自の要素を強め，1993年に改訂版が出されている。この適用年齢は3歳0カ月～9歳11カ月である。

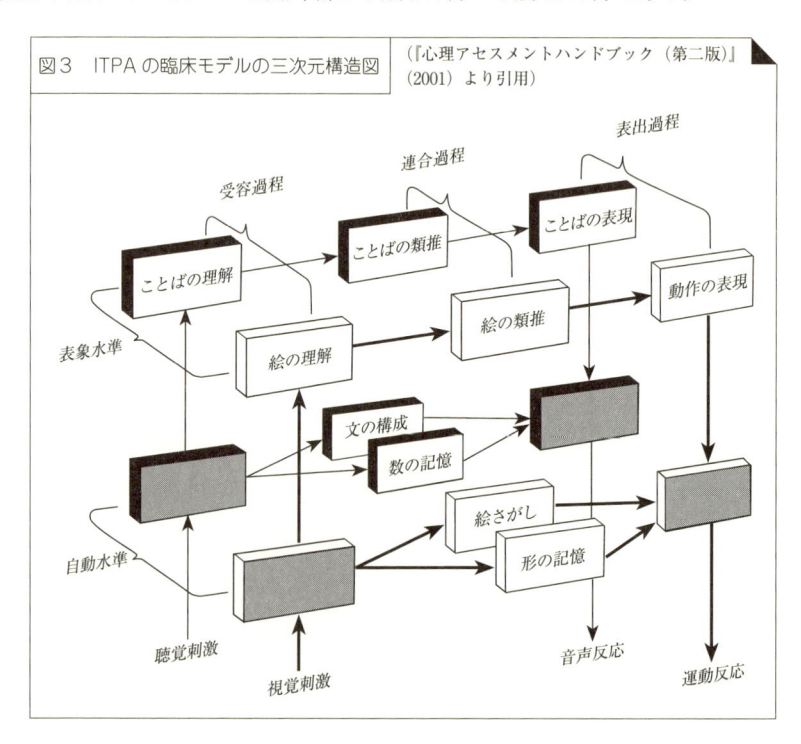

図3　ITPAの臨床モデルの三次元構造図　（『心理アセスメントハンドブック（第二版）』(2001) より引用）

ITPAは個人内での発達の領域による遅れを見いだそうとするもので、一人の児童が持つ諸側面の中から、成長の相違を見いだすのが目的である。ITPAはコミュニケーションに関する言語能力を回路、過程、水準の三次元でモデル化している。日本版では、10の下位尺度があり、この下位尺度間のプロフィールを分析することで、どのレベルでの発達の遅れがあるかが分かり、その領域への補償教育などの有効性が認められている。

テストの理論背景が単なる経験則ではなく、言語能力の過程に関するモデルが備わっている点が優れた特長であり、既に述べた実際の教育場面への適用もなされる点が長所である。こうした構成概念妥当性の点では比較的優れているが、プロフィールの診断に関して、全体的な把握に関しての類型化、使いやすい範例があまりない点が短所と言える。

(4) K-ABC ●

ITPAと同種の、最近の認知心理学、脳神経科学の知見を組み入れた診断的な知能検査として、Kaufman, A. S. & Kaufman, N. L.（カウフマン夫妻）○が、テストバッテリーを組むところから作成されたK-ABC（Kaufman Assessment Battery for Children; カウフマン児童査定バッテリー）●があり、1983年に公表されている。

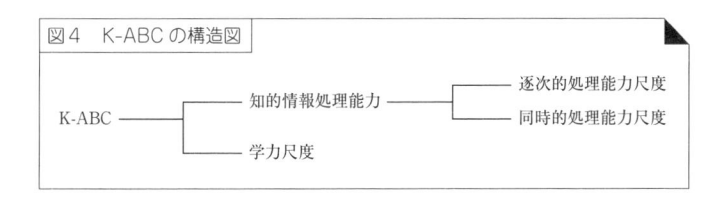

```
図4　K-ABCの構造図

                    ┌── 知的情報処理能力 ──┬── 逐次的処理能力尺度
        K-ABC ──────┤                      └── 同時的処理能力尺度
                    └── 学力尺度
```

これは個人検査であり、2歳半～12歳半程度まで使用できる。16種類の下位検査からこのテストバッテリーは構成され、図4に示すように、大まかに学力尺度と知的情報処理能力とを測定する2つに分けられ、知的情報処理能力は、さらに逐次的なものと同時的なものとに分けられる。

これは認知プロセスに着目した点で新しいタイプの知能検査であり、WISCと比較されながら、両者の併存的妥当性が検証されるという研究結果も数多くある。

なお、ITPA、K-ABCともに診断的な検査であるため、1時間程度の実施時間はかかる。K-ABCは近年利用されることが多いという。

§5 発達検査

(0) 発達検査の注意点

　知能検査の注意点でも述べたが，厳密に知能検査との違いを論じることには意味がない場合がある。そもそも発達検査は，知能検査の低年齢に向けた拡張版として開発されたものである。こうして作成された発達検査，すなわち「乳幼児精神発達診断検査」と呼ばれるものは非常に数多い。

　その1つひとつをすべて紹介することは，紙面の都合からもできないし，読者も試験目的ですべてを覚える余裕も必要もないであろう。しかし非常に多くのものがあることは現時点でも知っておいて欲しいし，そのうちいくつかのものは名称を覚えておいて損はない。実際に児童相談所などで働くことになったら使用する機会も多いであろう。その点で，この発達検査の項は，地方上級の心理職向きの項目である。国Ⅰ，家裁志望者はある程度省略してもよいかもしれない。

　表3に有名なものを列挙しておく。しかし，いきなりたくさんの発達検査を羅列されても当惑することと思う。簡単にその歴史的変遷に触れて，読者の理解の助けとしたい。

　歴史的に古く，今日の発達検査の原形となったのが Bühler, C.○ と Gesell, A.● の研究である。Bühler らの研究では，知能検査と同様に，

$$発達指数(DQ; Developmental\ Quotient) = \frac{発達年齢(Developmental\ Age)}{生活年齢(Clonological\ Age)} \times 100 ●$$

を産出できるように設計されている。この Bühler らのものをわが国で標準化したものが，1949年の牛島義友・木田市治・森脇要・入澤壽夫らによる『乳幼児精神発達検査（1949）』である。1276人の検査結果による標準化である。

　Gesell の発達診断は，1920年代からなされているが，その集大成と呼ぶべきものは1941に Amatruda, C. S. と共著で刊行され，この第二版（1947）が邦訳されている（『発達診断学（1958）』（新井清三郎・佐野保訳））。これは長く命脈を保ち，Knobloch, H. & Pasamanick, B.（1974）により改訂され再刊行された。これが『新発達診断学（1976）』（新井清三郎訳）としてわが国でも刊行されている。

　1941年版の Gesell と Amatruda の「発達診断」をわが国で標準化したものが，津守真・稲毛教子の『乳幼児精神発達診断法0歳～3歳まで（1961）』，同じく津守真・磯部景子の『乳幼児精神発達診断法3歳～7歳まで（1965）』である。いずれも1405人，1205人のデータに基づいて標準化されている（これらを通称，津守式発達検査○と呼んでいる）。

　古賀行義の『MCCベビーテスト（1967）』は Cattell, Psyche（1940, 1960）の『乳

幼児の知能測定』に基づき，やはり1302人の検査結果から標準化されている。MCCとは mother child counselling の意味である。

わが国の京都市で生まれた発達検査が，1985年に刊行された『新版K式発達検査』○である。Kとは京都市の略であり，1562人分の検査結果をもとに標準化されている。この検査は，Bühler, Gesell だけではなく，鈴木治太郎●などの知能検査からも広く問題が選択されている。

Užgiris, I. と Hunt, J. McV. (1975) による『精神発達順序尺度（OSPD）』は，発達を順序尺度で測定しようとする試みであり，わが国では白瀧貞昭・黒田健次によって訳されている（『乳幼児の精神発達と評価（1983）』）。

スクリーニング（ふるい分け）のための検査も近年，発達遅滞の早期発見のために数多く開発されている。Illingworth, R. S. は Gesell の弟子だが，『基本発達スクリーニング（1973, 1982）』を刊行しているし，上に述べた Knobloch と Pasamanick は 1966 年に『乳幼児用発達スクリーニング目録（DSI）』を公表している。

わが国でも遠城寺宗徳は，1958 年に『遠城寺式乳幼児分析的発達検査法』を標準化し，公刊している。これは 1977 年に改訂版も出ており，これを『九大版小児科改訂版』と称する場合もある（以下の表では煩瑣なのでまとめて「遠城寺式」○としている）。

他のスクリーニング検査としては Frankenburg, W. K. と Dodds, J. B.(1967) の『デンバー発達スクリーニング検査（DDST）』が発表され，これが上田礼子らによって『日本版デンバー式発達スクリーニング検査（JDDST, 1980）』，さらに母親や保護者が記入する形式の『日本版プレ発達スクリーニング検査（JPDQ）』なども公刊されている。

ドイツの Hellbrügge, T. は 1978 年に『ミュンヘン機能的発達診断法』を公表し，これが 1979 年に邦訳されている。

また三宅和夫・大村政男らによって母親や保護者が記入する発達スクリーニング用目録として『乳幼児発達スケール（KIDS）』（1989）を公刊しており，これは 6090 人の資料に基づき標準化されている。

(1) 乳幼児精神発達診断検査

表3にも挙げた乳幼児発達検査で，児童相談所などでよく使用されているものが，津守式○乳幼児精神発達診断法，遠城寺式○乳幼児分析的発達検査，日本版デンバー式発達スクリーニング検査（JDDST）○，新版K式発達検査法○などである。

そもそも乳幼児発達検査の定義は，就学前期（0歳〜3歳）の子どもの精神発達を測定する検査である。

発達検査の分類法はさまざまな視点があろうが，松島（1992）は，①発達検査法，

表3　主な乳幼児発達検査（中澤ら，2001のものを改変）

検査の性質			検査名	作　者	発行年
分析	直接	―	MCCベビーテスト	古賀，丹羽他	1967
分析	直接	診断	ミュンヘン機能的発達診断法	Hellbrügge, T.（村地，福嶋訳）	1979
分析	直接	診断	早期発達診断検査	川村，志田	1982
分析	直接	診断	新発達診断学	Gesell他（新井訳）	1976
分析	直接	診断	乳幼児精神発達検査	牛島，木田他	1949
分析	直接	診断	新版K式精神発達検査	嶋津他	1985
分析	直接	診断	乳幼児発達評価尺度	Užgiris & Hunt（白瀧他訳）	1983
分析	直接	スクリーニング	乳幼児簡易検査	牛島，木田他	1949
分析	直接	スクリーニング	発達スクリーニング表	Knoblock & Pasamanick（新井訳）	1976
分析	直接	スクリーニング	日本版デンバー式発達検査（JDDST）	上田	1980
分析	直接	スクリーニング	遠城寺式乳幼児分析的発達検査	遠城寺他	1977
分析	間接	スクリーニング	日本版プレ発達スクリーニング検査（JPDQ）	上田	1980
分析	間接	スクリーニング	津守式乳幼児精神発達診断法	津守他	1961, 1965
分析	間接	スクリーニング	乳幼児発達スケール（KIDS）	大村他	1989

②発達診断法，③スクリーニング検査の三分類に発達検査を大別している。

①発達検査法は，『乳幼児精神発達検査法』（牛島義友他，1949），『MCCベビーテスト』（古賀行義他，1967），『新版K式発達検査法（生澤雅夫他，1985）』などがその代表例である。これらは発想の原点が知能検査であり，それを日本の乳幼児に拡張させたという性質を持つ。

②発達診断法は，『乳幼児精神発達診断法―0歳～3歳まで―』（津守真・稲毛敦子，1961），『行動発達検査法』（新井清三郎，1969），『ミュンヘン機能的発達診断法』などがある。これらは発達障害の早期発見を目的としており，小児科学の影響が大きい。問診形式で実施され，臨床現場では広く利用されている。ただし，養育者の回答に大きく依存しているという弱点を持っている。

③スクリーニング検査では，『乳幼児分析的発達検査法』（遠城寺宗徳，1960），『日本版デンバー式発達スクリーニング検査（JDDST）』（上田礼子，1980），『MN式発達スクリーニング検査』（向井幸生，1982）などが代表例である。これらは一般に簡便に実施でき，限られた時間に大量の対象児に施行可能であるという性格のものである。

中澤ら（2001）は，検査の性質が，（a）総合－分析，（b）直接－間接，（c）診断－スクリーニングといった点で，発達検査は分類されるとしている。上記の表3も

その観点で分類してある。

　（a）総合的なものか，分析的なものかという観点では，Binetの検査のように，すべての項目を総合してMA, IQを算出するのとほぼ同様な視点で，総合させて発達に関する知見を得ようとするものは，総合検査と呼ばれる。このような場合には，DA（developmental age）「発達年齢」●, DQ（developmental quotient）「発達指数」●を算出することになる。算出の方法は知能検査と同様である。1つにまとめてみるのではなく，発達の下位尺度，各領域を想定し，プロフィールを書いてみるようなものは分析的な検査ということになる。松島の分類でいうところの①か②かということに若干対応している。しかし，松島の分類で①に入るものでも，発達プロフィールは書くことができるので，完全に対応しているわけではない。

　（b）の観点は，直接か間接かという点に着目するものである。乳幼児を調べる場合には，直接乳幼児に課題を与えてその反応をみるものと，保育者に質問して間接的に査定する場合がある。これによってテストの形式が異なってくる。

　（c）の観点は，診断か，スクリーニングかというものである。個別に乳幼児に直接的で詳細な検査を行い，診断的に検査する手法と，集団検診などで，大勢の中から発達遅滞を発見する検査とで，その形式が異なってくる。松島の③か否かという視点に対応している。

◆補足

　発達心理学というとき，老人も視野に入れた，老年発達心理学の研究が昨今では重要なものとなっている。老年期の痴呆のスクリーニング検査として，長谷川式簡易知能評価スケール（HDS; Hasegawa Dementia Scale）というものがしばしば使用されている。この検査は11問からなり，すべて口頭で解答がなされ，10分以内で検査が終了し，使用しやすい検査である。1991年に改訂版（HDS-R）も作成され，これは全9項目からなりたっている。

（2）親子関係診断検査

　乳幼児発達検査と一見類似しているが，異なるものとして親子関係診断検査がある。テキストによっては，まったく発達検査と別物として紹介しているものもあるが，広義では発達にかかわる検査であるし，使用される場面（児童相談所など）が共通していることが多いため，あえてここで紹介する。質問紙型の検査法である。

　この検査にも多くのものがあり，『田研式親子診断検査』（品川不二郎他, 1958），『TK式診断的新親子関係検査○』（品川不二郎他, 1972, 1975, 1992），『MP親子関係診断検査（1978）』，『親子関係診断尺度EICA』（辻岡美延他, 1980），『PCR親子関係診断検査』（山下俊郎他, 1970）などがある。この中で比較的有名なものがTK式診断的新親子関係検査である。この検査は，田研式の改訂版として1972年に作成され，

1975年には中学生用，1992年には幼児の親を対象とした幼児用がさらに作成されている。

TK式の理論的背景はSimonds, P. M.（1939）の親子関係理論であり，彼は親の養育態度を「拒否－受容」「支配－服従」という2つの要因を挙げ，両者を直交させた4つの類型を想定した。すなわち，冷酷型，過保護型，甘やかし型，無関心型である。彼はいずれの次元の両極も望ましくないとしており，軸の交点付近が理想的養育態度であるとしている。さらにSimondsは，「一貫性」という第三次元も考えている。

TK式検査は，親用，子ども用という二種類のものから成り立ち，双方ともに10の型×8項目＝80項目である。検査対象は両親，あるいはそれにあたる人物，小学校三年生以上の児童である。それ以下の児童の場合は，親用のみの実施になるが，両親，児童の三者に施行することが望ましい。

診断結果はレーダーチャート化され，内ゾーン（安全地帯），中間ゾーン（要注意），外ゾーン（危険地帯）に分類され，これを三者間で比較しながら問題点を検討していくというのが検査分析の手順である。

生育環境を知るための道具として教育臨床場面（児童相談所など）で使用されることがあり，面接初期の段階での問題行動の把握に有効である。しかし，自己診断であるため，自己弁護的な親や，気づきの低い親，結果を親に知られることを恐れている児童の場合などには，十分なラポールを取るとともに，面接，観察などによって補完していくことが望まれる。また，他の検査とのテストバッテリーも必要であろう。

§6 作業検査

（0）作業検査（performance test）

作業検査は，もっとも典型的なものであるとされる内田クレペリン検査でも，単に「知能を測定している」という指摘もあり，広義の能力検査に分類される場合がある。「作業検査法」という分類自体も，これまでの分類法からしてねじれの位置にある（次元が異なる）。既に紹介したGATBや，一部の職業技能検査なども，この作業検査の文脈で論じた方が望ましいかもしれない。ここでは，一般的な意味で作業検査の紹介を行うことにする。

（1）内田クレペリン検査● （Uchida-Kraepelin Performance Test）

Kraepelin, E.●（1856-1926）によって発案され，内田勇三郎●（1894-1966）が発展させた作業検査法の手法を用いた人格検査である。被検者に一列に並んだ一桁の数値を連続加算させ，それによって得られる作業曲線から，被検者の人格を査定するものである。

集団実施が可能であり，標準型以外に児童型と幼児型もある。結果の整理の仕方も

非常に体系化されており，よく利用されているものが曲線類型判定法であり，その量級段階，定型・非定型，その程度などによって ⓐ から fp まで大きく 24 に類型化できる。安価に，容易に信頼性のあるデータを収集することができるという長所を持っている。しかもそのデータは反応歪曲●などからの影響が少なく，虚偽反応●，社会的望ましさ●などの影響は非常に少ないとされる。

　優れた特長として，作業検査法であるため，その作業自体の意味からくる「仕事ぶり」が如実に現われる良さを持っており，性格の少なくとも意志的側面に関しては顕著に，かつ直接的に反映していると言える。

　信頼性に関する研究では，作業量と作業曲線とでは，後者に関しては否定的な見解もある。もし信頼性を高めるためには，作業量の水準を重視するという使い方も考えられる。妥当性に関しては作業量と知能との相関がかなりあり，定型・非定型の作業曲線とパーソナリティとの間にも，やはり関連があるとされている。

　短所は，性格のさまざまな側面がこの作業にすべて表われているとするのはやはり早計であろうし，被検者の計算能力の面にかなり依存してデータを収集しているという問題もある。内田クレペリン検査の有効性について多くの肯定的な見解があるが，過大な評価は禁物である。解釈の際には他の検査と同様に，被検者を取り巻くさまざまな文脈，状況を無視しないようにして解釈せねばなるまい。

（2）その他の作業検査

　作業検査という場合には上記の内田クレペリン検査がもっとも代表的なものだが，それ以外に，桐原・ダウニー意志気質検査，ブルドン抹消検査，ベンダー・ゲシュタルト検査○もここに分類される場合がある。（ベンダー・ゲシュタルト検査は§7のp.63参照）

§7　描画法

（0）描画法に関する注意

　描画法は，知能を測定するためのもの，性格を査定するもの，脳神経の損傷等を査定するもの，などに大まかに分類されるだろう。たとえば知能検査に分類した方が妥当なものもある。具体的にはグッドイナフ版 DAM は知能検査に分類される場合もあるし，同時にこれは発達検査と言ってもよいものである。ここでは，実施方法という観点で，描画法の中に分類した。

　既に説明したように，投影法と描画法は重複する部分が大きい。また，どちらかと言えば心理療法の1つとして位置づけられるもの（風景構成法）もあえてこの部分で論じている。描画法はもともと診断的側面のみならず，治療的側面も有する検査法であるし，その点でさまざまな他の分類に入ってもおかしくない。

ここで描画法を独立させて論じるのは，それだけ膨大な種類を有する技法であるからである。

(1) HTP ●

HTP (the H-T-P technique) ●は，「家と樹木と人物描写検査」とも訳される描画法検査である。Buck, J. N.● (1948) は，こうした描画に対して，それ以前は知能検査として使用されてきたものを，人格検査の側面も持たせた点で，HTPの創始者の名が冠せられている。

そもそもこのHTPをはじめとする描画法は，他にも以下別項で示す，Goodenough, F.● (1926)，Machover, K.○ (1949) のDAP（人物画検査）●，Koch, K.● (1949) のバウムテスト●などの系列に位置づけられるもので，投影法検査と言ってよいものである。

描画法は，ほぼ同じ種類とみなされるものでも，きわめて数多くの方法が存在するので，Buckによる方法で簡単に説明しよう。家屋 (house)，樹木 (tree)，人物 (person) の三種類を「できるだけ上手に」クレヨン等を使用して描いてもらい，その描画完成後に，Buckによる64の質問 (Post Drawing Interrogation; PDI) を行う。ここから量的分析，質的分析を行い被検者の心的世界や知的水準を把握する。

わが国では高橋雅春○らによって，HTPテストの研究が多くなされているが，高橋の方法はこのHTPを鉛筆によってのみ描写させ，しかももう一人の違う性の人も描かせる手法であり，この場合を区別してHTPP，HTPsと呼ぶこともある。

一般に描画検査は，言語以外のものに焦点を当てた検査である。そもそもBuckがHTPを開発するに至った契機は，言語コミュニケーションができない少女との交流が，描画によって可能になったため生まれたものである。この点からも，言語コミュニケーションが難しい状態の被検者の，心理状態を査定できるという最大の特長を持っている。また被検者の無意識的な心理状況を拾いやすく，三種類の対象を描かせる点からも多面的な部分を抽出することが可能である。さらに，描画自体が描画療法という側面を持ち，治癒的な効果を持つという利点もある。

逆に短所としては，被検者との十分なラポールが取れていない場合には，何も必要な情報が現われないことも起こりうる。描画の上手下手を問題にすると，特に成人に拒否的な反応を示されてしまう場合があるので，被検者の描画への嘲笑的な態度は禁物である。

出現するものへの象徴的解釈も有機的，総合的なものが求められるため，容易とは言い難い。これは，ロールシャッハ検査と同様に，検査習熟に十分な訓練を要する点であり，欠点と言えよう。

(2) Baumtest ●

Baumtest の Baum とはドイツ語で木であり，Koch, K.● が 1949 年に発表した樹木を描画させる投影法テストである。tree test と呼ばれることもある。一般に，A4 判の白い画用紙と，柔らかめの鉛筆（2B～4B）と消しゴムを用いる。教示は被検者に対して「実のなる木を描いてください」と言う。実のなる木が描けない場合は「どんな木でもよいので描いてください」と教示する。さらに「できるだけていねいに描くように」と付け加えることもある。

バウムテストの長所は，HTP とほぼ同様であり，描画法一般にも言えることだが，その実施が非常に容易であること，また，浅いレベルであれば，素人にも比較的直感的に被検者の大まかな人柄についての解釈も可能な点である。その実証的な研究結果も非常に数多くあり，発達的な面での数量的な基礎的な調査結果の蓄積も十分にあると言って良い。しかし，根本的にその解釈の体系（空間図式等）に，科学的，実証的なものが備わっているかというと，大いに疑問は残る。他の検査との基準連関妥当性の徹底的な検討が望まれるところである。

(3) DAP（Draw-A-Person Test）●

DAP は，DAM（Draw-A-Man）● とも呼ばれ，日本では人物画検査と訳される描画法検査である。もともとは幼児・児童の知的水準を把握するための知能テストの一種として，Goodenough, F.● (1926) らによって開発されたものである。Goodenough のものを特に指して，グッドイナフ DAM 検査○ と呼ぶこともある。彼女は，人物画の特徴が，年齢によって大きく変化することから，もともとは「男の人を一人描いてください」という教示によって描かれた人物から児童の知能が推測できるとした。日本で実施されている小林重雄（1977）のものを一例をあげると，その教示は「人を一人描いてください。頭から足の先まで全部ですよ。しっかりやってね」というもので，それは男女の性は限定しない。

DAM 採点項目が 50 項目用意されており，そこから被検者の MA（精神年齢）が算出できる。MA は 3 歳くらいにならないと検査困難だが，幼児への発達診断としての利用可能性においては優れている。このように幼児・児童でも容易に回答可能である点が優れた特長であり，知能検査ができない成人にも適用可能である。WISC-R などとのテストバッテリーを組むことによってその有用性はさらに高まるであろう。

なお，このグッドイナフ DAM 検査は，その後，Harris, D. (1963) によって，「男」「女」「自分自身」の三枚を描かせるようになり，さらに Machover, K.○ (1949) により，知能だけではなく，パーソナリティも査定できるとされるようになった。彼女は，人物画に二枚の用紙を用いて，まず「人」を描かせて，その次に「反対の性の人」を描かせた。

Machoverらのものの分析法に関しては，描画全体から得られる印象をもとにした全体的評価,「どのように描いたか」の形式分析,「何を描いたか」の内容分析の手法が一応あるが，いずれもパーソナリティの評価体系としては十分なものとは言えない。こうした点は，これまで述べてきた描画法と同じだが，他の描画法と比較して，特に自己防衛的な反応歪曲を起こしやすい点に注意すべきである。

(4) FDT (Family Drawing Test) ●

家族画法●，あるいは家族描画法●と訳されるもので，非常に多くの種類があるが，上記のMachover○らのDAP（人物画検査）から発展したもので，児童の発達の評価から始まったが，現在では成人の臨床場面にも用いられる投影法的描画検査の1つである。

Hulse, W. C. (1952) は，人物画よりも被検者を含めた集団を描画させた方が，より被検者の全体的把握が可能であると主張した。それ以降家族画法に関しては非常にさまざまな手法が開発，創案され，合同家族描画法，家族診断画法，動的家族画法，円枠家族画法などがある。

家族画法の一例として，Shearn, C. R. (1969) による教示法をあげると，「家族の絵を描いてください」というものだが，Rubin, J. A.○ (1974) により考案された家族診断画法は，それに対し，3つの作業（なぐり描き，家族の肖像画，家族の共同製作による壁画）が加わっている。

Burns, R. C.○やKaufman, S. H.○らは，動的家族描画法（Kinetic Family Drawings; KFD）○を提唱しており，上記の家族描画に運動を加えることによって，児童の自己概念に関して，特に感情的なものが引き出されやすいとする。教示は「あなたも含めて，あなたの家族のそれぞれが何かをしているところ，何かの動作を思い出してください」というようなものである。

同じくBurnsらの提唱した，円枠家族描画法は描き手に19～23cmの直径を持つ円が既に描かれている標準紙に，「円の中心にお母さんを描いてください。円の周辺に描いたお母さんに関する自由連想を描いてください。中心の人物画は棒状やマンガ風ではなく，全身像を描くようにしてしてください」という教示をして描画させる手法である。

いずれも，通常の描画法をさらに複雑にしたものであるため，描画法の持つ長所，短所がさらに強調されたものとなり，検査者の面接能力の高さに大きく依存する検査手法である。

(5) 風景構成法 ●

風景構成法（The Landscape Montage Technique）は，中井久夫○によって1969年に創案された描画法である。治療的な側面も有しており，箱庭療法などと比較して，

特別な器具を要しないため，日本においては描画法の中でも利用率が高い手法である。A4の画用紙に，黒のサインペン，24色程度のクレヨンなどを用いて実施する。ただし，中井も強調するように，風景構成法は厳密なテストと言うよりは面接技法・療法としての色彩が強いので，絶対的な規格は存在しないと言って良いだろう。いわば箱庭療法の簡易版といった色彩が強い手法である。

教示は「今から私の言うものを1つずつ描き込んで全体を1つの風景にしてください。上手い下手は関係ありませんし，やりたくなくなったらそう言ってください」，そして，画用紙を描き手に横向きに置いてサインペンを手渡す。描いてもらうアイテムは①川②山③田④道⑤家⑥木⑦人⑧花⑨生き物⑩石であり，この順序で風景を構成してもらう。その後，付け加えたいものがあれば自由に任せて，その後彩色も自由にやらせる。

解釈は空間象徴理論やユング派の解釈理論があるが，結局は検査者各自の技能に任される部分が大きい。皆藤章（1998）は，この技法の利用については，科学的客観性よりも，被検者と検査者との関係性を重視した方が適切であるとしている。これは風景構成法が検査技法として生まれたものでなく，むしろ心理療法の一環として使用されることを強調するものである。従って，その独自性もこの検査者と被検者との間で，言語的交流が密に行われる点があげられ，こうしたやりとり（interation）重視という点がこの手法の特徴であろう。

なお，この技法の自由度と客観性とに注目して分類した図5がある。投影法全体のイメージを理解しやすいので以下に引用しておく。

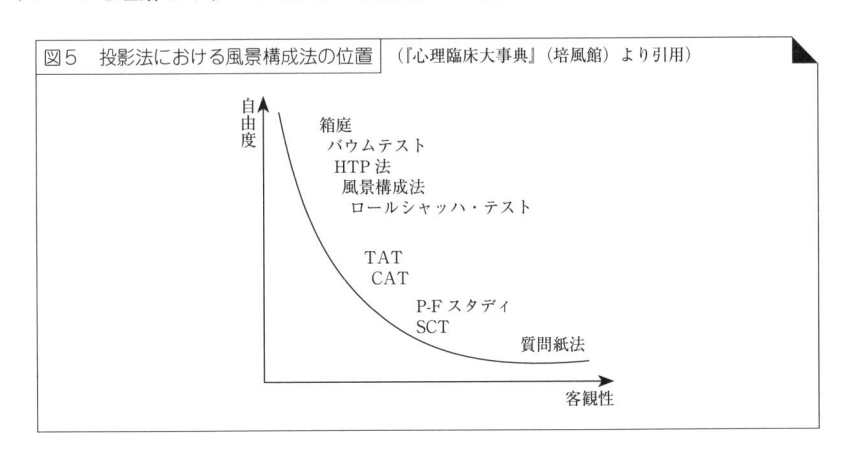

| 図5　投影法における風景構成法の位置 | （『心理臨床大事典』（培風館）より引用） |

縦軸：自由度　横軸：客観性

箱庭
バウムテスト
HTP法
風景構成法
ロールシャッハ・テスト
TAT
CAT
P-Fスタディ
SCT
質問紙法

（6）Bender Gestalt Test（BGTとも）●
　ベンダー・ゲシュタルト検査（Bender Visual Motor Gestalt Testとも）●は，

Bender, L.●（1938）によって開発された，ゲシュタルト心理学の視覚・運動の統合理論をもとにした検査である。視覚・運動形態機能を測定するために作成されたもので，被検者はまとまりやパターンの繰り返しのあるさまざまな模様・図形を描写することを求められる。日本で使用されている図版は，Benderが採用した9枚の図形であり，用具は他にはA4版の白紙，2Bの鉛筆，消しゴムである。この9枚の図形が1枚ずつ呈示され，それを模写するものである。その描写の正確さなどから，発達成熟度，特に脳の機能・器質障害などの発見，診断などに使用される。

　一般には投影法に分類されるが，その中でも信頼性は低いという難点がある。しかし，ロールシャッハテストに比較すると実施，解釈は容易であり，検査者の技量によれば短時間で多くの情報を得ることもできる利点はある。妥当性に関しては，特にその解釈法，利用可能性を中心にして，今後も研究が積み重ねられる必要があるだろう。

　なお，本検査は，作業検査法に分類されることもあるので注意してほしい。

補足

　類似のものとして，理論的背景は異なるが，ベントン視覚記銘検査（Benton visual retention test）●がある。これは，1945年にBenton, A. L.●が視覚性記銘の検査として開発したもので，主として後天的な脳損傷者を診断する目的で使用されている。実施手順はベンダーゲシュタルト検査に類似しており，図版カードが1枚ずつ呈示され，10秒（5秒のものもある）間みて覚えて，その後描画させて再生させるものである（呈示されたものをそのまま模写させる形式もある）。

　脳損傷者は，その量的側面でも質的側面でも健常者と大きな違いがあることが確認されている。他にも知的障害，精神障害，老年者にも使用されることがある。結果の解釈は容易で疾病場面での利用可能性は高いが，そもそも脳損傷者の診断目的であるため，事例的な研究結果がほとんどであり，一般への利用可能性についてはまだ研究が不十分である。

§8　それ以外の心理測定法

（1）Sociometry ●

Moreno, J. L.●によって1950年代に主として提案された検査法で，sociometric test●とも呼ばれる。ソシオメトリーの本来の意味は，「集団の心理的な特徴を数学的に表現すること」であり，ソシオメトリックテストよりも広い意味であるが，その具体的手法がソシオメトリックテストであるので，ほぼ同義として使用されることが多い。

　Morenoは小集団における人間関係の構造を大きく5つに分けて，周辺的なものからコアとなるものに分類した。それらは，周辺的なものを測定する知人テスト（社会的接触範囲の調査），ソシオメトリックテスト，自発性テスト，状況テスト（会話や相互作用分析分析），ロールプレイングテスト●の5つによって把握できるとした。

いずれも広義のソシオメトリーであると言えるが，この中で，狭義のものが上記5つの中のソシオメトリックテストである。

　狭義の意味では，集団成員間の親和と反感を測定するべく，「あなたは教室の座席でだれとならびたいと思いますか？」といった人物を選択させる。さまざまな分析法があるが，成員間の選択・排斥関係を記入するソシオマトリックス（sociomatrix）○，それを図示したソシオグラム（sociogram）○，これらをまとめた統計的指標（e.g. 集団凝集性指数，相互作用指数）などで分析することが多い。

　実施にあたっては，個人のプライバシーの問題等に十分な配慮を要するし，ラポールが十分取れていない小集団に対して実施することは，調査行為が与える悪影響を鑑みる必要があり，十分なインフォームド・コンセントが必要であろう。

　このように，ロールプレイは投影法的な心理検査という側面も有している。もちろん，心理療法の1つとして紹介されるのが一般的である。それゆえ本書でも心理療法部で記述している。第Ⅱ章のロールプレイの解説（p.84）も参照してほしい。

◀補足▶

　　上記で述べたソシオメトリック・テストと非常に類似している検査が，Guess-Who test ●である。実質的にはほぼ同じものとみてよいだろう。少し補足すると，ソシオメトリック・テストは，集団における人間関係の把握が目的である。それに対しゲス・フー・テストは，選択（排斥）されやすい人物が，集団内でどのような役割をはたしているかについての把握が目的である。具体的には，「いつも明るく，ほがらかな人はだれか？」などという行動特性に関する質問を行う。

　　この検査の創案者はHartshorn, H.○やMay, M. A.であるとされる。ソシオメトリック・テストとゲス・フー・テストとは非常に深い関係のあるものであるため，あまり単純に両者を別々のものとして論じるべきではないだろう。しかし教員採用試験等では，sociometric testの創案者はMoreno, J. L.であり，Guess-Who testの創案者はHartshorn, H.と整理されて，出題されることが多い。公務員試験もそのように出題される可能性がある。この場では一応そのような紋切り型で叙述しておく。

（2）PILテスト

　PIL（the Purpose In Life test）は，Frankl, V. E.●の考えに基づき，Crumbaugh, J. C.（1964）によって開発された検査である。個人がどのようなものに人生の意味を見いだすかを探ることを目的としている。A，B，Cの3つの部分から成り，Aは，態度尺度と呼ばれる20項目であり，Bは文章完成法で，「何よりも私がしたいのは」のような文に続くものを書き込む。これが13項目である。Cは，自由記述であり，「あなたは生きていくこと（人生）にどんな目標や希望などをもっていますか。詳しく書いてください」という問いかけに応じて自由に作文する。すなわち，狭義の質問紙法を越えるさまざまな多面的な技法で情報を収集している点に大きな特徴がある。

特にB，C部分の解釈について，4つの枠組み（人生への態度，意味・目的，実存的空虚，態度価値）について7段階で評定され，個人の得点は11～77まで分布する。この手続きに関してはかなりマニュアル化されているが，被験者との間のラポールが十分取れていないと，そもそもB，Cの自由記述部分が得られないため，分析，解釈は困難になる。

（3）Q-Sort Technique ●

Q-Sort Technique（Q分類，Qテクニック，Q技法）は，1950年代に，Rogers●のシカゴ大の同僚であったStephenson, W.（1953）が創案した技法である。因子分析技法でCattell, R. B.が提案したQ-Technique●と名称が類似しているが，まったく異なる技法であるので，注意してほしい。

この技法は，一定の数からなる（数十枚～百枚程度）カードを用いて，そのカードに叙述されていることが自分にもっとも当てはまるものから，もっとも当てはまらないものまでを並び替えるものである。カードには，「私は情緒的に成熟している」「私は知的である」「私は一人でいることを好む」などの短文が書かれている場合もあれば，「几帳面である」「攻撃的である」などの形容詞（日本語では形容動詞を含むことになろう）が書かれている場合もある。これを5段階ないし9段階で，もっとも自分に適合するものから，しないものまで並び替える。この5ないし9の数値を間隔尺度的にみなすのである。

この際，Rogersの自己一致理論を具体化するために生まれた経緯からも，現在の自己と理想の自己とに二回，分類作業をさせる場合が多い。そして，一回目と二回目の数値の相関係数をとり，一般に正であれば自己一致，負であれば不一致であるとする。

分類の手法もさまざまで，当てはまる（当てはまらない）ものだけを抜粋して並ばせるものもあれば，正規分布になるように強制する場合もある。ただし，後者の場合は，自分に当てはまらないにもかかわらず，中心に多く集まるように並ばせることへ抵抗を持つ場合も多いようである。

治療効果を調べることがそもそも困難であったRogersの来談者中心療法を，実証的な調査の枠組みに入れることを可能にした点では非常に功績が大きい。現実自己と理想自己との相関係数で，治療前後で自己一致度の変化をみることができるようになったということである。しかし，上記の5ないし9という数値が間隔尺度であるかどうかはきわめて疑わしいし，既に述べたように正規分布を意識させて被検者に回答を求めていることが，本来の意識状態に大きくバイアスをかけている可能性が高い。それをもとにして相関係数を求めることへの疑問は残り続けるだろう。Rogers自身も数量化，統計化に対して強い抵抗があるようであり，そもそもRogers理論とそぐわ

ないのではないかという主張もある。

　とはいえ，個別に検査者と向かい合いながらカードを並び替えさせる作業には，治療的な効果があることも想定できるので，一種の心理療法とみなして有効活用していくことには意義はあるだろう。検査者の根本的な面接技能が問われる所以である。

《参考・引用文献》
本章での参考・引用文献は基本的にブックリストに示したものすべてであるため，重複を避けるため，ここでは挙げない。ブックリストを参照してほしい。また，いわゆる学術論文形式で論文を挙げていくと膨大になるので，それ以外に利用した主要なもののみを以下に挙げておく。

Aiken, L. R. 1999　*Personality Assessment Methods and Practices (3rd.)*　Hogrefe & Huber Publishers
伊藤祐時・松村康平・大村政男（編）1977　心理技術辞典　朝倉書店
池田　央　1971　行動科学の方法　東京大学出版会
Frank, L. K. 1939　Projective methods for the study of personality.　*Journal of Psychology*, 8, 389-413.
Lindzey, G. 1959　On the classification of projective technique.　*Psychological Bulletin*, 56, 158-168.
外林大作　1961　性格の診断　プロジェクティブテクニック　牧書店

II章 重要心理療法集

> **試験にでるポイント**　過去問としては，具体的には第IV章に示すように出題されている。これを参照してもらえば，特定の療法のみを知るのではなく，複数の療法をメタ的に眺められる視点を持つことが求められていることが分かるであろう。以下の各療法についての知識は，メタ的に心理療法，その背景の理論を眺められるようになってもらうという観点で整理した。各自でも自分なりに，ブックリストで紹介した本を参考に一度整理してみると，メタ的な視点が獲得できるだろう。
>
> その際に，各療法・理論について詳細を習得することは，学部卒業（修士終了でも）レベルでは，非常に難しい。各療法は理論と不可分のものであるし，各々の理論はその多くが一冊や二冊の著作では記述不可能なものばかりである。しかもそれをざっと通読したぐらいでは，はたして何を理解したと言えるだろうか。また，心理療法は心理検査以上に実戦経験を必要とするものであり，一生かけて各自の血肉にしていくしかないものであろう。筆者らも，各療法の詳細に通じているわけではない。
>
> しかし，本を読み，知識を獲得する意義は，それでもある，と断言する。さしあたって公務員試験対策としての意義は厳然としてあるし，これから臨床家になろうという人にとって，勉強して損になることなど1つもない。「損な知識」も正直言ってあると思うが，それすら何が「意味ある知識」であるかと知るための地となるのである。主要な心理療法の名称，その創案者，適用対象，ごく簡単な理論的背景といった点は，まず記憶，理解してほしい。本章ではその各々を最低限度の記述に絞りきって叙述している。足りない点，物足りない点はブックリストを参照してほしい。第I章の心理検査の理解に役立つように関連させるのが有効な勉強法である。

1．心理療法の見取り図

§1　心理療法の定義

「心理療法」という用語は，テキストによっては使わない（使えない）場合もある。というのは，医行為と臨床心理行為との明確な差異を求められる場合が，日本における心理臨床場面では多く生じる。臨床心理士などの「心理学出身者」は，医行為としての治療行為は行えないので，「療法」と呼ぶのは医行為を連想させるのでよろしくない，というわけである。

そのため，わざわざ心理療法とは呼ばず，「臨床心理面接（clinico-psychological interview）」などという持ってまわった言い方をする場合もある。これは面接も一種の心理療法の一部と見なす立場であるし，ある種非医学的ニュアンスを出すよう苦心した物言いである。

しかし逆に論者（特に医学系の立場）によっては，心理療法と言うからには，治療行為以外は含んではならないとする立場もある。すなわち，心理療法というからには，面接はもちろん，相談，カウンセリングすら除外すべきという立場である。これは医

学と心理学との間のかなり根深い治療上のパラダイム（あるいは医療行政上）の差異が反映していると言えよう。

なお，医師がpsychotherapyを行えば「精神療法」，臨床心理士が行えば「心理療法」と言葉を分けて使用される場合もある。前者の方を少し高級感を出して区別するのである。その意味では，臨床心理士が行う「心理療法」を「臨床心理面接」と呼び，精神科医などが行うpsychotherapyのみが「精神療法」であるとすることもある。

本書では，こうした語の細かい定義にこだわらず，心理療法というときは，**ある特定の症状や問題行動を軽減させるための心理的な治療行為**という一般的な意味で用いることにする。

§2　心理療法の過程，重要概念

心理療法は各種の技法によって異なる部分も大きいが，同時に共通する部分もある。たとえば面接技能，観察技能が，心理検査の部分でも触れたように決定的に重要である。ただ，これらの技能に関しては知識として記述しにくい。ブックリストでも述べたように，優れた創作物，実体験などで得られるもの以上のことを，限られた紙面で記述することは難しい。どのような療法にも共通しそうな重要な概念のみをざっと触れておく。

面接の中でも特別な意味を持ちやすいのがインテーク面接（intake interview）●である。受理面接，初回面接とも呼ばれ，セラピストがクライエントに対して最初に行う面接のことである。これは今後のクライエントに対して，最適であると思われる治療方針，今後の来談計画を立てる目的でなされる。このときに心理検査を実施することもあるが，当該機関の相談，治療システムについても説明して，インフォームド・コンセント●を結んでおく必要がある。インテーク面接者は，それ以外にもクライエントの第一印象を叙述することも重要な役割である。この際，言語的なもの以外の情報も重視せねばならない。たとえばそのときの動作や服装など，連れてきた家族との関係性などである。また，何を悩んでいるのかという主訴をはじめとして，今ここに至るまでの事情を聴取し，ある程度の「みたて」（診断と予後を含む全体の見通し）を行う必要もある。

転移●，逆転移●，共感●，制限，洞察●，スーパーヴィジョン●なども心理療法においては重要な概念である。

たとえば共感（empathy）●は，治療場面においてクライエントを理解するありようを示す。特に共感（empathy）というときには知的理解ではなく，身体的，現象学的，体験的理解を指す。Rogers, C. R.●らが彼の心理療法の中で重要視しているが，他の心理療法の多くもこの共感を必要としている（e.g. Sullivan, H. S.○; Kohut, H.○）。

行動療法は「共感」なしに成立するのではないかという意見もあろう。筆者（山口）もそれに与したいのだが，たとえばオペラント条件づけにおける「賞」が，当該被験者にとって何か？という点に関しては，知的理解だけでは不十分ではないかという気もする。そもそも知的側面と体験的側面とは理解するためには分離不可能なものである。もちろん心理療法によっては知的側面を強調するもの，逆に体験的側面を強調するものがあり，その程度によって共感の強調の度合いも異なるということはあるだろう。ある療法においては体験的側面をさして重視しない場合もあるだろう。しかし，まったく体験的な共感なしに心理療法が成立するかと言われると疑問を感じる。それゆえ，ここで少し触れておいた。実際の問題はⅣ章（p.232）を参照してほしい。

　スーパーヴィジョン（supervision）●とは，優れた臨床的専門技術をもった指導者，スーパーヴァイザー（supervisor）●に指導を受けることである。被指導者のことをスーパーヴァイジー（supervisee）と呼ぶ。臨床の専門家になるにあたって，すべての臨床家は初心者から始まるため，スーパーヴィジョンを受けることが専門家になるにあたって必須のものとなる。たとえばケースの見立てに関してカウンセラーが不安を感じたとき，あるいはクライエントとの転移－逆転移などの関係に苦しんだときなどに，直接的に必要であるし，日々の技能の向上には不可欠なものである。

　転移●，逆転移●に関してはⅣ章（p.234），および２の§１「精神分析療法」を参照してほしい。

§3　心理療法の分類法

　さまざまな分類法が考えられるが，三種類ほどの観点を提示しておこう。

　第一が，各療法の基づく理論に基づいての分類である。いわゆる精神分析学や，行動主義（新行動主義）に基づく心理療法は非常に数多くのものがある。こうした各種の理論の系譜をもとにしての分類があるだろう。

　第二が，治療対象による分類である。特定学派，療法にこだわらずに，治療対象がどのような病名であるかに着目して分類する。統合失調症●，躁鬱病●，神経症●，境界例●，心身症●，自閉症●，非行，脳障害などの治療対象に着目するのである。

　第三が，各療法の形式面で分類するものである。たとえばそれが言語的コミュニケーションに基づくか非言語的コミュニケーションに基づくか，一対一か集団か，といった療法の形式に着目する分類である。

　本書では，この３つを総合的に加味して事典的に紹介することにする。

2．心理療法必修二十選

§1　精神分析療法（psychoanalytical therapy）

Freud, S. (1856-1939) ●によって提唱された技法であるが，彼の『ヒステリー研究』（1885）以来，百年を超えている現在，さまざまな変化，発展，学派による技法の差異がある。きわめて膨大な継承者，改革者，修正者，発展者が存在するので，ある統一されたものがあるとする見方は基本的には避けた方がよいであろう。ここではFreudにある程度限定して論じる。それ以外の諸派に関しては極力簡潔に補足に叙述したので，参照してほしい。

鑪（1998）はTompson（1958）に基づき，各種の精神分析療法に共通する特徴を次の六点であるとしている。

それは，①自由連想●の使用，②無意識的●プロセスへの共感的理解，③無意識的プロセスに対する言語的理解，④転移●の重視，⑤退行●に代表される時間性の重視，⑥分析家になるにあたっての訓練の構造化（教育分析○と自己分析○の重要性），であり，これらは精神分析療法に共通する骨格であるという。

このうち重要な点に関して解説しよう。まず自由連想法（free association）●であるが，これはクライエントの頭に浮かんだことを，何ら選別することなく，自由に語らせるという手法である。そもそもは催眠にかからないクライエントにも適用可能であることから上述のFreudによって考案された方法である。クライエントは寝椅子（カウチ）に横になり，心に浮かぶことを話すように求められる。Freudはこれをお話療法（talking cure）と呼んだ。

転移●（transference, Übertragung）は，学習場面の転移と分けるために，「感情転移」○とも訳されることがある。これは精神分析において鍵となる概念であり，過去，特に幼児期における重要人物への感情，態度が治療者へ再び向けられることを指す。転移には肯定的な感情である陽性転移と，否定的な感情である陰性転移とがある。

この感情の転移現象は精神分析療法の過程においては「必然的に生じる」とFreudは考えており，しかも分析治療の初期段階では，有効なラポールを取らねば治療が不可能であるため，陽性転移の関係を得ることが必要条件に近いとも言える。しかし，Freudによれば治療が進むにつれ陰性転移が生じ，このような「抵抗（resistance）○が治療に立ち向かってくる」ことも必然であるとされている。なお，特に上記で言う「転移」はあくまで非現実的なものを指し，現実的にクライエントが治療者に対して抱く感情のことは言わない。

この転移が治療者に与える影響は大きく，治療者がクライエントに対して，強い情動，感情を抱くことが多い。これを逆転移●と呼び，一般にはこれが分析療法におけ

るラポールを破壊する場合が大きい。しかし，一概にこの逆転移を否定できるものでもなく，治療者がこの感情を一度知った上で乗り越えていくことが望ましい。このために，スーパーヴァイザーによる教育分析（personal analysis）○が必要であるとされている。そして，この教育分析を支えるものとして，自己の不断の研鑽を重ねる自己分析○も必要であるとされる。

さて，上述の「転移」が生じるのは，クライエントの「退行（regression）」●に基づくため，この退行という概念も治療過程では重視されている。「退行」は精神分析の用語であるが，同時に一般的に使用される防衛機制の1つの用語でもある。防衛機制の概念としては，今よりも未熟な段階の行動，思考へと逆戻りをすることを意味する。他にも，病的な意味での退行もあり，これは治療とは無関係に生じているものを指す。

精神分析における退行をこれと区別するために「治療的退行（therapeutic regression）」と呼ぶこともある。この治療的退行は，上述の転移と同様に精神分析の過程では必然であるとされ，これは精神分析療法の中での歴史性の重視を象徴している。

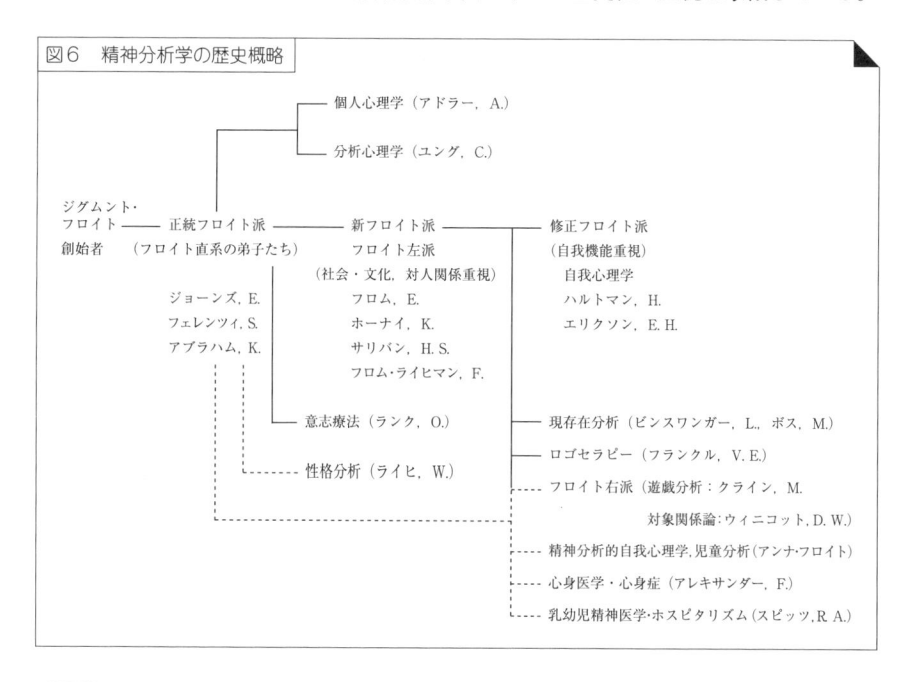

図6　精神分析学の歴史概略

```
                            ┌─ 個人心理学（アドラー, A.）
                            │
                            └─ 分析心理学（ユング, C.）

ジグムント・     正統フロイト派 ── 新フロイト派       修正フロイト派
フロイト     （フロイト直系の弟子たち）  フロイト左派       （自我機能重視）
創始者                          （社会・文化, 対人関係重視）  自我心理学
                                                    
ジョーンズ, E.      フロム, E.              ハルトマン, H.
フェレンツィ, S.    ホーナイ, K.            エリクソン, E. H.
アブラハム, K.     サリバン, H. S.
                   フロム・ライヒマン, F.

                   意志療法（ランク, O.）    現存在分析（ビンスワンガー, L., ボス, M.）
                                             ロゴセラピー（フランクル, V. E.）
                   性格分析（ライヒ, W.）    フロイト右派（遊戯分析：クライン, M.
                                                        対象関係論：ウィニコット, D. W.）
                                             精神分析的自我心理学, 児童分析（アンナ・フロイト）
                                             心身医学・心身症（アレキサンダー, F.）
                                             乳幼児精神医学・ホスピタリズム（スピッツ, R A.）
```

◆補足◆1：分析心理学●
　Freudから分派したJung, C. G.（1875-1961）●によって創始されたのが分析心理学●で

ある。元型（Archetypus），類型論（内向−外向）などに基づくパーソナリティ論が有名である。彼の主張の中では無意識を個人的無意識と，普遍的（集合的）無意識とに分けた点がユニークな点であり，後者の内容が元型であるが，それも特定のイメージに還元できないとされる。治療技法としては夢分析●，箱庭療法●，芸術療法●などのイメージを重視した技法に基づくことが多い。

◆補足▶2：個人心理学（アドラー心理学）●

やはり Freud から分派した Adler, A.（1870-1937）●によって創始されたのが個人心理学である。彼は，Freud の過去志向的な原因論的考えを避け，未来志向的な「いま，ここで」という目的性を重視する目的論的心理学を創案した。劣等性の補償，優越への意志，権力への意志という観点を重視している。また，文化社会的要因も重視しており，これは新フロイト派やライヒなどに引き継がれる。

◆補足▶3：フロイト直系の弟子たち，孫弟子たち

1920年代初頭の Freud 直系の弟子としては，Sachs, H., Rank, O.（1884-1939），Ferenczi, S.（1873-1933），Eitingon, M., Jones, E.（1879-1958），Abraham, K.（1877-1925）の6人である。Freud は骨董好きだったのでジュピターの頭が刻まれた指輪（複製品）を彼らに贈り，自分も含めて7人がこの指輪をしていた。

この Ferenczi，および Abraham に教育分析を受けたのが Klein, Melanie（1882-1960）○である。彼女は Jones の招きでロンドンに移住し，イギリス精神分析学会会員になった。彼女は遊戯療法●を通して対象関係論○の基礎を提唱し，Freud の実娘である Freud, Anna（1895-1982）●と激しく対立した。Klein のスーパーヴィジョンを受けたのがやはり対象関係論を発展させたので有名な Winnicott, D. W.（1896-1971）●である。彼は乳幼児の無意識理解について，6万例を超える子どもとその家族に接し，移行対象（transitional object）●という概念を提出した。

Freud, Anna は精神分析的自我心理学，児童分析●の開拓者である。彼女は Klein と同様に，成人の自由連想法の代わりに遊戯療法を取り入れ（遊びの役割に関して2人は異なる考えだった），その基礎を築くのに大きく貢献し，精神分析における教育的側面を強調した。彼女は自我の防衛機制の働きについてもさまざまな理論を展開している（抑圧，投影，反動形成，昇華などの体系づけは Freud, Anna）。

Klein と Freud, Anna は対立したものの，研究領域では大きく重複し，ともに児童分析，遊戯療法の開拓者である。ただし，両者を分けるため Klein を遊戯分析（play analysis），Freud, Anna を児童分析（child analysis）と名称を分けることもある。Klein が幼児心性に着目し，母親イメージの形成を解明しようとしたのに対し，Freud, Anna は自我の環境への適応の側面に着目しており，両者は相補的な関係にあると言えよう。

一方，直系の弟子であった Rank も神話概念の強調や，出産時外傷の概念の提案などで Freud から離反する。彼は意志療法（will therapy）という独自の療法を提案した。

他にも，やはり Ferenczi に教育分析を受けた Alexander, F.（1891-1964）は心身症の研究で有名であり，彼がアメリカ心身医学の創設者の一人である。また，Freud（Ferenczi

にも）に，教育分析を受けた Spitz, R. A.（1887-1974）○も，乳幼児の母子関係の研究（hospitalism；ホスピタリズム●）で名高く，3ヶ月微笑，8ヶ月不安，首振り反応などの現象を，映画分析によって行っている。

また，Kohut, H.（1913-1981）も Freud の影響を強く受けた精神分析家である。彼は初期には正統精神分析を徹底していたが，後に独自のコフート理論（自己心理学）を展開している。

◆補足▶ 3：夢分析●

Freud が提唱した重要な技法としては，他には夢分析●がある。これは彼の『夢判断』（1900）に始まり，夢からの連想，象徴解釈に基づき夢判断を行うものである。Freud の夢解釈は，夢を無意識の抑圧された願望を知るためのあくまで「手がかり」であるとしたのに対して，Jung, C. G. の夢分析は，夢そのものを無意識の心の表現であるとしている点が異なる。Jung の夢の象徴解釈は元型的イメージを重視しており，グレートマザー，老賢者，影，アニマ，アニムスなどがある。

◆補足▶ 4：自己分析○

Freud に起源を有する精神分析用語として自己分析（self-analysis）○という語がある。自分自身の無意識の部分の意識化を意味しており，一人の人間が分析者であるとともに被分析者であることによって自己洞察を得るものである。これも他の心理療法にある程度共通するものであるが，新フロイト派の Horney, K.（1885-1952）●は，この自己分析の可能性を強調した。Horney は，Sullivan, H. S.（1892-1949）●，Fromm, E.（1900-1980）●らとともに，フロイト正統派に対立し，精神分析振興協会，アメリカ精神分析研究所を設立している（後，Sullivan, Fromm は脱退）。新フロイト派はいずれも社会的・文化的要因を強調している。

Fromm は社会文化的要因を強調する新フロイト派の一人であり，『自由からの逃走』（1941）が著名である。本書は Marx, K. の思想の影響を大きく受けている。他にも彼は人間の性格類型を，世界への関係の仕方の相違であるとして，まず生産的構えと非生産的構えとに分け，特に後者を受容，搾取，貯蓄，市場的構えに分割し，合計五種類の類型を考案している。

他の新フロイト派としては，統合失調症治療に貢献があった Sullivan, H. S.，Freud 直系の弟子 Sachs, H. に教育分析を受けた Fromm-Reichmann, F.（1889-1957）（彼女は Fromm と結婚した）などが有名である。

◆補足▶ 5：性格分析（character analysis）

やはり Freud に端を発する分析法として，Reich, W.（1897-1957）は『性格分析』（1933）を唱えている。彼は陰性転移への対処法としてそれらを抵抗としてとりあげ解釈するという抵抗分析を構想した。これをさらに進めたのが性格分析であり，彼は独特の性格類型を提示している。またオルゴン（オーゴン；orgon）療法を提唱したが，特に晩年の思想に関しては否定的意見が多い。

補足 6：ロゴセラピー（logotherapy）○

ロゴセラピーは Frankl, V. E.（1905-1997）●によって創始された。彼の著書で著名なのが『夜と霧』（1946，邦訳 1961，邦訳新版 2002）であり，1942-1945 の三年間のナチスの強制収容所経験が描かれている。ロゴセラピーは自己存在を意味で満たすことができるように援助するものである。そのために実存分析が必要になるという（後期には，この言葉が用いられなくなる）。彼の理論に基づいて Crumbaugh, J. C. が PIL（Purpose-In-Life）Test を創案している。

補足 7：自我心理学，修正フロイト派

自我心理学○を確立・発展させたのが Hartmann, H.（1894-1970）○である。彼とともにイド，超自我の葛藤に飲み込まれない自我の主体性を強調する流れにあるのが Erikson, E. H.（1902-1994）●であるが，彼は Anna Freud の教育分析を受けている。Erikson の発達に関する諸理論はきわめて膨大でありとても簡潔に記述できないが，ライフサイクル理論●，アイデンティティ理論●などはきわめて重要事項である。

補足 8：現存在分析○

現存在分析を唱えたのが Binswanger, L.（1881-1966）である。彼は，Freud の精神分析学と Heidegger の現存在分析論とを融合させ，経験科学のレベルに高めようとした。

Boss, M.（1903-1990）も Freud, S. に直接教育分析を受けており，Heidegger との接触を通して，現存在分析を展開する。Binswanger の方が時代は先になるが，Heidegger 自身は Binswanger の現存在理解はまちがいであるとしている。

§2　行動療法（behavior therapy）

学習・行動理論を理論的背景に持ち，これをもとにしてクライエントの行動変容を促す技法の総称である。1950 年代以降，Skinner, B. F.（1904-1990）●，Eysenck, H. J.（1916-）●，Wolpe, J.（1915-）●らによって体系化され，発展した。レスポンデント，オペラント技法がその骨格となっている。この技法を分類した図が久野（1998）によって作成されているので以下に示す。学習理論（特にオペラント条件づけとレスポンデント（古典的）条件づけ）に関する知識を要するので，本シリーズの〈一般心理学編〉も参照してほしい。

考え方の基本は，クライエントの問題行動・不適応行動を，ある状況下で学習された反応であるととらえるところにある。従って，学習理論に基づいて確立された手続きにより，問題行動・不適応行動を消去し，適応的な行動を獲得するように働きかけようとする。

中でもオペラント条件づけ技法は，Skinner, B. F. のオペラント条件づけの原理を応用したものであるが，細かな技法の違いによってさまざまな名称に分けられている。一般的オペラント技法●，シェイピング●，モデリング●，トークンエコノミー○な

どは，自閉症児，知的障害児，非行少年などの適応的な行動形成，行動変容に一定の効果があることが認められており，今日の教育場面などでも幅広く取り入れられている。

代表的な行動療法の概略を以下に説明する。

①系統的脱感作法（systematic desensitization）●：Wolpe, J.●が主としてこの技法を創案開発した。系統的脱感作とは，逆制止○の原理と脱感作○の原理を組み合わせたものである。

手続きは，（1）面接や調査票によってクライエントの不安・恐怖の状況を把握し，そこから，不安・恐怖場面の軽度のものから重度のものまでの不安階層表○を作成する。（2）リラクセーション（弛緩法）●をクライエントに学習させ，これを恐怖反応への逆制止（拮抗条件づけ）として利用する。（3）リラックス状態にあるクライエントに，先に作成した不安階層表の軽度の不安場面から順にイメージさせ，脱感作を図り（不安・恐怖場面にリラックス反応を転移させる），不安・恐怖を克服していく。

②フラッディング技法（flooding）○：クライエントを，不安・恐怖の強い場面の「洪水」にひたらせ，いやおうなしにこれと対決させる方法。系統的脱感作と対照的な方法である。イメージを用いる方法，現実の場面を用いる方法いずれもある。いわゆる強迫神経症（不安障害）などに従来から多く適用されてきた。レスポンデント条件づけの消去の原理に基づいており，強い恐怖反応を喚起する刺激（条件刺激）に長く（何度も）クライエントをさらすが，無条件刺激となる不安・恐怖を引き起こすものは随伴しないため，条件反応としての不安・恐怖は徐々に消えていく，という考え方である。ただし今日では，いきなり強い不安・恐怖を喚起する刺激ではなく，弱いものから強いものへ段階的に呈示する手法の方が効果的とされている。

③シェイピング技法（shaping）●；漸近的接近（successive approximation）技法とも呼ばれる。

目標とされる行動をいきなり獲得させるのでなく，（1）最終的な目標行動に到るまでの行動を，容易にできるものから順にスモール・ステップで段階的に分割する。（2）容易な段階から順にその行動が生じたら強化を行うことで，徐々に目標行動の獲得へ近づけていく。知的障害児，自閉症児に適応的な社会行動を習得させる方法として多く用いられる

④条件性制止技法（conditioned inhibition）○：負の練習と呼ばれることもある。チックや吃音の治療としてかつてより適用されてきた。この技法の原理としては，Hull, C. L.の反応制止の理論が用いられている。条件性制止技法を開発したYates, A. J.は，チックを意図的に反復することにより反応制止を形成し，休憩をはさむことで

条件づけて条件性制止を形成する。これら2つの制止要因がチックの不安動因とチック習慣を凌駕すれば，チックが生じるのを抑制できる，と説明している。

手続きとしては，クライエントに当該の消去したい反応を，できるだけ正確に，休みなく集中して反復してもらう。この集中試行を休憩をはさんで数回繰り返す。このセッションを何度も行うことにより，制止反応が学習され，なくしたい反応が消失するという。

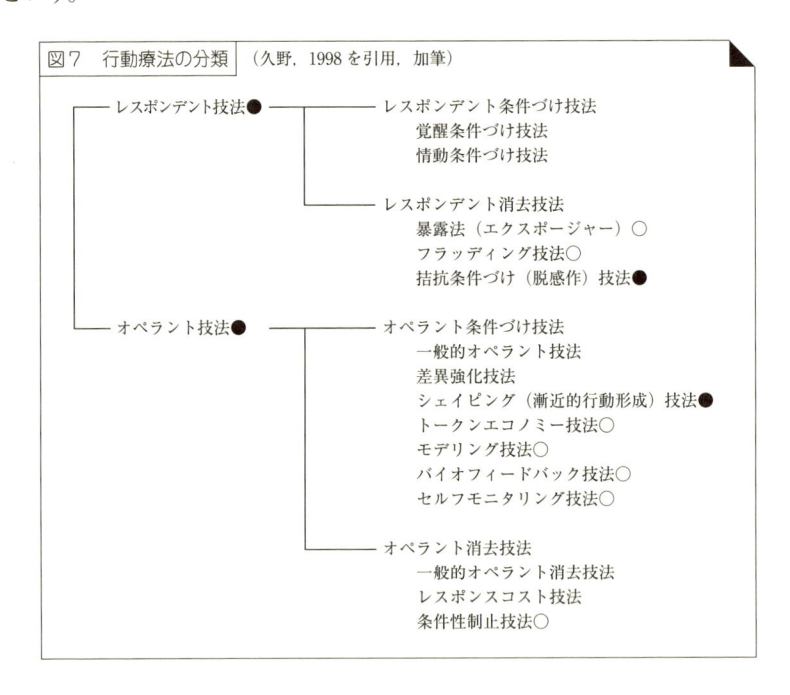

```
図7　行動療法の分類　（久野，1998を引用，加筆）

├─ レスポンデント技法●
│    ├─ レスポンデント条件づけ技法
│    │    　覚醒条件づけ技法
│    │    　情動条件づけ技法
│    └─ レスポンデント消去技法
│         　暴露法（エクスポージャー）○
│         　フラッディング技法○
│         　拮抗条件づけ（脱感作）技法●
└─ オペラント技法●
     ├─ オペラント条件づけ技法
     │    　一般的オペラント技法
     │    　差異強化技法
     │    　シェイピング（漸近的行動形成）技法●
     │    　トークンエコノミー技法○
     │    　モデリング技法○
     │    　バイオフィードバック技法○
     │    　セルフモニタリング技法○
     └─ オペラント消去技法
          　一般的オペラント消去技法
          　レスポンスコスト技法
          　条件性制止技法○
```

☞「系統的脱感作」の項目参照。

§3　認知行動療法（cognitive behavior therapy）●，認知療法（cognitive therapy）

行動療法の理論的基盤である学習理論の考え方では，人の行動を刺激－反応の図式（S-R理論）で説明していた。認知行動療法ではこれを，刺激－認知過程－反応の図式（S-O-R理論）でとらえ，心理的な問題は，その認知過程における歪みに媒介されて生じると説明する。従って，治療・介入は，クライエントの不適切な認知（悲観的な思考や思い込み）を修正し，感情面・行動面の問題解決を図ることを目標として行われる。

認知行動療法の成立過程においては，モデリング理論で有名なBandura, A.●の影響が大きい。Banduraのモデリング理論自体が認知的であり（認知的学習理論と呼ばれることもある），この技法（観察学習など）が行動療法に取り入れられたことが，認知理論と行動理論の橋渡しになった。さらにBanduraの行動変容に係る動機づけを高めるには，自己効力感（self-efficacy）という認知的変数が必要であることを指摘したことは，認知行動療法の成立をさらに促すことにつながった。

　特に著名なのが，Ellis, A. (1913-)●の合理情動療法（rational-emotive therapy; RET）●，Beck, A. T. (1869-1980)●による認知療法（cognitive therapy）●であるが，そのいずれも，抑鬱症状を改善させる目的で使用されることが多い。有効とされる対象は，抑鬱症状のほか，パニック障害，摂食障害などである。

　Ellisの合理情動療法は精神分析，行動療法，プラグマティズムなどの影響を受けており，他にも論理療法，論理情動療法，理性感情行動療法（rational emotive behavior therapy; REBT）とも呼ばれる。膨大な体系を有しているため，認知行動療法とは別に論じる場合も多い。なお，名称の変遷であるが，初期はRT（rational therapy）「論理療法」，後にRET（rational-emotive therapy）「合理情動療法」，1994年にはREBT（rational emotive behavior therapy）「理性感情行動療法」とEllisは変更していることをつけ加えておく。

　この特徴は，ABCシェマ○という理論に集約できる。Aはクライエントにとってのactivating event or experience（原因となる出来事，経験）である。Bはbelief system（信念体系）で，Aについてクライエントが思いこんでいる信念である。Cはconsequence（結果）を指し，Bから生じた情動的・行動的結果であり，反応である。これは落ち込む，抑鬱的になるといった否定的な反応を指す場合が多い。すなわち，Cはクライエントにとってみると，Aが原因であるかのように思えるが，実際には，Bが介在して成立している。このABCシェマを非合理的なものから合理的なものへと変容させるのがこの療法の骨格である。

　Bにあたる非合理な信念（これをirrational Belief; iBと呼び，rational Belief; rBと区別する）の例としてEllisは，「～でなければならない」，「～べきである」といった他に選択肢のない，絶対的・命令的な考え方を挙げている。

　実際の介入・治療では，まずABCシェマを見いだす。そして，クライエント側にiB（非理性的，非合理な信念）がある場合は，論駁（D：dispute）が行われる。論駁とは，クライエントの非合理な信念に徹底的に反論することである。次に実際に合理的信念を使用するホームワークを課すなどが行われる。このような取り組みの結果，クライエントは新たな合理的な信念体系を獲得し，症状の改善が図られる（これを（E：effectiveness「効果」ないし「自己啓発」）という）。

Beckによって創案された認知療法（補足1参照）は，クライエントの認知の歪みに焦点を当てる。抑鬱などの感情の問題の本質は，認知の歪みであるとして，これを是正することで，クライエントの抑鬱症状を改善しようとするものである。認知の歪みの代表的なものは自動思考○，スキーマ（仮説／スキーマとも呼ばれる）などである。

　Beckによれば抑鬱認知の三大兆候（①自己についての否定的な見方，②自己を取り巻く世界についての否定的な見方，③自己の将来についての否定的な見方）があり，これらが自動思考として働くことで，さまざまな推論のバイアス（補足2参照）を生じ，抑鬱症状を起こさせるという。この自動思考の背景に，幼少期から徐々に形成される否定的なスキーマが仮定される。

　上記の認知療法への批判点としては，①認知の歪みが原因で鬱病が起きるのか，鬱病が原因で認知の歪みが起きるのかが分かっていない，②重度の鬱病や知的レベル，動機づけレベルが低い場合には実施が困難，③スキーマ，仮説といった各種概念が分かりにくい，④スケジュールによって統制されるということが鬱感情に悪影響を与える可能性があるといった点が指摘されている。

▶補足1：認知療法，認知行動療法という語について

　認知療法，認知行動療法という場合に，認知行動療法という場合の方が，やや広義になる。一応Beck＝認知療法の祖としてよいが，上に述べたEllisのRET（合理情動療法），Meichenbaum, D. H.の自己指示法，ストレス免疫療法，Goldfried, M. R.の系統的合理的構成法（SRR; systematic rational restructuring）も，認知療法と呼ぶときもあるし，これらをすべて認知行動療法の一種と呼ぶこともある。

▶補足2：推論のバイアス

　推論のバイアスの主なものとして，①選択的抽出（selective abstraction），②独断的推論（arbitary inference），③過剰一般化（overgeneralization），④過大視と過小視（magnification/minimization），⑤自己関連付け（personalization），⑥絶対的二値的思考（absolutistic, dichotomous thinking）などが挙げられている。

　実際の治療・介入は，認知的技法と行動的技法の2つからなる。認知的技法において，自動思考や否定的なスキーマを変容していく。このとき，Ellisの技法と大きく異なる点は，治療者とクライエントの協力体制である。治療者が説得したり論駁するのではなく，クライエント自身が自問しながら，不適切な信念を合理的なものに置き換えていくことが強調される。行動的技法においては，日常生活を記録に取り，その状況ごとの感情などをセルフモニタリングしたり，適応的な行動の練習をホームワーク的に行うなどが行われる。

§4　箱庭療法●

　箱庭療法（Sandspiel, Sand Play Technique）●は，Lowenfeld, M.●が児童の利用

技法として1929年に考案した世界技法（World Technique）をもとにして，Kalff, D.（1904-1990）●によって考案された心理療法の一技法である。Kalffはユング心理学を基盤にして無意識理解を行っており，Kalffのもとで河合隼雄（1928-）○はこの箱庭療法を体験し，わが国にも広まり発展している。

この技法の用具は，57×72×7cmの砂箱であり，内側が青く塗られている。さまざまなミニチュア玩具があり，これをプレイルーム（面接室）の一角に置いておく。導入としては，クライエントの自発的な表現意欲に応じて行われることが前提である。初回に箱庭について簡単に説明した後，「ここにあるおもちゃでこの中に好きなものを作ってごらん」といった教示を行うことで十分である場合が多い。

治療者は，クライエントが製作している間，最も自然にクライエントが感じられるような位置にいて，なるだけ干渉せずに，受容的な態度で製作を見守る。

箱庭療法の優れた点としては，言語表現が困難なクライエントにも適用可能である点であり，その表出されるものが，非言語的・無意識的なものを抽出しやすい点である。箱庭を行うことがクライエントのカタルシスを簡便に促すという利点もある。他の療法に比較して触覚的，視覚的であり，クライエントが比較的中心におかれるといった特徴もある。

用具，条件等を統制することで，ある種の実験的なデータを採集することも可能であるし，セラピストも参加可能であるという点も利点である。適用対象も年齢的に幅広く（3歳以上で上限なし），神経症，心身症，境界例等にもともかくは適用例があり，多くの実例があるのも長所である。

基本的にはセラピストとの関係性が重視されている点がこの技法のもっとも特徴的な点である。逆に，この関係性が良好でない場合には，治療行為自体がクライエントの破壊衝動を招くこともある。広範な適用例があると述べたが，境界例や統合失調症のクライエントには一般に不適とされる。これは他の療法にも共通して言えることだが，クライエントの自己治癒力を促す技法であるため，それが療法実施時に望めないときには時間を置くことも必要であろう。

また，この箱庭療法の実施は場所，材料等にやや制約が大きいし（砂箱がかなり大きく，購入すると高価），導入がやや難しいという難点がある。そのため，簡易にできるものとして，中井久夫により風景構成法●（p.62参照）が創案されている。

☞ 芸術療法，遊戯療法を参照。

§5　芸術療法（art therapy）

芸術療法での代表的なものは，絵画（描画）療法（painting therapy）である。そもそも描画検査は，診断的な側面だけではなく，治療的な側面も兼ね備えている。特

に中井久夫による風景構成法●などは，診断というよりはその治療的な側面を重視している。この技法は，箱庭療法すら実施困難なクライエントにも適用可能な技法を求めるために開発されたという経緯がある。こうした点からも，絵画療法は一般に導入が容易であり，器具等も入手しやすく，コストがかからないという利点を持っている。また，ある程度の実施手順，解釈等についてもデータの蓄積がある。しかしそれでも，実施の手続きなどには，その理論的根拠に多くの曖昧な点を残し，解釈にも名人芸的な要素を持っている点がその限界でもあろう。

音楽療法（music therapy）は，端的に言えば音楽によって，心身の回復を図る治療技法であるが，実証的研究としては研究史，理論についてもまだ不十分である。その効果については，次の五点を挙げられている。①リラクゼーション的側面，②カタルシス効果を生むことによる遊戯療法的側面，③身体機能の回復のためのリハビリテーション的側面，④一般の心理療法的側面，⑤リクリエーション的側面である。

他にも芸術療法として俳句，短歌，詩などを創作することによる詩歌療法，造形療法，写真療法，貼り絵を行うコラージュ療法○，音楽にあわせて身体を動かす舞踏療法などが挙げられるであろうし，箱庭療法●や，遊戯療法●も，広義ではここに入れてもよいかもしれない。

☞ 描画法の箇所を参照。

◆補足◆ 1：遊戯療法（play therapy）●

遊戯療法（プレイセラピィ）は子ども（3歳～10歳程度）を対象にした心理療法であり，その手段は言語，絵画，音楽，夢，箱庭など特に限定されない。従って，もともと広義の概念である。個人と遊ぶ場合，集団で遊ぶ場合があり，玩具も自由に選択する場合もあれば，特定のものに制限する場合もある。制限プレイセラピィとしては，箱庭療法はもちろん，ドル・プレイ（人形遊び），指絵（フィンガーペインティング），粘土遊びなどがある。実際に遊戯療法として行われている場合には，個人・自由遊戯療法である場合が多いようである。

遊戯療法の立場は大別して4つあり，児童分析*●，関係療法（≒精神分析的簡易療法，e.g., Allen, F.），非指示的・子ども中心療法（e.g., Axline, V. M.），それ以外（実存療法，解放療法（e.g., Levy, D.）など）である。

Axline, V. M.はRogers, C.の来談者中心療法的な考え方を導入して，Axlineの8原則（可能な限り子どもの自由を許し，受容的，許容的，共感的な暖かい治療関係を用意することなど）を唱えている。特に子どもを対象とする場合は，理論的背景によって若干の相違点はあるだろうが，この8原則は重なる部分も多いであろう。

*Freud, Annaが創始者である。Kleinも創始者と呼ばれることもあるが，両者は理論的に対立したため，Kleinを遊戯分析の創始者として，両者を区別する論者も多い。精神分析療法を参照。

補足 2：コラージュ療法○

コラージュ（collage）はフランス語で糊付けであり，雑誌やパンフレットなどの既成のイメージをハサミで切り取り，台紙の上で再構成するものである。Buck, R. E. と Provancher, M. A. とが1972年に作業療法の一種として紹介し，その後芸術療法の一種として紹介され，その後日本では箱庭療法の延長でしばしば使用されるようになった。

適用範囲は広く，年齢制限はなく，場所も選ばず，コストも安く，健常者から統合失調症者まで可能であるという利点がある。もちろん，適用には慎重である必要はあるし，実施が容易であるため，つい安易な利用に傾きがちな点は注意せねばならないだろう。

§6 森田療法 ○

森田正馬（「もりた・まさたけ」「もりた・しょうま」どちらも可）（1874-1938）○によって創案された神経症のための精神療法であり，作業療法の中でわが国ではもっとも有名なものとも言えるだろう。森田療法は他にも，家庭的療法，自覚療法，体験療法，練成療法，あるがまま療法などとも呼ばれることもある。創案者の森田自身が青年時代に神経衰弱に悩み，それを克服した経験がもとになって成立している（1920年ころ）。そのため，彼の生きた時代，日本という文化的土壌が背景としてあることが無視できないし，禅との類似性などを指摘する論者も多い。ただし近年では海外へのこの技法の輸出がなされてもおり，一時代の一地方の特殊な技法と断ずることはできなくなっている。

治療は，最初の約一週間を絶対臥褥療法○を隔離して行う（第一期）。その後隔離療法を続けて軽作業（第二期），重作業（第三期），最後に必要に応じて外出，実生活を行うような生活訓練（第四期）をするものである。これらの過程で，気分から目的への変換を促すものである。つまり，神経症などの気分の部分はいじらずに，やるべきことを目的本位，行動本位で行い，これを体験的に理解させようとする。その治療に当たっては，入院という形式を取らなくともよい場合もあり，クライエントが自身で家庭でも試みることも可能である。

その効果に関しては，神経症に限定した場合には，多くの肯定的な結果を得ている。ネオ森田療法というものもあり，神経症以外の精神障害，アルコール依存症，ガン患者に対しても森田療法の目的性，創造的部分を強調し，「生き甲斐」を見いだすための「生き甲斐療法」へと発展しているという報告もある。しかし，治療の適用対象が基本的には神経症（特に森田神経症）に限定される点や，最初に触れたように，森田独自の「とらわれ」「はからい」などの神経症理論はきわめて独自性が高く，その妥当性は検討され続けねばならないだろう。

治療技法としてセラピストの特徴的な点は，入院時にはクライエントとともに生活

して，率先して生活指導を行うことや，問題行動の原因などはいっさい追求しない不問的態度で臨むことなどが挙げられよう。

補足：内観療法

　日本で生まれた心理療法として吉本伊信（よしもと・いしん）○（1916-1988）の内観療法も有名である。その名の通りクライエントに内観を行わせることで治癒を促す方法である。ここでの内観とは，①お世話になったこと②して返したこと③迷惑をかけたことについて具体的に調べることである。その形態も，集中内観（一週間集中実施），日常内観（日常の中で数時間〜数分実施），短期内観（一泊二日など）がある。

　適用対象は健常者からさまざまな不適応対象の人にまで可能であるとされるが，重度の精神病者や，幼児への適用はそのままでは困難であろう。「自我」の働きが弱いクライエントには難しいのである。その意味では指導的立場にある人がさらに他を指導するためのトレーニングには有効かもしれない。矯正施設等での採用もあるという。

☞ 本稿では，日常生活における活動や作業を行なうことによって治癒を促す心理療法を総称して「作業療法」ということばを当てている。しかし今日「作業療法」という場合，しばしばリハビリテーションの現場で行なわれている，身体及び精神機能に障害を持つ人に対する作業活動を通しての治療訓練に特化して用いられることが多い。国家資格としての「作業療法士（Occupational Therapist; OT）」はもちろん後者の意味である。

§7　心理劇（psychodrama）●，ロールプレイ（role play）●

　ロールプレイ（役割演技）●は，既に紹介したBeck, A. T.●の認知療法●の一環として実施される場合もあるし，他の療法の中で治療技法として利用されることがあるので，独立した心理療法としない立場もありうる。しかし，Moreno, J. L.●の創案した心理劇（サイコドラマ）●の中で考えてみると，やはり集団心理療法の1つとして位置づけられるであろう。

　心理劇は，①監督②演者③観客④補助自我⑤舞台の5つの要素によって構成されている。このうち，②の演者が役割演技（ロールプレイ）をする人物である。①の監督が，心理劇全体の責任を負い，演出家，カタリスト，治療者の3つの側面が必要であるとされる。③の観客は時には心理劇に参加することもあり得る。④の補助自我とは，①の監督を補佐する存在であり，②の演者が防衛や抵抗を持ったときに演じやすいような場を作り出すことを求められている。⑤の舞台は，必ずしも特別なものを要する必要はないが，ドラマ場面を保護するためにも，①から④の人物の一定の位置づけは決めておいた方がよい。一般に2時間前後で実施され，1週間以上の間隔をあけて行うとされる。

　心理劇を導入するにあたっては，①ウォーミングアップ②ウォーミングアップからドラマへ③ドラマの開始④ドラマの集結⑤話し合い⑥レビューといった手順でなされ

る。なお，監督は補助自我を使ってクライエントの自我に揺すぶりをかけるような二重自我法という技法や，演者が他の役を演ずる役割交換技法，演者が思うがままに自由に話す独白などの技法がある。

　心理劇の適用範囲は非常に幅広く，他の心理療法の中で利用されることもあることは既に述べた通りである。しかし，幻覚などがある統合失調症のクライエントに適用するのは避けるべきであり，この点が限界と言えよう。また，クライエントの自発性を要する技法であるため，既に十分自発性を有しているクライエントには不要な技法であるかもしれない。その点で逆に，自発性を高めるために有効とされる技法であるが，自発性の低いクライエントに対して，最初に心理劇へと導いていく段階でどのように促せばよいのかという問題は残り続ける。そのために導入時のウォーミングアップの部分が非常に大事であるが，これを言語的なもののみならず，非言語的なものも利用してドラマへと導いていく技法に関しては検討されねばならないだろう。

☞sociometry の項目参照

§8　自律訓練法（autogenic training; AT）○

　自律訓練法○は，1932 年に Shultz, J. H.○によって考案された心身の自己調整技法である。この技法の根底にある自己の心身の調整，治癒についての考え方は，宗教，哲学の歴史とともにあり，ヨガ，道教，ストア学派などにもその萌芽がみられる。しかし，直接的には Mesmel, F. A.○の催眠療法○の研究がその端緒であると言えよう。Mesmel はその治療効果を「動物磁気」によって説明しようとするが失敗し，その後，Charcot, J. M.○がヒステリー患者の症状の改善に催眠を用いることによって，その療法の効果が再認識される。

　この技法はやがて Liébeaut, A. A. や Bernheim, H. M., Vogt, O.○らによって，催眠から暗示へと研究の関心が広がっていった。特に Vogt は，自己暗示によって段階的に深い催眠状態に導いていく技法を考案し，『分割催眠法』を著わした。この Vogt の指摘した中世的催眠トランス状態について再検討を試みたのが Shultz である。彼は催眠状態に入った人がどのような内的感覚の変化を感じたかをもとにして，1932 年に『自律訓練法』を公刊した。その後 Shultz が亡くなる 1969 年までこれが増補改訂され，「標準練習」に加えて「特殊練習」「黙想練習」などの諸技法が体系化されている。

　この標準練習とは，その基本となる安静練習を含めた七段階の公式から成っている。

　基本公式は安静練習と呼ばれ，「気持ちが落ち着いている」という言葉を心に唱えながら弛緩感覚が感じられるのを「待つ」ものである。こうした暗示をゆったりした気分で「待つ」感覚を受動的注意集中と呼んでおり，この自律訓練法に非常に特徴的

な点である。その後第1公式（重感練習），第2公式（温感練習），第3公式（心臓調整），第4公式（呼吸調整），第5公式（腹部温感練習），第6公式（額涼感練習）へと進めていくものである。

　自律訓練法はその適用範囲が広く，試験などの前のあがり症の緩和を初めとしてさまざまな場面での活用が可能であるという利点を持つ。比較的コストもかからず，ある程度自分で行うことも可能であるという点も長所である。さらに，他の療法とのバッテリーを組むことも非常に多い。行動療法，認知行動療法，イメージ療法には欠かせないものであるといえよう。

　その一方身体面での失調がある場合は，薬物療法とも併用することが望ましいし，やはり自律訓練法の公式が進んでいく段階でのチェックはクライエント自身では難しいであろう。経験を積んだセラピストが立ち会って，心身の状況をチェックする方が望ましい。それでも，受動的注意集中という行為の導入の難しさは残り続ける。こうした点を支えるために，セラピストとクライエントとのラポールが他の心理療法と同様に，必要不可欠である。

　適用対象としても，境界例よりも重篤な精神病理を抱えるクライエントや，それほど重篤でなくとも不安，依存性が高く，自我の弱いクライエントには，自我の境界が曖昧になる可能性があるため，不向きな技法である。

　なお，自律訓練法以外にも類似のJacobson, E.による漸進的弛緩法（progressive relaxation）○，Benson, H.による弛緩技法（Benson's relaxation technique）などが存在し，これらを含めてリラクセーション・トレーニング（relaxation training）の1つとして，自律訓練法が論じられる場合もある。

§9　催眠療法（hypno therapy）

　催眠療法は，§8で述べたMesmelの動物磁気説にその端を発している。歴史的にはCharcotの影響を受けたFreudも催眠を用いたことがあるし，HullやPavlovですら，催眠について論じたことがあり，多くの心理療法に対して，非常に影響を及ぼした技法である。しかも，暗示がその技法の中で要となっているため，暗示療法（suggestive therapy）○とも呼ばれることもあり，この点ではさらに他の心理療法とも相互に影響しあう部分や重複する部分が大きい。自律訓練法とは異なる技法に一般には位置づけられているため，似かよっているところはあるが分けて論じる。

　催眠の心理療法への利用には大まかに2つに分かれ，第1には，催眠を直接治療のために使用するものと，第2には，補助的にあるいは触媒的に使用するというものである。後者が広義の催眠療法であるのに対して，前者が狭義の催眠療法である。

　この狭義の催眠療法に限定しても，Erickson, M. H.（1901-1980）○の催眠療法およ

びその発展としてのストラテジー催眠療法もあれば、わが国で有名な成瀬悟策○による体験治療論および課題努力法を根底に備える催眠療法など、さまざまな諸技法が存在し、ある1つの型があるわけではない。

催眠に特有な現象は催眠性トランスとも呼ばれるが、その特徴は、①企図機能の低下②注意の再配分③過去の記憶の視覚的イメージ化④現実吟味の低下⑤被暗示性の亢進⑥役割行動⑦催眠中体験の健忘などが挙げられる。また、催眠を誘発するにはセラピストとクライエントとの間に独特の強い結びつき（催眠性ラポールとも呼ばれる）が必要であるとされ、これをもとにして心身のリラクセイションと暗示による症状除去を行い、不安などの情動カタルシスや自然治癒力を促すのである。

催眠療法はその適用範囲が広範囲であり、その適用例の報告も多く存在する。しかし、上述の催眠性ラポールをとることは、他の心理療法と同様に、またそれ以上に難しいものを孕んでいる。強引で権威主義的な導入は避けるべきであるし、被験者の依存性や潜伏性の精神病の誘発可能性も同時にあることは十分に注意して用いられるべき技法である。

補足 1：Erickson, Milton. H.（1901-1980）○

Erickson, Milton と、アイデンティティ研究のErikson, E. H. とを混同しないように。Erickson, Milton は、催眠療法、ストラテジー心理療法の臨床実践家である。彼の治療の特色は、催眠の利用法にある。クライエントの現時点での症状を、催眠誘導や治療の促進に巧みに利用する。その際、クライエントはあらゆる行動であっても受容され、セラピストとの協力関係を結ぶ。その上で治療を行うため、催眠を直接的には用いない（間接的アプローチをとる）こともある。また、あくまでその治療の目的は未来志向的なものでなくてはならないとするのが彼の療法の特色である。

ストラテジー心理療法は、短期戦略的心理療法、戦略的アプローチ（strategic approach）とも呼ばれるが、時間制限心理療法（time-limited psychotherapy）、短期精神療法（short-term psychotherapy）、ブリーフセラピー○（brief psychotherapy）とは名称が似ているが異なるので注意してほしい（ただし親近性はある。家族療法●を参照）。

なお、この時間制限療法、短期精神療法、ブリーフセラピーなどを総称して短期精神療法とまとめて言うときもある。大きくはここに入るものを、主たる開発者と対にして列挙すると、Mann, J. の時間制限療法、Ferenczi や Rank の積極的療法（active therapy）、Alexander の短縮型精神分析的心理療法（short term of psychoanalytic psychotherapy）、Bellak, L. の緊急ブリーフセラピー（emergency brief therapy）、Wolberg, L. R. の短期精神療法、Balint, M. らの焦点心理療法（focal psychotherapy）、Sifneos, P. E. の不安喚起療法（Anxiety provoking therapy）などがあるが、いずれもその名称にもあるように精神分析を背景に持っている。

補足 2：イメージ療法（imagery therapy）

イメージ療法は広義にはクライエントの内的イメージを膨らませ、体験させることで治

療を促す手法である。狭義では直接的に目を閉じて視覚的イメージを浮かべて，それを頼りに治療するというものであろう。広義の意味を強調すると，他の心理療法との共通性があまりにも高くなりすぎて，わざわざイメージ療法というだけのものは何も残らなくなる。従って，後者の，特に狭義の意味でのものがイメージ療法ということになる。

しかし，狭義に限定してもきわめて多くの手法がある。イメージの導出法が，自由イメージ法か指定イメージ法かという大まかな分類は可能だが，それ以外に分類されるものも多く，有名なものを以下列挙しておこう。

Leuner, H.の誘導感情イメージ法（GAI），Desoille, R.による指導（誘導）覚醒夢法，Ahsen, A.の直感像法，Virel, A.の夢療法などがある。わが国でも，水島恵一のイメージ面接，栗山一八の自由イメージ法，田嶌誠一の壺イメージ療法，藤原勝紀の三角（形）イメージ療法，成瀬悟策の催眠イメージ面接法，増井武士のイメージドラマ法，柴田出らのイメージ分析療法などが開発されている。

上述のようにきわめてさまざまな技法があり，治療の進め方を一概には言えないが，導入時にJacobson, E.の漸進的弛緩法○などを用いることが多く，リラックスさせてイメージの喚起を促す。イメージをその場では解釈せず，その後面接を行う。いわば通常の面接が言語を媒介にして行われるのに対して，その前の段階で，非言語的なアプローチを試みるのである。

技法としては応用が効き，特に器具等を要さないという利点があるが，自我の弱い重篤なクライエントには不適な手法である。統合失調症にはまったく向いていない。

§10　フォーカシング（焦点づけ，focusing）●

フォーカシング●とは，Gendlin, E. T. (1926-)●が開発した心理療法，および自己理解のための技法である。GendlinはRogersとともに心理療法の研究をしており，両者の親近性は高い。来談者中心療法とこの療法とがバッテリーを組まれることも多いが，異なった技法であるという見方もある。

基本的には「気持ち」「体験」「身体感覚」を明らかにしていくことが理論の根本にある。その際，イライラしている感じや圧迫されている感じ，違和感を重視し，これをGendlinは初期にはdirect reference，最近ではfelt sense（フェルトセンス）●と呼んでいる。こうした違和感に対して，どうしたいのかという志向性を見いだすと，体験が変化する。これを推進（carrying forward）と呼ぶ。こうしたぴたりと来る体験を持つことを，felt shiftと呼び，フェルトシフトを起こすことでその人の志向する本来的な（authentic）選択をしていくのである。

フォーカシングの簡便法の手続きは次のようなものである。①間を置く（clearing a space）：まずリラックスできる空間を用意し，気になる事柄を見いだす準備状態を作る。②フェルトセンス（felt sense）：気がかりなことを選択し，その事柄を想像し

ているときの身体の感じを形成させる。③見出しをつける（find a handle）：フェルトセンスをぴたりと表現できるような言葉や身体のポーズ，イメージを見いだす。④共鳴させる（resonate）：見出しの言葉がフェルトセンスにぴったりかどうかを自分の中で響かせてみる。ここでフェルトシフトが起こる場合もある。⑤問いかけ（asking）：見出しを共鳴させてもフェルトシフトが起こらない場合は，問いかけ（e.g., この事柄の何が見出しみたいなんだろう？）をしてみる。⑥受容（receive）：新しい気づきが得られたら，それを受容する。

この療法の適用範囲は，神経症，登校拒否，境界例などに有効であるという報告がある一方，まだまだ未開拓な技法でもあり，今後の研究は必要であろう。

§11　動作療法（motor action therapy）

　動作療法は動作法，臨床動作法とも呼ばれ，歴史的には脳性麻痺の児童の肢体不自由を改善するための動作訓練がその発端である。ここでの「動作」とは，自分の意図通りの身体運動を実現しようとすることを指す。Jacobson, E.の漸進弛緩法も，この動作療法の中に位置づけられることもあり，リラクセーション・トレーニングと重複する部分も非常に大きい。特に成瀬悟策○によって体系化されたものを指して臨床動作法○と呼び，さらにはその理論的背景として動作学があるとする場合もあるが，ここでは細かく分類せず，それらを含めて動作療法と呼ぶ。

　その適用範囲は非常に幅広く，脳性麻痺児童のみならず，自閉症，多動児，ダウン症，脳卒中後遺症，高齢者の健康法などにも利用されているし，スポーツの分野におけるあがり症対策などにも使用されることがある。神経症，強迫神経症，境界例にも有効であるとされる。

　たとえば脳性麻痺児童に対して，坐位，膝立ちなどが課題となったときは，股伸ばし訓練や膝立ち訓練などを行う。あがり症の学生への適用の場合には，言語面接を最初に行った上で動作法を導入するというように，さまざまな導入のやり方，訓練のバリエーションがあり，詳細はブックリストなどを参照してほしい。このとき，訓練計画を立てるが，それはスモールステップであることが多い。

　なお，動作訓練と動作療法とを言葉の上で厳密に区別する場合もある。この際には，前者はクライエント本人自身が，より実際に身体を動かすことを指すのに対して，後者は実際には身体が動いていなくとも，その動かそうとするイメージや意識状態に重きを置き，しかもセラピストが援助する場面を指す。

　動作法は課題動作の体験過程を通して，日常生活の体験も変容させ，より能動的な主体になろうとするものであり，行動療法や精神分析療法とは強く対立する。

§12　ゲシタルト療法（Gestalt therapy）●

　ゲシタルト（ゲシュタルト）療法●は，Perls, F.●（1893-1970）によって提唱された技法であり，直接的にはゲシュタルト心理学とは関係がないが，このゲシュタルトという概念自体は関係がある。すなわち，ゲシュタルトとは，ある種の全体的なまとまりであり，「図と地」「今−ここ」といった概念がその基盤となっている。

　基本的概念は，①気づき，②「図と地」とその反転，③「今−ここ」という現象学的場，の三点である。①の「気づき」は，精神分析での意識化，洞察などに近い概念であり，「アッハ体験」○とも言うべき納得の体験を指す。その気づきにも内層，中間層，外層の三層がある。内層の気づきとは，クライエントの身体の内部で起きていることを自身で意識化することである。これがクライエントは不十分であるという仮説がゲシュタルト療法にはある。外層の気づきとは外界の観察のレベルであり，まずこの外層の混乱を修正するために現実認知を正確に行うことも必要となる。中間層での気づきとは頭の中での想像，空想を指し，これと外層との一致を促すことも必要とされる。

　図と地の反転とは，今意識に上らないものが上ってくる時，地であったものが図となることを指す。不適応状態の時には，失敗の経験が図として固着している場合であるとする。これに対し別の見方を持つべく，図と地の反転を促すこともこの療法の重要な点である。

　「今−ここ」という現在性を重視するのもこの療法の特徴である。そのため，セラピストによっては，クライエントに「私は今＊＊に気づいています」と言うように促し，過去経験から現在に目を向けさせるのである。

　この療法の限界はやはり境界例以上の重篤な症例には適応が困難な点である。そもそもクライエント自身に自己，外界への気づきを促す手法であるため，クライエントに治癒自体への欲求が乏しい場合には，適用が難しい。

　1960年代のアメリカにおいて脚光を浴びた療法であるが，同時に家族療法●の基盤であるシステムズアプローチ，エンカウンター・グループ●，心療内科などにも影響を与えている。

§13　来談者中心療法（client-centered therapy）●

　来談者中心療法●は，クライエント中心療法とも呼ばれ，Rogers, C. R.●（1902-1987）によって1940年代に創始され，発展してきたカウンセリング技法である。彼が亡くなるまでに4つの発展段階があるとされ，それによって，若干名称も区別する場合もある。すなわち第一段階が非指示的療法，第二段階が来談者中心療法，第三段階が体験過程療法，第四段階が，person-centered approachと呼ばれるもので，

もはや心理療法というよりは、人間関係、社会全般の成長への取り組みとして位置づけられている。ここでは、来談者中心療法と大まかに呼んでおく。

この療法の特徴は、Rogersの特異な人間観に基づいている点であり、人間には実現傾向があり、しかも自己実現しようとする欲求があるとする。自己構造（自己として定義されているもの）と経験（実際の感覚的経験）とに人間のパーソナリティを分けて、その両者が不一致の時に不適応状態が生じるとしている。

治療の過程においては①まずセラピストとクライエントの間に心理的接触が生じ、②クライエントの不一致があり、③セラピストは自己一致の状態であり、④セラピストはクライエントに無条件の肯定的配慮を行い、⑤セラピストはクライエントに共感的理解を行うといったことが必要条件となる。そのためにはセラピストには上述した自己一致、無条件の肯定的配慮、共感的理解の三条件が強調されている。

セラピストの応答技法としては、クライエントに対して、①感情の受容、簡単な受容を行う、②感情の反映を行う、③クライエントの発言のエッセンスを繰り返す、④クライエントの発言を明瞭化する、⑤承認や再保証を与える、⑥非指示的な形でのリードを行う、⑦フィードバック、⑧セラピストが自己の感情をクライエントに自己開示する、といったものを示している。

この技法の限界としては、第一に、これらの受容、共感的理解が成立しにくい境界例、統合失調症のクライエントには適用困難な点である。また、この療法のための訓練やスーパーヴィジョンの組織的方法が、特にわが国においては十分発達してこなかった点も問題点として指摘できよう。自己一致したセラピストというのが、現実的にはかなり高いハードルとなっている点も、最終的な問題として挙げられよう。

▶ 補足 ▶ 1：エンカウンター・グループ（encounter groups）○

ロジャース理論と親近性が強い技法として、エンカウンター・グループ○がある。村山正治によると、この語には3つの意味があるという。第一は、特にアメリカでヴェトナム戦争、カウンターカルチャーの影響で1960年代に盛んになった人間性回復運動、エンカウンタームーブメントとしての意味である。第二は、集中的グループ体験（Tグループ○、心理劇●、ゲシュタルトグループ、交流分析○、感受性訓練○、人間関係ラボ）としてであり。手法はさまざまであるが、数時間から数週間にわたるグループ経験をもとにした技法の意味である。第三が、ベーシック・エンカウンター・グループとしての意味であり、まさにRogersの唱える理論と実践とに基づくものである。欧米では第一、第二の意味で用いられることが多いのに対し、日本では第三の意味で用いられることが多い。

第三の意味に限定して、その概要を述べると、参加者は1グループ10〜12名の参加者と、1〜2名のファシリテーター（facilitator）で構成される。事前に心理テストなどは行わない。1セッションを3時間、1日3セッション、1泊2日の合宿形式を取ることが多い。性別、職業、年齢、地域、これまでの参加経験などをもとに、できるだけ異質なメン

バーを作るようにグループ分けを行う。

　ファシリテーターはグループのリーダー的な役割を行い，いわゆる Rogers の唱えるセラピストの三条件が求められる。その上でファシリテーターが中心となって，メンバーの自己成長，自己実現を促すものである。ファシリテーターの養成法や，エンカウンターグループの進め方についてはさまざまな手法があるため（自己開示，自己受容，他者受容など），ここでは省略するが，適用範囲が広く，可能性は大きいと言えよう。

　しかし，そもそもエンカウンター・グループは健常人を対象にしたものであり，精神病，境界例の人への適用は慎重を要する。また，科学性・実証性に関してロジャース理論と同様に乏しい点，参加したことによってかえってひどいトラウマを受けることになったという報告もある点など，まだまだその実効性については実証的研究が必要であろう。

補足2：**トレーニング・グループ，Tグループ（training group）○，感受性訓練○**

　Tグループ○とは，社会に適応している人の感受性や人間関係能力の再教育を，体験的な学習によって実施するものである。参加者は，グループ内の人間関係を経験し，自己理解，他者への共感を深めて，人間関係や集団の動きの本質を知る。Tグループの理念は，Moreno●の心理劇●（心理劇参照）や Levin, K.（1890-1947）●とその弟子たちによってはじめられた NTL（National Training Laboratory）○などがもととなっている。

　Levin は 1945 年にグループ・ダイナミックス研究所を設立している。その「場理論」を人間関係にも応用しようとして，コネチカット州のニューブリテンの州立大学で，Benne, K., Bradford, L., Lippit, R.○の 3 人をトレーニングリーダーとして，ワークショップを 1946 年に開いた。当初の目的は社会的指導者の養成であった。やがてそのミーティングが集団行動の理解に役立つことが分かり，翌 1947 年には，メイン州で第一回のTグループを実施した。これが NTL の始まりである。

　一般にTグループは，自然の多い場所で行われ，1 グループの人数は 10 人程度，グループリーダーは，トレーナーと呼ばれ，他にオブザーバーも 1 〜 2 人つけることもある。詳細は省略するが，グループセッションは一般に円く並べられた椅子に座った形で行われ，トレーナーは「今，ここで」の体験になるように導いていく。エンカウンターグループなどと同様に，健常者を対象にしたものであり，外向的で，自我が強く，安定的な人には向いているが，そうでない人にはひどいトラウマを与えてしまうこともあるので注意を要する。

　なお，感受性訓練（sensitivity training; ST）○も，このTグループの中に入れて論じられることが多い。狭義の感受性訓練は，上述の Levin らの NTL を発展させたものを指す。やはり「今，ここで」の現実を生きることの体験を重視しているが，これを気づかせる技法として，ジョハリの窓（Johari window）○の論理が用いられることが多い。これは，①自己にも，他者にも知られた心（open window），②自己は知るが，他者は気づかない心（hidden window），③自己は気づかないが，他者には知られた心（blind window），④自己も，他者も気づかない心（dark window）に心を分けて考えるものである。①（開放領域）を拡大することが目標であるが，そのために③盲点領域を小さくしたり，②（隠蔽

領域)を小さくする手法をとったりする。なお，④を未知領域と呼ぶ。
* ジョハリの窓○は，ジョセフ・ルフト（Joseph Luft）とハリー・インガム（Harry Ingham）が提唱した概念であり，両者の名前を取ってジョハリの窓（1955）と呼ぶようになった。ロジャース理論や各種のカウンセリング，対人関係の理論の比喩でしばしば使用される。

補足 3：交流分析（transactional analysis; TA）○

交流分析○は，Berne, E.○によって創始されたもので，国谷誠朗によれば，「自我心理学の精神分析から出発し，行動科学的，システム論的発想と，人間と人間との実存的出会いを尊重する哲学を基礎にして展開された集団精神療法」である。個人の心的体制をP（parent），A（adult），C（child）と記号化し，自我状態と呼ぶ。対人関係におけるトランザクション，やりとり（transaction）を分析することによって自己の交流の改善を行う。交流様式の中で，二重構造のコミュニケーションが習慣化していて，不快感情などをもたらすものをゲームという概念でとらえる。最後に，人生早期にその源を持つ脚本の修正を行う。Dusay, J.はエゴグラム（Egograms）を創案しており，集団でエゴグラムを書くことで，自身の自我状態についてもフィードバックが得られる。これはわが国でも質問紙法のテストが複数開発されている（e.g., TEG［東大式エゴグラム］，TAOK）。

精神分析理論がその背景にあるが，非常に簡便な手法であり，利用可能性は高い。しかし，P，A，C間の自己コントロールが困難なクライエント（e.g., 境界例，拒食症）には不向きであるとされる。

§14　集団療法，集団精神療法（group psychotherapy）○

集団を媒介とした治療活動全般を指して，集団療法と呼ぶが，その意味では多くの他の療法もこの分類に入るとも言える。そもそも集団療法には，特定の理論的基盤があるわけではなく，精神分析理論，認知行動理論，人間主義的理論，対人関係論，対象関係論，トランスパーソナル理論に至るまでさまざまな理論をもとにして展開しうるし，またそれらを統合して構成されているとも言える。ただし，あくまでグループダイナミックスの観点を有する点は個人療法とは決定的に異なる点であるし，特に対人関係での障害を治療の焦点とする場合が多く，集団での「今，ここで（here and now）」という経験を重視する点も個人療法とは異なる点である。

広義には，集団療法，集団心理療法，グループカウンセリング，グループアプローチ，集団精神療法という用語がほぼ同様に使用されることもある。この中に集団による遊戯療法，芸術療法，作業療法，心理劇，社会的スキルトレーニングなども入れる場合もあり，論者によって，かなり意見の相違がある。

たとえば小谷（1992）の分類はかなり厳密であり，それによると，もっとも広義での用語が集団療法で，最初に定義した意味である。その中で心理的な機能を技法の中

で取り込んでいるものを集団心理療法と呼び，さらに言語による相互作用をもとにして，心理的な介入を展開するものを，集団精神療法（group psychotherapy）と呼んでいる。すなわち，集団療法＜集団心理療法＜集団精神療法となるに従って，より心理的な面が強調されていくのである。それに対して，グループカウンセリングは，それらと一線を画し，来談者中心療法を理論的基盤に持ち，家族，母親への集団的援助法として用いられる場合を指すと小谷は述べている。

また，集団精神療法のはじまりも，Pratt, J. H. にあると小谷（1991）はしているが，その理論的背景としてはそれ以外にもさまざまなものがあるとしており（e.g. Winnicott, D. W.●の holding, Bion, W. R. の contain），その嚆矢や用語の定義を限定するのはやはり難しいだろう。基本的に広義の集団療法に共通する特徴としては，集団に受容される経験や，そこから得られるカタルシス，現在のありのままの感情の肯定，適応的感情への修正，「今，ここで」の経験への再生といった点は挙げられよう。

集団療法の適用対象に関してはきわめて幅広いとされており，統合失調症患者にも適用可能であるとされる。DSM に記載されるすべての適応不全にすら応用可能であると小谷は主張する。ただし，それだけ多用な適用範囲があるために，対象，目標に応じて，その技法もきわめて多用なものとなり，それらをセラピストがすべて把握することは時間，労力の点でも非常に大変であることが問題点である。この点も集団の中で治療が行われるので，チームによる仕事が可能であるため，実践の中で学ぶことができるという利点があるともされるが，その結果，当該集団におけるスーパーバイザーの力量によって，療法の効用が大きく左右されるのは，他の心理療法と同様に，大きな限界となるであろう。実践的リサーチ例としては Yalom, I. R. の『グループサイコセラピィ』などが著名である。

補足：ウィニコットのホールディング，ビオンのコンテイン

両者とも難解な理論を展開しており，いずれも訳出しにくい語であるが，簡単に紹介しておく。

Winnicott のホールディングは，「抱えること」「抱え込み」とも訳される。絶対的依存状態にある乳児を，身体的にも心理学的にも，受け止め，抱える母親のやり方，と定義される（『精神分析事典』R．シェママ編，弘文堂）。実際に抱える行為自体を指すわけではない。Winnicott は自我の基盤となる根本的な安全の感覚を，母親が乳児に対して提供するのだとする。Winnicott の業績のすべてにわたり頻出する翻訳不能な用語であり（Winnicott は訳出不能な用語が多いが），存在の持続として生きられる統一的自己の確立を支援することとされる。

Bion, W. R.（1897-1979）は Winnicott と同様にクラインの弟子であり，イギリス精神分析境界の会長だった。彼は小集団と精神分析を専門分野とし，子どもの思考発達への母親の影響を考察している。子どもは自分の中の取り除きたい感覚（ベータ要素）を母親の中

に引き起こそうとする。母親がその際,「容器」(container)となり,投影された感情を「含み込み」「コンテイン (contain)」をし,悪い部分を改変,中和,解毒することで,子どもはそのベータ要素を再度取り入れられるとする。これを内容容器モデルという。

§ 15 家族療法 (family therapy) ●

家族療法●は,家族を1つのシステムと見なして,その家族システム全体を治療しようとする技法の総称である。個人を治療の単位にしないという点では集団療法とも共通しているし,その背景となる理論にも重複する部分が少なくない。広義では,システム論的家族療法 (family systems approach, systemic family therapy),戦略的家族療法 (strategic family therapy),複合家族療法 (multiple family therapy),夫婦療法 (marital therapy) などもここに入れることができるであろう。

理論的背景には,精神分析理論●,一般システム理論●,対人関係論●,学習理論●,行動理論●,世代理論的 (intergenerational) 理論○などのさまざまな立場があり,しかもこれらは現在,ある部分は重複,統合されて用いられていることが多い。特にこの諸理論の中では,一般システム理論●に関しては,ほとんどの家族療法の基盤にあると言ってよいだろう。

ほぼ家族療法の各種に共通する特徴としては,IP (identified patient)「患者の役割を担う人」を家族の中で同定した上で,家族全体に治療を施す点である。ここで主たる症状を示している人をIPと呼ぶのは,患者というのは家族が患者とみなすことによって作り出されていると,カッコづきでみなす立場をよく表現している。また,病理の解明に関して,原因→結果という直線的な思考法ではなく,原因と結果との因果関係が円環状に連鎖,循環しているとみなす思考法(円環的思考)である点も特徴的である。

その理論的背景によって大別すると①世代論的アプローチ,②システム論的アプローチ,③精神分析的・対象関係論的アプローチ,④行動論的アプローチなどに分けることができる。③と④とは基本的に対立関係にあるが,特に②と③との関係には親近性が高く,かなりの部分,重複する点もある。以下,特に①と②に限定して,代表的なものを取り上げて解説する。

①世代論的 (intergeneretional) アプローチ○の代表例に分類されるものは,Bowen, M. の拡大家族システム療法がある。彼の理論(ボーエン理論)の中核には,自己分化の概念があり,情動と知性とが個人の中で完全に分化された状態を目指すことが,彼の家族療法の目標である。IPはこの両者が融合された状態であるとする。この自己分化度の低さの原因は,家族における人間関係であるとする。たとえば「三角関係」と呼ばれる最小の安定した人間関係を Bowen は想定する。二者間の関係はそも

そも不安定であり、ここで第三者が介入することで、一時不安を解消するが、それが最初の二者間の解決を阻害するという。問題のある家族では、両親の関係が確立していないため、たとえば父親が部外者となり、母子間の融合関係が生まれてしまい、これは問題の解決になっていないとする。ここから、問題のある両親間の関係が次世代の子どもに伝播したり（家族投射）、この伝播が多世代にわたって生じる（多世代伝播）とする。

②システム論的アプローチ○に分類されるのが、コミュニケーション理論の流れをくみ、コミュニケーション派と呼ばれるものである。そのもっとも古典的で著名なものが Bateson, G.○の二重拘束理論（double bind theory）○であり、コミュニケーションの内容と伝達方法とには違いがある点を見いだし、特に統合失調症患者の親子関係にそれがみられることをもとにした理論である。同種のものが Jackson, D. の創案した MRI（Mental Research Institute）であり、これらを総称してコミュニケーション・アプローチとも呼ばれている。家族をコミュニケーションの相互作用システムとみなし、望ましくない相互作用を見直すことで、治療するものである。この MRI の流れをくむものとして、Segal, L. らによる短期集中療法、ブリーフセラピー（brief therapy）、○がある。また、Satir, V. の合同家族療法（conjoint family therapy）も同じコミュニケーション派に属するとされる。

同じコミュニケーション的アプローチではあるが、治療者の介入の仕方の効用に焦点を当てたものが戦略的アプローチ○と呼ばれるものであり、催眠療法の Erickson, M. H.○や Haley, J. らが有名である。彼らは上述した原因→結果の連鎖を別なものへと変容させることを治療の目標としている。MRI 一派もここに入れて論じる場合も多い。ローマ派と呼ばれる家族療法も、この戦略的アプローチに連なる戦略的家族療法として知られているが、非言語的な伝達を重視するため、分けて論じることもある。

他にもミラノ派と呼ばれる家族療法は、もっともシステム論に忠実であるため、システミック家族療法と呼ばれているが、上記の戦略的アプローチに包含して論じることもある。つまり、「戦略的家族療法」と「システム論的家族療法」という用語は必ずしも明確な分類を示していないと言えよう。

Minuchin, S.○らによる構造的家族療法（structual family therapy）○もシステム論的アプローチに分類される。この理論は特にシステムの構造に重点を置いており、家族システムの中に、夫婦、きょうだいなどのサブシステムの分化があるとして、この境界間の相互作用を強化し、新たに連合関係を再生すること（再構造化）を目標とする。そのために、家族システムにセラピストが溶け込む過程（joining）○を行う。

家族療法は以上のようにきわめて多くの学派、適応対象があり、一言で論じることはできないが、やはり重篤な諸症状の場合には、適用に注意を要することは他の療法

と同様である。特に拒食症や登校拒否などに効用が高いとされるが，その際にはIPたる人物の治療への参加が望めない場合もあるし，家族全員の参加ということは現実的にはかなり難しい場面もあり，これらが適用上の難点であろう。また，家族システムに問題を見いだすだけではなく，たとえば児童を取り巻く学校システムにも問題を見いだすことが必要な場面もある。いわば「システム」をどこまでの範囲と見なすべきかという問題は，今後も残り続けるであろうし，システムを社会的問題にまで広げると，治療者の「介入」はおのずと限定されることも悩ましい問題であろう。

補足1：一般システム理論●

　一般システム理論●とは，Bertalanffy, L.○によって1948年に発表された生物学，経済学，物理学などすべてのシステムを説明する理論である（『一般システム理論』）。どのような次元の異なるシステムに関しても，構造上の同一性があり，そのシステム内の相互作用も同じ法則に従っていることを示し，生物学，社会科学，自然科学を統合することのできる理論的枠組みを提示している。「一般システム理論」は，家族療法に限定されず，さまざまな全体論的思想の重要な支柱になっている。

　この一般システム理論を特に精神医学に応用したのがMiller, J. G.のシステムズ・アプローチであり，円環的システムの考え方で家族をとらえる手法が本格的に取られている。

補足2

　家族療法の諸派は膨大で，とてもここですべて論じることができない。また，論者によってかなり分類の仕方が異なるので，上記の記述は極力最大公約数的な部分を抽出した。深入りするときりがないので，上記の記述を叩き台にして，不明な点はブックリスト（本書の出題例）などを参照してほしい。

§16　治療共同体（コミュニティ），社会的治療（療法），地域精神医療，環境療法

　§15で述べた家族療法の根幹がシステム理論であるが，この「システム」という語の意味を広げていくと，治療共同体（therapeutic community），社会療法（social therapy），環境療法（milieu therapy）の考え方におのずと至るが，歴史的背景は少し異なる。そもそも治療共同体等の考え方は，1950年代から60年代にかけてのイギリスの精神医学における解放運動の流れに位置づけられる。

　Jones, Maxwell○（1910-1990）は，第二次世界大戦中の戦争神経症の治療経験を経て，グループ療法をもとにして病棟内の民主化運動を中心とした解放運動を行い，これを治療共同体と名づけた。いわゆる管理的，ピラミッド型のシステムを廃し，施設の職員と患者との間に共同作業を意識的に行うものであった。これに関してはきわめて大きな反響と効果があり，精神科のリハビリテーション史においては現在でも強い影響を持っている。現時点では，残念ながら職員の負担が重い点，病棟内での無秩序はかえって増大した点，やはり一部の患者には無効ではないかという点などが指摘さ

れている。

　Laing, R. D.○（1927-1989）の唱える反精神医学の立場も極めて著名であり，彼は統合失調症（精神分裂病）という病名自体が患者を差別するものであるとし，キングスレーホールという共同住居を設立して患者と共同生活を行った。ここでの共同生活者はソーシャルワーカー，心理学者，精神科医などであるが，その専門性を取り払い，平等な人間関係を行った。その試みは一種の実験であったと言えるが，職員に要する負担は極めて重く，Laing自身も数年後にそこを離れることになる。

　これらはいずれもきわめてラジカルな改革であったが，これらが源流となり行政，福祉，さらには集団療法，家族療法的な側面を踏まえて，コミュニティ心理学などが誕生しているのがわが国の現在の地域精神医療の状況であろう。

☞ 危機介入の項目参照

【補足】1：コンサルテーション（consultation）○

　治療共同体の問題を考えるとき，Caplan, G.○の「地域精神衛生」「精神衛生コンサルテーション」の考え方が有名である。このコンサルテーション（consultation）○とは，彼の定義によると「2人の専門家，一方をコンサルタント（consultant），他方をコンサルティ（consultee）と呼ぶが，この両者の間の相互作用の1つの過程である。そして，そこでは，コンサルタントがコンサルティに対して，コンサルティの抱えているクライエントの精神衛生に関係した特定の問題を自分の仕事の中でより効果的に解決するよう援助するものである」つまり，単なるカウンセリングでもなく，スーパーヴィジョンとも異なる関係が両者に想定されており，地域におけるキーパーソンといっしょに精神的問題を抱える人の問題を解決することで，両者がともに有益な経験をしていくというのである。

　キャプランは，このコンサルテーションを四種類に分けており，それは①クライエント中心の事例コンサルテーション，②コンサルティ中心の事例コンサルテーション，③対策中心の管理的コンサルテーション，④コンサルティ中心の管理的コンサルテーションである。①及び②は，ちょうどBronfenbrenner, U.○のmicrosystemの部分に対応するアプローチであり，③および④がmesosystem，exosystemに対応するアプローチということになろう。macrosystemへのアプローチも，③および④に対応することになるだろうが，これが「心理臨床行政」にあたると鵜飼（1998）はしている。

【補足】2：コンサルテーション・リエゾン精神医学（consultation-liaison psychiatry）○

　コンサルテーション・リエゾン精神医学○という領域も，近年充実・発展しているものである。

　コンサルテーションの意味も，Caplanの定義では，地域精神医療の文脈で定義されていたが，現在ではたとえば「特定の専門職が職業上の必要性から，他の専門性を持つ専門職に相談すること」（鵜飼，1998）というように，2人の専門職間の交流・相談のプロセスであるとされることが多くなっている。この意味をさらに変えて，「専門領域の異なる医療従事者が別の専門家に相談すること」を指す場合も多い。コンサルテーション・リエゾ

ン精神医学というときのコンサルテーションとは，まさにこの意味である。

　リエゾンも「連携」と訳されることもあるが，コンサルテーションよりももう少し前の段階での行為とみなされ，たとえばコンサルタントが火事が発生したときの消防士，リエゾン精神科医は火事を未然に防ぐ消防検査官に，たとえられることもある。すなわち，「身体各科の治療に心理社会的要因を含めることを重視した，精神科の共同治療とその組織化」という定義がされている。

　両者をまとめて，コンサルテーション・リエゾン精神医学というときには，キャプランの発想とは明らかに異なり，地域精神衛生というニュアンスが抜け落ちて，たとえば総合病院内での，精神科医，心療内科医などがチームワークを組んだ診断，治療，教育，研究活動を行い，そこに心理社会的な要因を含めるようなこととされている。

　キャプランの発想は現在では，コミュニティ心理学へと吸収されていると言ってよいだろう。

§17　生物学的治療（薬物的治療，外科的手術）

　これまで述べてきたように心理療法にはいずれも限界がある。クライエントの自発的な治療への意志が乏しい場合や，重篤な統合失調症患者の場合には，心理療法は一般にその効用がないとされる。そうした場合の治療技法として，生物学的治療がある。

　これは過去においては，特に統合失調症患者等に対して，行われてきている歴史的経緯があり，その一部はもちろん現在でも継続して使用されている治療法である。これを本書で紹介するのは筆者らの手に余るし，そもそも「心理療法」ではなくなるが，既に紹介してきた心理療法と一線を画す技法を知ることで，図と地の関係で心理療法が理解しやすいかと思い，最後に簡単に紹介しておく。

　1930年代に，特に精神病院の重症患者に対して，さまざまな実験的な治療の試みがなされた。たとえばSakel（1938）によるインシュリン昏睡療法○，Moniz（1935）による前頭葉ロボトミー（prefrontal lobotomy）手術による治療○，Cerletti & Bini（1938）による電気ショック療法（ECT）○などがその代表的なものである。

　Sakelのものは，インシュリンを大量投与して，患者を昏睡させ，その後，統合失調症患者が3/4は改善を示したという。しかし，その後の追試では決してそれほどの有効性はなく，むしろ，死に至る事例，脳死状態などを誘発することがあり，使用されなくなっている。

　Monizのロボトミー手術は前頭葉を下位中枢に繋ぐ神経線維束を破壊するもので，その後20年間に数百名の治療がなされたが，確かに暴力衝動などは抑えられ，効果があったかに見えたが，認知，情動面で多くの部分に障害を生み，やはり死に至る事例もあったため，使用されなくなっている。

　電気ショック療法は，こめかみに電極を置き，70～130Vの電流を1秒間流し発作

を誘発させ，意識を一時的に失わせる技法である。統合失調症患者には治療に効果がないとされているが，現在でも鬱治療などにはその有効性は認められている。

　以上の治療法の目的は患者の過剰な行動，情動を抑えるために開発されたものが多いが，それらの大半が1950年代に入り使用されなくなったのは，ちょうどそのころ，抗精神病薬と総称される薬物が誕生し，同様な効果を示す薬物療法が発展したからである。この薬物療法は，強力精神安定剤，神経遮断薬（neuroleptics）とも呼ばれ，フェノチアジン（phenothiazines）がその代表である。この服用によって，統合失調症の陽性症状（幻覚や妄想，奇妙な行動）は緩和されるが，陰性症状（意欲喪失や感情の平板化などの行動・感情面の不足）には効果が乏しいとされる。それ以外にもこうした抗精神病薬の副作用の問題もあり，その使用には専門家の十分な判断を有する。

　上述の生物学的治療は心理臨床家には許可されず，専門の医療従事者が主として行うものであるが，これらの生物学的治療と心理的治療とが統合され，包括的治療となることがクライエント，患者にとって望ましいことであろう。双方の専門家間の協力が必要な所以である。

《参考・引用文献》
本章での参考・引用文献は基本的にブックリストに呈示したものすべてであるが，それ以外に利用した主要なものを挙げておく。

ブロンフェンブレナー（磯貝芳郎・福富　護　訳）　1979　人間発達の生態学——発達心理学への挑戦　川島書店
キャプラン，G.（新福尚武　訳）　1970　予防精神医学　朝倉書店
キャプラン，G.（山本和郎　訳）　1968　地域精神衛生の理論と実際　医学書院
シェママ　編（訳者代表　小出浩之・加藤　敏・新宮一成・鈴木國文・他）　1995　精神分析事典　弘文堂
浜川祥枝・生松敬三・馬場謙一・飯田　真　1978　フロイト精神分析物語　有斐閣
ラッシェル・ベイカー（宮城音弥訳）　1975　フロイトその思想と生涯　講談社

III章 パーソナリティの諸理論

1．パーソナリティ理論の分類の視点

§0　はじめに

　重要なパーソナリティ理論を唱えた，著名な心理学者たちを本章では紹介する。「臨床心理学」というよりは，むしろパーソナリティ心理学の解説である。本章を設ける1つの理由は，心理検査，心理療法が「人間をどうみるか」という理論に依拠する部分が大きいからである。図に対する地の部分として知っておく必要がある。

　第二の理由は，諸理論をメタ的にみる視点を読者に持ってもらうためである。パーソナリティの概論書は数多いが，コンパクトに複数の諸理論を，ある同一基準でメタ的，統合的に比較したものは，筆者（山口）の見る限り少ないように思う。深いレベルで各理論を説明する解説は極力避けて，優れた複数の概論書（e.g., Hjelle & Ziegler, 1992）をもとに，2つの観点を用意して整理する。

　なお，本章は，ある程度パーソナリティ理論に基礎知識のある人は，飛ばしてもらってもよい。それとは逆に，あまりに著名な人物（Freud, Adler, Jung, Fromm, Horney, Erikson, Skinner など）は，煩瑣なため，本章では記述を省略した。ただし，一般的なテキストではあまり記述されていない人物，興味深い点に関しては，詳細に記述しているところもある。特に伝記的な部分は少し凝った。意外な人物間で交流があり，それが理論を生み出す基礎となっていることもあるからである。本章がこれまでの叙述の記憶の留め金になれば幸いである。

§1　パーソナリティ理論を評価する際の6つの基準

　第一に紹介するのは，理論を評価するための基準である。これは，科学的同意を得るために必要な6つの基準である。この基準を高いレベルで満たしているか否かが，諸理論を理解する際によい指標となるであろう。

　①検証可能性（verifiability）：その理論が反証可能な仮説を提示し，それが妥当であることが検証可能かどうかということである。たとえば Freud，Adler などの精神分析学の流派はこの点で低いと言わざるを得ない。

　②ヒューリスティックな価値（heuristic value）：さらなる心理学的研究を促し，刺激を与えるものがその理論に内包されているかどうかである。たとえば Fromm, Kelly, Allport はこの点に乏しいと Hjelle & Ziegler は述べる。もちろん，彼らの理論がヒューリスティックな価値が低いという点に関しては，異論はあるだろう。彼ら

の業績が心理学を越えて,他の領域にも大きく影響を与えたことはまちがいないし,彼らの研究を継続している研究者も少なからず存在するからである。しかし,彼らの方法がオリジナリティが高いために,one and only であり続け,そのため直系の継承,発展をさせた者が少ないことは,認めざるを得ない。逆にこの点では,Freud や Skinner はさまざまな継承者(批判者を含め)を得ており,ヒューリスティックな価値はきわめて高いと言える。

　③内的整合性(internal consistency):現象の説明法が一貫しているかどうかである。

　④倹約性(parsimony):その理論に冗漫さがなく,現象の説明が簡潔で直接的なものであること。前提となる諸概念が少ないことがよい理論の条件である。

　⑤包括性(comprehensiveness):その理論によって説明可能な範囲が広く,多様であること。1つの理論で③を満たしながら説明可能な領域はどうしても限定的なものになる。

　⑥実質的に意義があること(functional significance):日常的な人間の行動を理解するにあたって役立つこと。究極的には,一般人が自分自身や人間関係を理解するのに役立つことを意味する。

　以上の6つの視点で著名なパーソナリティ心理学者をまとめたものが,図8である。

　上記の6つの基準で,ある現象を説明するために,どの理論が有効であるかを決定することができる。しかし,特定の1つの理論が,もっとも優秀であると限定する必要はない。もし複数の理論が同時に豊かな洞察をもたらすのであれば,1つに絞る必要はないし,複数の理論が統合されることが望ましいだろう。

　過去から現在に至るまで,これほどパーソナリティに関する多くの理論が生まれてきた背景として,かつては検討されてこなかった領域にスポットが当たり,新理論がそれを説明するために誕生したということもある。たとえ新しい理論が,それ以前のものに比較して説明可能な現象が少なかったとしても,意義が低いとは一概には言えない。未検討の重要領域を,どれだけうまく説明できるかという点も,理論を評価するポイントなのである。特異な領域において優れた理論というのも十分ありうる。すなわち,上記の6つの基準を全部加えて平均点で考え,上位,下位に分けることはできないのである。

◆補足

　次頁の図では,Rogers がすべての基準で高得点を示しているが,これは Hjelle & Ziegler の立場を反映している。Maslow もそうだが,人間主義的アプローチに関しては,全般に少し点が甘いようである。その反面,Allport, Kelly への点がかなり辛い。筆者(山口)からみると,Rogers は少なくとも①の検証可能性は満たしているとは到底思えないし,

1．パーソナリティ理論の分類の視点

図8　主要なパーソナリティ理論の6つの観点での相違　（Hjelle & Ziegler, 1992 を翻案）

	低　い	中程度	高　い
①検証可能性	Freud, Allport Adler, Kelly Erikson	Maslow	Skinner Bandura Rogers
②ヒューリスティック的な価値	Allport Kelly	Adler, Erikson Maslow	Freud, Bandura Skinner, Rogers
③内的整合性		Freud Allport	Adler, Bandura Erikson, Kelly Skinner, Maslow, Rogers
④理論の倹約性		Freud	Adler, Allport Erikson, Kelly Skinner, Maslow Bandura, Rogers
⑤理論の包括性		Erikson, Allport Skinner, Kelly Bandura, Maslow	Freud Adler Rogers
⑥理論の実質的意義	Allport Kelly	Adler Bandura Erikson	Freud, Maslow Skinner, Rogers

③の内的整合性もそれほど整った理論とは思えない。

①から⑥までの基準を，高いレベルで満たしている理論家を筆者（山口）がもう少し絞って挙げておく。①検証可能性は Skinner のみ，②ヒューリスティックな価値は Freud, Skinner の2人，③内的整合性と④倹約性はともに Skinner, Kelly の2人，⑤包括性は Freud のみ，⑥実質的意義は Freud, Skinner, Rogers の3人ではないだろうか。もちろん，これも1つの私見である。筆者自身は Kelly を高く評価している。

§2　人間性に関する基礎的な9つの前提条件

もう1つのパーソナリティ理論を分類する際の視点が，人間性に関する理論家の前提条件である。それは意識的な場合もあれば，無意識的に仮定している場合もある。まったく言及すらしていない場合すらある。

① freedom vs determinism：（自由意志 vs 決定論）人間に自由意志が備わっているか否かである。たとえば Rogers が人間に自由意志があることを前提とするのに対して，Skinner は前提としない。両者はその点で有名な論争を行っているぐらいである。

② rationality vs irrationality：（合理主義 vs 非合理主義）人間に合理性を認めるか

否かである。たとえばKellyは人間を一種の「科学者」とみなして合理性を前提とするのに対し，Freudはむしろ非合理的なものを人間性の本質とする。従って，Kellyは認知的な処理過程に重きを置いた理論構成になるのに対し，Freudらはそうした意識的なものは全体の中では氷山の一角であり，無意識的，非合理なものが大きく影響しているとする。

③ holism vs elementalism：（全体論 vs 要素主義）人間を統合された全体像として考察するか，独立した個別の要素からなるものとして説明するかである。

④ constitutionalism vs environmentalism：（遺伝主義 vs 環境主義）人間が遺伝によって規定されているのか，それとも環境によって規定されているのかということである。遺伝・体質・気質主義はHippocrates（ヒポクラテス），Galenus（ガレノス）から始まり，現在ではそれが洗練されて遺伝子のレベルによる説明がなされたり（e.g., Plomin, R. など），CattellやEysenckによっても遺伝的素因の重要性が強調されている。それに対し環境主義の典型としてはWatsonが挙げられる。しかし現在の心理学者では，極端などちらかの立場に立つ人はほとんど存在しないと言ってよい。ほぼすべての心理学者は両方の影響を認める相互作用主義者であることが大前提だが，それでも相対的にはどちらかを強調している場合が多い。あえて分類するために，この視点をここで設けている。

⑤ changeability vs unchangeability：（変化可能性 vs 変化可能性がない）人が生涯を通じて，その根本的なパーソナリティが変化しうるか否かである。たとえば同じ精神力動的な学派に入るFreudとEriksonとの間でも，Eriksonの方が圧倒的に人間の変化可能性を前提として理論を構築している。変化可能性を強調する理論は発達段階，行動変容，過去との非連続性，個人の成長を視野に入れて，その理論が成立している。それに対し，変化可能性を認めない傾向にある諸理論は，人生全体を通して，核となるパーソナリティ構造が永続的に実在するという前提を置くのである。

⑥ subjectivity vs objectivity：（主観性 vs 客観性）主観的な内的経験を重視するか，それとも客観的，外的に観察，測定可能な行動面を重視するかである。前者は現象学的な立場であり，Rogersに代表される心理学である。後者は行動主義的な立場であり，Skinnerがその代表的な存在である。

⑦ proactivity vs reactivity：（先行性 vs 反応性）人間の行動の原因が内部にあるか，外的刺激にあるかである。前者はMaslowが代表的であり，Skinnerが後者の代表である。Maslowは，行動の最初の原因は人間の内部にあるとしているのに対し，Skinnerはそれが外部にあるとしている。

⑧ homeostasis vs heterostasis：（ホメオスタシス vs ヘテロスタシス）人間の動機づけが，内部の平衡状態を保とうとするホメオスタシスによるものか，それとも成長

1．パーソナリティ理論の分類の視点

図9　人間性の基礎仮定に対する主要パーソナリティ理論家の位置づけ　（Hjelle & Ziegler, 1992 を翻案）

	強い		中間			強い	
自由意志を人間性の前提に置く	Adler Maslow Rogers		Allport	Bandura Kelly	Erikson	Freud Skinner	決定論的であり，自由意志を特に認めない
合理性を前提としている	Allport Bandura Kelly Maslow Rogers	Adler Erikson				Freud	合理性を前提としていない
全体論的	Adler Erikson Maslow Rogers	Freud Allport Kelly			Bandura	Skinner	要素主義的
遺伝主義的		Freud Kelly Maslow Rogers	Adler Allport		Bandura Erikson Skinner		環境主義的
変化しうる	Erikson Skinner Bandura Maslow Rogers		Allport		Kelly	Freud Adler	変化しない
主観主義的：個人の内的な主観的世界を重視する	Adler Kelly Maslow Rogers		Freud Allport	Bandura		Erikson Skinner	客観主義的：第三者にも観察可能な外的行動面を重視する
先行性：行動の原因は個人の内部にあり，刺激の前に行動がある	Adler Allport Maslow Rogers	Freud Erikson		Bandura		Skinner	反応性：行動の原因は外的な刺激に基づき，すべての行動の前に刺激がある
ホメオスタシス：内部の平衡状態を維持するもの	Freud				Erikson	Adler Allport Maslow Rogers	ヘテロスタシス：成長，自己実現をとげるものであり，今とは違うものになろうとする
可知主義：人間性は知り得るものと前提	Freud Skinner Bandura	Erikson Allport				Adler Maslow Rogers	不可知主義：人間性は知り得ないものと前提

図10 パーソナリティ理論の成立の歴史見取り図	(Hjelle & Ziegler, 1992 を翻案) 注：記された年号は，主著書が公刊された年や没年である。

	1890 1930 1940 1950 1960 1970 1980 1990	
Freud (1856-1939)	[1890-1939]	精神分析学，精神力動学（psychodynamic theory）
Adler (1870-1937)	[1907-1937]	個人心理学（individual psychology theory）
Jung (1875-1961)	[1913-1961]	分析心理学（analytical psychology theory）
Erikson (1902-1994)	[1950-1975]	心理社会学（psychosocial theory）
Fromm (1900-1980)	[1941-1965]	人間主義的精神分析学（humanistic psychoanalytic theory）
Horney (1885-1952)	[1937-1973]	社会文化的精神分析学（sociocultural psychoanalytic theory）
Allport, G. W. (1897-1967)	[1937-1961]	特性論（trait theory）
Cattell, R. B. (1905-)	[1946-1990]	構造基礎システム理論（structured-based systems theory）
Eysenck (1916-)	[1947-1990]	特性類型論（trai-type theory）
Skinner (1904-1990)	[1938-1985]	行動主義的学習理論（behavioristic-learning theory）
Bandura (1925-)	[1959-1990]	社会認知学習理論（social cognitive learning theory）
Rotter (1916-)	[1947-1982]	社会学習理論（social learning theory）
Kelly, G. A. (1905-1966)	[1955-1965]	認知構成体理論，パーソナル・コンストラクト理論（personal construct theory）
Maslow (1908-1970)	[1950-1970]	人間主義的（ヒューマニスティック）理論（humanistic theory）
Rogers (1902-1987)	[1951-1975]	現象学的人間主義理論（phenomenological theory）

や自己実現などのヘテロスタシスによって動機づけられているかということである。たとえば古典的な Dollard, J.○ & Miller, N.○（1950）がホメオスタシス派の代表であるのに対して，Maslow や Rogers はヘテロスタシス派の代表例となるだろう。

⑨ knowability vs unknowability：（可知性 vs 不可知性）究極的には人間の本質は知りうるものとするのか，それとも永遠に知りうることはないとするのかという立場の違いである。たとえば Watson や Skinner らの行動主義の立場は，究極的には人間

の行動は科学的に解明できるとする。それに対して，Rogersらの現象学的な立場では不可能であるとする。

　以上の9つの観点はオーバーラップする部分もかなりあるが，さまざまな理論を分類するためにはこの程度は必要であろう。理論の中には，まったく言及されていない場合もあるし，わずかしか述べられていない場合もある。あるいは中立的な立場をとるものもある。しかしそれもまた，その理論の特質を表わしていると言えるだろう。これをまとめたものが，図9である。

　なお，各々の理論を提唱した人たちは，言うまでもなく独立した1つの体系をもっており，どれほど上手に要約しても，それはある一面を断片的に紹介しているに過ぎない。以下の叙述もかなり端折っている点はご了解頂きたい。各理論の分類法（6つの観点，9つの観点）も1つの意見でしかないし，各理論の位置づけも絶対的に正しいものではない。批判的に，かつ建設的に読者が消化してほしい。

　以上のまとめとして，図10に，歴史見取り図を示しておく。

2．必修パーソナリティ理論

§1　精神分析学およびその諸派（フロイト，アドラー，ユング）

　既に第Ⅱ章（p.73）で主要な精神分析理論家に触れているし，他の多くのテキストでも優れた紹介がされている。各人物の人生に関しては省略する。ここでは重要な点のみをおさえておく。

　Freud, Sigmund（1856-1939）●は，そのパーソナリティの構造論（イド，自我，超自我）●，発達論（口唇期，肛門期，男根期，潜在期，性器期）●，転移●，逆転移●などの諸概念を各自整理してほしい。アセスメントの技法としては既に述べたように，自由連想法●，抵抗（resistence）●の解釈，夢分析●，転移の分析などを行う。彼の主張を上述の9つの視点で眺めたとき，強く主張して，その理論の柱となっているのが，決定論，非合理性，不変化性，ホメオスタシス，可知性である。それに対し，ある程度に主張しているのが全体論，遺伝主義，先行性であり，ほとんど述べていないのが主観主義性についてである。以下の図11では，あまり強くコメントしていないものもやや強引に入れた。網がけの強いものほど明確に主張している。

　Adler, Alfred（1870-1937）●は個人心理学（individual psychology）の創始者であり，劣等感の補償，権力への意志などについては既に触れた通りである。アセスメントの技法としては，特に社会的な関心を測定する検査として，社会的関心尺度（the Social Interest Scale; SIS）がCrandall（1975）により作成されているし，同様に社会的関心指標（the Social Interest Index; SII）がGreeverら（1973）によって作成

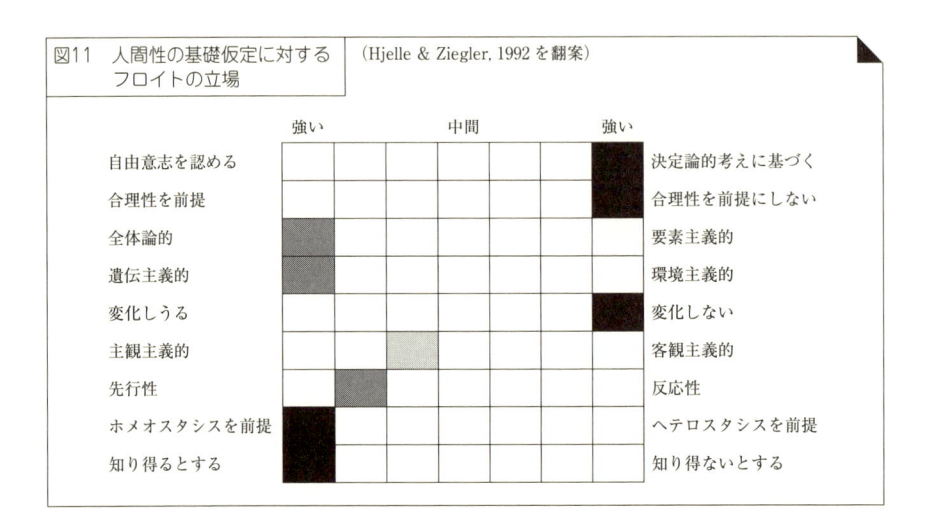

図11 人間性の基礎仮定に対するフロイトの立場　（Hjelle & Ziegler, 1992を翻案）

	強い			中間			強い	
自由意志を認める							■	決定論的考えに基づく
合理性を前提							■	合理性を前提にしない
全体論的	▨							要素主義的
遺伝主義的		▨						環境主義的
変化しうる							■	変化しない
主観主義的				▨				客観主義的
先行性			▨					反応性
ホメオスタシスを前提	■							ヘテロスタシスを前提
知り得るとする	■							知り得ないとする

されている。やはり9つの視点の中では，自由意志を認める点，全体論的な点，不変化性，主観性，ヘテロスタシス，不可知性は強く主張している。それに対し，合理性に関してはある程度主張しており，遺伝か環境かについてはちょうど中間的な立場である。Freudとは相当異なる点に着目してほしい。

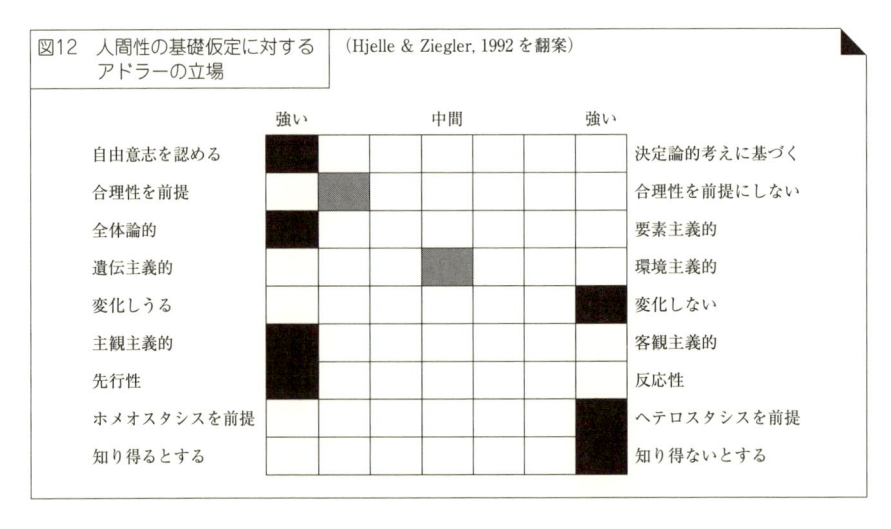

図12 人間性の基礎仮定に対するアドラーの立場　（Hjelle & Ziegler, 1992を翻案）

	強い			中間			強い	
自由意志を認める	■							決定論的考えに基づく
合理性を前提		▨						合理性を前提にしない
全体論的	■							要素主義的
遺伝主義的				▨				環境主義的
変化しうる							■	変化しない
主観主義的	■							客観主義的
先行性	■							反応性
ホメオスタシスを前提							■	ヘテロスタシスを前提
知り得るとする	■							知り得ないとする

Jung, C.（1875-1961）●も分析心理学の創始者として著名人物であるが，やはり多

くの啓蒙書が既に存在するのでここでは省略する。

§2　自我心理学およびその諸派（エリクソン，フロム，ホーナイ）

　Erikson, E. H.（1902-1994）●の人生は，『アイデンティティの心理学』（鑪，1990）に簡潔に記されている。彼の主張で重要な点は，8つの発達段階についての理論である。しばしば引用される個体発達分化の諸領域の図を以下に示しておく。これは，Freud の発達論を包含し，発展させている。重要概念は数多いが，モラトリアム，アイデンティティ，クライシスの概念に関する詳細はここでは省略する。たとえば図13 を引用した鑪の一連の著作などを読んでほしい。

図13　個体発達分化の諸領域　（鑪，1990）

段階	心理・社会的危機所産	人格的活力(徳)	重要な対人関係の範囲	社会価値，秩序に関係した要素	心理・社会的行動様式	儀式化の個体発生	心理・性的段階
Ⅰ	信頼：不信	望み	母および母性的人間	宇宙の秩序	得る，見返りに与える	相互の認知	口唇期
Ⅱ	自律性：恥，疑惑	意志	両親的人間	"法と秩序"	つかまえ，はなす	善悪の区別	肛門期
Ⅲ	自発性：罪悪感	目的感	核家族的人間	理想的原型	ものにする（まねる），らしく振る舞う（遊ぶ）	演劇的	エディプス期
Ⅳ	勤勉性：劣等感	有能感	近隣，学校内の人間	技術的要素	ものを造る（完成する），ものを組み合わせ組み立てる	遂行のルール	潜伏期
Ⅴ	同一性：同一性拡散	忠誠心	仲間グループ，グループ対グループ・リーダーシップのモデル	知的，思想的な将来の展望	自分になり切る（あるいはなれない），他人が自分になり切ることを認め合う	信念の共同一致	青年期
Ⅵ	親密性：孤独	愛情	友情における相手意識，異性，競争・協力の相手	いろいろな型の協力と競争	他人の中に自己を見出す，見失う		
Ⅶ	世代性：停滞性	世話	分業ともち前を生かす家族	教育と伝統の種種相	存在を生む，世話をする	世代継承的認可	性器期
Ⅷ	統合性：絶望	知恵	"人類" "私のようなもの"（自分らしさ）	知恵	一貫した存在を通して得られる実存，非存在への直面		

アイデンティティの測定に関しては、本シリーズ〈心理測定編〉でも引用した谷による一連の研究が、最新のものとして優れているので参照してほしい（心理測定編p.151 参照）。一方古典的なものとしては Marcia（1966）によるものが著名である。

これは、アイデンティティ達成群、モラトリアム群、早期達成群（foreclosure）、アイデンティティ拡散群の四種類に分類するという手法である。過去に危機（crisis）を経験しているか否か、そのことにコミットしているか否かという 2×2 の象限に分けるのである。図 14 参照。しかし、この Marcia パラダイム自体も強く批判されており、また実際にデータを収集する際に、彼が想定したようには四種類に分けられないことなどが分かっており、現在では疑問視されている。

図14　アイデンティティの測定	（Marcia, 1966 を翻訳）	
	危機（crisis）をかつて経験したことがあるか？	
その点に深く関与（commitment）したか？	はい	いいえ
はい	アイデンティティ達成群	早期完了群 (註)
いいえ	モラトリアム群	アイデンティティ拡散群

註：早期達成群は、他に、早期完了群、予定アイデンティティ群、打ち切り、フォークロージャー群、権威受容群とも訳されることもある。

Erikson の主張としては、以下の図 15 に示すように、特に全体論、環境主義、変化可能性については強く主張しているが、それ以外については全般に穏やかな主張をしている。

ほぼ同じグループに位置づけられるのが、Fromm, E.（1900-1980）●、Horney, K.（1885-1952）●である。ただし、人によっては、Erikson とこの 2 人とをはっきりと分ける場合もある。この 2 人は新フロイト派（フロイト左派）であり、Erikson を修正フロイト派、自我心理学派とするのである。きわめて大まかには、同じグループとみてよいだろう。詳細は第Ⅱ章（p.73）を参照してほしい。

Fromm は、精神分析の流れをくむ理論家の中では人間主義的、社会文化要因を重視するとされる。彼は人間の実存的欲求として、5 つがあるとしている。それは、①関係性（生産的愛を培うこと）②超越性（創造すること）③根拠性（どこかに所属し、安定感を感じること）④アイデンティティ⑤方向性・献身の枠組み（自分の行動に目的性があること）の各々が必要であるとしている。その上で、既に述べた 5 種類の社会的性格類型（受容、搾取、貯蔵、市場、生産）をしている。

Horney もまた、精神分析家の中では特に社会文化的なものを重視した理論家であ

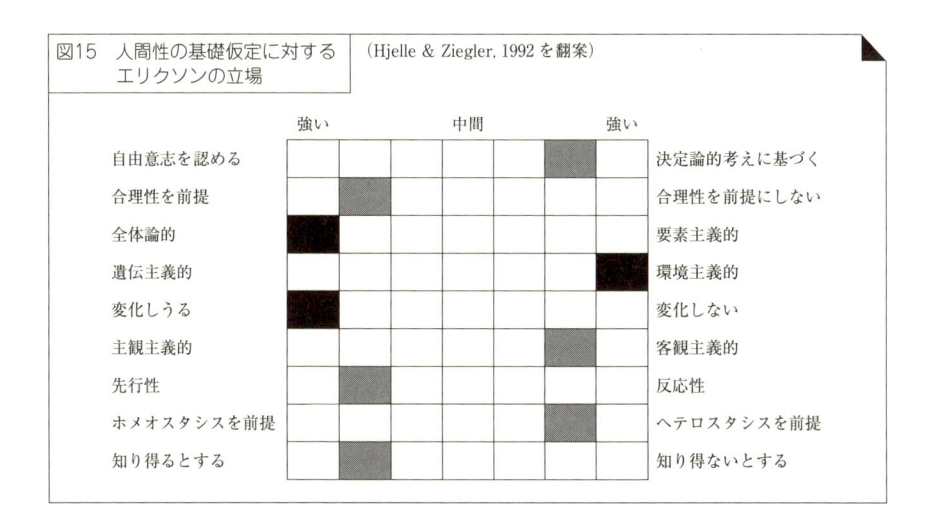

図15　人間性の基礎仮定に対する　（Hjelle & Ziegler, 1992 を翻案）
　　　エリクソンの立場

	強い			中間		強い		
自由意志を認める						■		決定論的考えに基づく
合理性を前提		■						合理性を前提にしない
全体論的	■							要素主義的
遺伝主義的						■		環境主義的
変化しうる	■							変化しない
主観主義的						■		客観主義的
先行性								反応性
ホメオスタシスを前提						■		ヘテロスタシスを前提
知り得るとする			■					知り得ないとする

る。彼女は10の神経症的欲求を分類し，それらを3つの一般的な類型に分類した。これは不安を防衛するための神経症的欲求を①依存的（compliant）「人に近づく」②隔離的（detached）「人から遠ざかる」③攻撃的（hostile）「人に対抗する」で類型化している。

§3　特性論（オールポート，キャッテル，アイゼンク）

　Allport, G. W.（1897-1967）●はパーソナリティ心理学者として名高く，特性論の主要な提唱者である。インディアナ州モンテズマ生まれの，4人きょうだいの末子であった。彼の兄の Allport, Floyd Henry（1890-1948）●もまた，著名な社会心理学者であるので，混同しないようにしてほしい。

　彼の父は，田舎の医師で，Allport が誕生後，家族でオハイオに移住し，彼はクリーブランドのパブリックスクールで初期の教育を受けた。彼の家ではプロテスタント的な倫理観があり，そこには愛情や信頼感が満ちていたと彼も述べている。幼少期より学究肌であり，言葉を扱う術には長けていたが，スポーツは苦手で，クラスの中では孤立していたという。兄の Floyd が自身の出身校であったハーヴァード大を彼に勧めたこともあって，同校に入学後，経済学と哲学を専攻する。卒業後心理学の特別研究員の地位を得て，学位を得た。テーマはパーソナリティの特性論であった。彼はその後，ヨーロッパに行き，ベルリン，ハンブルグ，ケンブリッジで学んだ。この20歳代前半に Freud と出会ったため，精神分析学にも十分な知見を有していた。帰国後は主として母校で教鞭をとり，「アメリカ・パーソナリティ心理学の長」と目さ

れた。

　基本的な立場は折衷主義であり，精神分析学に対しても一方的な賛美者ともならず，かつ単なる批判者ともならなかったことにもみられるように，他の多くの立場に対しても中立的・折衷主義的である。

　たとえば彼が創案したとして一般に流布されている特性論的考えも，その共通特性○の部分が広く流布されているが，彼の主張は少し異なる。共通特性とは，ある一次元上（内向−外向など）に個人を並べ，その個人差（パーソナリティ）を把握するものであり，同一の次元がすべての人にあることを前提としている。しかし同時に独自特性○も重視する必要も説いており，パーソナリティは，そもそも同一次元上に並べることができない場合もあるとしている。これは彼の2つの側面を物語るものであり，彼は Windelband, W. の用語を借りて，法則定立的（nomothetic）方法○と，個性記述的（idiographic）方法○との両方が心理学研究には必要であるとしている。彼の研究はこのように拠って立つパラダイム自体も広範であり，また実際の研究も，大量の特性語をもとにした調査研究と同時に，事例研究（e.g.,『ジェニーからの手紙』の内容分析○や心理誌的手法○）も行うという多様性を示している。なお，その大量の性格特性語を用いた調査研究の一部は，現在ビッグファイブ研究にも引き継がれている（図17参照）。

　こうした点は，しかし同時に，彼の理論のよって立つ立場の脆弱さを物語っているのかもしれない。

　その著作は数多いが『パーソナリティ―その心理学的解釈』（1937）（邦訳は1982）は，彼の人格論，特性論が縦横に展開されている。彼の業績としては，機能的自律性（functional autonomy）●の概念の提出，Spranger, E.●の理論，経済，審美，社会，政治，宗教の六類型をもとに，Vernon, P. E., Linzey, G. らとともに作成したオールポート・ヴァーノン・リンゼイ価値尺度○なども有名である。

　Allport は，合理性，先行性，ヘテロスタシスに関しては強く主張している。ある程度主張しているのは全体性，可知性であり，ほとんど述べていないのが自由意志があるか否か，主観主義性である。中間的な立場に立つのが，遺伝−環境主義，可変性−不可変性である。

　Allport の研究の中で，特性論（共通特性）は因子分析●の手法に多くを拠っているが，この手法を発展させたのが Cattell, R. B.（1905-）●である（因子分析，R，Q，Pテクニックなどに関しては，本シリーズ〈心理測定編〉を参照）。

　Cattell は，英国スタフォードシャーで生まれた。彼は自伝も書いており（1974），それによれば幼少期は，船遊び，洞窟探検，水泳などを楽しむ活動的な子どもだったという。この平穏な生活だった9歳の時に，第一次世界大戦に直面する。彼の家の近

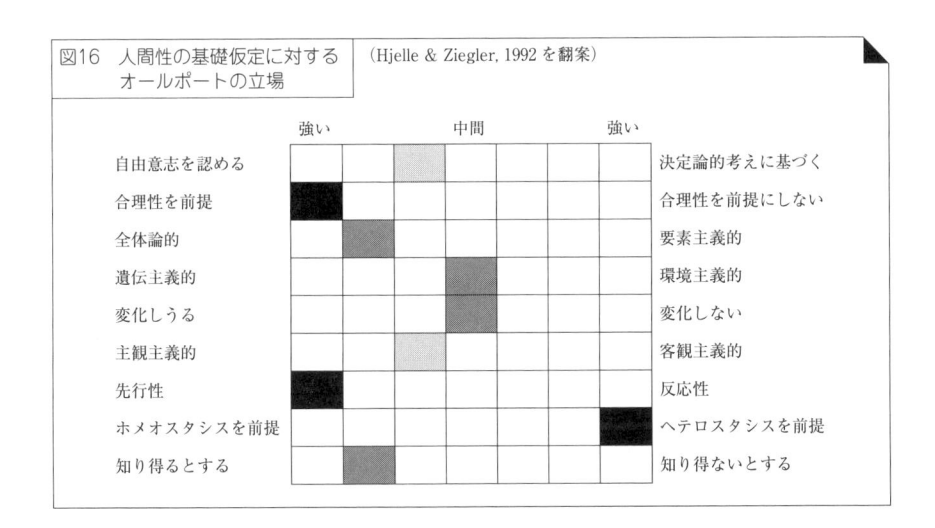

図16 人間性の基礎仮定に対する
　　　オールポートの立場　　　　（Hjelle & Ziegler, 1992を翻案）

	強い	中間	強い	
自由意志を認める		■		決定論的考えに基づく
合理性を前提	■			合理性を前提にしない
全体論的		■		要素主義的
遺伝主義的		■		環境主義的
変化しうる		■		変化しない
主観主義的		■		客観主義的
先行性	■			反応性
ホメオスタシスを前提			■	ヘテロスタシスを前提
知り得るとする	■			知り得ないとする

くにあった病院に，何百人ものフランス帰りの傷病兵が帰ってくる。これを見聞きした経験が，彼の人生に大きく深刻な影響を与えたと後に述べている。

　16歳でロンドン王立大学へ入学し，物理学，化学を専攻する。しかし，既に抱き始めていた社会的問題は，自然科学では解決されないことに彼は気づいた。周囲の反対を押し切り心理学へ転じ，1929年に同大でSpearman, C.（1863-1945）●に学び博士の学位を得た。1932-1937年までの5年間英国でクリニックに勤めた後，ニューヨークへ移住し，コロンビア大のThorndike●の研究協力者となる。1938年にクラーク大，1941年ハーヴァード大，1945年イリノイ大に転じた。

　彼の主張で有名なのが，R，Q，Pなどの因子分析の各種テクニック●，性格，知能に関する諸研究である。知能に関しては結晶性知能●と流動性知能●，性格については16PF●などが著名である（表4参照）。この16PFを展開した主著『パーソナリティの心理学』（1965）（邦訳は1975）は邦訳もされている。16PFの質問紙も作成されており，わが国でも翻訳されている（p.35参照）。

　なお，Cattell, J. McKeen.（1860-1944）●も著名な人物であるが，別人である。両者を混同しないようにしてほしい。

　Eysenck, H. J.（1916-）●もきわめて著名なパーソナリティ心理学者である。彼はドイツ，ベルリン生まれで，両親はエンタテメント業界の人であった。父は喝采を浴びる俳優兼歌手，母はサイレント映画の女優であった。Eysenck自身も8歳で，映画に小さな役で出演している。しかし両親は2歳で離婚し，彼は祖母によって育てられた。ナチス台頭によって，1934年にフランス，イギリスに逃れ，ロンドン大で心

表4　16PFの一次因子

(Cattell & Efer; 伊沢ほか，1982；詫摩，1998 より)

因子	低得点（ステン得点[1] 1〜3）	高得点（ステン得点 8〜10）
A	打ち解けない　Reserved【分裂的 Sizothymia】 （超然とした，批判的，冷たい，非人間的）	打ち解ける　Warmhearted【情緒的 Affectothymia】 （社交的，協調的，人好き，のんき）
B	知的に低い　Less intelligent【低知能 Lower scholastic mental capacity】 （具体的思考）	知的に高い　More intelligent【高知能 Higher scholastic mental capacity】 （抽象的思考，利発）
C	情緒不安定　Affected by feelings【低自我 Lower ego strenth】 （感情的，動揺しやすい，移り気）	情緒安定　Emotionally stable【高自我 Higher ego strength】 （おとな，現実直視，冷静，忍耐強い）
E	謙　虚　Humble【服従的 Submissiveness】 （温厚，順応的，御しやすい，従順）	独　断　Assertive【支配的 Dominance】 （攻撃的，権威的，競争的，いこじ）
F	慎　重　Sober【退潮的 Desurgency】 （用心深い，まじめ，無口）	軽　率　Happy-go-lucky【高潮的 Surgency】 （衝動的，熱狂的，無頓着）
G	責任感が弱い　Expedient【弱超自我 Weaker superego strength】 （御都合主義，無責任）	責任感が強い　Conscientious【強超自我 Stronger superego strength】 （忍耐強い，礼儀正しい，道義的，規律的）
H	物おじする　Shy【脅威に対する過敏 Threctia】 （控え目，気おくれ，臆病）	物おじしない　Venturesome【脅威に対する抗性 Parmia】 （大胆，遠慮のない，自由奔放）
I	精神的に強い　Tough-minded【徹底した現実主義 Harria】 （自力本願，現実的，実用主義）	精神的に弱い　Tender-minded【防衛的な情緒過敏 Premsia】 （直観的，非現実的，繊細）
L	信じやすい　Trusting【内的弛緩 Alaxia】 （順応的，ねたみのない，協調的）	疑り深い　Suspicious【内的緊張 Protension】 （うぬぼれ，抜け目ない，懐疑的，好奇心の強い）
M	現実的　Practical【現実性 Praxernia】 （用意周到，慣習的，実務的）	空想的　Imaginative【自閉性 Autia】 （現実に無頓着，非慣習的，ぼんやり）
N	率　直　Forthright【無技巧 Artlessness】 （飾らない，純粋，気どりのない）	如才ない　Shrewd【狡猾 Shrewdness】 （打算的，警戒心の強い，見通しのきく）
O	自信がある　Unperturbed【充足感 Untroubled adequacy】 （落ち着いた，確信した，安定した，自己満足した）	自信がない　Apprehensive【罪責感 Guilt proneness】 （自責的，心配性，苦労性）
Q_1	保　守　的　Conservative【保守性 Conservativism】 （既成観念の尊重，因習的）	革　新　的　Experimenting【急進性 Radicalism】 （自由主義的，分析的，実験的）
Q_2	集　団　的　Group oriented【集団依存 Group adherence】 （集団志向，従者的）	個　人　的　Self-sufficient【自己充足 Self-sufficiency】 （自己決断的，才覚のある）
Q_3	放　縦　的　Undisciplined self-conflict【低統合 Low integration】 （世間体を気にしない，衝動的）	自　律　的　Controlled【高統合 High self-concept control】 （世間的，自覚的，自制的）
Q_4	くつろぐ　Relaxed【低緊張 Low ergic tension】 （穏やか，不活発，満たされた）	固くなる　Tense【高緊張 High ergic tension】 （欲求不満的，興奮的，落ち着かない，張りつめた）

注　1）Standard Ten の略。1から10までの等間隔標準得点（正規分布を仮定）で母集団分布の平均が5.5になる。平均から½標準偏差を下回ったまたは上回ったところがステン5.6となり，2½標準偏差離れたところが1と10になる。

2．必修パーソナリティ理論

図17　アイゼンクの性格論　(*The Biological Basis of Personality*, 1967を翻案)

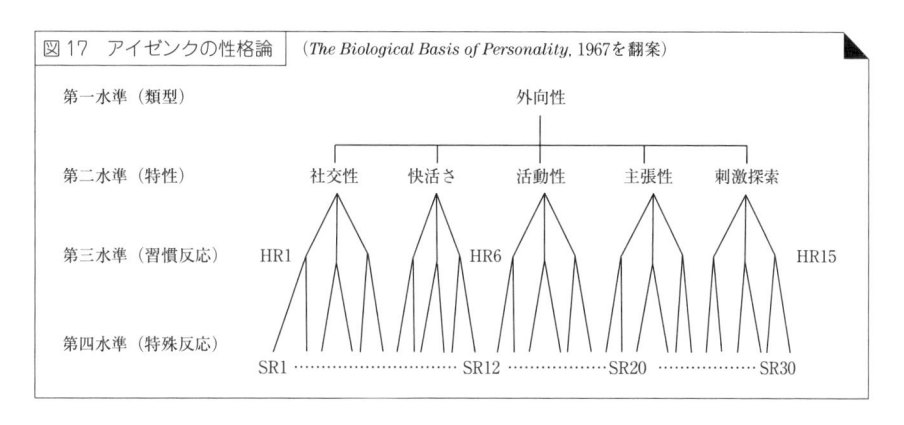

第一水準（類型）　　　　　　　　　　　外向性

第二水準（特性）　　社交性　快活さ　活動性　主張性　刺激探索

第三水準（習慣反応）　HR1　　　　HR6　　　　　　　　　　HR15

第四水準（特殊反応）　SR1 ……………… SR12 ……………… SR20 ……………… SR30

図18　ビッグファイブ研究の流れ　(Pervin, L. A., 1990)

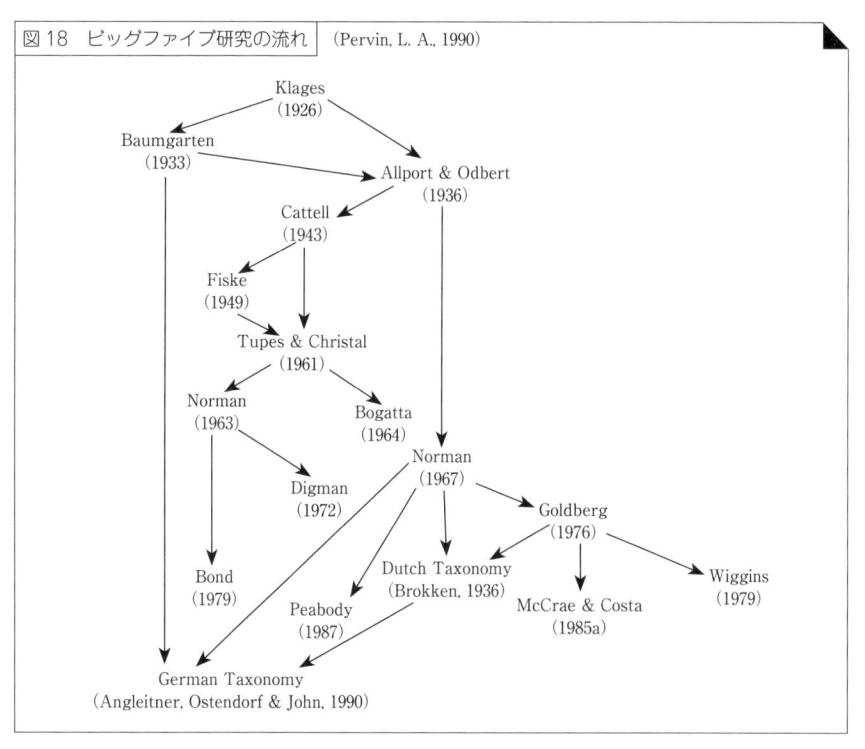

Klages (1926)
Baumgarten (1933)
Allport & Odbert (1936)
Cattell (1943)
Fiske (1949)
Tupes & Christal (1961)
Norman (1963)
Bogatta (1964)
Norman (1967)
Digman (1972)
Goldberg (1976)
Bond (1979)
Dutch Taxonomy (Brokken, 1936)
Peabody (1987)
McCrae & Costa (1985a)
Wiggins (1979)
German Taxonomy (Angleitner, Ostendorf & John, 1990)

理学を学び，1940年に博士の学位を得る。最初は病院で働き始めるが，後に母校のロンドン大に職を得た。

彼の業績も数多いが，領域や複数の理論の間を越境して結びつける種類の研究が多い。たとえば実験心理学とパーソナリティ理論とを結びつける研究，さらには因子分析によって特性論を類型論に結びつける研究（類型論的特性論），およびその三次元の各次元の脳神経科学との結合などがそれにあたる。

パーソナリティの次元として，外向－内向，神経症傾向，精神病傾向の三次元を想定し，それに応じたアイゼンク人格目録（EPI; Eysenck Personality Inventory／EPQ; Eysenck Personality Questionnaire）○などの性格検査の作成もしている（MPI●p.33参照）。

特にパーソナリティの理論に関しては，階層構造を想定して，第一水準に類型，第二水準に特性，第三水準に習慣的反応，第四水準に特殊反応を想定した点が著名である（図17参照）。

なお，特性論研究は，第Ⅱ章でも示したように，ビッグファイブ研究によって収束に向けての一定の方向性が見えてきた。これまでの特性論研究の流れをPervin (1990) が現しているので，図18として載せておく。

§4　学習理論・行動主義（スキナー）

Skinner, B. F. (1904-1990) ●もラディカル行動主義の提唱者として名高い。彼の理論は〈一般心理学編〉などを参照してほしいが，彼が1953年に，Lindsley, O.

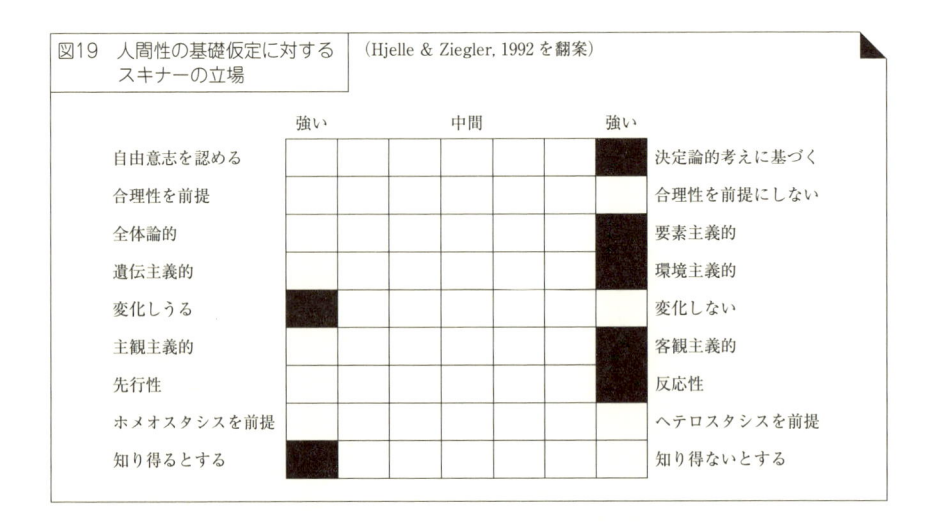

図19　人間性の基礎仮定に対するスキナーの立場　（Hjelle & Ziegler, 1992を翻案）

	強い		中間		強い	
自由意志を認める					■	決定論的考えに基づく
合理性を前提					■	合理性を前提にしない
全体論的					■	要素主義的
遺伝主義的					■	環境主義的
変化しうる	■					変化しない
主観主義的					■	客観主義的
先行性					■	反応性
ホメオスタシスを前提	■					ヘテロスタシスを前提
知り得るとする	■					知り得ないとする

R.らとともに，オペラント条件づけを精神病者に適用して，行動療法●という言葉をはじめて用いた点は記録されるべき点である。伝記，解説書も数多く書かれているのでここでは省略する。

彼の主張の中で，強く主張しているのが，決定論，要素主義，環境主義，可変性，客観主義，反応性，可知性である。合理性－非合理性，ホメオスタシス－ヘテロスタシスに関しては特に言及していない。

§5 社会的学習論，社会的認知論（バンデューラ，ロッター）

Bandura, A.（1925-）●は，カナダ，アルバータ生まれである。小麦農場の息子であった彼は，小学校から高校までが1つになっている全校児童がたった20人，2人の教師で教育を受ける。彼はクラスメートたちからも教育を受けることが多かった。そこの卒業生はみな成功をおさめたという。彼は夏には道の補修のようなアルバイトを行っていた。ブリティッシュ・コロンビア大に入学後，学士を取り，アイオワ大で1952年に博士の学位を得る。翌年カンザスのウィチタ指導センターでインターンを経て，1953年からスタンフォード大学に籍を得た。1974年にはAPAの会長も務めた。

観察学習（observational learning）●，代理強化（vicarious reinforcement）●，自己強化（self reinforcement）●，自己効力感（self efficacy）●などの概念が重要であるが，ここでは省略する。本シリーズ〈社会心理学編〉を参照してほしい。

Banduraは，穏やかな行動主義者であるとも言える。彼は，合理性，環境主義，可変性，可知性に関しては強く主張をしているのに対して，要素主義をある程度主張

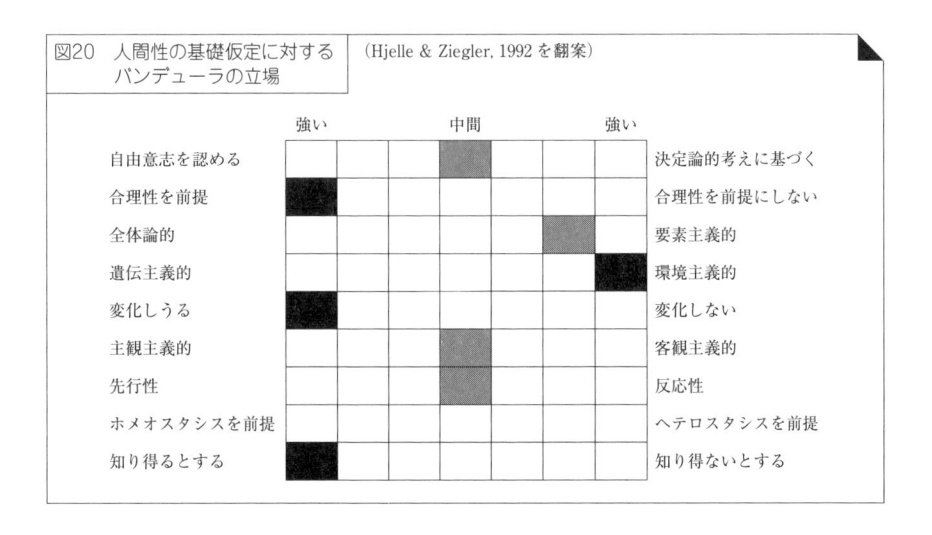

図20 人間性の基礎仮定に対するバンデューラの立場　（Hjelle & Ziegler, 1992を翻案）

	強い		中間		強い	
自由意志を認める			■			決定論的考えに基づく
合理性を前提	■					合理性を前提にしない
全体論的				■		要素主義的
遺伝主義的					■	環境主義的
変化しうる	■					変化しない
主観主義的			■			客観主義的
先行性						反応性
ホメオスタシスを前提						ヘテロスタシスを前提
知り得るとする	■					知り得ないとする

しており，自由意志－決定論，主観主義－客観主義，先行性－反応性に関しては中立を保ち，ホメオスタシス－ヘテロスタシスに関しては特に何も言及していない。

　Rotter, J. B. (1916-) ●は，ニューヨーク，ブルックリンで生まれた。ユダヤ系移民の第三子である。彼は小学校から高校までの大半を，ブルックリンの図書館で過ごし，読書ばかりしていたという。そのときたまたま Freud や Adler に出会う。心理学にも関心はあったが，ブルックリン大学では，化学を専攻とする。就きたいと思うような心理学の教授がいなかったためであった。在学中にロングアイランド医学学校で Adler が教えていることを知り，すぐに Adler の教えを受ける。それ以後終生，毎月 Adler の家で開かれる個人心理学の勉強会に出席し続けることになる。やがてアイオワ大に入学し，そこで修士，インディアナ大で博士の学位を得る。第二次世界大戦中は陸軍に従軍し，戦後オハイオ大に職を得た。このとき，Kelly, G. A. が臨床心理学の中心教授であった。彼の主著 "Social Learning and Clinical Psychology" はこのオハイオ大時代の 1954 年に発表されている。Bandura の主著 "Social-Lerning Theory" は 1971 年であり，Rotter が Bandura に影響を与えたと言えよう。その後 Rotter はコネチカット大に移った。

　彼の主張は，人間の行動は目標への期待によって決定され，その期待は社会的状況で学習されるというものである。彼もまた社会的学習理論の主たる提唱者である。その業績でもっとも重要なのは, locus of control（ローカス・オブ・コントロール）「統制の所在」●である。これは性格特性の1つであると Rotter はみなしており，自分の行動を強化するものが自身の内にあるか，外にあるかということを認知する様式 (cognitive style) ○の一種である。これを測定するものとして，I-E 尺度などを Rotter は考案している。I-E 尺度とは，Rotter's Internal-External Scale の略であり，1966 年に作成された自記式の質問紙検査である。

§6　個人的構成体論（ケリー）

　Kelly, G. A. (1905-1967) ○は米国カンザス州ウィチタ近くの農場で生まれる。彼の初期の教育は，たった一部屋の田舎の学校で行われた。やがて高校に行くためにウィチタに行くことになったが，4つも学校を変わっている。Kelly の両親は宗教にきわめて厳格で勤勉であり，飲酒，カードゲーム，ダンスなどは堕落であるとしていっさいしなかった。Kelly はひとりっ子でもあり，なかば中世的な価値観におかれて注意深く育てられた。

　彼は，フレンズ大学，パーク大学で学び，物理学と数学の学士を得た。このようにもともとは理系であったが，やがて社会的な問題へと関心が転じ，カンザス大学で教育社会学と労働関係を学ぶようになり，労働者の余暇活動をテーマに修士をとる。ミ

ネアポリスで教鞭をとった後，スコットランドのエジンバラ大学で教育学学士を取った。このとき，統計学者である Sir Godfrey Thomson に教えを受けている。その上で心理学の学位をアイオワ大学で 1931 年に得た。この博士論文のテーマは，スピーチと読みの障害の共通因子の研究であった。

カンザス大学に職を得るが，そこで教えたのは生理心理学であった。だが，時代は大恐慌真っただ中であり，生理心理を教えることに意味を見いだせない彼は，正統的な教育分析，スーパーヴァイズなどをまったく受けずに臨床心理学へと転向する。13 年間（1931-1943）にわたって，勤務する大学を根拠として，カンザス州の公立学校を巡回し，心理的サービスを提供する。この経験が，後に彼のパーソナリティ理論，療法に組み入れられることとなる。この時点で，フロイト流の精神分析アプローチを捨てることになる。彼の住む中西部地域の人々は，リビドー的な力に悩まされているというよりは，旱魃，砂嵐，経済的破産などに虐げられていたのであった。

第二次世界大戦では，海軍の航空心理学者として，パイロットの訓練計画を指揮した。やがて，メリーランド大学で助教授の地位を得る。戦争終結後，米国では帰還兵の心身の健康のために，臨床心理学が必要とされるようになった。こうして 1946 年に，Kelly はオハイオ大学で臨床心理学の中心教授となる。ここでの二十年間で，彼は自身の理論を完成させている。主著は，"The Psychology of Personal Construct"（1955）にまとめられている。

彼の主要な業績としては，RCRT（Role Construct Repertory Test; Rep Test），Grid Technique○がある。彼は constructive alternativism（構成主義的択一主義）の哲学をもとに，人間をすべてある種の科学者であるとみなし，各人は各人各様の独自の理論で世界を解釈していると考えた。この理論が RCRT で抽出できるとし，この抽出された理論そのものが，その人のパーソナリティをよく表現するとしたのである。

この技法は，①人生の中で主たる役割を果たす人物（エレメント）を抽出する，②そのエレメントを組みあわせて，2つのグループに分ける，③分けたときの双極性の軸（コンストラクト○－コントラスト，と呼ぶ）を被験者自身に答えてもらう，というものである。この RCRT（Rep test）は，Grid Technique とも呼ばれるように，テストというよりは方法，技法であるとするものも多く（Frandella & Banister, 1977），一定の定式化されたテストとはなっていない。たとえば①の部分で必ずしもエレメントが人である必要はなく，物であっても構わない。②の組み合わせの手法も，Kelly 自身は三つ組みを二対一に分けることを提案していたが，一対一や三対一などでも可能である。③の双極性の軸を本人に回答させるというものも，Kelly 自身は，被験者自身の抽出を推奨していたが，あらかじめ，検査者が形容詞対などを与えておく形式のものも可能である。

③の双極性の形容詞対をあらかじめ検査者が与えておく形式の検査を Bieri（1955）○が提案しており，ここから被験者の外界に対する認知的複雑性（cognitive complexity）○が抽出できるとしている。これもまた，認知スタイル，様式（cognitive style）○の一種である。しかしその後の研究では認知スタイルの研究自体に否定的なものが多く，筆者（山口）も，この認知的複雑性に関してはかなり検討したものの，パーソナリティの測度としては悩ましいと言わざるを得ない（山口・久野，1994）。

このように彼の理論は他の理論家に比して，哲学的な部分がある。強く主張している点は，合理性，可変性，主観主義性，不可知性である。穏やかな主張をしているのが，全体論，環境主義である。中立の立場を取るのが，自由意志－決定論である。先行性－反応性，ホメオスタシス－ヘテロスタシスについては，特に何も言及していない。

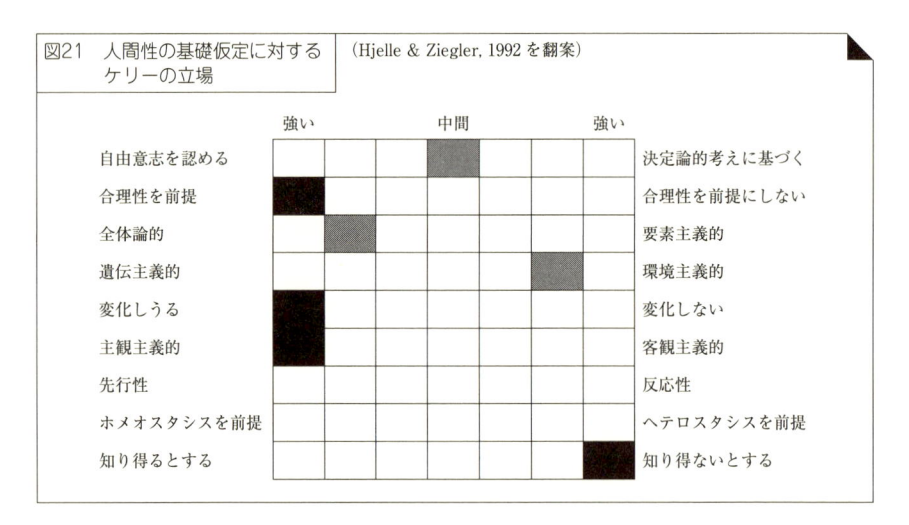

図21　人間性の基礎仮定に対するケリーの立場　（Hjelle & Ziegler, 1992を翻案）

	強い	中間	強い	
自由意志を認める		■		決定論的考えに基づく
合理性を前提	■			合理性を前提にしない
全体論的		■		要素主義的
遺伝主義的			■	環境主義的
変化しうる	■			変化しない
主観主義的	■			客観主義的
先行性				反応性
ホメオスタシスを前提				ヘテロスタシスを前提
知り得るとする			■	知り得ないとする

§7　人間主義心理学，人間性心理学，ヒューマニスティック心理学（マズロー）

Maslow, A. H.（1908-1970）●米国ニューヨーク，ブルックリン生まれである。両親はロシアからのユダヤ系移民である。幼児期を悲惨な環境のもとで過ごす。彼は後に自身の幼児期を回想し，精神病にならなかったのが不思議であるとすら述べている。子ども時代は，孤立しており，友達もおらず，図書館で本に囲まれて育った。このとき読みあさった偉人伝（Lincoln, Bergson, Spinoza ら）は，後に彼の唱える「自己実現した人」の調査対象ともなった。

Maslow は，自分の父をウイスキー，女，けんかのみを愛した男だったと述べてい

る。それに対し，母は，宗教に取り憑かれており，常にMaslowのほんのわずかの失敗をも，神が厳しく罰すると脅した。Maslowは，自分の父は晩年になってから愛情込めて語れるようになったが，母親をついに許すことはなく，葬式に参列もしなかった。

彼は最初はニューヨーク市立大学で法律家を志したが，すぐにコーネル大，さらにウィスコンシン大に転じる。そこのHarlow, H. (1905-1981)●のもとで学位論文を取得するが，そのテーマは，アカゲザルの性，優位な性質についてであった。彼はまた，周囲からの大反対を押し切って，従姉妹と結婚している。学位取得後，コロンビア大学のThorndike, E. L.●のもとで学び，ブルックリン大学に職を得て14年間勤務する。このニューヨーク時代（1930年代から40年代）に，彼は，ナチスを避けて脱出したFromm●，Adler●，Horney●，Ruth Benedict○，Max Wertheimer●といったヨーロッパ最高の知識人たちと交流を持つ。

☞ この中でBenedictのみは特にナチスの影響でニューヨークにいたわけではない。彼女はニューヨーク生まれである。ただし，ヨーロッパに1年間遊学しており，ヨーロッパ文化の影響が強いのでここに入れた。

このときの交流が，第三勢力と自らが述べる学問的立場を生んでいる。彼は，従来の二大勢力（行動主義，Freudの精神分析学）のいずれも，確かに行動の病的側面や，動物的・環境的側面の究明には寄与しているが，人間の健康な心のありかたに対しては寄与していないとしたのである。

そこで提出されたのが彼の理論であり，自己実現（self-actualization）○，欠乏動

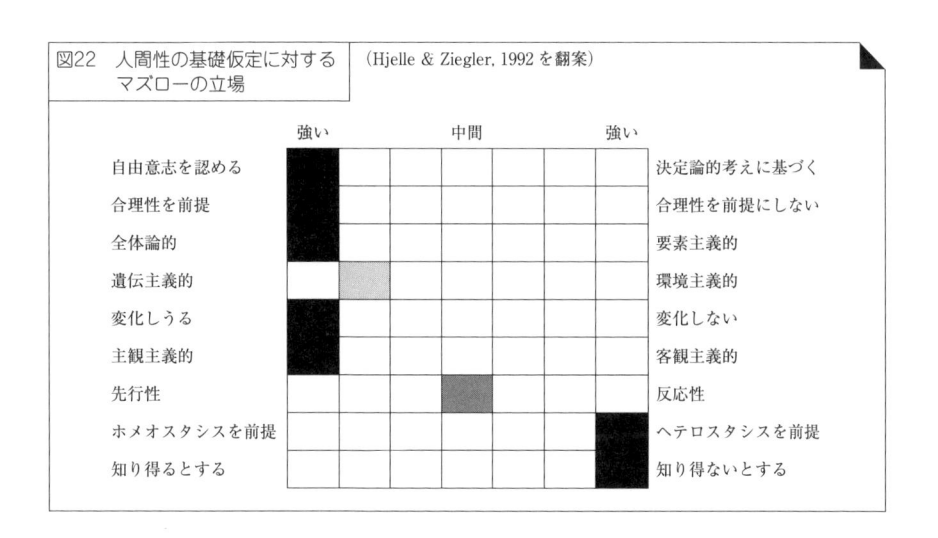

図22　人間性の基礎仮定に対するマズローの立場　（Hjelle & Ziegler, 1992を翻案）

	強い		中間		強い	
自由意志を認める	■					決定論的考えに基づく
合理性を前提	■					合理性を前提にしない
全体論的	■					要素主義的
遺伝主義的		▨				環境主義的
変化しうる	■					変化しない
主観主義的	■					客観主義的
先行性			■			反応性
ホメオスタシスを前提					■	ヘテロスタシスを前提
知り得るとする					■	知り得ないとする

機（deficiency motivation, D-motivation）○，成長動機（growth motivation, being motivation, B-motivation, metaneed）○，さらには欲求の段階説●（生理的満足→安全と安定→所属と愛情→承認と自尊心→自己実現）である。自己実現は至高経験（頂上経験）を得られるとしているが，これはトランスパーソナル心理学にも受け継がれている。

彼の人間主義的（人間性）（humanistic）アプローチに広く含まれる存在として，§8のRogersが筆頭に挙げられよう。それ以外にも§3のAllport，さらにはRollo-Mayらも場合によっては同じ集合に入れる場合もある。ここでは分けておく。

彼が強く主張しているものは，自由意志，合理性，全体論，可変性，主観主義性，ヘテロスタシス，不可知性である。中立的なのが，先行性－反応性であり，あまり言及していないのが遺伝－環境主義であるが，やや遺伝主義的な立場をとる。

§8　現象学的心理学（ロジャース）

Rogers, C. R.（1902-87）●は，米国イリノイ州オークパーク生まれ（シカゴ郊外）である。6人きょうだいの4番目（6人中5人は男）。父は成功した土木工事請負人で，経済的には豊かな幼少期を送る。両親は厳格なプロテスタントであり，きわめて清教徒風の家庭に育つ。12歳の時シカゴ東の農場に移り，青年期は田舎で過ごした。しかし，高校時代は家庭の宗教的雰囲気が災いしてか，友達はできず，孤独で，辞書，百科事典が友であった。3つの高校を転々としたが，常に彼は優秀な学生であり，ほとんどの成績はAであった。最初はウィスコンシン大の農学部に進学し，動植物を観察し，ある種の蛾の研究を行う。1922年20歳のとき，米国で10人という中国北京への派遣があり（YMCAの活動），半年以上滞在する。この東洋経験を経て，両親の宗教的くびきから「独立宣言」し，史学科へ転じる。卒業後クラスメイトと結婚し，一時ニューヨーク市内の神学校に進み，新婚生活に入る。彼は苦しんでいる人に牧師になって救済することを考えた。しかし，やがて宗教が不幸な人を救済することに確信を持てなくなった。

Rogersはコロンビア大学教育・臨床学部で，Hollingworth, L. に指導を受けて，1931年に臨床心理学で学位を受け，その年，ニューヨーク児童相談所の研修員となる。そもそも在学中も，客観性のため統計学を重視した心理学，Freud派精神分析学の双方に違和感を覚えていた。このときの児童相談所の勤務経験，その際の非行少年への処遇面接などがさらにこの懐疑を深めていく。終了したはずのケースが再犯を繰り返すことに既存の理論の限界を感じ，自分の仮説を公式化することを試みたのである。それ以後の数々の活躍は周知の通りである。第Ⅱ章心理療法（p.90）を参照してほしい。

非指示的療法●，クライエント（来談者）中心療法●，ベーシックエンカウンターグループ●などの重要概念を提出し，特にわが国においては，1950年代においては絶大な影響を与えた。アセスメント技法としてもQ-sort●の原案を出した点は記憶されるべきである（第Ⅰ章心理検査 p.66 参照）。

彼が強く主張しているのは，自由意志，合理性，全体論，可変性，主観性，先行性，ヘテロスタシス，不可知性である。遺伝主義に関してはある程度主張している。

図23　人間性の基礎仮定に対するロジャーズの立場　（Hjelle & Ziegler, 1992 を翻案）

	強い	中間	強い	
自由意志を認める	■			決定論的考えに基づく
合理性を前提	■			合理性を前提にしない
全体論的	■			要素主義的
遺伝主義的		▨		環境主義的
変化しうる	■			変化しない
主観主義的	■			客観主義的
先行性	■			反応性
ホメオスタシスを前提			■	ヘテロスタシスを前提
知り得るとする			■	知り得ないとする

《主要参考・引用文献》
やはりブックリストにあげたもの以外で主要なものを以下に挙げておく。

東　洋・繁多　進・田島信元（編）1992　発達心理学ハンドブック　福村出版
オールポート，G. W.（編著）（青木孝悦・萩原　滋　共訳）1982　ジョニーからの手紙　新曜社
オールポート，G. W.（詫摩武俊・青木孝悦・近藤由紀子・堀　正　共訳）1982　パーソナリティーその心理学的解釈　新曜社
Bieri, J.　1955　Cognitive complexity-simplicity and predictive behavior. *Journal of Abnormal & Social Psychology*, 51, 263-268.
キャッテル，R. B.（斎藤耕二・安塚俊行・米田弘枝　共訳）1975　パーソナリティの心理学　金子書房
Dollard, J., & Miller, N.　1950　*Personality and Psychotherapy.*　New York: McGraw-Hill.
Eysenck, H. J.　1967　*The Biological Basis of Personality*　Sprigfield, IL: Charles C. Thomas.
エリクソン，E. H.（仁科弥生　訳）1977, 1980　幼児期と社会Ⅰ，Ⅱ　みすず書房
エヴァンス，R. I.（宇津木　保　訳）1972　B. F. スキナー　誠信書房
Frandella, F., & Banister, D.　1977　*A Manual of Repertory Grid Technique.*　London: Academic Press.
星野　命・青木孝悦・宮本美沙子　他著　1982　オールポート−パーソナリティの心理学　有斐閣

Hjelle, L. A., & Ziegler, D. J. 1992 *Personality Theories (Third Edition)* New York: McGraw-Hill.
柏木繁男 1997 性格の評価と表現 有斐閣
Kelly, G. A. 1955 *The Psychology of Personal Construct.* New York: Norton.
Pervin, L. A. (Ed.) 1990 *Handbook of Personality: Theory and Research.* New York: The Guilford Press.
プロミン，R.（安藤寿康・大木秀一 訳） 1994 遺伝と環境 培風館
鑪 幹八郎 1990 アイデンティティの心理学 講談社
詫摩武俊（監修） 青木孝悦・杉山憲司・二宮克美他編 1998 性格心理学ハンドブック 福村出版
丹野義彦 2003 性格の心理 サイエンス社
山口陽弘・久野雅樹 1994 認知的複雑性の測度に関する多面的検討 東京大学教育学部紀要, 34, 279-299.

Ⅳ章 過去問・類問の解答・解説

1．択一問題編

　本章で掲載している択一問題は，大きくは発達心理学領域と臨床心理学領域とに分かれる。発達心理学領域の問題を入れたのは，発達心理の知識が就職後に求められる場合も多いし，実際に数多く出題されているからである。本シリーズの中に，今のところ「発達心理学」「教育心理学」のものがないので，少しでもここで掲載しておこうという意図もある。参考書を随時提示しているので，各自補ってほしい。

　臨床心理学領域は，心理検査（アセスメント），心理療法，パーソナリティ理論，異常心理・精神医学的診断に分けている。なお，平成14年（2002年）より，「精神分裂病」は「統合失調症」と呼称が変更された。本書掲載の過去問の中に，一部「精神分裂病」の表記があるが，それらは平成14年以前の出題を，あえてそのまま記載しているためである。了承されたい。一昔前に出題されていたような簡単な家裁択一のものもあるが，近年はかなりの難問も出ている。これもブックリストを調べるなり，随時参考書を提示するので，補いながら勉強してほしい。

　本章はいずれも実際の過去問であるため，●○は省略したが，人名・用語は重要箇所満載である。自身が解答できなかった問題に関しては，それが重要事項であると考えてほしい。

§1　発達心理学領域

① Vygotsky, L. S. の発達説に関する記述として妥当なのはどれか。（国Ⅰ H13）

1．子どもが何かをつかもうと手を差し出すが，取れないでいるのを母親が助けるとき，子どもの「手を差し出す」という身ぶりは，母親により「物を取って」という指示として意味づけられたといえる。この段階では子どもの内部には，まだ母親の意味づけが内面化されていないが，やがて身ぶりと意味が内面化され，自覚的な指示身ぶりになる。

2．乳児は，最初自分の全体像を知らない「分断された身体」あるいは「漠然とした衝動のかたまり」として生きている。それが生後6ヶ月ごろから18ヶ月ごろにかけて，鏡に映る自分の姿との戯れ，かかわりを通して，徐々にそれがまぎれもない自分であることに気づき，自分の可視的，客体的全体像を把握するようになる。

3．幼児の知覚は，情緒や欲求と未分化であるために，事物を客観的に知覚することができない。横に倒れている椅子を見て「椅子がネンネしている」と言ったりするように，事物をいきいきと相貌的に知覚する。また音を聞くと同時に色が見える，色に寒さや暖かさを感じるなどのように，異なる感覚が入り混じる共感覚も幼児の特徴である。

4．生後2～3年目になると，子どもは運動能力，精神能力の発達や，探索や操作をする機会の増加から，自律・自己統制の感覚を獲得していく。この時期において，おだやかなしつけは自信を生み出すが，過度に抑えつけたり，子どもの探索活動を制限したりすると，自分の適切さに対する疑惑の感覚を生み出すこととなる。

5．子どもの行為は，繰り返し行われるうちに，さまざまな環境の要求や経験に適応するよう変化できる構造に体制化されていく。構造はシェムとシェマからなり，例えば子どもたちは，ある動物を彼らが持っているさまざまな動物のシェマと比べてウサギであると理解する。そして「遊ぶ」というシェムによって，ウサギと遊ぶことができるのである。

解答　1

解答のポイント

1．Vygotsky, L. S.（1896-1934）の発達理論では，親や発達のより進んだ者との相互作用が，子どもの発達可能性を促進すると考える。有名な「発達の最近接領域（zone of proximal development）」の概念などはこの考えをよく表わしている。問題の選択肢にある指示身ぶりの発達の例は，Vygotskyの著作の中で述べられているものである。彼の考えは，はじめは子どもの外部にあった大人からのはたらきかけ（この場合子どもの「つかもうと手を差し出す」という身振りに対し，母親がそれを指示として意味づけをし，その物をとってやること）が，相互作用を経て子どもの内部に取り込まれていく（はじめは自覚的でなかった「つかもうと手を差し出す」行為が「指示身振り」として自覚されるようになる）ということを示している。

2．これはLacan, J.の「鏡像段階」の説明である（有斐閣『心理学辞典』で「鏡像段階」を引くと，この選択肢と同じ説明が書いてある）。

3．相貌的知覚とは，事物に表情や容貌をみとめ，いきいきと力動的に知覚することであり，Werner, H.（1890-1964）が唱えた概念である。幼児や未開人に多い知覚様式とされる。相貌的知覚が生じる理由として，知覚する対象となる事物が，自己の感情や欲求を介して感情移入的にとらえられるためであるという説明がなされる。決して，知覚が情緒や欲求と未分化だからではない。

共感覚は子どもに多い現象であるという報告がある。これは子どもの感覚システム

がよく分化していないために，1つの感覚刺激が複数の感覚過程を刺激するためという説明がなされている。

4．これは Erikson, E. H. の生涯発達理論の早期幼児期の特徴に該当する。109 ページ参照。

5．シェマ，シェムという用語から Piaget, J.（1896-1980）の理論が連想されるが，この選択肢の内容自体は Piaget の理論とはまったく異なる誤ったものである。シェマもシェマもフランス語の schéma であり，用語としても理論上でも区別をするようなものではない。通常は日本語では「シェマ」と呼んでいる。人によって同じものをシェムと呼んでいるだけである（『発達心理学ハンドブック』などで索引にシェマとシェムとの両方が挙げられているが，分ける意味はない）。

ちなみに認知心理学で言うところのスキーマは，英語の scheme; schema が元であり，古くは Bartlett, F. C.（1932）の研究に依拠する。Piaget のシェマと大枠では同様の意味でとらえることができるが，それぞれを別の概念として理解した方がよい。なお，関連用語として，スクリプト，フレーム，メンタルモデルなども重要である。

◀補足▶

　　Vygotsky，Piaget，Bruner らは，発達心理学，教育心理学領域の重要人物である。その主要著作も知っておきたい。Vygotsky『思考と言語』，Bruner『教育の過程』など。

---

② 次は幼児期の運動と遊びの発達についての記述である。A～Dに当てはまる用語及び人名の組み合わせとして最も妥当なのはどれか。（国Ⅰ H16）

　3，4歳で身辺の自立を獲得した幼児は，5，6歳になると身体運動の面でも著しく安定した能力を示すようになる。幼児期の運動発達の特徴として運動の種類が急速に増える点が指摘できるが，同時に，基本的運動機能の急激な発達が認められ，中でも特に（ A ）が発達する点に特徴がある。

　（ B ）（1961）の「光がついたらバルブを押す課題の実験」によれば，幼児は年齢と共に自己の言語による行動のコントロールが可能になる。こうした言語発達は運動に関するコントロール機能の発達にとって重要な意味を持っている。

　Hurlock, E. B.（1964）は，運動発達が子どもの（ C ）にとって重要であることを指摘している。運動技能が獲得されると，子どもは身体的な安定感を持ち，それが心理的な安定感になる。また，彼は逆に，子どもの（ C ）が運動発達に影響を及ぼす場合が多いことも指摘している。

　遊びについても，運動同様に，発達に伴う変化が指摘されているが，Parten, M. B.（1932）による乳幼児期に出現する遊びの分類に基づくと，3，4歳で急激に多く出

現する遊びは（ D ）である。

	A	B	C	D
1.	調整力	Vygotsky, L. S.	自己概念	象徴遊び（symbolic play）
2.	調整力	Luria, A. R.	自己概念	協同遊び（cooperative play）
3.	瞬発力	Vygotsky, L. S.	自己概念	並行遊び（parallel play）
4.	瞬発力	Vygotsky, L. S.	対人関係	協同遊び（cooperative play）
5.	瞬発力	Luria, A. R.	対人関係	象徴遊び（symbolic play）

解答　2

解答のポイント

　Bは，Luria, A. R.（1902-1977）の言語の自己調整機能の実験である。「赤ランプがついたらバルブを押す」「緑ランプがついたらバルブを押さない」という課題について，3，4歳の幼児では，一回ごとに実験者が「押せ」「押すな」と言語で命令すれば，それにあわせてうまくできる。しかし幼児が自分自身に言語で命令するようにやると，うまくできない。5，6歳をすぎると，内言が発達し，言語の自己調整機能が獲得される。すると外部からの命令がなくても，内的な自己調整を通じ，意図的に行動をコントロールできるようになる。

　CのHurlockは，幼児の身体的コントロールの学習のためのレディネスを考える場合，行動に対する持続的な興味，および行動の実行に伴う進歩の有無が，レディネスの重要な指標となり，さらには自己概念にとっても重要であることを指摘した。それゆえ，子どもが興味を示す活動を取り上げて，進歩がみられるか否かを検討する必要があるとした。もしレディネスが欠けている場合は，当該の課題は避けた方がよいとする成熟優位説を唱えている。他にも，教育における叱責と称賛との効果を論じたことも有名である（もちろん，称賛の方が効果があるとした）。

　DのPartenは遊びを次の6つに分類した。

①何もしていない：特に何かで遊ぶでもなく，何もしないで歩き回ったり，部屋の中を見回したりする。

②ひとり遊び：他の子どもたちと関係をもとうとせず，1人で自分だけの遊びに熱中する。

③傍観：他の子どもが遊んでいるのを見て，質問したり，遊びに口出ししたりするが，遊びに加わらない。

④並行遊び：他の子どものそばで，同じような遊びをしているが，相互に干渉したりはしない。

⑤連合遊び：他の子どもといっしょに1つの遊びをし，おもちゃの貸し借りがみられる。しかし，分業などはみられず，組織化されていない。
⑥協同遊び：何かをつくるとか，ある一定の目的のために，いっしょに遊ぶ。役割分担などの組織化がなされ，リーダーの役割を取る子どもが現われる。

　年齢があがるにつれ，ひとり遊びから仲間との連合遊びや協同遊びに変化するとという。並行遊びや連合遊びは，2，3歳からみられるが，3，4歳になって急激に出現するのは，協同遊びである。

---

③　次の（A）〜（E）に入ることばの正しい組み合わせを選べ。（家裁改題）

　Gesell, A. は，胎児・新生児・幼児を観察して，（A）優位説を唱えた。そして子どもの行動観察に基づき（B）を基礎とする行動発現目録をつくっている。また（C）を使った研究を行ったことでも有名である。彼によれば，発達は（D）とは無関係に生起する（A）に支配されており，教育によってそれを助長することはできない。こうした考えから出た（E）の理論は，その後発達心理学に大きな影響を与えた。

	A	B	C	D	E
1.	成熟	愛着	双生児法	学習	生得性
2.	行動	年齢	観察法	社会性	レディネス
3.	成熟	年齢	双生児法	学習	レディネス
4.	成熟	年齢	観察法	社会性	生得性
5.	行動	愛着	観察法	学習	レディネス

解答　3
解答のポイント
　Gesell, A.（1880-1961）は，生得説に立つ発達心理学者として有名である。彼の理論は1930年代から50年代に到るまで，心理学や教育の世界に大きな影響力を発揮した。
　彼の唱えた成熟優位説（発達予定説とも言う）は，「発達は学習や経験とは無関係に生起する神経系の成熟に支配されている。発達は大部分，生得的な成長能力にかかっているのだから，教育によってこれを作り出すことはできない」という考え方である。

この成熟優位説の実験的検証のために，一卵性双生児を用いて一連の研究が行われたが，特に「階段のぼり」の研究はよく知られる。概要は次の通りである。ある一卵性双生児の乳児が46週になったとき，その一方に階段のぼりの訓練を始め，一日10分ずつ6週間続けた。52週目に，訓練を受けた方は26秒で4段の階段をのぼった。一方，訓練を受けなかった子どもは53週目には40秒かかったが，その後2週間訓練したところ10秒でのぼれるようになった。このことから，早い時期に長期間訓練を受けた子どもの成績は，遅くなってから短期間だけ訓練を受けた子どもに追い越されてしまったことが示され，成熟優位説がひとまずは検証された。

彼はこれらの研究結果から，訓練や教育が効果を発揮するには，神経系の成熟によって適切な準備が整うのを待たねばならないという，レディネス（readiness）の理論を導いた。

またGesellは，各種障害の早期発見や適切な治療，指導に役立つものとしての発達診断を提唱したことでも知られる。一万人に及ぶ乳幼児を調査して作成された年齢を基準とした行動発達（発現）目録は，発達診断という実用的な目的に資するものとなった（第Ⅰ章発達診断検査54ページ参照）。

---

④　A～Dのうち，発達における初期環境の影響に関する記述として妥当なもののみをすべて選び出しているのはどれか。(国ⅠH16)

A．Harlow, H. F. らはアカゲザルを対象に，出生直後からの社会的隔離の影響を検討した。その結果，社会的隔離は愛着行動・遊び・攻撃行動などに対して，深刻な影響を及ぼすことが示された。しかし隔離の影響は必ずしも非可逆的ではない。Harlowらは生後6ヶ月から1年間隔離飼育された個体であっても，より成熟した他個体と相互交渉させることによって，適応的な行動が増加し，隔離の影響から回復することを示した。

B．Curtiss, S. は，ジェニーという名の少女について報告している。彼女は生後20ヶ月から小部屋に閉じ込められ，テレビもラジオもなく，周囲から話しかけられることもほとんどない状況で育てられた。13歳7ヶ月で救出されたときには2-3語の発語しかできなかったが，その後，特別なプログラムによる補償教育を受け，語彙は少しずつ増加した。しかし発音面や文法面では，成人になっても問題が残っていた。

C．Rosenzweig, M. R. らは刺激が豊かな環境と乏しい環境を構成し，ラットへの影響を検討した。豊かな環境とは，玩具がある広いケージで，多くの他個体といっしょに育てられることであり，乏しい環境とは玩具などのない狭いケージで，一匹だけで育

てられることである。その結果，豊かな環境で育ったラットの脳では，グリア細胞が増え，神経細胞の樹状突起が成長し，脳皮質の厚みや重量が増大していた。

D．Bowlby, J. は，施設や病院などで養育された子どもの発達に関する研究に基づいて，養育者と乳幼児との親密で継続的な人間関係が精神衛生の基本であると指摘した。こうした関係が剥奪された状況は，母性剥奪（maternal deprivation）と呼ばれている。母性剥奪がもたらす影響の1つに，愛情遮断性小人症（deprivation dwarfism）がある。この症状の発現については，情緒的な緊張により脳下垂体からの成長ホルモンの分泌が抑制されるためという説明が提出されている。

1．A，C
2．A，D
3．B，C
4．A，B，D
5．B，C，D

正解　5

解答のポイント

　発達に及ぼす初期環境の影響の問題は，今日でいえば児童虐待による子どもの心身への影響を考える上でもきわめて重要である。いわゆるホスピタリズム（hospitalism；施設病）の問題も，同種の重要テーマである。『人間発達と初期環境』（藤永他，有斐閣）がまさに題名通り，人間発達と初期環境に関する名著であり，以下の山梨のFとGの話，ジェニーの話なども掲載されている。余裕があれば是非読んでほしい。

A．Harlow（1905-1981）の実験（1962）では，隔離の条件や期間をさまざまに変えて，子ザルのその後の社会行動への影響を見た。これによれば，完全孤立の隔離条件下で6ヶ月以上育てられた子ザルは，後に仲間といっしょの場に戻っても，遊び，防御，性行動の面で，ほとんど正常に振舞うことができないことが示された。

B．社会的隔離児のケースとしては，「アヴェロンの野生児」が有名だが，このジェニーの例もよく知られる。2003年にTBSで当時のジェニー（Genie）の映像が放映された（「人間とは何だ」というTBSのスペシャル番組）のを見た人もいるかもしれない。彼女は救出されたとき，大小便垂れ流しで，身体の大きさも8歳児程度，椅子にくくりつけられていたため歩行もできず手足を伸張させることもできなかった。また長い間固形の食物を食べなかったため，咀嚼や嚥下の方法も知らなかったという。リハビリ教育を受けたあと，情緒面ではそれなりの水準となったが，言語面では問題が残ったままだった。類似の例として，日本でも山梨県の「FとGの事例」などが知

られる。こうした社会的隔離児の事例を通じて明らかになったことは、発達の初期において、社会的・知的に制限された環境におかれたとしても、それを回復させようとする自生的な成長の力はかなり大きいということ、そしてその回復を促進するためには、初期において身近な者との間に何らかの愛着が形成されることが重要な鍵となることである。

C．この実験で、さらに明らかになったことがある。乏しい環境で育ったラットよりも、大脳皮質がより発達していたのが豊かな環境で育ったラットであったが、それよりも、屋外の自然に近い状態で飼育したラットの方が、さらに脳の発達がよかったという。自然の生育環境に比べれば、「豊か」とはいえ人工的な環境はまだまだ「乏しい」ものだったということである。(今田寛他『心理学の基礎（三訂版)』培風館より)

▶補足

　この Rosenzweig, M. R. は、Rosenzweig, Saul (1907-)（P-Fスタディの開発者）とは別人であるので注意してほしい。類似の名として、Rosenthal, R. (1933-) も実験者効果≒ピグマリオン効果≒ローゼンソール効果で有名であるし、自尊心（self-esteem）研究では Rosenberg, M. も著名である。日本人には混同しやすいので注意すること。

D．マターナル・ディプリベーションは、「母性剥奪」ないし「母性的養育の剥奪」と訳される。この概念は、Bowlby (1907-1990) がWHOの要請により行われた調査の報告書「乳幼児の精神衛生（Maternal Care and Mental Hearth)」(1951) の中で提出されたものである。有名な「愛着（attachment)」の理論はこの研究から発展したものである。

---

⑤　Piaget, J. の認知の発達段階説によると、A～Eのうち、1つだけ他と異なる発達段階に該当するものがあるが、その思考の例として妥当なのはどれか。(国ⅠH9)

A．2歳と14日のときに、ジャクリーヌは2階においてある人形のドレスを欲しがった。
　彼女は「ドレス」と言って、彼女の母親がそれを拒むと、「父さん、ドレスとってきて」私もまた拒むと、彼女は私に行かせようとして言った。「母さんの部屋へ」
　これを何度か繰り返した後で、彼女はそこが寒すぎると言われた。
　長い間黙ったままで、それから「そんなに寒くない」
　私が訪ねた、「どこが？」
　「その部屋の中」
　「なぜそんなに寒くないの？」
　「ドレス取ってきて」

B．子どもに長さの違う一組の棒を順に並べさせると，図のような配列を構成する。明らかにその子どもは問題の1つの側面だけに「中心を置いている」（例えば，棒の上端），そして他の側面（例えば，棒の下端）を同時に考慮することができない。

C．図のように，一組の3つの山が3次元の形でテーブルに置かれている。子どもが，ある1つのいすに座り，人形は子どもとは違う方向からその山が見える椅子に置かれている。人形がその場所から「見ている」ものを子どもに描かせると，図のウのようになる。

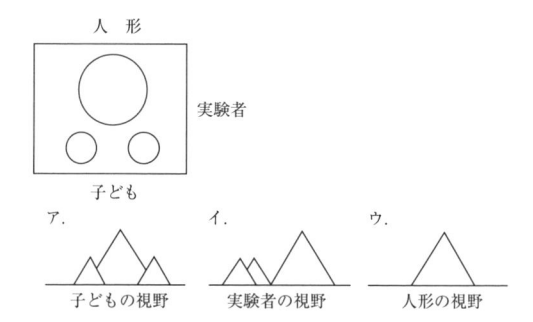

人　形

実験者

子ども

ア．　　　　　イ．　　　　　ウ．
子どもの視野　実験者の視野　人形の視野

D．子どもに質問する。「あなたはきょうだいがいますか？」
　彼の答え「はい」
　「彼の名前はなんといいますか？」
　「ジム」
　「ジムにきょうだいはいますか」
　「いいえ」

E．子どもに言う。「（1人の子どもに向かって）クレレットに一杯のオレンジジュースをあげよう（コップ1；3/4満たされている）。（もう1人の子どもへ）オデットには一杯のりんごジュースをあげよう（コップ2；3/4満たされている）。あなたたちのどちらがもう1人よりも飲み物をたくさん持っていますか，クレレット？」
　「同じ」

「クレレットはこうしなさい（彼女に飲み物を2つの別のコップ3および4に移させる。したがって，コップ3および4は半分の水準まで満たされている）。クレレットはオデットと同じだけ持っていますか？」
「オデットのほうが多い」
「なぜ？」
「少なくしたから」（クレレットは2つのコップがあるという事実を考えないで，コップ3および4の水準をさす。）

1. A
2. B
3. C
4. D
5. E

解答　3

解答のポイント

Cの課題の思考の例だけ，「脱中心化」した具体操作期の子どもの思考であり，それ以外はすべて，前操作期の「中心化」した思考である。

公務員試験でPiagetの認知発達の理論について出題されるときは，前操作期とその次の具体的操作期の思考それぞれの特徴，違いについて問うものが多い。本問でもこの点がわかっていれば，正答にたどり着けるであろう。

Piagetによれば，前操作期（4～7，8歳）の思考の特徴（制約でもある）は，「自己中心性（egocentrism）」，すなわち自分自身の現在の立場からの見方，感じ方，考え方にとらわれる傾向である。同様に，ものごとの1つの側面にしか注意が向けられず，他の側面を無視してしまう傾向もあり，こちらを「中心化（centering）」と呼んだ。自己中心性という用語が単に「わがまま」とか「利己的」という意味に誤解されやすいため，今日では両者を「中心化」という呼び方で一括することが多い。

具体的操作期（7，8歳～11，12歳）になると，ものごとを多面的・総合的にとらえて，組織的で論理的な思考ができるようになってくる。これを「脱中心化（de-centering）」という。ただし，この具体操作期では，そうした論理的な思考は具体的事物や具体的な状態についての課題に限られる。

本問のCは，有名な「3つの山」問題である。前操作期の子どもでは，人形の位置から見るという視点に立てない（中心化）が，具体的操作期の子ども（本問の思考の例）になると，人形の視点から正確に反応できる。ただし，この実験結果を幼児の自

己中心性の根拠とすることには異論もある。

　本問のEはこれも有名な「液量の保存」問題である。本問の思考の例では，見かけが変化しても，足したり取り去ったりしなければ，ジュースの量は変わらないということ（保存の概念）が，十分成立していない。これも中心化の1つの特徴である。ただし，この実験結果も，単純に幼児の自己中心性の根拠とすることには異論がある。

---

⑥　人間の初期発達に関する主張として妥当なのはどれか。（国ⅠH11）

1．Freud, S. は，リビドーを中心概念にすえ，発達初期にはそれが口唇帯に集中することから「口唇期」を発達の第一段階とし，母親は生理的な欲求を満たしてくれるだけでなく，乳児の性感帯を刺激するがゆえに重要であると主張した。
2．Harlow, H.F. は，サルの代理母の実験から，愛着は単なる授乳より接触の快感が重要であることを示し，初期の母親への愛着は，接触の快感が二次的動因となって形成されるという「動因低減説」を主張した。
3．Piaget, J. は，「感覚運動期」すなわち，触ったりつかんだりする等の外的な活動によって外界を感覚する時期がはじめにあり，この時期には「同化（assimilation）」は行われるが「調整（accomodation）」は行われないと主張した。
4．Erikson, E. H. は，Freud, S. の口唇期を否定し，「基本的信頼対基本的不信」の時期がはじめにあり，この危機を乗り越えれば，人間関係の基本となる「世話（care）」という徳目が獲得できると主張した。
5．Bowlby, J. M. は，「愛着（attachment）」という母子関係の成立起源を，後天的な学習に求め，乳児は出生直後の周囲の働きかけに対して積極的に反応することを学習し，特に母親が働きかけの中心をなすところから，母子関係が形成されると主張した。

解答　1

解答のポイント

1．Freud の精神－性的発達段階説では，各発達段階ごとに精神発達と強く関連する身体部位（主として身体の外部と内部を結ぶ粘膜）があり，そこで得られる快感をどのように受け取るかが，個人の性格を形成する重要な条件と考える。生後1年半くらいまでの乳児期は「口唇期」であり，母親からの授乳は，乳児の食欲を満たすだけでなく，性感帯である口唇粘膜を刺激する。吸啜活動を通して口唇粘膜の快感を楽しむことがこの段階の重要な点である。
2．Harlow の代理母実験は重要な古典的実験である。生後間もない子ザルを隔離し，

金網でできた人形（wire-mother）にミルクが飲めるよう哺乳瓶を取り付けたものと，哺乳瓶はないが温かい毛布でできた人形（cloth-mother）がいる状況に置く。その結果，子ザルは，ミルクを飲むときだけ金網の代理母に，それ以外の大半の時間を毛布の代理母にしがみついて過ごし，毛布の代理母を安全基地として探索活動を行うなどが観察された。この実験から，食欲を満たすこととは別に，接触によって安心をするということも一次的な欲求になっていることが示唆された。すなわち Sears, R. R.（1908-）の愛着（Sears のことばで言う「依存性」）の二次動因説を反証する結果となったというのが正しい解釈。

3．Piaget の発達段階説において，「同化」，「調節（調整）」は基本概念である。同化とは環境（対象）を既存のシェマに取り込む働き，調節は，環境にあわせてシェマを変える働きである。これらは必ず相補的にはたらくため，「同化は行われるが調整は行われない」ということはない。

4．Erikson の生涯発達段階説は，Freud の精神-性的発達段階説を土台にしているが，考え方の異なる点は，性的な側面のみでなく文化・社会的な側面も取り入れ，生涯全体を発達段階の範囲に入れたことである。従って口唇期を否定しているわけではない。彼によれば，乳児期は精神-性的な段階としては口唇期に相当し，その段階の心理・社会的危機が「基本的信頼対絶対的不信」であると考えたのである。また，この危機が乗り越えられると獲得できる徳目は「希望」である。

5．「愛着」とは Bowlby によれば，特定の固体（たとえば母親）との近接を求め，またそれを維持しようとする傾向，あるいはその結果確立される情緒的絆のことである。さらに彼はさまざまな調査やマターナル・ディプリベーションの研究から，この傾向が学習性のものではなく，生得的なメカニズムであると考えた。

⑦　Erikson, E. H. のライフサイクル説に関する記述として妥当なのはどれか。（国Ⅰ H11）

1．広義の性的エネルギーが向けられる身体部位が精神発達と強く関係する点に注目し，誕生から青年期までの発達段階を5つに分けた。この理論では，各段階で重要視される身体部位で得られる快感をどのように受け取るかが性格形成や人間関係の形成に影響するとされた。
2．人間のライフサイクルを太陽の運行になぞらえて4段階に分けた。この理論では人間にとって最も問題となる時期は成人前期と中年期であり，最大の危機はその転換期にある。中年期の課題は人生の前半で排除してきた自分自身を見つめ，外的生活から

内面的生活に重きをおくことであるとする。
3. 身体面の発達と社会的期待からライフサイクルを6段階に分けた。この理論では各発達段階には個人がその時点で獲得しなければならない技能，知識，機能，態度があるとし，これを発達課題と呼んだ。
4. 全生涯を，新しい可能性を持った段階の連続とみなし，ライフサイクルを8段階にわけた。この理論では各発達段階には生活課題があり，次の段階に進むときに心理社会的な危機が訪れる。青年期の主たる課題は自我同一性の危機であるとされる。
5. ライフサイクルを児童・青年期，成人前期，中年期及び老年期の4段階にわけた。この理論では各発達段階の特徴は，その時期におけるその人の生活の基本パタンや設計（生活構造）と密接な関係があり，次の発達段階へ移行するためにはそうした生活構造を根本的に変えなければならないとした。

解答 4

解答のポイント

1. Freud, S. の精神－性的発達段階説である。
2. Jung, C. G. のライフサイクル説。Jung によれば，中年期の課題は，人生の前半で排除してきた自分自身を見つめ，取り入れることであり，彼はこのプロセスを「個性化」と呼んだ。
3. Havighurst, R. J.（1900-1991）の生涯発達段階説。彼以降，生涯発達段階やライフサイクルの考え方において「発達課題」という概念が重要視されるようになる。
4. Erikson のライフサイクル説（生涯発達段階説；発達漸成理論）は，公務員試験では択一でも論述でも頻出である。発達段階の考え方や各段階ごとの心理・社会的危機について必ず理解し，説明できるようになっておくこと。
5. Levinson, D. J. のライフサイクル説である。Levinson は，Freud, Jung, Erikson などの説を検討し，実証的にライフサイクル研究を行った。その結果，本問の選択肢にあるような4つの発達段階を見いだした。彼によればある発達段階から次の発達段階への移行は，個人の生活構造を根本から再構築することになるため，通常4，5年かかる。そのためにこの過渡期が危機的な時期となるという。

⑧ 成人の心理的発達に関する記述として妥当なのはどれか。（H12 国Ⅰ）

1. Jung, C. G. は，パーソナリティの生涯発達における中年期の課題を重視した。その中で，人は20歳になるまでに「個性化」するが，その後「人生の午後」である40歳

に根本的な変化が始まるとし，ライフサイクルの後半にわたって進むこの発達過程を「統合化」と呼んだ。
2. Erikson, E. H. は，人生を8つの時期に分け，各時期の発達課題をあげた。その中で，自我同一性を獲得した人の次なる発達課題は世代性の獲得であり，配偶者と協力して子どもを生み育てることを通して人格的な成熟が達成されるとした。
3. Freud, S. は，意識面だけでなく無意識面も包含したパーソナリティ理論を打ちたて，幼少期に獲得されたパーソナリティの病理が，成人になって繰り返されることを示した。その中で，成人期，中年期の発達課題は，乳児期に積み残した課題のやり直しによって達成されるとした。
4. Levinson, D. J. は，個人の人生における内的な価値と，仕事や家族などの外的現実の両方を生活構造 (life structure) という概念で統合し，その変遷によって成人期の心理的発達をとらえた。その中で，人生には，生活構造を形成する時期とそれを見直す過渡期があり，この過渡期において心理的危機が生ずるとした。
5. Havighurst, R. J. は，比較行動学を理論的基礎として，生涯を6つの段階に分け，心理的発達課題を明らかにした。その中で，成人期前半の発達課題は，家庭を作り子どもを生むことであり，人生後半では，子どもが成人になるように援助していくことであるとした。

解答　4

解答のポイント

先と同様の生涯発達段階に関する問題である。同じような問題が2年連続して出題されている。前問の解説も併せて読んでほしい。
1．「20歳になるまでに「個性化」する」，「ライフサイクルの後半にわたって進むこの発達過程を「統合化」と呼んだ」が誤り。
2．「自我同一性を獲得した人の次なる発達課題」は，「世代性」ではなく「親密さ（親密さ対孤立）」である。
3．Freud の理論では，「発達課題」という概念は出てこない。
5．Havighurst は生涯を6つの発達段階に分けた。それぞれの発達課題は，乳幼児期：歩くことと話すこと，児童期：読み書き計算や友達関係，青年期：親からの独立と職業の選択，成人期：職業生活や結婚への適応，中年期：経済生活や子どもとの生活への適応，老年期：収入の減少や健康の衰退への適応，である。

⑨　Levinson, D. J. の発達理論に関する記述として最も妥当なのはどれか。（国Ⅰ H16）

1. 自我機能の発達を8段階に区分し，各段階における発達課題を示した。中年期の課題として「生殖性」を挙げ，子の親として，あるいは社会人としての役割の重要性が増してくる中で，次の世代を担う者に対して援助や指導をしたり，知識や経験を与えたりするが，これらが欠如したり，あるいは避けて通ったりすると成長せず，また人間関係も貧しいものになり，停滞に陥るとした。
2. 人生を太陽の運行になぞらえ，40歳を「人生の正午」，それ以降の中年期を「人生の午後」と呼び，ここでの発達課題は，自己の人生や目標を振り返って再検討して，自己を受容し統合することであるとした。内面的生活に重きを置き，体力や知力の減退を受け入れ，これまでに築いてきた経験と英知をもって自己の人生の意義を一層追求できるようになるとし，ここに始まる真の自己実現を「個性化」と呼んだ。
3. 400人以上のさまざまな階層の人々の伝記や自伝を分析して，人の生涯の発達段階を生物学的見地から5つに区分し，各段階において，生きるための目標すなわち「人生目標」をどのように自己決定するかを一種の発達課題として重視した。第4段階の成人後期は，設定遂行してきた過去の人生目標に対して，自己評価（再評価）をする時期であるとした。
4. 役割理論を基礎として，生涯を乳幼児期から老年期の6段階に分類し，各時期に具体的な発達課題を設定した。成人後期の課題は，子どもが成人になるように援助する，社会の中で市民として，責任を持つ，職業生活で地位を得，それを維持する。余暇活動を広げる，人間として，配偶者との関係を作る，身体の生理的変化に適応する，老いていく両親に適応することであるとした。
5. 人生を4つの発達段階に分け，青年期以降の各段階では，生活構造が築かれる安定期と生活構造の見直しと修正を迫られる過渡期が交互に現われるとした。40歳ころから始まる「人生半ばの過渡期」では，身体的衰え，人生観の変化，能力の限界の認知などの内的変化と，子どもの自立，社会での地位の変化などの外的変化により，適応的とは言えなくなった生活構造を変えざるを得なくなるとした。

解答　5

解答のポイント

　生涯発達の理論がたびたび出題されている。Erikson, Jung, Levinson, Havighurst などは確実に押さえておくこと。

1. Erikson である。問題7の解説も参照のこと。
2. Jung である。彼は，1933年に「人生の段階」という論文を発表し，ここで人間の一生を太陽の変化にたとえて論じている。「人生の午後」においては，午前中に抱いていたさまざまな価値観や理想が逆転し，異なる価値観に基づいて，自分自身の生き方を模索しなければならないとしている。問題⑦・⑧の解説も参照のこと。

3．Bühler, Charlotte.（1893-1974）である。彼女は，成長－頂点－低下の生物学的曲線に対応したパーソナリティ発達の過程を想定し，選択肢にもあるように，400人以上の人間の伝記，自伝をもとにして，人間の生涯を五段階に分類した。成人前期（25～45, 50歳）では，職業，結婚，家族を実現させ，安定した適応をすることが目標であり，成人後期（45, 50～65, 70歳）では，これまでの人生目標を再評価することが新たな目標となるとしている。Jungと同様に，成人後期が人生の転換点となるとみており，中年期の危機についての先駆的研究を行った。

4．Havighurst, R. J. である。彼は，成人前期（18～35歳）の課題は結婚相手との生活，家庭，子どもを作ること，地位の確立などであるが，成人後期（35～60歳）では，選択肢に示したような課題があるとしている。

▶補足◀

それ以外の重要な研究として，たとえば中年期における創造性の変化を調べるために，Jaques, E. は300人を超える天才の生涯を分析し，35歳から40代にかけて，大きな転換点があることを指摘している。また，Gould, R. L. は，精神分析による治療経験と500人以上の健常者への質問紙調査から，子ども時代の自己についての根拠のない思いこみも，中年期（30歳代で始まる）において「変換（transformation）」が生じて，自己変革が求められ，これが45歳頃までに落ち着くことを見いだしている。

表5　心理学研究における生涯各期の区分の仕方

(三浦，1982に加筆・修正した)（「講座生涯発達心理学5」より）

Havighurst（1953）	Gould（1972）	Levinson（1978）		Sheehy（1974）
0～6歳　乳幼児期	16～18歳	前青年期	0～17歳 児童期及び思春期	18～20歳頃 根っ子を引きぬく時期
7～12歳　児童期	二律背反の時期		17～22歳 成人への過渡期	23歳～20代後半 試練の20代
13～18歳　思春期	19～22歳	成人前期	22～28歳 成人世界へ入る時期	30歳前後 30代への過渡期
19～35歳　成人前期	家庭からの独立期		28～33歳 30歳の過渡期	30代前半 根づきと自己拡大の時期
36～60歳　成人中期	23～28歳　確立期		33～40歳 一家を構える時期	35～45歳 締切りの10年
61歳～　成人後期	29～32歳		40～45歳 人生半ばの過渡期	45～50歳 再生かあきらめかの時期
（55～75歳老齢前期）	30代移行期	成人中期	45～50歳 中年に入る時期	
	33～40歳　成人期		50～55歳 50歳の過渡期	
	41～43歳 中年移行期		55～60歳 中年の最盛期	
	44～45歳　中年期		60～65歳 老年への過渡期	
	51～60歳　開花期	成人後期　65歳～		

なお，こうした中年期（老年期）の発達理論に関する関心が近年高まっている。これらはできるだけ新しい発達心理のテキストを参照してほしい（『発達心理学ハンドブック』（東洋他，福村書店）や，「講座生涯発達心理学」全5巻（金子書房）など）。重要な心理学研究における生涯各期の区分の仕方が，表5にまとまっているので，引用しておく。

⑩　次の乳幼児の実験的観察で用いられる実験技法に関する記述A～Dのうちから，妥当なもののみを選び出しているものはどれか。

A．選好注視（preferential looking）法は，乳児の眼前に2種類の視覚刺激を提示して，乳児の刺激注視時間を測定することで，乳児の視覚刺激の検出能力や弁別能力を明らかにする。この技法は嗅覚，聴覚などの他の知覚刺激の弁別力を測定するために転用可能であるとされている。
B．馴化－脱馴化（habituation-dishabituation）法は，同じ刺激が繰り返し提示されると，その刺激に対する反応の強さが減少し，別の全く異なる刺激にさらされると，反応が再び強くなる現象を用いて，乳児がどのような刺激を弁別するのかを測定する。
C．見本合わせ（matching-to-sample）法は，母子の自由遊び場面に見知らぬ人を登場させ，母親がその人に対して見せる反応を，乳児が自分の行動選択の手がかりとして利用できるかどうかを観察することによって，社会性の発達を評定する。
D．ストレンジ・シチュエーション（strange situation）法は，母親に乳児との相互作用場面の最中，無反応になってもらい，その後の乳児の反応を観察する。乳児が母親の関心を引こうと，積極的に働きかける反応を起こすかどうかで母子間の愛着の形成を評価する。

1．A，B
2．A，C
3．A，D
4．B，D
5．C，D

解答　1
解答のポイント
　乳幼児の認知機能や愛着などを調べるときには，言語報告を用いず客観的に測定・評価する方法が必要となる。本問で出てくる選好注視法（PL法）も，馴化-脱馴化法も，いずれも乳幼児の認知機能の研究においてきわめてポピュラーな手法であるの

で，必ずよく理解しておくこと。また愛着の質を測定するストレンジ・シチュエーション法（新奇場面法）も非常に重要である。あわせて理解しておきたい。

A．選好注視法は，Fanz, R. L. らによって開発された方法。生後間もない乳幼児がどのような視覚刺激を好むかという実験（「より複雑な図形（人の顔に似た図形など）を注視する時間が長い」という結果）がよく知られている。

B．馴化－脱馴化法は，同じ刺激を継続的に提示すると慣れが生じて注意を向けなくなるが，そこで別の刺激を提示したとき再び注意が回復すれば，刺激を弁別できていると考える方法。従って，あくまで「刺激を弁別しているかどうか」がわかるのであって，刺激がどのように知覚されているか（成人と同じように知覚されているかどうか）はわからない。

C．見本合わせ（MTS）法の手続きを簡単に説明すると，まず「見本」を提示する。次にいくつかの「選択肢」を提示して，「見本」と同じものを選択させる方法である。刺激の弁別能力やルールを学ぶ能力，ワーキングメモリなどさまざまな要因を組み入れて課題を作ることができる。知能検査でもしばしば用いられている。しかし「社会性の発達を評定」するものではない。

D．ストレンジ・シチュエーション（SS）法は，Ainsworth, M. D. S. によって開発された，愛着の質を測定する方法である。プレイルームにいる乳児に，養育者（しばしば母親）との分離や，見知らぬ他者と対面させる場面をつくる。そこで乳児の反応・行動を組織的に観察し，その個人差をAタイプ（回避型），Bタイプ（安定型），

表6 各愛着タイプの特徴
(Ainsworth et al., 1978)（下山晴彦「教育心理学Ⅱ」より引用）

Aタイプ（回避型）の子ども
　親との分離に泣いたり混乱を示すということがほとんどない。再会時には親から目をそらしたり，明らかに親を避けようとする行動がみられる。親がだっこしようとしても子どもの方から抱きつくことはなく，親がだっこするのをやめてもそれに抵抗を示したりはしない。親を安全基地として（親と玩具などの間を行きつ戻りつしながら）実験室内の探索を行うということがほとんど見られない（親とはかかわりなく行動することが相対的に多い）。

Bタイプ（安定型）の子ども
　分離時に多少の泣きや混乱を示すが，親との再会時には積極的に身体的接触を求め容易に落ち着く。実験全般にわたって親や実験者に対して肯定的な感情や態度を見せることが多く，親との分離時にも実験者からの慰めを受け入れることができる。また，親を活動拠点として積極的に探索活動を行うことができる。

Cタイプ（アンビバレント型）の子ども
　分離時に非常に強い不安や混乱を示す。再会時には親に強く身体的接触を求めていくが，その一方で親に対して怒りを示し，また激しくたたいたりする。ストレンジ・シチュエーション全般にわたって行動が不安定で随所に用心深い態度が見られ，親を安全基地として，安心して探索行動を起こすことがあまりできない（親に執拗にくっついていようとすることが相対的に多い）。

註：近年は，これらA，B，Cの従来のタイプにあてはまらない愛着カテゴリーとして，D（Disorganaized/Disoriented）タイプ（無秩序型）が指摘されている。

Cタイプ（アンビバレント型）に分類する。

⑪　老年期（65歳以上）のパーソナリティ特徴等に関する記述として妥当なのはどれか。（国Ⅰ H13）

1．加齢するにつれて，IQなどで示される総合的知能は低下するが，Horn, J. L. によれば，結晶性知能に含まれる帰納的推理の成績が，青年期と比較して，老年期になってもほとんど低下しないといえる。
2．加齢するにつれて，感覚器官の生理的な機能が衰え，視覚，聴覚などは低下するが，ストループ効果については，青年期と老年期とで差は認められないことから，短期記憶に関しては老年期でも低下しないといえる。
3．老年期におけるパーソナリティ変化の主要な要因の1つとして痴呆があるが，そのうちアルツハイマー型痴呆は，進行性の脳の変性疾患で，記憶障害から始まり，進行すると，排泄，摂食などの日常生活動作も困難となることがある。
4．Erikson, E. H. の発達段階説によれば，青年期の「アイデンティティ」，成年期の「勤勉性」を経て，老年期の「統合」という順で，発達課題を達成することが，円満な老年期には必要であるとしている。
5．妄想の特徴を比較すると，青年期は精神分裂病などに伴うことが多く，その主題は「盗られ妄想」など現実的・具体的なものが多いが，老年期はささいな心的負担から生ずることがあり，その主題は観念的・宗教的なものが多い。

解答　3

解答のポイント

1．「加齢につれてIQなどで示される総合的知能は低下する」というのは，長い間常識のように言われてきたことである。しかしこれは，横断的データをそのまま加齢による知能変化と解釈してきたことの誤りである，と考えるのが今日の常識となっている。縦断的なデータで知能の平均値をとると，加齢につれての知能の低下はみられない。また，知能の発達的な変化については，総合的な知能という考え方ではなく，多次元的に多方向的にとらえる視点が今日では優勢である。

　結晶性知能は流動性知能とともに，Cattell, R. B. の提唱した知能因子である。老年期の知能については，これらの2つの側面からとらえようとすることが多い。HornおよびCattell の研究によれば，結晶性知能はピークを迎える時期が遅く，老化しても増加傾向を維持する。これに対して流動性知能は，能力のピークが青年期に訪れ，

老化に伴って顕著に衰退する。
　結晶性知能に帰納的推理を入れるのがまちがっている。
2．ストループ効果とは，選択的注意における干渉の効果のことを指す。一般に，老化に従って，成績は低下することが知られている。

◆補足
　ストループ効果とは，Stroop, J. R. が 1935 年に最初に研究を発表したことで名づけられている。「赤」という文字が緑色で書かれていたりすると，その色名呼称の反応が遅くなる現象である。

3．アルツハイマー型痴呆の臨床症状は大きく3期に分けられる。第1期は発症期で，記憶障害，見当識障害などが見られ，第2期は失行，失語，性格変化，人物誤認などが生じ日常生活が著しく困難になる。第3期は高次精神機能はほぼ完全に失われ，意思疎通が不能となる。生理学的にアルツハイマー型痴呆は，神経細胞の消失，老人斑の出現，神経原繊維の変化が特徴的である。

4．Erikson の発達段階説は基本中の基本。頻出なので必ず正確に理解し，覚えておくこと。「勤勉性」は学童期の発達課題（より正確には「勤勉性対劣等感」という心理・社会的危機）。成年期は「生殖性対停滞」である。109 ページ参照。

5．妄想は出現の仕方から，一次妄想と二次妄想に分類される。一次妄想とは心理学的に了解不能なもので，統合失調症に特異的に現れる。二次妄想は，心理学的に了解可能なもので，環境や体験，パーソナリティに由来したり，一時的な感情状態から導かれる。さらにアルツハイマーなど気質性の精神病や老年痴呆に伴って生じる妄想も，心理学的に了解可能なものであり，二次妄想に分類される。青年期か老年期かで起こりやすい妄想があると考えるならば，統合失調症は 10 代〜 30 代の青年期に発症することが多いことから，むしろ青年期において宗教的観念的な誇大妄想が多いといえる。またうつ病は老年期に多いことが示されており，老年期うつ病に伴う妄想に多いものとして，心気妄想，罪業妄想，貧困妄想などがある。盗られ妄想もまた同じく老年期に多い妄想であり，さらに老年期に多いアルツハイマー型痴呆の病像としても指摘されている。

---

⑫　発達障害に関する記述として最も妥当なのはどれか。（国Ⅰ H16）

1．構音障害（articulation disorder）とは，発声に際して，音の繰り返し，引き伸ばし，ブロッキングなど，言語の流暢性の障害が著しくなり，そのために特定の音や単語の発声を避けるようになる障害である。障害の原因によって，器質的構音障害と機能的

構音障害とに分類され，前者はさらに，構音器官の異常によるものと，中枢神経系の障害によるものとに分けられる。
2．アスペルガー障害（Asperger's disorder）とは，広汎性発達障害の一種であり，社会的相互作用及び言語スキルの著しい障害という形で発症する。同年齢の者と比べて言語の発達の遅れが著しいこと，共感性に乏しいこと，関心の幅は狭いが，自分の関心のある事柄には熱中することが特徴であり，対人関係障害と情緒障害を併せ持った障害であるといえる。
3．行為障害（conduct disorder）とは，精神病質，社会病質，非社会的人格障害とも呼ばれ，人を欺くこと，操作することを中心的な特徴とする障害である。WHOによる国際疾病分類第10版（ICD-10）による診断の基準では，15歳以前に反抗挑戦性障害（oppositional defiant disorder）のいくつかの症状が出現していなければならないとされている。
4．学習障害（learning disorders）とは，DSM-IV-TR（精神疾患の診断・統計マニュアル）によれば，読字，算数，または書字表出において，個別施行されたその人の標準化検査の成績が，年齢，就学，知的水準から期待されるより十分に低い場合に診断される。また，感覚器の欠陥がある場合は，学習困難がその欠陥に通常伴う程度を超えたものでなければならないとされている。
5．注意欠陥・多動性障害（attentional-deficit hyperactivity disorder）とは，じっとしていることができないという多動性，1つの活動に集中できず気が散りやすいという不注意，欲求不満耐性が低いという衝動性を特徴とする障害である。ICD-10では，このうち不注意の診断基準が満たされない場合，多動性障害（hyperkinetic disorder）と呼び，注意欠陥・多動性障害と区別している。

解答　4

解答のポイント

1．言語の形式面（スピーチ）の障害には，音声障害，構音障害，パターン障害がある。このうち構音障害とは，肺，気管，咽頭，口腔，鼻腔などの器官を用いて言語音を発生させることの障害である。著しく異なった構音が生成されたり，生成可能な構音の種類や数が少ない場合を言う。音の繰り返しや引き伸ばしなどはむしろパターンの障害にあたる。

後半の記述「障害の原因によって，器質的構音障害と機能的構音障害とに分類され，前者はさらに，構音器官の異常によるものと，中枢神経系の障害によるものとに分けられる」は正しい。

2．アスペルガー障害（「症候群」とも呼ぶ）は，広汎性発達障害（自閉症と同質の社会性の障害を中心とする発達障害の総称）の一種である。いわゆる自閉症の3症状，

社会性の障害，コミュニケーションの障害，想像力の障害およびそれに基づく行動の障害，のうち，コミュニケーションの障害が軽微なグループである。言語発達の遅れは少なく，知的には正常な者が多い。社会性（対人相互作用）の障害や活動・興味の限局化は認められるが，言語の障害が軽いため，知的能力や対人関係以外の適応行動の問題が少ないことが多い。

3．行為障害とは，「他者の基本的人権または年齢相応の主要な社会的規範または規則を侵害することが反復して持続する行動様式」で，人や動物に対する攻撃，所有物の破壊，嘘をつくことや窃盗，重大な規則違反，といった行動上の問題を繰り返す。ICD-10では，亜型分類として，家庭限局性行為障害（家庭内暴力など），非社会性行為障害（同世代との交流が乏しい），社会性行為障害（同世代と交友がありそれが非行や反社会的行動を伴う），反抗挑戦性障害（規則を無視したり故意に人を苛立たせたりするが，社会規範や他者の人権をひどく侵害することがない場合）などをあげている。行為障害と診断されるために，15歳以前に反抗挑戦性障害の症状が出現していることは条件とならない。

4．学習障害（LD）は男子に多く（女子の3，4倍），こうした性差からも環境的な要因では説明しきれず，背景として生物学的な要因も示唆される。学習障害の示す症状は，単に学校における学習面の問題ばかりでなく，情緒面での不適応や仲間とのトラブルにも発展しやすく，周囲による臨床的援助が重要な課題となっている。

5．前半は正しいが，後半の記述が誤り。ICD-10では，DSMにおける注意欠陥・多動性障害（ADHD）に相当するものを多動性障害と呼んでいる。多動性障害については，不注意，過活動，衝動性それぞれについて，下位項目に基づいた診断基準を示している。DSMについては，§2の（4）で詳述する。

§2 臨床心理学領域
（1） 心理検査・アセスメント

⑬ 次にあげる心理テストで，正しい組み合わせをすべてあげているものはどれか。（家裁改題）

A．バウムテスト―投影法―C.コッホ
B．ロールシャッハ―投影法―欲求・圧力分析
C．文章完成法―作業検査法―精神検査
D．ビネ知能テスト―集団知能検査―ビネ・シモン尺度
E．人物画―投影法―K.マッコーバー

146

1. A, E
2. B, D
3. A, C, E
4. B, C, E
5. C, D

解答　1
解答のポイント
　家裁の一次専門試験が択一だったころの典型的な問題である。単純な問題なので，もはや解説は不要であろう。基礎知識の確認と思ってほしい。第Ⅰ章も参照のこと。

⑭　次のA～Eの心理テストとその作成関係者との組み合わせが誤っているものの個数はどれか。（家裁改題）

A．F-尺度（権威主義尺度）― A. L. エドワーズ
B．MMPI ― J. A. テイラー
C．16PF ― R. B. キャッテル
D．MAS ― S. R. ハサウェイ
E．EPPS ― T. W. アドルノ

1．1個
2．2個
3．3個
4．4個
5．5個

解答　4
解答のポイント
　家裁の一次専門試験が択一だったころの典型的な問題である。やはり解説は不要であろう。それぞれの検査について「開発者」と「その概要」が説明できるようになっておくこと。F尺度はAdorno, T. W., MMPIはHathway, S. R., MASはTaylor, J., EPPSはEdwards, A. L. である。第Ⅰ章も参照。

⑮ 次のテスト結果はある20代の男性のものである。それぞれのテストの正しい組み合わせはどれか。(国Ⅰ H11)

〈テスト結果〉
A．全体IQが104，言語性IQが102，動作性IQが106で，全体水準としては同年齢の人と比べて平均的であるが，下位項目を見ると短期的な記憶力が少し劣っている。
B．プロフィールはC型で，日常生活ではおとなしく目立たない存在であるようだ。しかし，このテストには虚偽尺度（lie scale）がないため，意図的に結果を操作した可能性も否定できない。
C．自律欲求が高いが，日常的には抑制的に振る舞っている。内的な攻撃性は高いようだが母親の養育圧力によって攻撃行動を表わせずにいる。
D．経済的状態，家庭への不満や身体的な劣等感は見られない。将来に対する明らかな目標はないが，現状に満足しているようである。野球が好きである。対人関係は良好だが，父親との関係がうまくいってないと感じているようである。
E．思い通りにならなくても自分から謝ってしまうことが多く，自責的になることが多いようである。しかし，言い訳をすることで自分の非を認めないところがあり，それによって自分を守っている。

	A	B	C	D	E
1.	WAIS	Y-G性格検査	TAT	文章完成法	P-Fスタディ
2.	WAIS	MMPI	ロールシャッハ	文章完成法	P-Fスタディ
3.	WAIS	MMPI	TAT	家族画	ゾンディテスト
4.	WISC	Y-G性格検査	ロールシャッハ	家族画	ゾンディテスト
5.	WISC	MMPI	TAT	文章完成法	ゾンディテスト

解答　1

解答のポイント

A～Eの記述から，テストを見いだすポイントをまとめると，以下の通りである。
A．「全体IQ，言語性IQ，動作性IQ」という記述からウェクスラー式であることが明らか。ただこれだけではWISCなのかWAISなのか判別しがたい。従って，正答を導くにあたっては，B～Eのテストの答えとの兼ね合いでWISCかWAISか決めればよい。しかし「短期的な記憶力」という記述にあたる「数唱」の下位検査は，WISCでは追加項目なので，これを手がかりに「WAIS」と判断することが可能である。そもそも最初に20代であることが分かっているので，成人用のWAISであるこ

とはまちがいない。

B．「プロフィールはC型」，「虚偽尺度がない」の2点が，Y-G性格検査であることの決め手となる。

C．「自律欲求」，「養育圧力」ということばから「欲求-圧力分析」を思い出せれば，TATであると判断するのは容易。

D．刺激文に家族関係や対人関係，自己についての項目があることから，この記述がSCTであると判断できる。

E．「自責的」，「言い訳を……自分を守っている」の記述が，P-Fスタディであることの決め手となる。

それぞれのテストの概要については，第Ⅰ章も参照のこと。

---

⑯　知能検査に関する記述として妥当なのはどれか。(国ⅠH12)

1．ITPA（Illinois Test of Psycholinguistic Ability）は，発達障害児の言語能力診断検査であり，情報処理に関する臨床モデルに基づいた回路，過程，水準という3次元により構成される下位検査からなり，学習障害児などの診断，支援計画の作成に使用されることがある。
2．WPPSI（Wechsler Preschool and Primary Scale of Intelligence）は，ウェクスラー式検査の幼児・児童用であり，言語能力が未発達な幼児も対象としているため，動作性検査で構成されているのが特徴である。
3．新制田中B式知能検査は，集団式で，特に言語的知能を測定することを目的としており，知能はいわゆる一般知能を示す知能指数という形で表示され，学齢期の児童，生徒の知能程度をスクリーニングするために用いられることが多い。
4．鈴木・ビネー式知能検査は，成人前の年齢層を対象とした個別式の検査であり，結果は精神年齢に基づく知能指数として表わされるため，異年齢の受検者の知能と直接比較したり優劣を論じたりすることはできない。
5．K-ABC（Kaufman Assessment Battery for Children）は，子どもの認知処理過程を検討するために作成された検査である。下位尺度として言語性処理尺度と視覚性処理尺度があり，子どもの得意な思考スタイルを発見できるという特徴がある。

解答　1

解答のポイント

1．ITPAについては52ページ参照。学習障害（LD）のアセスメントにもよく用い

られる。2．WPPSIは，言語性検査6種，動作性検査5種，計11種の下位検査から構成される。4歳～6歳半の幼児・児童が対象。51ページも参照。

3．新制田中B式知能検査は，動作性知能を測定することを目的としている。成人までが対象となっており，特に学齢期に限られない。7種の下位検査（迷路，立方体分析，幾何学別図形構成，置換，異同弁別，数系列完成，図形抹消）からなる。結果は知能偏差値で示す。

◆補足
　田中B式と田中ビネー式検査とは異なるので，注意すること。田中B式は，新田中B式，新制田中B式というものがある。もちろん，A式も同様にあり，両方をあわせたAB式というのもある。A式は，α検査（言語によるもの）であり，B式はβ検査（非言語的なもの）である。田中ビネーが個人式であるのに対して，A式，B式ともに集団式である点にも注意してほしい。49ページも参照。

4．生活年齢に対する精神年齢の比で算出される知能指数は，異年齢であっても知能の比較が可能である。

5．K-ABCでは，認知（情報）処理能力を「継時（逐次）処理尺度と同時処理尺度」に分けて測定する。53ページ参照。

---

⑰　知能検査に関する記述として最も妥当なのはどれか。（国Ⅰ H13）

1．ビネー式検査では，その人の生活年齢と，検査結果から判定される精神年齢の比を，知能指数として算出する。
2．精神分裂病患者の知能を正しく測定するために考案された数種類の個別式知能検査からなるテストバッテリーを，診断性知能検査と呼ぶ。
3．WAIS-R知能検査は，Cattell, R. B.の流動性知能と結晶性知能をそれぞれ測定する下位尺度から構成されている。
4．臨床場面では，知能検査は学習効果が生じやすいので，治療や病状の経過の評価の際には，同一の知能検査を再検査しない。
5．精神発達遅滞の心理判定では，知能検査の結果にばらつきが生じやすく，これを是正するために複数の知能検査の結果を併記し，これらの平均値を知能指数として採択する。

解答　3（1）？

解答のポイント
　正直に言って，選択肢1と3，いずれも正解になりうるものなので，どちらが正解

か決めにくい。悪問ではあるが，過去問でこのようなものもあることを知っておく必要もあるかと思い，ここに載せておく。

1．ビネー式知能検査では，Stern, W.（1971-1938）によって提出された知能指数の概念を，1916年のスタンフォード式ビネー検査から取り入れてきた（取り入れたのはTerman, L.（1877-1956）である）。この知能指数は確かに，生活年齢と検査結果から判定される精神年齢の比で表わそうとするものである。ただし，1986年に発表された「スタンフォード・ビネー知能尺度第4版」では，精神年齢や年齢尺度といった考えを廃し，偏差IQ（平均100，標準偏差16に調整）を用いている。

2．「診断性知能検査」とは，いわゆるWechsler式の知能検査のことを指す。すなわち，知能の水準を測定するのみならず，知能の構造や因子をとらえその偏り具合を診断するような検査のことである。

3．WAISでは，動作性能力を測る動作性検査と，言語性能力を測る言語性検査の下位検査から構成される。動作性検査が流動性知能を，言語性検査が結晶性知能を測る下位検査から構成されるという解釈も，確かにある（下中順子『老年心理学』培風館など）。

4．通常は同一の知能検査で再検査を行う。ただし，知能検査は確かに経験の効果が生じやすいため，他の検査や行動観察などと組みあわせて，多面的に評価を行うことが重要となる。

5．検査ごとの知能指数の平均値を出すという考え自体があり得ない。

⑱　A～Dのうち，パーソナリティの測定に関する記述として妥当なもののみをすべて選び出しているのはどれか。(国ⅠH16)

A．質問紙法は，複数の質問項目に対する回答を統計的に処理することによりパーソナリティを客観的に測定しようとするものだが，被検査者の内省に基づく自己評定であるため，意識的，無意識的に回答を歪める可能性がある。この回答に対する歪曲反応をチェックする尺度の例として，MMPIのL尺度やK尺度などの4尺度が挙げられる。

B．作業検査法は，加算作業，図形の模写や構成，積木組立など比較的単純な作業を行わせ，一定時間内の作業量とその変化，作業内容などからパーソナリティを測定しようとするものである。例えば内田＝クレペリン精神作業検査などは，作業量，誤答数，開始時や終了直前にみられる作業率の変化，休憩の影響などから，速さ，テンポ，注意力，持続性などの特性を把握する。

C．投影法は，多義的に解釈されるあいまいな刺激素材を与えて自由な反応を引き出し，

判定者が一定の基準に基づいて個人のパーソナリティの特徴や問題点を判定しようとするものである。例えば Buck, J. K. の HTP テストでは，家・木・人が描かれた図版を示して，それを手がかりに短い物語を着想させ，事物・状況・人間に対する価値観などを把握する。

D．パーソナリティを把握しようとする際，単一のテストで得られる情報が不十分な場合，目的に応じて複数のテストを組みあわせて行う。この組み合わされたテスト全体をテスト・バッテリーというが，SCT と WISC，親子関係診断テストなど，異なる領域におけるテストを組み合わせた場合は，テスト・バッテリーとは呼ばない。

1．A，B
2．A，D
3．B，C
4．A，B，C
5．B，C，D

解答　1

解答のポイント

A．MMPI には受験者の反応歪曲を検出するために4つの妥当性尺度がある。その4つとは，①？（can not say）尺度：どちらともいえないという項目数をもとにしたもの，②L（lie）尺度：虚偽尺度，③F（frequency）尺度：項目の反応が 10% 以下の反応しかない逸脱傾向にあるもの，④K（correction）尺度：経験的に導き出された精神病理を判断するための項目群，である。よって正しい。31 ページ参照。

B．作業検査法もこの記述は正しい。58 ページ参照。

C．HTP テストの記述が誤り。HTP テストは家，木，人物を順番に，特定の大きさの別々の紙に描かせるもの。詳しくは，60 ページを参照。

D．テストバッテリーとは，クライエントのパーソナリティや問題点を多面的に把握するために用いる複数の異なるテストの組み合わせのことである。組み合わせ方に特に決まりはなく，検査目的やクライエントの状況に応じてバッテリーを組むのが普通である。従って，「SCT と WISC，親子関係診断テストなど，異なる領域におけるテストを組み合わせた場合」はもちろん，テスト・バッテリーである。

（2）心理療法

⑲　次は心理療法実施におけるケースの流れの基本を表わした図である。A〜E に当て

はまる用語ア〜オの組み合わせとして最も妥当なのはどれか。なお，A〜Eには同じ用語が入る場合もある。(国 I H16)

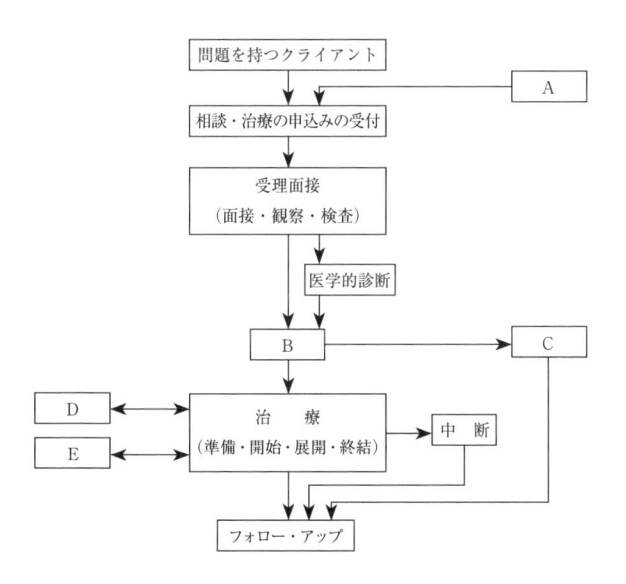

```
                    ┌──────────────┐
                    │問題を持つクライアント│
                    └──────┬───────┘
                           │         ┌─────┐
                           │ ┌──────→│  A  │
                           ↓ │       └─────┘
                    ┌──────────────┐
                    │相談・治療の申込みの受付│
                    └──────┬───────┘
                           ↓
                    ┌──────────────┐
                    │   受理面接    │
                    │(面接・観察・検査)│
                    └──────┬───────┘
                           ↓
                       ┌──────┐
                       │医学的診断│
                       └───┬──┘
                           ↓
                       ┌─────┐      ┌─────┐
                       │  B  │─────→│  C  │
                       └──┬──┘      └─────┘
              ┌─────┐    ↓
              │  D  │←→┌──────────────┐    ┌─────┐
              └─────┘  │    治　療    │───→│中　断│
              ┌─────┐  │(準備・開始・展開・終結)│   └──┬──┘
              │  E  │←→└──────┬───────┘       │
              └─────┘         ↓                │
                       ┌──────────────┐←──────┘
                       │ フォロー・アップ │
                       └──────────────┘
```

用語

ア．ケース・カンファレンス（case conference）

イ．インテーク・カンファレンス（intake conference）

ウ．リファー（refer）

エ．スーパービジョン（supervision）

オ．アクティング・アウト（acting out）

	A	B	C	D	E
1.	ウ	ア	オ	イ	ウ
2.	ウ	イ	ウ	ア	エ
3.	エ	ア	ウ	イ	エ
4.	エ	イ	オ	ア	ウ
5.	オ	イ	オ	ア	エ

解答　2

解答のポイント

Aの部分にはいるのがリファーである。これは，クライエントを援助するとき，何

もかも自分で丸抱えするのではなく，他に依頼することである。どのようなセラピスト（機関）でも自分の守備範囲があり，それを超えるクライエントには応対できない場合がある。そのようなときに，関係諸機関に依頼することを指す。ここでは，自分の意志でやってくるクライエント以外に，別の機関から送られてくる場合を想定しているので，リファーである。

　Bがインテーク・カンファレンス（受理会議）である。通常この言葉は児童相談所などでの初期の決定会議を想定して用いられる言葉である。一般的にある機関において，そこで持ち込まれたケースをどう扱うかを初期に決定する会議を指すことにも使われる。

　この機関で受け入れが困難であると決定された場合には，再度Cでリファーして，他機関に委ねることになる。

　Dにはケース・カンファレンス（ケース会議）が入る。ケースを治療・処遇するために，中心的に行われる会議を指す。そのケースにかかわっている全スタッフが出席して，これまでのインテーク（受理面接），スタディ（問題の発見），処遇方針などについて議論し，今後の処遇を判断するものである。

　最終段階で優れたスーパーヴァイザーに受けるのがEのスーパーヴィジョンである。71ページ参照。

　図の中に入らなかったアクティング・アウトであるが，これは，治療契約から逸脱した言動を指す。

---

⑳　心理療法に関するA～Dの記述のうち，Beck, A. T.の認知療法に関するものとして妥当なもののみを選び出しているのはどれか。（国Ⅰ H14）

A．ABCシェマの構造について学ばせ，クライエントの苦悩の原因である不合理な信念を見いだして，それに代わって問題を軽減させる思考，すなわち合理的な信念を使用することを勧め，問題の生ずる場面で実際に合理的信念を使用する宿題を与える。

B．ネガティブな思考が情緒的苦痛の核となっていると考えるが，対処の仕方を指示したり，ネガティブな思考を明らかにしてクライエントに直面させたりはせず，むしろクライエントとの安定した治療関係を築くことを重視する。

C．カウンセラーの共感，受容，積極的肯定的関心で支えることが必要十分条件であり，これがクライエントの自己表現，自己洞察を促進し，自己認知と経験を一致させ，自己の再体制化をもたらすものであると考える。

D．主な技法は，不適応な自動思考を明らかにし，それを適応的・合理的な思考に置き

換えていくことであるが，治療者が説得するのではなく，クライエントが自分自身で置き換えられるように質問することを基本とする。

1．A，B
2．A，C
3．A，D
4．B，C
5．B，D

解答 5

解答のポイント

認知療法については，78ページも参照のこと。BeckとEllisの違いがよくわかっていないと正答することができない問題である。

A．「ABCシェマ」といえばEllisの合理情動療法。この記述は合理情動療法として適切な記述である。この名称に関してはいろいろな言い方があるので，79ページを参照してほしい。

B．「クライエントとの安定した治療関係を築くことを重視」がBeckの認知療法のポイントである。Ellisの技法のようにクライエントの不合理な思考や認知の歪みについて徹底的に反論したりはしない。セラピストがクライエントと共同して認知の歪みを見つけていく（Beckの言う「共同経験主義（collaborative empiricism）」）方法がとられる。

C．この記述はRogersのクライエント中心療法。記述の内容は適切である。

D．クライエントの不合理な信念を変えるために用いられる技法として，認知的技法，行動的技法がある。認知的技法の1つである自問法では，自己の不合理な思考についてクライエント自身が「そう考える証拠は何か」「他の見方はできないか」「そう考えることに意味があるのか」と自問する。そうすることでやがて不合理な思考をクライエント自身が自ら置き換えられるようになることを目指す。

㉑ 箱庭療法について述べた次のうち，最も妥当なものはどれか。（家裁H10）

1．箱庭療法は，スイスに留学していた河合隼雄が，Lowenfeld, M.の世界技法を学び，これは盆庭などの文化がある日本でも使えるのではないかと考えて日本に持ち帰り，箱の大きさなどを工夫して日本に導入したものである。

2．箱庭療法でつくられる作品は静的なものではなく，そこにはドラマが展開される。治療者はクライエントの箱庭に適切にかかわり，クライエントの健康なエネルギーを引き出すことが大切である。
3．箱庭療法は，木枠のある箱の中で行われる。これは，空間が制限されるという面がある一方，この枠によってクライエントが守られるという意味もある。したがって，境界例や精神分裂病の患者にも安心して適用できる。
4．箱庭療法は，治療者とクライエントとの関係性の中で展開していくものである。治療者はクライエントの自己治癒力を信じ，たえず新鮮な驚きをもって箱庭を鑑賞する態度が大切である。
5．箱庭療法では，治療者が箱庭の意味を理解することが最も重要である。治療者は箱庭の象徴的解釈を行い，それをクライエントに伝える。

解答　2
解答のポイント
　箱庭療法に関しては80ページ参照。
1．河合隼雄がLowenfeld, M.に学んだとあるが，これが誤り。1956年にJung, C. G.にセラピストとしての才能を評価されたKalff, D.が，Lowenfeld, M.に世界技法を学んだのである。河合はKalffのもとで箱庭療法を経験した。河合とKalffとは両者の間で相互に影響しあいながら，今日の箱庭療法が発展してきている。
2．は正しい。箱庭療法は静的な場面ではなく，クライエントのイメージが奔流している場面であり，そのエネルギーを引き出すことが前提条件である。
3．境界例や精神分裂病（統合失調症）患者の場合にも適用例はあるが，慎重な導入が必要であり，望ましいものではない。特に急性期の統合失調症には奔流するイメージが破壊的なものになる可能性があるため，やめた方がよい。よって誤り。
4．原則的には，いっしょにその制作過程をゆったり楽しむように寄り添う形で鑑賞する。あくまで干渉せずに，静かに鑑賞する姿勢である。よって，驚きをもって接するというのが誤りである。
5．確かに材料となるミニチュアの象徴的解釈を知っていると，理解の助けにはなるが，それは最重要事項ではない。その解釈はセラピスト自身のクライエント理解にとって有効なのであり，それをクライエントに伝えることは二義的でもあるし，一般的にはする必要はないことなのである。象徴化や理論化が第一義ではなく，クライエントの自己治癒力を信じて，セラピストとクライエントがともに存在することを最重要事項とするのが箱庭療法である。よって誤りである。

㉒ A〜Eの記述のうち系統的脱感作法に関する記述として妥当なもののみを選び出しているのはどれか。(国Ⅰ H14)

A. クライエントがある刺激場面で不安・恐怖反応を示すときに、この反応と拮抗する反応を生起させると、クライエントの不安・恐怖反応は抑制され、これを誘発していた刺激と不安・恐怖反応の結びつきは減弱するという「逆制止」の原理に基づいている。
B. クライエントの回避・逃避行動が許されない状況の中で、イメージや現実の場面を用いて、クライエントを最も不安や恐怖を感じている場面にさらす方法であり、古典的条件付けの「消去」の原理に基づいている。
C. クライエントに新しい行動を身につけさせる場合に、いきなりその行動を練習させるのではなく、系統だった下位目標を設定し、自らの試行錯誤によらず、モデルを観察させることによって、獲得させ、目標となる行動を形作っていく。
D. クライエントに「漸進的弛緩法」や「自律訓練法」などによって筋弛緩反応を習得させ、不安階層表を作成して、それに基づいてこれらの刺激場面と筋弛緩反応とを結びつける操作を行っていく。
E. クライエントに不安があることを自然な事実として「あるがまま」に受け止めさせ、心身の不調や症状がある状態のままで、作業など具体的な行動を実行させていく。クライエントは行動する中で、症状から注意が離れている瞬間を体験し、回避していた問題に直面できるようになる。

1. A, D
2. A, E
3. B, D
4. B, E
5. C, E

解答　1

解答のポイント

系統的脱感作については、77ページを参照のこと。
B. この方法は、フラッディングである。
C. この記述には、オペラント条件づけを応用したシェイピング技法とモデリング技法とが混ざっている。
E. この方法は、森田療法である。

㉓ 次の表は，Ivey, A. E.のマイクロ技法の視点から各種面接・心理療法の特徴をまとめた表からの抜粋である。A～Eにはそれぞれ「ゲシュタルト療法」「非指示的療法」「行動療法」「エンカウンター・グループ」「進路指導」のいずれかが当てはまるが，このうち「ゲシュタルト療法」が当てはまるのはどれか。（国Ⅰ H14）

表 マイクロ技法の視点からみた各種面接・心理療法

	マイクロ技法の指導	A	B	C	D	E
かかわり技法	開かれた質問	△	△	○	◎	○
	閉ざされた質問	△	△	◎	○	○
	いいかえ	◎	◎	○	△	○
	感情の反映	◎	◎	△	△	○
	意味の反映	○	◎	△	△	△
積極技法	助言，情報提供，その他	△	△	○	○	◎
	自己開示	△	◎	△	△	○
	論理的帰結	△	△	△	△	○
	指示	△	△	◎	◎	○
	カウンセラー発言の要約	△	△	△	△	◎
	対決（結合した技法）	○	○	○	○	○
焦点のあてかた	クライエントに	◎	◎	◎	◎	○
	カウンセラーに／面接者に	△	○	△	△	○
	相互に／グループに／私たちに	△	○	△	△	○
	話題に／問題に	△	△	○	△	◎
	面接者が話をする時間	少	中	多	多	多

◎ よく用いる技法
○ 普通に用いる技法
△ たまに用いる技法

1. A
2. B
3. C
4. D
5. E

解答　4

解答のポイント

Iveyのこの分類を万が一知らなくても，それぞれの心理療法などの特徴が知識として整理されていれば，比較的労なくして正答が導けるはずである。ちなみにAは「非指示的療法」，Bは「エンカウンター・グループ」，Cは「行動療法」，Eは「進路

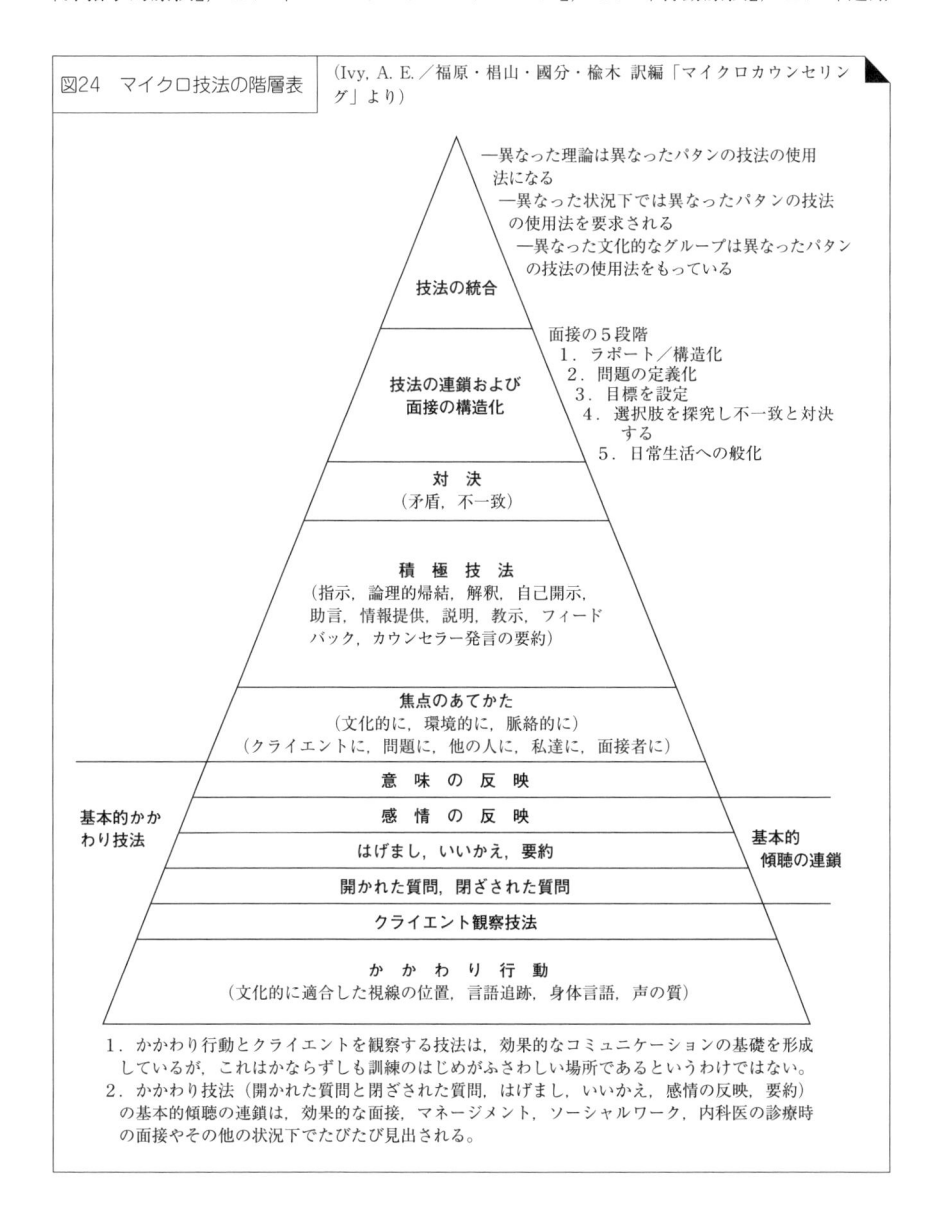

図24　マイクロ技法の階層表	(Ivy, A. E.／福原・椙山・國分・楡木 訳編「マイクロカウンセリング」より)

　　　　　　　　　　　　　　　　　―異なった理論は異なったパタンの技法の使用
　　　　　　　　　　　　　　　　　　法になる
　　　　　　　　　　　　　　　―異なった状況下では異なったパタンの技法
　　　　　　　　　　　　　　　　の使用法を要求される
　　　　　　　　　　　　　―異なった文化的なグループは異なったパタン
　　　　　　　　　　　　　　の技法の使用法をもっている

技法の統合

　　　　　　　　　　　　　　面接の5段階
技法の連鎖および　　　　　　1．ラポート／構造化
面接の構造化　　　　　　　　2．問題の定義化
　　　　　　　　　　　　　　3．目標を設定
　　　　　　　　　　　　　　4．選択肢を探究し不一致と対決
　　　　　　　　　　　　　　　する
　　　　　　　　　　　　　　5．日常生活への般化

対　決
（矛盾，不一致）

積　極　技　法
（指示，論理的帰結，解釈，自己開示，
助言，情報提供，説明，教示，フィード
バック，カウンセラー発言の要約）

焦点のあてかた
（文化的に，環境的に，脈絡的に）
（クライエントに，問題に，他の人に，私達に，面接者に）

	意　味　の　反　映	
基本的かかわり技法	感　情　の　反　映	基本的傾聴の連鎖
	はげまし，いいかえ，要約	
	開かれた質問，閉ざされた質問	
	クライエント観察技法	

か　か　わ　り　行　動
（文化的に適した視線の位置，言語追跡，身体言語，声の質）

1．かかわり行動とクライエントを観察する技法は，効果的なコミュニケーションの基礎を形成
　しているが，これはかならずしも訓練のはじめがふさわしい場所であるというわけではない。
2．かかわり技法（開かれた質問と閉ざされた質問，はげまし，いいかえ，感情の反映，要約）
　の基本的傾聴の連鎖は，効果的な面接，マネージメント，ソーシャルワーク，内科医の診療時
　の面接やその他の状況下でたびたび見出される。

指導」である。

マイクロ技法（microskills）というのは，面接のときのコミュニケーションの単位である。Iveyは，マイクロ技法を，その文化に適した「かかわり行動」を基盤として，その上になりたつ階層構造として表わした（図23）。マイクロ・カウンセリングでは，この階層の一番下から順に，1つずつ技法を習得していく。「かかわり行動」に習熟したら，「クライエント観察技法」，「開かれた質問と閉ざされた質問」……と進む。このようにして「基本的かかわり技法」，「焦点のあて方」，「積極技法」，「対決」といった4つの技法の習得を通して，面接の技法を連続的に構造化することを学ぶ準備ができたことになる。

Iveyは，さまざまな面接・心理療法においてこれらマイクロ技法がどのように用いられているかをまとめている。それが本問の表である。彼によれば，マイクロ技法を階層表に従って習得すると，多くの異なる状況下で，これらの技法と概念を用いる準備ができたことになり，各種の面接や心理療法の技法の習得が容易になるという。

マイクロカウンセリングの学習方法はBanduraの社会的認知および行動主義的手法に基づきながらも，ヒューマニスティックな人間観を同時に持ち，さまざまな手法の利点を得ようとするものであり，きわめて折衷主義的な「開かれた」カウンセリング技法であると言えよう。

㉔ 交流分析においては，対人交流の場面ではParent（P），Adult（A），Child（C）の3つの自我状態が機能しているとされ，さらにParentはCritical Parent（CP）とNurturing Parent（NP）に，ChildはFree Child（FC）とAdaptive Child（AC）に分けられる。

次の会話1，2におけるア〜エの発言と自我状態の組み合わせとして最も妥当なものはどれか。（国Ⅰ H14）

《会話1》
「来週の土曜日，予定入っているかい」
「ちょっと待ってね。（手帳を見て予定がないのを確かめて）何もないよ」…（ア）
「じゃあ，S君の誕生パーティがあるから行かないか」
「（素直に喜んで）わー，面白そう。絶対行く」…（イ）

《会話2》
「（威圧的に）ゲームばかりしていないで勉強しなさい」…（ウ）

「(ひがんで) どうして,お兄ちゃんにはいわずに,僕ばかりに言うの」… (エ)

	(ア)	(イ)	(ウ)	(エ)
1.	A	FC	CP	AC
2.	A	FC	CP	FC
3.	AC	AC	CP	AC
4.	AC	AC	NP	CP
5.	AC	FC	NP	CP

解答 1

解答のポイント

交流分析は,Berne, E. によって開発された集団的精神療法である。精神分析的自我心理学から出発したが,今日では人間性心理学の中に位置づけられることが多い。交流分析は,①構造分析,②交流パタンの分析,③ゲーム分析,④脚本分析の4段階からなる。本問では,①に含まれる自我状態の分析を問うている。93ページ参照。

各自我状態の特色は以下の通りである。

表7 各自我状態の特色(窪内・吉武, 2003)

自我状態		性　質
P	父親的なP (CP)	理想,良心,正義感,権威,道徳的
		非難・叱責,強制,偏見,権力
	母親的なP (NP)	思いやり,慰め,共感・同調,保護,寛容
		過保護,甘やかし,黙認,おせっかい
A	A	知性,理性,うまく生きていくための適応手段,コンピュータ(情報収集,事実に基づく判断,冷静な計算,現状の分析),分析的思考
		科学への盲信,自然無視,自己中心性,物質万能主義
C	自由なC (FC)	天真爛漫,自然随順,自由な感情表現,直観力,積極的,創造の源
		衝動的,わがまま,傍若無人,無責任
	順応したC (AC)	がまん,感情の抑制,妥協,慎重,他人の期待に沿う(努力・イイ子)
		主体性の欠如,消極的,自己束縛,敵意温存

注:網かけなしはポジティブな性質,網かけはネガティブな性質を示す。

本問において(ア)は,対等な関係での情報交換なので,Aである。

(イ)は,「素直に喜んで」など自由な感情表現がみられるのでFC。(ウ)は,「威圧的に」命令しているので,CP。

(エ)は,AC。ACは,感情を抑制するなど過剰な適応を示すなど,ふだんはい

わゆる「いい子」だが，時として「どうせ私なんか」や「もういいです」などの反抗的な甘えを示す。本問では，「ひがんで」など甘えの変形を示しているのでACと判断する。

㉕　家族療法の中でも特にMinuchin, S.の構造的システムアプローチにおいて用いられる，ジョイニング（Joining）を促進させる主な技法に，トラッキング（Tracking），アコモデーション（Accommodation），マイム（Mimesis）などがある。

　次の記述は，ある家族療法の第1回目のセッションの一こまである。文中の下線部A～Gのうち，マイムの技法で説明できるもののみをすべて挙げているのはどれか。（国ⅠH13）

　（40代の夫婦。夫と妻，それに12歳の息子が出席。夫が心理的な不適応状態にあり，入院中である。セラピストが家族に問題の定義を求める）
治療者：セラピーを始めるにあたって，皆さんそれぞれ問題意識を持っていると思うのですが，問題をどのように考えているのか聞かせてください。どなたから始めてもらえますか。……………………………………………………………………………………〈A〉
夫：問題は私なのです。私が問題です。
治療者：（夫に椅子をすすめながら）そんなに決めこまないで，もう少し落ち着いて話し合ってみましょう。………………………………………………………………………〈B〉
夫：いや，どんなことに対して神経過敏になって，入院しなければならなくなって，……私が問題なのです。（夫は上着を脱いで，椅子の背にかける。）
治療者：そうですか。それでは，あなたの問題について話してください。…………〈C〉
夫：（たばこの箱を握りながら）常に神経が過敏でイライラして，いてもたってもいられないのです。
治療者：今でもイライラしているのですか。失礼，私に一本いただけますか。……〈D〉
夫：（治療者にたばこを渡しそれに火をつけながら）ええ，どうしてもリラックスできないのです。（自分のたばこにも火をつけ，椅子に深く座って，たばこを吸う。）
治療者：どうも。（自分の椅子に座り，たばこを吸う。）………………………………〈E〉
夫：まあ時には落ち着くこともありますがね。でも，ふだんは神経がピーンとはりつめた感じで，すぐにイライラして，それであげくのはてが入院といった始末です。この頃，何をするにも不器用で，もうだめだって感じです。
治療者：あなたが問題だというわけですね。すいません，灰皿を。（灰皿に手を伸ばすが，灰を落とす。灰を拾いながら）私も不器用でね。女房にもよく，あなたって本当にだめねなどと言われるのですよ。……………………………………………………………〈F〉

夫：ええ私が問題ですよ。私の問題の原因がどこにあるかわかりませんが，問題は私ですよ。
治療者：なるほど。あなたの理屈から言えば，原因は，あなた以外かもしれませんね。誰があなたをいらだたせますか。家族の中の誰かがあなたをいらだたせることはありませんか。
夫：家の誰も，そういうことはないと思いますが。
治療者：じゃ，この件を奥さんに聞いてみましょう。よろしいですか？　………〈G〉

1．A，B
2．C，D
3．C，G
4．D，E
5．E，F

解答　5

解答のポイント

Minuchin の構造的アプローチの細かい技法を知らなくても，「マイム」が Mimesis（ミメーシス：模倣）のことだとわかれば，正答を導き出すのはたやすいはずだ。

Minuchin のアプローチでは，セラピストが家族システムに溶け込むこと，すなわちジョイニング（joining）を重視する。ジョイニングによって家族内に治療システムを作り上げ，家族の再構造化を促していこうとするのである。ジョイニングを促進する技法としてアコモデーション，トラッキング，マイムなどがあるが，それぞれを簡単に説明すると，以下の通りである。

・アコモデーション：セラピストがうまくジョイニングをするために，自らを家族にあわせて調整すること。
・トラッキング：Minuchin によれば，「アコモデーションのもう1つの技法」である。セラピストが，家族のコミュニケーションと行動の内容の赴くままに従い，それらを続けるように促すこと。
・マイム：暗黙的，自然発生的に行われる行為で，家族メンバーの中でセラピストが相手と同じ動作，態度をとること。セラピストが家族メンバーに似ることで，親近感が生じるという効果を持つ。

本問のやりとりを読むと，治療者が夫のマイムをしているのは，EとFである。
95ページ参照。

㉖ Which one of the following combinations is correct as the name and the term of A, B, C, respectively? (国 I H12)

(A) was developed by (B) who originally trained in psychoanalysis. A number of theoretical influences shaped the theory underlying (A). The most important of influences were existentialism, Zen Buddism and humanism. In common with (C)'s theory, (B) emphasized the innate tendency towards actualization in the human person. The persons ability to take responsibility for themselves and their actions is also a core feature of (B)'s theory.

Personality development occurs through the natural process of experiencing need, achieving satisfaction of that need by interaction with the environment, and through assimilation, thus completing an organized whole.

	A	B	C
1.	Cognitive therapy	Rogers, C.	Perls, F.
2.	Gestalt therapy	Perls, F.	Rogers, C.
3.	Cognitive therapy	Perls, F.	Beck, A. T.
4.	Gestalt therapy	Beck, A. T.	Rogers, C.
5.	Cognitive therapy	Beck, A. T.	Perls, F.

解答　2

解答のポイント

英語であるが，問題自体は易しい。

「実存主義，禅，仏教などの最も重要な影響」を受けているということから(A)がゲシュタルト療法であることが，そしてその創始者がPerlsであるとわかれば，おのずと正答が導かれる。(C)は，「個人における生まれながらの自己実現への傾向」でRogersとわかる。ゲシュタルト療法は人間学と実存主義の双方の要素を持っており，あまり指摘されていないが，禅や仏教の影響も受けている。それは「悟り」の経験を「気づき」「今ここで」といった点で生かしている点でも分かるであろう。90ページ参照。

▶補足

実存主義は，他にも多くの心理療法にも影響を与えている。こうしたグループを，フロイト派，行動主義のいずれとも一線を画する（関連はしている）立場として，広義の意味で「実存派」と呼ぶことがある。この実存派に属するものとして，

①ゲシュタルト心理学的発想を少しでも有している派で，ゲシュタルト学派と呼ぶ場合もあるもの（Perls, F.（ゲシュタルト療法），Goldstein, K.（失語症理解））
②新フロイト派（Fromm, E., Sullivan, H. S., Fromm-Reichman, F.）
③ロジャース派（Rogers, C. R., Gendlin, E. T.）
④人間主義派（Maslow, A. H., Allport, G. W.）
⑤一般意味論派（Korzybski, A.）
⑥戦後のヨーロッパ復興の流れで生まれた学派：Frankl, V. E.（ロゴセラピー），Binswanger, L.（現存在分析），Rollo-May（実存分析）
などを入れることがある。ただし，ここまで含めて考えるのはかなり広義の意味である。

㉗ 次の事例に心理療法を施すことが適当であると仮定した場合，この事例の解釈・治療方針に関する記述のうち，Frankl, V. E. の立場に最も近いのはどれか。（国Ⅰ H13）

事例
　A君は大学2年で留年してから，なぜか勉強意欲がなくなってしまった。短期間のアルバイトをしたり，仲間とちょっと遊びに行ったりするのは平気だが，大学の授業にはめったに出ないし，たまに行っても続かない。訳もなくあせったり，何もかもがむなしくなったりする。

1．A君のこれまでの自己概念は，現在の経験としばしば矛盾するようになってきているので，安全な治療的環境のもとで，自己が発展成長する力を引き出す必要がある。
2．A君が登校できないのは，「自分が留年したから自分はダメな人間だ」などといった非理性的な信念が原因であり，それに反論し，取り除くことで解決が可能である。
3．A君の感じている不安や空虚感は，コンプレックスや葛藤ではなく，生きることの意味を感じていない，すなわち意味への意志の不充足によるものであり，それを再び呼び覚ます必要がある。
4．A君は青年期における自我同一性の獲得という課題を達成できず，同一性拡散に陥っているので，それまでの発達課題の見直しを通して，有効な援助を提供する必要がある。
5．A君の不登校の原因を探る必要はない。本人の欲求や感情を「今，ここ」で取り上げ，固着を解き，統合させてゆくことで解決が可能である。

解答　3
解答のポイント

1.「自己概念が現在の経験と矛盾」,「自己が発展成長する力を引き出す」はRogersのクライエント中心療法の立場に特徴的な考え方である。
2.「非理性的な信念」を「反論し,取り除く」は,認知療法(特にEllisの合理情動療法)のアプローチである。
3.「意味への意志」というキーワードで,この記述がFranklの立場であることがわかる。Franklは,意味へ意志の不充足が神経症を引き起こしていると考え,人生の意味や価値を再び見いだすことで治癒へ導こうとする。
4.「自我同一性の獲得」,「自我同一性の拡散」という概念は,Erikson, E. H.の立場である。
5.「今,ここ」や「統合」は,Perlsのゲシュタルト療法の立場に特徴的な概念である。

㉘ わが国の学校カウンセリングに関する記述A~Dのうちから,正しいもののみを選び出しているのはどれか。(国ⅠH12)

A．日本とアメリカ合衆国の従来の学校カウンセリングを比較すると,日本では学校カウンセリングが生徒指導・生活指導の一環としてみなされ,学習指導と同様に教員によって引き受けられてきたのに対し,アメリカでは,学校カウンセラーは,学校組織内の独立した専門職として位置づけられてきた点が大きく異なっている。
B．1990年代になって文部省は,教育現場における不登校やいじめなどの問題に対する学校のカウンセリング機能の充実を図るために,教員とは異種の,心の問題に関する専門的知識・経験を有する専門家を,スクールカウンセラーとして教育現場に派遣し,その成果を検討するための事業を開始した。
C．スクールカウンセラーの派遣人数は,中学校が最も多く,次に高校,小学校の順になる。小学校低学年では,自己の内面を語るカウンセリングの方法は実施困難で,相談活動は遊戯療法が中心になり,プレイルームの不足という学校施設の問題が生じているが,それが小学校へのスクールカウンセラー派遣の停滞要因となっている。
D．スクールカウンセラーの活動は,学校内に設置されたカウンセリングルームでの児童・生徒に対する個別カウンセリングであり,個人のプライバシーへの配慮が重視されることから,休み時間などの日常的な場面で相談を引き受けている児童・生徒に声をかけるなどの接触は,原則として行わないこととされている。

1．A, B
2．A, D

3．B，C
4．B，D
5．C，D

解答　1
解答のポイント

スクールカウンセラーの公立学校への配置は，平成7年度から文部省（現文部科学省）によって開始され（平成12年度までは国の都道府県への委託事業として実施），平成17年度までに1万校に拡充することが目標とされている。A，Bの記述は正しい。

なお，誤っている点は以下の通り。

C．スクールカウンセラーの派遣人数は，中学校で最も多く，ついで小学校，高校の順である。

D．特に小中学校では，児童・生徒が自分から問題を自覚して来談に訪れることは少ない。また学校・学級場面では，治療よりも予防・成長促進的な意味でのかかわりが重要である。従って，放課後や休み時間などの声かけなど，日常的な場面での接触を通したはたらきかけ，相談活動も行うことが求められている。

（3）パーソナリティ・自己・自我に関する理論

㉙　パーソナリティの特性論，類型論に関する記述として妥当なのはどれか。（国Ⅰ H14）

1．類型論は，19世紀後半に米国で発達し，分析的・帰納的な方法を用いることと，行動を客観的に測定することとが特徴である。
2．特性論は，20世紀前半にヨーロッパ大陸で発達し，個人の全体像を質的にとらえようとすることが特徴である。
3．類型論の立場の一人にSpranger, E.がいるが，彼は，類型の基礎を遺伝的な特性に求め，6つの価値による分類を提唱した。
4．特性論の立場の一人にCattell, R. B.がいるが，彼は，因子分析法を用いて研究し，心理的特性の階層的構造を示した。
5．特性論に基づく心理検査に，MPI，P-Fスタディ，16PF人格検査があるが，いずれも検査の結果としてプロフィールを数量的に描く。

解答　4

解答のポイント

　基本的な問題。類型論と特性論についてそれぞれの特徴（長所と短所），代表的な提唱者とその研究およびテストについて必ず整理し，まとめておくこと。

1．類型論とは，一定の観点から典型的な性格像を設定し，それによって多様な性格を分類し，性格の理解を容易にしようとするものである。その視点は，総合的・演繹的で質的に性格を把握しようとするものである。類型論は，20世紀前半のヨーロッパ，特にドイツで発達した。類型論の基礎にある理論はさまざまで，身体特徴や体質に基礎を求める立場や社会的・文化的面も含めた心理的な特徴に求める立場もある。類型論で代表的なのは，Kretschmer, E.（1888-1964），Sheldon, W. H.（1899-1977），Spranger, E., Jung, C. G., Fromm, E. などである。類型論は，個人を独自性をもった存在として理解する上で有用である。しかし，多様な個人の性格をいくつかの少数の類型にあてはめるため，中間型が見過ごされたり，類型に当てはまらない特徴は見過ごされてしまうことがある点が，短所である。よって選択肢は誤りである。

2．特性論では，すべての人にある程度共通した複数の性格特性というものがあり，それらの個人ごとの量的な差異の組み合わせが，1人ひとりの性格の違いとして現われると考える。その視点は，分析的・帰納的で，性格を量的に把握しようとするものである。特性論は，イギリスやアメリカで中心的に発達してきたが，特に因子分析の手法を導入することで，大きく展開した。代表的な研究者として，Allport, G. W., Cattell, R. B., Eysenck, H. J. らが上げられる。111ページ参照。また近年注目されているのが，特性5因子モデル（Five Factors Model; FFM：「ビッグ・ファイブ」とも言う）である。

　特性論は，各個人の性格特徴を詳細に読み取ることができ，個人間の相違を比較することも可能である。しかし，一方で独自性を持った個人を統一的・総合的にとらえにくいのが欠点といえる。よって選択肢は誤りである。

3．Sprangerの類型論は，「生活形式の6類型」などと呼ばれる。彼は6つの基本的な生活領域を考え，それらのうち，どの領域に最も価値を置き，興味を持っているか（これを志向性と言う）によって，以下の6つの類型を提出した。この類型は，遺伝的な特性にその基礎を求めるものではない。よって選択肢は誤りである。

①理論型：事物を客観的に見て，論理的な知識体系を創造することに価値を置く。
②経済型：事物の経済性，功利性を最も重視する。
③審美型：繊細で敏感であり，美しいものに最高の価値を置く。
④宗教型：神への奉仕，宗教体験を重視する。
⑤権力型：権力を求め，他人を支配しようとする。

⑥社会型：人間を愛し，進歩させることに価値を置く。

4．Cattell の提出した心理的特性の階層構造は，図の通りである。

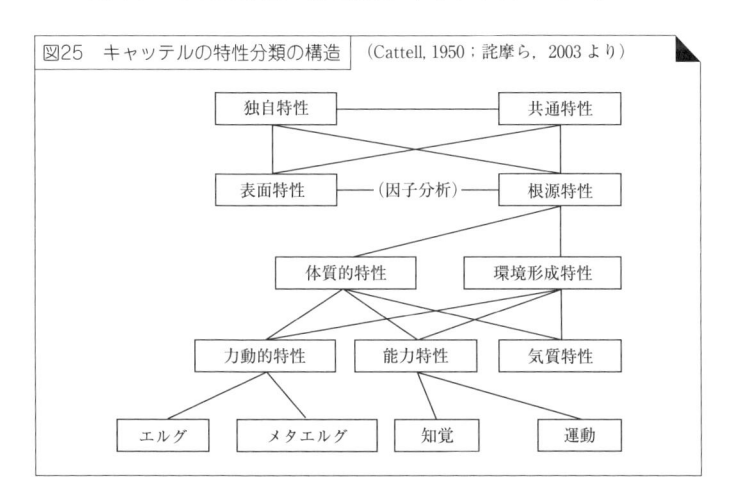

```
図25　キャッテルの特性分類の構造　（Cattell, 1950；詫摩ら，2003 より）

              独自特性 ——————— 共通特性
                  ╲╳╱
              表面特性 —（因子分析）— 根源特性
                       ╲    ╱
                    体質的特性  環境形成特性
                       ╲╳╱╲╳╱
              力動的特性  能力特性  気質特性
                ╱  ╲      ╱  ╲
              エルグ メタエルグ 知覚  運動
```

　第一の階層として，個人に特有の興味・態度からなる「独自特性」と，すべての人がある程度持っている「共通特性」とをあげた（なお，この発想は，Allport, G. W. に基づく）。次に以上の２種とは別に，第二の階層として，「表面特性」と「根源特性」との２種から，特性の構造を決定した。「表面特性」とは，外部から観察可能な行動の諸特徴を指す。数多くの「表面特性」を因子分析することによって，潜在する因子としての「根源特性」が抽出される。この「根源特性」はさらに質的に「体質的特性」と「環境形成特性」に分類され，さらにこれらそれぞれが，「力動的特性」，「能力特性」，「気質特性」に分類される。「力動的特性」は「エルグ（生得的な力動的根源特性）」と「メタエルグ（環境から形成される根源特性）」があり，「能力特性」には「知覚」と「運動」があるとした。

5．P-F スタディは，結果をプロフィールで描かない。よって誤りである。

㉚　Eysenck, H. J. の性格における特性２因子論を出発点として，最近では性格特性５因子モデル（Big Five Model）が提唱されている。下表は，McCrae, R. R. と Costa, P. T. Jr. が命名した性格特性５因子とそれに対応する性格特性の形容詞を示したものであるが，Eysenck の２因子論では取り上げられておらず，特性５因子モデルで新たに取り上げられたもののみ選び出しているものはどれか。（国Ⅰ H11）

因子	形容詞
A	勤勉な，怠惰な（－），几帳面な，いい加減な（－）
B	温和な，怒りっぽい（－），寛大な，わがままな（－）
C	多才な，不器用な（－），頭の回転の速い，鈍感な（－）
D	話し好きな，無口な（－），積極的な，内気な（－）
E	心配性な，くよくよしない（－），不安になりやすい，落ち着いた（－）

注：（－）は，負の方向に評価する。

1．A，B，C
2．A，B，D
3．A，C，E
4．B，D，E
5．C，D，E

解答　1

解答のポイント

Eysenckによる性格の2因子とは，「内向性－外向性」と「神経症的傾向」の二次元である（後に精神病質傾向を入れて三次元にした）。

McCraeとCostaによる特性5因子モデル（1987）において提出された5因子は，「外向性（extraversion）」，「調和性（agreeableness）」，「誠実性（conscientiousness）」，「神経症的傾向（neuroticism）」，「経験への開放性（openness to experiences）」である。

本問の因子A～Eは，それぞれ，A：「誠実性」，B：「調和性」，C：「経験への開放性」，D：「外向性」，E：「神経症的傾向」である。従って，A，B，Cが正答となる。

なお，同種のビッグファイブ研究で有名なNorman（1963）の五因子もほぼ共通しているが，「神経症的傾向（neuroticism）」が「情緒安定性（emotional stability）」，「経験への開放性（openness to experiences）」が「文化（culture）」と命名されている。113ページ参照。

㉛　Eysenck, H. J. の性格理論に関する記述として正しいのはどれか。（国Ⅰ H10）

1．彼の理論は，因子分析により特性を抽出しようとする特性的性格理論の代表的なものである。彼は性格特性を35の表面的特性と12（ないし14）の根元的特性とに分けた。

2．彼は神経症患者を対象とした因子分析により，外向 – 内向，神経症傾向の独立した2次元（ないしは精神病傾向を含む3次元）を見いだした。彼の研究は特性的性格理論と類型的性格理論の統合の試みといえる。
3．彼の性格理論の中心は欲求 – 圧力（need-press）の理論であり，彼は性格を力動的（dynamic）にとらえることを主張し，行動の目標指向性を明らかにした。
4．彼は6種類の基本的な生活領域を考え，その中で最も価値をおくものにより，経済型，理論型，審美型，宗教型，権力型，社会型の6類型に分けた。
5．彼の性格理論は自己理論と呼ばれ，個人の自己概念（self-concept）を中心としている。彼は心理療法の実践を通じて，性格を形成し行動を決定する基本的要素は自己であると考えた。

解答　2
解答のポイント
1．Cattell, R. B. の理論である。112ページ参照。
2．Eysenck は性格の階層構造というものを考え，類型（一般因子）の下に特性（グループ因子），特性の下に習慣的反応（特殊因子），さらにその下に個別的反応（誤差因子）があるとした。この考え方は，ある意味で類型論と特性論とを結ぶものであるといえる。113ページ参照。

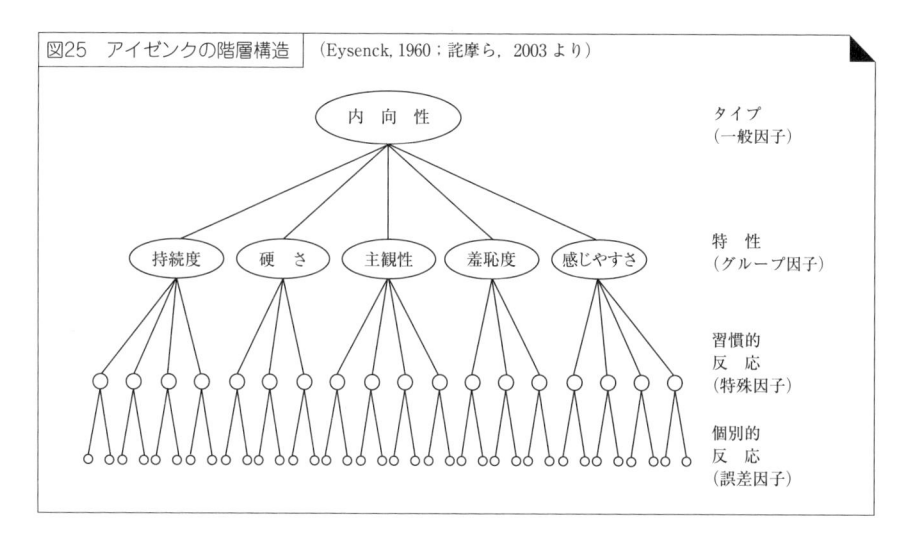

図25　アイゼンクの階層構造　（Eysenck, 1960；詫摩ら，2003より）

内向性　タイプ（一般因子）

持続度　硬さ　主観性　羞恥度　感じやすさ　特性（グループ因子）

習慣的反応（特殊因子）

個別的反応（誤差因子）

3．Murray, H. A. の理論は，彼自身によって「人格学（personology）」と呼ばれているが，中心となるのが，欲求 – 圧力の理論である。行動を決定する内的要因として

欲求を，外的要因として圧力を考えた。複雑な行動も，特定の欲求と特定の圧力の組み合わせという単純な形式によって理解しようとし，その欲求－圧力の結合関係を主題（thema）と定義する。彼のTAT（Thematic Apperception Test）のThematicとはこの主題と同義である。41ページ参照。

4．Spranger, E. の理論である。168ページ参照。

5．Kohut, H.(1913-1981) の理論を指しているようであるが，Kohut は「自己（self）」という言い方はしても「自己概念」という表現はあまり用いない。ただし，「自己対象」という語をKohut は重要視して用いている。自己対象とは，「自己のような対象」という意味であり，本当は自己でなくとも自己とみなしうるような環境，対象を意味する。具体的には，乳児にとって母親は，分離された個人であっても，「自己対象」となり，実質的に自己とみなしうる。

彼は自己愛のプラスの側面にも焦点を当て，2つの二極化した自己像のやりとりの中で自己が成長していくとしている。その上で，①鏡渇望型（mirror-hungry）：確認と称賛をしてくれる自己対象を渇望するタイプ，②理想渇望型（ideal-hungry）：優れた他者を探し求め称賛し，それを自己対象とするタイプ，③交代自我渇望型（alter-ego-hungry）：自分に一致する自己対象を渇望するタイプ，いわゆる病的自己愛タイプ，④融合渇望型（merger-hungry）：自己対象を支配したくて，他者に側にいてもらうことを強要するタイプで，自己の構造に欠損があり，他者を必要とするタイプ，⑤接触回避型（contact-shunning）：④の逆で，注目されることを最小限度にとどめ，孤立的になるタイプであるが，内実は対人欲求がきわめて強く，拒絶されることをおそれるタイプ，という五種類の性格類型を考えている。

㉜　人格の形成に関する記述として妥当なのはどれか。（法務教官 H10）

1．H. J. アイゼンクは，各発達段階には独自の発達課題があり，それぞれの発達段階を乗り越えられずにそこにとどまった場合，各段階に特徴的な人格が形成されると考え，遺伝より環境を重視した。

2．K. ゴットシャルトは，一卵性双生児の比較によって，人格の形成における遺伝と環境の影響を研究したが，あらゆる特性についてほとんど差が見られなかったことから，人格は遺伝によって決定されると結論づけた。

3．E. H. エリクソンは，「自分に一ダースの赤ん坊を与えてくれれば，どんな人にでも育ててみせる」と述べ，人格は学習によって形成されていくものだと主張した。

4．C. G. ユングは，人格を外向型と内向型に分けたが，その規定には外的刺激に対す

る大脳皮質の覚醒状態の差という生物学的な違いがあると考え，人格の形成における遺伝の影響を強調した。
5. W. シュテルンは，ある行動上の特徴が発現してくるためには，遺伝的な素養と環境の働きかけの両者が必要であり，あるものは遺伝の影響が大きく，別のものは環境の影響が強いと主張した。

解答 5

解答のポイント

1. Eysenck というより，Freud, S. 的な記述である。Freud の精神－性的発達段階の考え方は，幼児期の経験がその人の性格を決める（固着）という考え方をとっており，ある種環境決定論的といえる。
2. Gottschaldt は，層理論（性格がいくつかの層からなる構造を持つという考え）の立場から，一卵性双生児と二卵性双生児を比較して，性格の各層に及ぼす遺伝的素質と環境の力の相対的な割合を実証的に明らかにしようとした（「Gottschaldt の双生児合宿」と呼ばれる）。この結果，知的上層に属する諸機能よりも，根本気分，衝動，感情触発性のような内部感情基底層に属する諸機能の方が，遺伝規定性が高いことを見いだした。層理論は他にも Gruhle, H. W., Lersch, Ph., Rothacker, E. などが唱えている（『人格の成層論』ロータッカー著，法政大学出版局などを参照）。
3. この発言は Erikson ではなく，Watson, J. B. である。彼は行動主義の提唱者で，人格の形成については，遺伝よりも圧倒的に環境（学習）の影響を重視した。
4. Jung における内向型－外向型は，大脳皮質の覚醒状態の差ではなく，リビドーの向かい方で決まると考えられている。
5. これを Stern の「輻輳説」と呼ぶ。輻輳説を簡潔に図式化した「ルクセンブルガーの図式」は，もはや古典ではあるが，必ず確認しておくこと。

㉝ 次はそれぞれ Allport, G. W., Frankl, V., Fromm, E., Maslow, A. H., Rogers, C. R. の健康な人格についての考え方に関する記述であるが，Allport, G. W. の記述として最も妥当なのはどれか。（国Ⅰ H14）

1. 人生における人間の主な動機は意味の探求であるととらえており，人間存在の本質には，精神性，自由，責任の3つの要素が含まれると考えた。人間はいかに行動するかを選択する自由があるし，精神的に健康になろうとするなら，その自由を行使しなければならないが，それと同時に，選択することの責任を受け入れなければならない

ことを主張した。
2．人間には情緒的な健康や人格への完成へと向かう固有の衝動があり，生産的生活や，調和と愛情を求める，生まれながらの傾向を持つと考えた。健康な人格は，心理学的欲求を創造的，生産的方法で満足しようとする，知的，情緒的，感覚的反応のすべての側面を包括する態度を持つとした。また，歴史的分析の結果，人間のおかれた条件の本質を孤独と無意味ととらえた。
3．成熟した人格の基準として，自己の内部だけでなく，かかわりを持つ世界により深い関与を感じていく自己感覚の拡張，自分の欲求と社会的要請を調和的に解決できる情緒的安定と自己受容，自己を冷静に対象化することができ，自身を笑いの対象にもできるユーモアの感覚を持つ自己客観視などを挙げている。また，神経症的な性格と健康な人格を分離してとらえた。
4．人間は生まれつき自己実現の意欲ないし傾向を持っていると考えた。しかし，我々はそのほかの普遍的で生まれつきの欲求によっても動機づけられており，それらは階層になって配列されているという欲求階層説を唱えた。その最高次元にある自己実現の欲求は，欠乏によって起こるのではなく，生得的な成長欲求であると考えた。
5．人格体系において単一の動機，すなわち個人のあらゆる側面を維持し，実現し，高めようとする欲求を設定した。人間は年齢を増すにつれて自己が発達し，自己実現への傾向が現われ，これが人の一生における主要な目標である。人間は創造しようという生得的衝動を持つが，最も重要な創造的産物は自分自身で，この目標は健康な人格で最もよく達成されると考えた。

解答　3
解答のポイント

「健康な人格」といえば，人間性心理学（humanistic psychology）の立場においてしばしば考察の対象とされてきた。人間性心理学は，精神分析，行動主義の二大潮流に対する「第三勢力（Maslowによる提唱）」として20世紀半ばよりアメリカを中心に展開した，人間を自由意志を持つ主体としてとらえる心理学の立場である。
1．Franklの主張である。彼は，ナチ強制収容所での体験から，人間は意味を求め，その責任において自由に選択し，自らの生き方を決定する存在であるとし，人間の責任性と倫理性を重視する実存分析（ロゴテラピー）を提唱した。76ページ参照。
2．Frommの主張である。彼は歴史や社会のあり方から，人間や性格をとらえようとした。Frommの提唱した社会的性格の概念も重要である。110ページ参照。
3．Allportの立場である。彼は主著『パーソナリティ－心理学的解釈』で，「成熟したパーソナリティ」という章を設け，まさにこのようなことを述べている。彼は成熟した人格には自己客観化，洞察とユーモアとが必要条件であるとしている。彼はこの

章で,他の生理学的心理学,行動主義的心理学,構成主義的心理学,機能主義的心理学,ゲシュタルト心理学,数理心理学,フロイト流の精神分析学などが,健康な成人を扱っていないと批判しており,こうした点から,彼を人間主義的グループに入れることもある。111ページ参照。

4.Maslowの主張。欲求階層説は頻出である。必ず理解し,説明できるようになっておくこと。ちなみにMaslowは自己実現者の特徴として以下の11項目を挙げている。①現実を的確にとらえ,不確かさを受け入れることができる。②自分や他人をあるがままに受け入れる。③考えや行動が自然で自由である。④自己中心的であるよりは問題中心的である。⑤ユーモアがある。⑥非常に創造的である。⑦無理に型を破ろうとしているわけではないが,文化的になることに逆らう。⑧人類の幸福に関心を持つ。⑨人生における根本的な諸経験について深い理解をもつことができる。⑩多くの人とではなく,少数の人と深い満足的な人間関係を形成する。⑪人生を客観的な見地から見ることができる。120ページ参照。

5.Rogersの主張である。Rogersについては122ページも参照のこと。

㉞ 自我(ego)に関する記述A～Dのうちから,妥当なもののみをすべて選び出しているのはどれか。(国ⅠH12)

A.他者と愛情に満ちた友好的な関係を作り上げる能力とそれを維持する能力は,重要な自我機能(ego function)の1つである。この機能に障害があると,愛することができないか,愛を維持することができないと考えられている。
B.自我の強さ(ego strength)とは,自己や対象や環境に関係する個人的能力を,全体的に評価したときに使われる言葉である。具体的には,不安に耐える能力,適切な欲求不満耐性と衝動のコントロール,適切な自我防衛の利用などから評価される。
C.自我の自動性(ego automatisms)とは,意識的な注意を向けることなく遂行される自我機能の1つである。テニス選手のラケットさばきなどの身体的な活動は,その一例として挙げられる。
D.心的装置としての自我は,身体と精神を合わせた個人の全人格を示す。自己(self)に関する多様な表象は,自我システムによって統合されているので,日常語としての「自己」と意味が重なっている。

1.A,B
2.B,D

```
3. A，B，C
4. A，C，D
5. B，C，D
```

解答　1

解答のポイント

A．Erikson, E. H.のライフサイクル説などを想起するとよい。前期成人期の心理社会的危機が「親密対孤立」であり，この段階の基本的活力は「愛」である。Eriksonによれば，青年期に自我同一性を獲得した上でで，前期成人期になって他者との真の愛情関係を築くことが可能になるという。従ってこの記述は妥当である。

B．「自我の強さ」は精神分析的自我心理学では最も重要な概念の1つである。自我機能全体としての，成熟度や健全度によって表わされる。一般的に言えば，個人の持つ社会的適応能力や心理社会的ストレスへの対処能力の水準を表わす概念。よってこの記述は妥当である。

C．「意識的な注意を向けることなく遂行される」ような「自我の自動性」という概念はない。似たようなものに，自我の自律性ないし自律的自我（autonomous ego）といった概念がある。これはHartmann, H.などにより提出されたもので，エスや超自我との葛藤から独立した自我の，積極的・能動的な機能である。この自律的自我は，Bellak, L.によれば2つに分けられる。一次的な自律的自我機能は，知覚，認知，思考，言語，運動などであり，二次的な自律的自我機能は，二次的に自律性を獲得し適応的に機能するようになったものを指し，習慣となった技能や仕事，趣味，スポーツなどが挙げられる。

「テニス選手のラケットさばきなどの身体的な活動」は，高度に習熟し自動化された身体運動技能であって，「自我の自律性」とは別物である。

D．自我は「身体と精神を合わせた個人の全人格」というところが誤り。自我に「身体」という概念は一般には入れない。

㉟　These notes describe defense mechanisms. Which one of the following combinations is correct? （国 I H11）

A． A defense mechanism whereby someone refuses to accept either the occurence of a painful experience or the existence of an anxiety-provoking impulse.
B． A defense mechanism where a person seeks to deal with anxiety and avoid un-

conscious conflicts by reverting to an earlier stage of development when his (or her) problems were solved by more infantile means.
C. A defense mechanism where a person deals with unconscious drives that he (or she) finds threatening by behaving consciously in opposite direction.
D. A defense mechanism where a person engage in some (usually ritual) activity which he (or her) hopes will magically deny an earlier act of his (or her) that is disturbing him (or her).

	A	B	C	D
1.	repression	denial	projection	undoing
2.	repression	regression	projection	isolation
3.	denial	regression	reaction-formation	undoing
4.	denial	repression	projection	isolation
5.	isolation	repression	reaction-formation	denial

解答 3

解答のポイント

　防衛機制に関する問題である。防衛機制とは，内的な衝動やある状況に直面して生じた不快感情を意識化することによって心理的苦痛や不安が起こる場合，それらを意識下に追いやり，心の安定を保とうとするはたらきである。自我を守るために，無意識的に用いられる。一般的に言えば，不安や不快感を回避して状況に適応するために手段とも考えられるため，適応機制（adjustment mechanism）とも呼ばれる。

　防衛機制の概念を最初（1894）に「防衛（Abweh）」ということばで用いたのが Freud, S. である。1926 年にはこの「防衛」を，「抑圧」も包括したより広い自我機能の概念として，衝動（エス）と超自我，現実間の葛藤の状態に置かれるときに，自我が利用するあらゆる手段として規定した。その後彼の実娘の Freud, A. がはじめて防衛機制という用語を用いてこの概念を明確にし，さまざまな防衛機制の種類を整理した。

A. 「否認（denial）」：「否定」とも言う。外的な現実を拒絶して，不快な体験を認めないようにするはたらき。「抑圧」が内からの脅威に対する防衛であるのに対し，外からの脅威に対する防衛であるところが特徴。「子どもが不治の病である」と知らされても親がそれを信じようとしない場合などがこれにあたる。

B. 「退行（regression）」：困難な事態に直面して，過去のより未熟な行動様式に逆戻りすること。弟や妹が生まれて，指しゃぶりや夜尿が再発したりするなどがこれに

あたる。
C．「反動形成（reaction-formation）」：衝動や願望が意識化されないように，その衝動や願望と反対方向の態度が過度に強調されること。友人に対して腹が立つことがあり，批判したり非難していたにもかかわらず，本人の前では親切なやさしい接し方をするなどがこれにあたる。
D．「打ち消し（undoing）」：過去の思考・行為に伴う罪悪感や恥辱の感情を，それとは反対の意味を持つ思考ないし行動によって打ち消そうとするはたらき。「否認」は単に外界の不快・恐怖から回避することであるが，「打ち消し」は，やりなおしたり償おうとするところが特徴。何度も手を洗うなどのいわゆる強迫神経症者の行為は，典型的な打ち消しであると解釈される。

㊱ 防衛機制（defense mechanism）に関する記述として最も妥当なのはどれか。（国Ⅰ H16）

1．Freud, S. の提唱した自我の防衛機制は，生後3〜4年から始まるエディプス期における異性の親への愛着及び同性の親への敵意や競争心に対する防衛としての抑圧（repression）を基盤として生じる10種類の防衛機制を中心としたものであった。これに対して，乳幼児期に特に顕著な分裂（splitting），投影同一化（projective identification）などの原始的防衛機制は，後により早期の乳幼児の精神内界にも着目してこれを重視すべきであるとした Spitz, R. A. によって概念化されたものである。
2．精神分析の理論において，現在の状態より以前の状態へ，あるいはより未発達な段階へと逆戻りすることを退行（regression）と呼ぶ。この用語は，治療中の被分析者が全体的な幼児的退行状態に至るまでの様子を記述する中で，治療の中で重視すべき概念として，Erikson, E. H. によって初めて公に用いられ，当初は心的装置に関する局所論的な意味で使われていたが，その後時間的な意味合いが付け加えられていき，次第に心理–性的発達（psychosexual development）の諸段階とその段階への退行という文脈でも使われるようになっていった。
3．知性化（intellectualization）とは，主として性的または攻撃的な欲求・衝動・感情を，直接表現したり解放したりするのを避け，これらを抑圧し，知的認識や観念的思考によって統制しようとする防衛機制である。Freud, A. は，知性化を，合理化（rationalization）という防衛が不安定になったり弱くなったものとみなし，合理化の場合には，防衛されている感情や欲動が分離されるとともに，合理化の過程事態がこれらの代理満足を兼ねているのに対して，知性化の場合には，防衛される感情や欲動が十分に分離されまいままに正当化されるものであるとした。

4．創造的退行（creative regression）とは，Sullivan, H. S.による芸術家の創造過程に関する研究を通して得られた概念であり，芸術家が作品を創造する際に，ある観念に激しく没頭し，ある真理を激しく求める時期に続いておきる，抑うつ状態，神経症，心身症，あるいは精神病という形を取り得る一種の多形的な病のことである。これは，無意識に退行するのではなく，積極的に無意識に退行した状態において生じる点で，Freud, S. らによる自我防衛機制におえる退行とは異なっている。
5．原始的理想化（primitive idealization）の基本的機能は，外的対象を非現実的に「すべて良い対象（all-good object）」とみなすことによって，そこに「悪い」側面が侵入し，その対象を汚濁してしまうことを防止することにある。これを原始的防衛機制のひとつとして明確化したKlein, M. らは，理想化（idealization）という用語を用いていたが，1960年代以降の，境界例を始めとする神経症レベル以下の人格障害に対する関心の高まりの中で，Kernberg, O. によって原始的理想化として再定式化された。

解答　5

解答のポイント

1．Freud, S. の提唱した防衛機制の概念の中で，「抑圧」は最も早く示されたものだが，当初は「防衛」と「抑圧」が同義とされていた。1926年の著作『制止・症状・不安』において「抑圧」が「防衛」から分離して明確化された。ちなみに「抑圧」が発見されたのは，ヒステリーの治療経験を通してである。また「抑圧」をはじめとする10種類の防衛機制を分類したのは，Freud, A.（『自我と防衛』(1937)）である。それらは，Freud, S. が先に明らかにした「退行」，「抑圧」，「反動形成」，「隔離」，「打ち消し」，「投影」，「取り入れ」，「衝動的な自己自身への向け換え（turning the impulse against the self）」，「転倒（reversal into opposite）」に加えて，「昇華」を含めた10種類である。

　原始的防衛機制を概念化したのは，Klein, M. である。彼女はFreud, S. やFreud, A. が提唱した防衛機制に対し，より早期の乳幼児期の精神内界に着目し，この段階では「分裂」，「投影的同一視」，「原始的否認」，「原始的理想化」などの防衛が活発に働いていると指摘した。180ページ参照。

2．退行の概念は，Freud, S. によって当初局所論的な意味で用いられ，特に発達的な意味はなかったが，その後，精神 - 性的発達の諸段階とその段階への退行という意味でも使われるようになった。

　Freud, A. によれば，退行はさまざまな防衛機制と組み合わさって使われるのが普通であり，治療の中では抑圧や否認，そして退行などの防衛機制が働いていると考えられ，そこでの退行は他の防衛機制とそれほど明確に区分できないという。

退行を治療の中で重視するのは Erikson ではなく，Winicott, D. W. や Balint, M. などの対象関係論の中のイギリス中間派と呼ばれる人々である。これは「治療的退行」と呼ばれ，治療中に被分析者は全体的な幼児的退行状態にまで到る。この退行は，患者が治療によって抱えられることによって病的な状態と健康な状態を橋渡しするものであるため，治療にとって不可欠であると考えられている。73 ページ参照。

3．Freud, A. は思春期に特徴的な防衛機制として知性化を挙げている。知性化とは，衝動や感情をコントロールするために，論理的な思考など過度の知的活動によって覆い隠すことである。合理化との違いについては，合理化は知性化という防衛が不安定になったり弱くなったものとみなされることが多いことが挙げられる。知性化では，衝動や感情が分離されるとともに，知性化の過程自体がこれらの代償満足をかねている。これに対し，合理化はこの分離が不十分で，衝動や感情を正当化するものである。

4．創造的退行とは，Kris, E. の「自我による自我のための退行（regression in the service of the ego）」ということばによって明らかにされた概念を，Schager, R. がロールシャッハテストのテスト過程の理解に適用し，これを名づけたものである。「自我による自我のための退行」は，退行における創造的で健康な面の存在を指摘しているところに意義があると言われる。

　芸術家が作品を創造するときには，多くの場合，積極的に無意識に退行する。そしてその状態においてふだんは無意識・前意識にあるような衝動や葛藤等を体験し，それが創造活動に影響する。芸術家は，退行という経験を通して得たものを，推敲によって適応的に再統合して芸術作品として生み出す。これが創造的退行である。

　創造的退行は，自我によるコントロールを受けているものである。すなわち一時的，部分的なものであって，速やかに現実に復帰する柔軟性を持っているという。

　また，「芸術家が作品を創造する際に，ある観念に激しく没頭し，ある真理を激しく求める時期に続いておきる，抑うつ状態，神経症，心身症，あるいは精神病という形を取り得る一種の多形的な病のことである」というのは，Ellenberger, H. F. の用いた「創造の病（creative illness）」であり，創造的退行の示す状態の中の 1 つの特殊な形であると考えられ，創造的退行とはやや異なってとらえられている。

5．原始的防衛機制は，今日の対象関係論の発展の基盤をつくった Klein, M. によって明確化された。原始的理想化の機能は本選択肢の記述の通りである。さらに原始的理想化においては「良い対象」と「悪い対象」を分割しておく「分裂（splitting）」と，現実に生じてくる「悪い」側面をなにがなんでも認めないという「万能的否認」，さらに元来内的な世界に属している「良い」対象イメージをその現実の対象に貼り付ける「投影的同一視」が併存して機能している。これらの一連の防衛システムが，原始的理想化を強固なものにしていることが多い。

㊲ Tellenbach, H. のメランコリー親和型（melancholic type）の性格類型に関する記述として最も妥当なのはどれか。（国Ⅰ H12）

1．秩序や権威にひたすら服従し，それを美徳と考えている。また，自分より弱い者には，自分の優位を誇示し，服従を要求する。
2．高揚した気分で，活発，精力的に行動している状態と，意欲を失い，暗く投げやりな気分に支配される状態とが，循環的に現われる。
3．几帳面，きれい好きで倹約家でもある。一方，我はかなり強く，意地を張ったり他人とぶつかっても頑固に主張を押し通しやすい。
4．厭世的，懐疑的な人生観を持っており，沈うつな感情が持続する。何事にも裏があるように感じ，無邪気な喜びを感じることがない。
5．勤勉，良心的で責任感が強い。対人場面では，周囲に細やかに配慮し，自分が犠牲になってでも摩擦を避けようとする。

解答　5

解答のポイント

　メランコリー親和型とは，Tellenbach の提唱した，躁うつ病の病前性格である。その特徴が，下田光造による執着気質と類似していることがしばしば指摘されている。
　培風館『心理臨床大事典』の Tellenbach によるメランコリー親和型に関する記述をそのまま以下抜粋する。
　「……テレンバッハによれば，メランコリー親和型の本質的な特徴は，秩序志向性にあるとし，それは例えば質・量の双方を同時に追及する仕事への執着や，対人関係における「他人のために尽くす」というあり方に示されている。実際，彼らは人一倍勤勉で，けっして仕事をおろそかにせず，それどころか強い責任感をもって律儀に仕事をやり抜こうとする姿勢があり，同時にきめ細かな他人への気遣いを怠らず，対人的摩擦を避けるための努力をたえず払う人たちである。（後略）」
　本問の選択肢5が，ちょうどこれにあたる。
　なお，同じ Tellenbach は，躁病親和的な性格類型もしており，これをマニー型，マニー親和型とも言っている。

㊳ Freud, S. の二次的自己愛（secondary narcissism）の説明として最も妥当なのはどれか。（国Ⅰ H12）

1. 幼児期早期においては，自我と外界との関係がまだ成立しておらず，未分化で自己満足した状態が保たれている。
2. 児童期においては，拡大した行動範囲の中で自己調節に成功すると，基本的な自己尊重の感覚が保持されるようになる。
3. 自己の重要性や才能について誇大に評価しており，過剰な賞賛を求める一方，他人の気持ちや欲求を認識できずにいる。
4. 所属や愛情の欲求が満たされ，次に，賞賛や名声への欲求が満足されると，人は自信を持って自己の存在を肯定するようになる。
5. いったんは外界の対象に向けられていたリビドーが，何らかの理由で，再び自我に向け変えられている。

解答　5

解答のポイント

　Freud によれば，乳幼児においては自他の区別が未分化で，すべてのリビドーが自己や自分の身体に対して備給されている。この自己愛的な段階の状態を一次的自己愛（primary narcissism）と呼ぶ。やがて乳幼児は対象喪失などを経て，自他の区別が可能な段階に至ると，リビドーも自己から対象に向けられる（対象へ振り向けられるリビドーを「対象リビドー」と呼ぶ）ようになる。この対象リビドーが，何らかの事情によりもう一度自己へ振り向けられることがあるが，そうした状態を二次的自己愛という。

　選択肢の1は一次的自己愛に相当する。

㊴　精神分析の流れをくむ研究者の業績に関するA，B，Cの記述に対応する研究者名の組み合わせとして正しいのはどれか。（国ⅠH11）

A．初期の頃には Freud, S. の研究を支持し，相互に研究の影響を及ぼしあったが，後に Freud の性欲論を批判し，精神分析的立場を離れて独自の「個人心理学」を築いた。児童のガイダンスに興味を持ち，はじめて児童ガイダンス診療所を作ったことでも知られる。

B．新フロイト派の研究者の1人で，対人相互作用を通じて形成される精神分裂病や神経症に関する研究を行った。彼の考え方の特徴は，精神医学の基本的対象を対人の場と対人関係であるとしたところにある。さらに，精神病者を特殊視する精神医学を批判し，分裂病も人間的過程であるとして，その破壊的側面のみでなく，保護的側面の存在を主張し，分裂病患者の治療に多大な貢献を及ぼした。

C．初期の研究においては，精神分析における「防衛」を不安やおびえへの認知的な対処ととらえ，そのメカニズムの実験的な分析・解明を試みていたが，やがて，消極的な防衛の概念よりも順応的な「対処（coping）」の概念を導入し，ストレス状況の認知・解釈，対処スタイルに関する包括的な研究を行った。

	A	B	C
1．	Adler, A.	Fromm, E.	Selye, H.
2．	Adler, A.	Sullivan, H. S.	Lazarus, R. S.
3．	Adler, A.	Sullivan, H. S.	Selye, H.
4．	Charcot, J. M.	Fromm, E.	Lazarus, R. S.
5．	Charcot, J. M.	Fromm, E.	Selye, H.

解答 2

解答のポイント

A．Adlerに関する記述である。「初期はFreudの研究を支持」，「精神分析的立場を離れて独自の「個人心理学」を築いた」がポイント。Adlerは，劣等感こそが個人の性格や生活態度を決定する基本要因であり，この劣等感を補償するために，自尊心を高めようとする欲求が生まれ，これが「権力への意志」として現われてくると考えた。そして人間の行動を規定するのは，Freudの言う性欲（リビドー）ではなく，この権力への意志であると主張した。子どもの治療教育にも熱心で，ウィーンで今日の教育相談の先駆けともなる相談活動も行った。

B．Sullivanに関する記述である。「新フロイト派」「精神医学の基本的対象を対人の場と対人関係であるとした」がポイント。重症の統合失調症患者の治療に成功したことがSullivanの名声を確立させた。彼は「精神医学とは対人関係の学である」と規定し，その基礎となる対人認識の方法を，「参与しながらの観察」という概念で定式化した。

C．Lazarusに関する記述である。「「対処（coping）」の概念」，「ストレス状況の認知・解釈，対処スタイルに関する包括的な研究」がポイント。「情動焦点型コーピング」，「問題焦点型コーピング」などコーピングの分類やプロセスに関するモデルは重要。このほか，感情研究の領域でZajonc. R. B.との間に「認知と情動の先行性」についての理論上の論争がなされたことなども有名である。

（4） 異常心理・精神医学的診断

⑩ 次の記録を読み，患者の病理形成を説明するのに最も適切なものを選べ。（国Ⅰ H10）

〈記録〉

急性の分裂病的エピソードから顕著に回復した青年の患者を母親が見舞いに言った。息子が母親を見て喜び，思わず母親の肩に手を回すと，母親は身を固くした。そこで彼が手を引っ込めると，母親は「もう私のこと愛してないの」と尋ねた。さらに赤面した彼に向かって「自分の気持ちに戸惑ったり，こわがったりしちゃいけないよ」といった。患者はそれ以上数分しか一緒にいることができず，母親が出ると看護婦に乱暴をふるい，保護室に入れられた。

1. 対象関係論によると，この患者は自分と母親との関係をイメージできるようになっていないため，母親の来訪によりもともと弱い自他の境界が脅かされ破滅的不安に陥った。
2. 認知的不協和理論によると，母親に甘えるという行為は，この患者の持つ「依存しない自分」という自己認知と不協和を起こすため，混乱を感じ攻撃的になってしまった。
3. 象徴的相互作用理論によると，患者は母親の来訪前は自分のもつ母親表象に基づいて，自分と母親との関係をイメージしていたが，実際の母親の行為がそれと乖離を来したため混乱して攻撃的になってしまった。
4. 印象操作理論によると，病棟スタッフに，母親に依存的であるというイメージを持たれないように，母親の来訪に不満であるような行為を示した。
5. 二重拘束理論によれば，母親の言語的メッセージと行動的な態度に矛盾があり，患者はその矛盾をうまく処理できずストレスを感じて混乱して攻撃的になった。

解答 5

解答のポイント

二重拘束理論（double bind theory）は，もとは Bateson, G. によって，統合失調症の発生因として提出されたものである。すなわち，この二重拘束の状態とは，コミュニケーションの病理であり，表出されるメッセージとこれに対立し矛盾するメッセージが同時に伝達され，受け取る側が一貫した満足いく処理ができなくなることを意味する。具体的には，親が相矛盾した要求や態度をとったり，言葉と態度が相反するメッセージの呈示が繰り返される場合に，子どもが情緒的に混乱したり適切な行動の

選択をすることが困難になってしまうのである。
　今日ではその考えは否定され，むしろ同系統の環境による説明原理としては家族療法の中で，家族システムの病理にかかわる概念としてとらえなおされている。もちろん，統合失調症の発生因としては，より遺伝的・生物学的説明をする論者もいる。

㊶　精神分裂病に関する記述として妥当なのはどれか。（国ⅠH11）

1．精神分裂病は，躁うつ病と対置される二大精神疾患のうちの1つであり，すでにギリシャ時代の体液病理学説にそれに関する記載を見出すことができるが，現在の分裂病の基礎概念が確立されたのは，19世紀末にKraepelin, E. が，「早発性痴呆」と名づけた後である。
2．分裂病の病前性格としては，一般的に几帳面でまじめなメランコリー親和型や執着性格等が挙げられる。また，幼少時の喪失体験が多いこと，引越し等の出来事をきっかけに発病するといった見方もあり，発病には，素質面と環境面の両側面が関与すると考えられている。
3．てんかんや躁うつ病の疾病率は，世界のさまざまな地域を通じてほぼ一定の割合で見られるのに対して，精神分裂病は，地域・国により疾病率が大きく異なるのが特徴であり，国民性や風土の影響を受けやすく，また，病気の態様も時代により変化しやすいといわれている。
4．分裂病の治療は，病気の原因となるものを根本的に取り去ろうとする原因療法が中心であり，比較的短期間の集中的な薬物の投与により治癒に到るものの，後遺症が残りやすいことや再発の危険性が高いことから，社会復帰には困難を伴うのが現状である。
5．分裂病の周辺には，分裂病と似た症状を示す別の精神疾患が数多く存在することから，誤診されることもある。中でも，犯罪者の精神鑑定における診断名は，刑事責任能力の認定等に及ぼす影響力が大きく，社会問題として関心を集めている。

解答　5

解答のポイント

1．ギリシャ時代の体液学説には精神分裂病に相当するような記述はない。体液学説とは，Hippocratesによってギリシャ時代に提出され，これを受けたローマ時代のGalenusによって分類された性格気質に関する学説。人の気質は，黄胆汁，血液，黒胆汁，粘液の4種の体液の多寡によって決まり，黄胆汁の多い者は怒りっぽく，血液の多い者は快活で，黒胆汁の多い者は憂鬱質，粘液の多い者は沈着質と分類した。

現在の分裂病の基礎概念が確立されたのは，1889年にKraepelinが精神病を「早発性痴呆」と「躁うつ病」に分けたことに始まることは確かである。しかし，実際には彼が提唱したように，最終的に人格荒廃に到るようなケースは多くないことが明らかになり，1911年，Bleuler, E.によって，思考・感情・体験などの分裂という心的機能の障害に注目した「精神分裂病」という病名に改められた。

2．この選択肢の記述は「分裂病」ではなく，「躁うつ病」に当てはまる。病前性格という概念は，特定の精神疾患の発病と発病前の性格特徴との間に関連があるとする立場から出てきたもので，躁うつ病の病前性格が最も信頼性が高いといわれる。躁うつ病の病前性格としてTellenbach, H.のメランコリー親和型，下田光造の執着気質，Kretschmer, E.の循環気質などがある。また躁うつ病は一般に遺伝的素因と環境要因双方の関連が知られている。

3．精神分裂病の発症率は，各国において差があまりない。男女差も時代による差もない。薬物治療が有効なため，何らかの神経生理学的な病変が推測されいているが，原因はまだ確定してはいない。

4．精神分裂病の場合，原因を取り去ることは不可能であり，投薬によって症状を抑えるという薬物治療が主流である。

　これまでに開発されてきた抗精神薬は，急性期の激しい興奮や幻覚妄想状態に有効であり，さらに，急性期を過ぎても服薬を続けることで再発を予防することが可能であるという。薬物治療が行われるようになって，人格荒廃に到るような重症例は軽減したと言われるが，中等度の慢性例が増加していることも指摘されている。

　精神分裂病の経過，予後については，治癒に到る症例と，薬物を服用していれば社会生活を維持できる患者群は，あわせて50％にのぼるが，残りの50％は慢性的な経過をたどり，社会復帰の困難さが問題となっている。（小此木啓吾他『精神医学ハンドブック』」創元社）

5．精神分裂病の症状はきわめて多彩で，診断には，症状とその経過が重要視される。DSM-IVにおいても，症状，病型，経過で分類している。妄想性障害（Delusional Disorder）や短期精神病性障害（Brief Psychotic Disorder）など，分裂病ではないが，分裂病と類似した精神病症状なども複数あるため，誤診が生じる可能性は常にある。

　刑法第39条では，心神喪失者は罰しないこと，心神耗弱者は減軽することを謳っている。このため，重大な犯罪における被疑者ないし被告側が，詐病や精神鑑定の結果によって，39条が適用されることになる場合，被害者側や世論に社会的不公正感が沸き起こることが多く，社会問題となっている。

　余談だが，1995年までは刑法40条に，聾唖者の刑を減軽する条項があった。つまり聾唖者が，かつては心神喪失，心神耗弱者の場合と同様に「責任能力がない」と考

えられていたということでもある。しかしその後，聾唖教育も進み，聾唖者に対する社会の認知も変わっていく中で，この条項（40条）自体が聾唖者に対する差別だという意見もでてきて，95年にやっと削除されたということらしい。

㊷ 燃えつき症候群（burnout syndrome）に関する記述として最も妥当なのはどれか。（国Ⅰ H16）

1. 燃えつき症候群の主症状として認められる情緒的消耗感は，慢性的な身体的疲労と，もう何もしたくないという深刻な心理的虚脱感の複合したもので，Selye, H. のストレス学説における疲はい期に当たる典型的な症状といえる。
2. 燃えつき症候群に陥った人の行動特徴として，脱人格化が挙げられる。脱人格化の特徴は，消耗感にとらわれながらも，周囲の関係者や仕事に対して関心や思いやりを持って対応し続ける点にある。
3. 燃えつき症候群に陥りやすい人の特徴として，Freudenberger, H. J. (1975) は，性格面では，競争的，野心的，精力的であり，行動面では機敏，性急で常に時間に追われて切迫感を持ち，多くの仕事に巻き込まれていることをあげている。
4. 燃えつき症候群は，情緒的に安定した感受性や卓越した対人技術が期待されるヒューマン・サービスを提供する職種に多く見られる。Maslach, C. と Jackson, S. E. によると，看護師の場合，発症は経験年数5年未満の者には少なく，10年以上の者に多い。
5. 燃えつき症候群への対処法として，個人，仕事や職場環境，社会に働きかける方法があるが，最近の傾向として，職場における組織的改善から，Maslach, C. に代表されるような個人を対象とした精神療法を重視する方向に，対処法の流れが移行している。

解答　1

解答のポイント

　燃えつき症候群は，教師，医師，看護士，ソーシャルワーカーなどのヒューマン・サービスを担う専門職従事者に多く見られる心の問題として1970年代後半から注目されてきた。Maslach は，燃えつき症候群を「長期間にわたり人を援助する過程で，心的エネルギーがたえず過度に要求された結果，極度の身体的疲労と感情の枯渇を主とする症候群」と定義した。症状としては，情緒的な消耗感（うつ症状に似ている。身体的疲労のみならず強い自己嫌悪や無力感を含む），脱人格化（クライエントに対する無情な，人間性を欠くような感情や行動），固執的態度（目的意識や責任感を喪

失し，情緒的無関心などを特徴とするうしろ向きの態度変化），個人的達成感の後退，行動異常などがあげられる（藤原武弘『社会心理学』培風館より）。

1．ここでいう Selye のストレス学説とは，いわゆる「汎適応症候群（general adaptation syndrome）」のことである。元は工学用語であったストレスということばを，はじめて「環境刺激に対する生体の反応」という意味で用いたのが Selye であるが，彼はどのようなストレッサに対しても共通に生じる生体反応パタンを見いだし，これを汎適応症候群と呼んだ。これは「警告反応期」，「抵抗期」，「疲憊期」の3段階からなる。このうち疲憊期とは，ストレッサにさらされ続けた場合の終末段階を指し，維持されていた抵抗力も時間経過に伴って弱まり，ついには適応状態を維持できなくなる段階である。この段階では「警告反応期」の初期（ショック相）と同様の，体温低下，血圧低下，神経系活動抑制，筋緊張の減退，胃腸の潰瘍等々の生理的変化が生じ，身体的精神的に極度の消耗がみられる。従って，燃えつき症候群の主症状にほぼ当てはまると言ってよい。

2．この場合の「脱人格化」とは，クライエントに対する無情な，人間性を欠くような感情や行動のことを指す。

3．燃えつき症候群は，Freudenberger, H. J. によって最初に名づけられた概念である。彼によれば，この症候群にかかりやすい人は，「カリスマ的，エネルギッシュで気が短く，高い理想を持って仕事に取り組む性格特徴を持っていることが多い」。この選択肢にある，「競争的，野心的，……多くの仕事に巻き込まれている」という記述は，Freidman, M. と Rosenman, R. H. の提唱した「タイプA行動パターン」の人に多い性格特徴である。

4．土居健郎ら（1988）による医療関係者の燃えつき状態に関する調査では，看護師の場合，経験年数5年未満の人に最も多く（42.9％），ついで経験年数30年以上のベテラン看護師（34.6％）となっている。Maslach らの調査でもこれとほぼ同様，経験年数の少ない者に多いと考えてよいだろう。

5．燃えつき症候群への対処法として，個人に対する精神療法よりも，ソーシャルサポートの充実が有効とされている。たとえば，新人に対するオリエンテーション（経験の浅い人が罹りやすいため）や，現場での指導，なんでも相談できる職場作りなどである。

㊸　うつ病に関する記述として最も妥当なのはどれか。（国ⅠH13）

1．一般にうつ病は，投薬よりも精神療法の方が治療効果が高く，共感的な受容や励ま

しによる支持的心理療法が中心となる。
2．一般にうつ病は，強い抑うつ気分が長期にわたって維持されるが，全身の倦怠感，頭痛，腹痛などの身体症状しか自覚されない場合がある。
3．DSM-IV の診断基準では，思春期前の場合，抑うつ感の自覚があっても他の発達障害によって引き起こされる二次的症状とされ，うつ病と診断できない。
4．妊娠期のうつ病は，マタニティ・ブルーズ（maternity blues）と呼ばれ，有病者の大半が初産妊婦であり，出産後に産後精神病に移行する場合がある。
5．産後うつ病は，通常予後が悪く，気分易変性，重度の焦燥感，思考障害，幻覚，不眠などの症状が一年以上継続することが多い。

解答　2

解答のポイント

1．うつ病は休養，投薬治療が中心となる。心理療法を適用する場合は，認知行動療法が有効である。支持的な対応は大事であるが，励ましは禁物であるのが大原則である。よって誤りである。

2．うつ病としての精神症状が，身体症状によってマスクされている場合を仮面うつ病と呼ぶ。従って，この選択肢のようなうつ病も存在する。

3．思春期前の場合，抑うつ感があっても確かに簡単にうつ病とは診断はできない。しかしそれは「他の発達障害によって引き起こされる二次的症状」としてではなく，挫折や失敗，いじめなどによる抑うつ反応であることも多いため，簡単にうつ病と診断はできないのである。一般に若年性のうつ病は，病相期が短く，一週から数週で躁と鬱とが交代することが多く，非典型的な症状を示す。もちろん予後が悪ければそこで自殺する可能性もあるため，慎重は対応は必要ではある。

4．マタニティ・ブルーズは，「妊娠期」ではなく「出産後」の一時的なうつ状態である。また「大半が初産妊婦」も誤り。

5．産後うつ病は，一般には産後2，3週間以降に発症し，最低数ヶ月から1年にわたって症状が続く。いわゆるうつ病と類似した症状であり，「思考障害」「幻覚」（これらは統合失調症に特徴的な症状）は見られない。

㊹　DSM-IV の基準における性同一性障害（gender identity disorders）に当てはまる男性の事例の記述として最も妥当なのはどれか。（国Ⅰ 12）

1．18歳。高校時代，運動部に入ったが，そこでの上下関係や粗野な「男っぽさ」が嫌

になって半年でやめ，高校も中退してロックバンドを始めている。ステージでは女装することがあるし，普段もアクセサリーをたくさん身に付けたり化粧をしたりすることが多い。男だから女だからというよりも，自分にあった服装や髪型をすればよいと考えている。

2. 19歳。大学に入学したころから，訳もなく気力が低下し沈んだ気分が続くようになる。授業にはほとんど出ず，サークルもたまに顔を出す程度である。たまたま同じサークルの女性から交際を申し込まれるが，彼女に引き付けられる一方で，彼女に巻き込まれて自分がなくなってしまうという不安にかられ，ますます引きこもりを強めている。

3. 22歳。小児期から，「自分は本当は女性なのに，間違って男性の身体に入っている」と感じ，それを執拗に周囲に訴え続けている。また，自分の男性の身体についての違和感，不快感も非常に強く，男性の服装をすることも嫌悪している。現在，日常的に女装しているが，「身体はまだ女性に戻っていない」と言い，苦痛は依然として強い。

4. 25歳。過去に女性と交際した経験はあるが，性的魅力は男性にしか感じることができず，これまでの性的パートナーもすべて男性である。20歳頃から，男性の関心を引くために，女装し，女性的な仕種や言葉遣いをするようになり，現在は，定期的にホルモン剤を使用して乳房を膨らませている。

5. 27歳。思春期頃から，女性の服や下着に強い興味を持つようになり，収集しはじめたが，20歳を過ぎてからは，それらを自ら身につけることによって，性的な快感や満足を得るようになっている。女性との交際経験はないが，実際に交際するよりも，女装したり，女装して外出したりすることの方がよいと感じている。

解答 3

解答のポイント

常識の範囲で解答できる。1は精神障害には分類されないであろうし，2はいわゆる「引きこもり」のようである。4は同性愛，5はDSM-IVでいうとパラフィリアに当てはまる。従って3以外考えられない。以下に，DSM-IVによる性同一性障害の診断基準を示す。

A. 反対の性に対する強く持続的な同一感（他の性であることによって得られると思う文化的有利性に対する欲求だけではない）。

子どもの場合，その障害は以下の4つ（またはそれ以上）によって表われる：
(1) 反対の性になりたいという欲求，または自分の性が反対であるという主張を繰り返す。
(2) 男の子の場合，女の子の服を着るのを好む，または女装をまねるのを好む：女の子の場合，定型的な男性の服装のみを身につけたいと主張する。

（3）ごっこあそびで，反対の性の役割をとりたいという気持ちが強く持続すること，または反対の性であるという空想を続ける。
（4）反対の性の典型的なゲームや娯楽に加わりたいという強い欲求。
（5）反対の性の遊び友達になるのを強く好む。青年および成人の場合，反対の性になりたいという欲求を口にする，何度も反対の性として通用する，反対の性として生きたい，または扱われたいという欲求，または反対の性に典型的な気持ちや反応を自分が持っているという確信。

B．自分の性に対する持続的な不快感，またはその性の役割についての不適切感。

子どもの場合：男の子の場合，自分のペニスまたは睾丸は気持ち悪い，またはそれがなくなるだろうと主張する，またはペニスを持っていないほうがよかったと主張する，または乱暴で荒々しい遊びを嫌悪し，男の子に典型的な玩具，ゲーム，活動を拒否する。女の子の場合，座って排尿するのを拒絶し，または乳房が膨らんだり，または月経が始まって欲しくないと主張する，または普通の女性の服装を強く嫌悪する。

青年および成人の場合：自分の第1次および第2次性徴から解放されたいという考えにとらわれる（例：反対の性らしくなるために，性的な特徴を身体的に変化させるホルモン，手術，またはその他の方法を要求する），または自分が誤った性に生まれたと信じる。

C．その障害は，身体的に半陰陽を伴ったものではない。

D．その障害は，臨床的に著しい苦痛または社会的，職業的または他の重要な領域における機能の障害を引き起こしている。

㊺ These notes describe the types of personality disorders that listed in the American Psychiatric Association DSM-IV. Which one of the following combination is correct?（国ⅠH11）

A．Unreasonable, baseless and persistent suspiciousness is the hallmark of this type of personality. The trait shows itself in almost every aspect of the individual's behavior. The individual is hypervigilant, always looking for trickery or slipperiness in the behavior of others. Such individuals trust no one's loyalty. Other traits associated with their illness are argumentativeness and litigiousness; absence of sentimental or tender feelings; overseriousness and humorlessness. This disorder is more frequntly seen in males.

B．The distinguishing characteristic of the disorder is marked instability in interpersonal relations, mood, and even in image of self. Since the individual from time to time shows symptoms of other types of personality disorders, and occasionally the psychotic symptoms of mood disorders, the diagnosis of the type is a challenging problem. The DSM-IV requires that before the diagnosis is made, the individual show at least five of nine types of maladaptive and disordered behavior, such as impulsive self-damaging emotional behavior, instability and inappropriate or maladaptative intensity in interpersonal relationship, et al.

C. Although lonely and desirous of affection and acceptance, this type of personality withdraws from social contacts. Unlike the schizoid personality, who withdraws from social situation because he or she sees no value in them, the type prizes social relationships, but self-esteem is so low and sensitivity so high that the person is afraid to reach out and make contact with others. The individual soon finds himself or herself in a vicious cycle, demanding guarantees of acceptance and freedom from even hints of criticism, so that social life soon becomes extremely limited.

	A	B	C
1.	paranoid	borderline	avoidant
2.	paranoid	avoidant	dependent
3.	schizoid	borderline	paranoid
4.	schizoid	avoidant	dependent
5.	schizoid	dependent	borderline

解答　1

解答のポイント

A．妄想性人格障害の記述である。他人の動機を悪意あるものと解釈するといった，他者に対する不信と疑い深さが特徴である。

B．境界性人格障害の記述である。対人関係，気分，自己像の不安定さが特徴。

　境界性人格障害は人格障害の中でも頻出。DSM-IV では，次の９項目のうち少なくとも５つ当てはまれば診断される。①見捨てられることを避けようとする気違いじみた努力，②過剰な理想化と過小評価の両極端を揺れ動く不安定な対人関係，③顕著に持続的で不安定な自己イメージ，④衝動的で自己を傷つける行為（浪費，過食，薬物乱用，セックス），⑤自殺行動や自傷行為の繰り返し，⑥気分反応性による感情易変性，⑦慢性的な空虚感，⑧不適切で激しい怒り，⑨一過性の妄想様観念，激しい解離性症状。

C．回避性人格障害の記述である。他者に受け入れられることを求めているにもかかわらず，自己評価が低く，傷つきやすいために社会的接触から退き，社会生活が著し

く制限されるのが特徴である。

㊻ 文中の空欄に当てはまる用語として最も妥当なのはどれか。(国Ⅰ H14)

The following are general criteria for (　　) in the Diagnostic and Statistical Manual of Mental Disorders, Fourth Edition (DSM-IV):

A. An Enduring pattern on inner experience and behavior that deviates markedly from the expectations of the person's culture. The person's personality dysfunction is pervasive and inflexible. The onset is in adolescence or young adulthood, and the disorder is stable over time, leading to distress and impairment. The pattern is evident in two or more of the following areas:
 (1) Cognition is impaired, whicih can include distorted ways of perceiving self, others, and events.
 (2) Affectivity can be dysfunctional, taking the form of abnormal range, intensity, liability, and appropriateness of emotional responses.
 (3) Impaired and distressful interpersonal functioning.
 (4) Poor impulse control.
B. The enduring pattern of dysfunction is inflexible and pervasive in a large number of personal and social situations.
C. The enduring pattern leads to clinically significant distress or impairment in social, occupational, or other areas of functioning.
D. The enduring pattern is stable over a long time period, and the onset can be established to have occurred in adolescence or early adulthood.
E. The enduring pattern of dysfunction is not better accounted for mental disorder.
F. The enduring dysfunctional pattern is not due to the direct physiological effects of a substance or a GMC (Genaral Medical Condition).

1. Personality Disorders
2. Schizophrenia and Other Psychotic Disorders
3. Mood Disorders
4. Anxiety Disorders
5. Dissociative Disorders

解答　1

解答のポイント

　人格障害の概念を知っていれば，難なく解ける問題。DSM-IV では，人格障害（personality disorders）を「その人の属する文化から期待されるものより著しく偏った内的体験と行動様式が幅広く，硬直した形で長時間持続して現れる。しかもそのために著しい苦痛または社会的機能の障害を引き起こす。発症は青年期または小児期早期にさかのぼることができる」と定義する。

　DSM-IV-TR では，人格障害に 3 種の大カテゴリ，その下に 10 の下位分類を設定し，そのほか「分類不能の人格障害」を挙げている。

表8　DSM-IV-TRにおける人格障害
（「心理臨床大事典」より引用）

A群　（1）妄想性人格障害
　　　（2）シゾイド人格障害
　　　（3）失調型人格障害
B群　（1）反社会性人格障害
　　　（2）境界性人格障害
　　　（3）演技性人格障害
　　　（4）自己愛性人格障害
C群　（1）回避性人格障害
　　　（2）依存性人格障害
　　　（3）強迫性人格障害
分類不能の人格障害

㊼　次の A〜D の記述のうち，DSM-IV について正しく述べているもののみをすべて挙げているのはどれか。（家裁 14）

A．アメリカ精神医学会が刊行している精神疾患の診断・統計マニュアルである。
B．多軸診断システムを採用して，疾患の複雑な臨床像をより詳細に診断する。
C．基本的に病因論に基づく診断を行う。
D．症状を，生物・心理・社会的モデルという観点から総合的にとらえる。

1．A，C
2．B，D
3．A，B，C
4．A，B，D
5．B，C，D

解答 4
解答のポイント

　DSMとは，アメリカ精神医学会（APA）による『精神疾患の診断・統計マニュアル』（Diagnostic and Statistical Manual of Mental Disordes）の略称である。1952年にDSM-Iが作成され，その後DSM-II（1968），DSM-III（1980），DSM-III-R（1987），DSM-IV（1994），DSM-IV-TR（2000）と順次改訂されている。DSM-IIIより，操作的診断基準が設定され，また多軸診断システムが採用されたことにより，アメリカ国内のみならず，世界的に広く用いられるようになった。ただし，ヨーロッパではICDを用いることも多いようである。このICDとは，世界保健機関の（WHO）の国際疾病分類（International Classification of Disease）のことであり，DSMと同様にほぼ十年おきに改訂されており，現在はICD-10（1992）が使用されている。DSMとICDとの間には密接な関係がある。

　DSMの特徴は，まず病因論に基づいて疾患の分類をするのではなく，表に表われた症状に着目して分類をする。すなわち複数の症状のまとまり（症候群）を基準とする症候論的分類体系に拠っている(*注)ことである。従って，診断は，臨床像の記述によって各障害を定義し，特徴的症候の項目リストに基づいて一定の項目数が当てはまるかどうかで行われる。これを操作的診断と呼ぶ。この方法により，診断の客観性，公共性を高めることができる。また多軸診断システムを採用し，症状を生物，心理，

表9　DSMの診断分類体系
（下山晴彦編『教育心理学II』より引用）

第1軸　臨床疾患，臨床的関与の対象となることのある他の状態
　（1）通常，幼児期，小児期または青年期にはじめて診断される障害
　（2）せん妄，痴呆，健忘および他の認知障害
　（3）一般身体疾患による精神疾患
　（4）物質関連障害
　（5）精神分裂病および他の精神病性障害
　（6）気分障害
　（7）不安障害
　（8）身体表現性障害
　（9）虚偽性障害
　（10）解離性障害
　（11）性障害および性同一性障害
　（12）摂食障害
　（13）睡眠障害
　（14）他のどこにも分類されない衝動制御の障害
　（15）適応障害
第2軸　人格障害，精神遅滞
第3軸　一般身体疾患
第4軸　心理社会的および環境的問題
第5軸　機能の全体評定

社会的といった複数の観点から総合的にとらえようとする。

㊽ 次は，「DSM-IV-TR」（精神疾患の診断・統計マニュアル）における外傷後ストレス障害（PTSD）の診断基準に関する記述の一部である。A〜Dに当てはまる語句の組み合わせとして最も妥当なものはどれか。（国ⅠH16）

The traumatic event can be reexperienced in various ways. Commonly the person has recurrent and intrusive recollections of the event (Criterion B1) or recurrent distressing dreams during which the event can be replayed or otherwise represented (Criterion B2). In rare instances, the person experiences (A) that last from a few seconds to several hours, or even days, during which components of the event are relived and the person behaves as though experiencing the event at the moment (Criterion B3). These episodes, often referred to as "(B)", are typically brief but can be associated with prolonged distress and heightened arousal. Intense psychological distress (Criterion B4) or physiological reactivity (Criterion B5) often occurs when the person is exposed to triggering events that resemble or symbolize an aspect of the traumatic event (e.g., anniversaries of the traumtic event; cold, snowy weather or uniformed guards for survivors of death camps in cold climates; hot, humid weather for combat veterans of the South Pacific; entering any elevator for a woman who had raped in the elevator).

Stimuli associated with the trauma are persisitently avoided. The person commonly makes deliberate efforts to avoid thoughts, feelings, or conversations about the traumatic event (Criterion C1) and to avoid activities, situations, or people who arouse recollections of it (Criterion C2). This avoidance of reminders may include (C) for an important aspect of the traumatic event (Criterion C3). Diminished responsiveness to the external world, referred to as "psychic numbing" or "emotional anesthesia", usually begins soon after the traumatic event. The individual may complain of having markedly diminished interest or participation in previously enjoyed activities (Criterion C4), of feeling detached or estranged from other people (Criterion C5), or of having markedly reduced ability to feel emotions (especially those associated with intimacy, tenderness, and sexuality) (Criterion C6). The individual may have a sence of a foreshortened future (e.g., not expecting to have a career, marriage, children, or a normal life span) (Criterion C7).

The individual has persistent symptoms of anxiety or increased arousal that were not present before the trauma. These symptoms may include difficulty falling or staying asleep that may be due to recurrent nightmares during which the traumatic event is relived (Criterion D1), (D) (Criterion D4), and exaggerated startle response (Criterion D5). Some individuals report irritability or outbursts of anger (Criterion D2) or difficulty concentraiting or completing tasks Criterion D3).

	A	B	C	D
1.	depressive states	panic attack	amnesia	hypervigilance
2.	depressive states	flashbacks	dementia	hyperactivity
3.	dissociative states	panic attack	dementia	hyperactivity
4.	dissociative states	flashbacks	amnesia	hypervigilance
5.	dissociative states	flashbacks	dementia	hypervigilance

解答 4

解答のポイント

　心的外傷後ストレス障害（Post Traumatic Stress Disorder; PTSD）について的確な知識があれば，難なく解ける。

　心的外傷後ストレス障害（PTSD）を特徴づける3大症状として，再体験（以下の診断基準のB項目），回避（同C項目），過覚醒（同D項目）が挙げられる。

　B項目が1つ以上，C項目が3つ以上，D項目が2つ以上当てはまる場合，そしてそれらの症状が1ヶ月以上（以下の診断基準のE項目）持続しており，自覚的な苦痛や社会機能の低下（同F項目）がある場合，PTSDと診断される。

　これらの症状が生じていても，その原因となる出来事が生じた直後1ヶ月以内の場合は，「急性ストレス障害（Accute Stress Disorder; ASD）」と診断される。

表10 DSM-IVによるPTSD(「外傷後ストレス障害」)の診断基準

A:その人は,以下の2つが共に認められる外傷的な出来事にさらされたことがある。
  (1) 実際にまたは危うく死ぬまたは重傷を負うような出来事を,1度または数度,または自分または他人の身体に迫る危険を,その人が体験,目撃,または直面した。
  (2) その人の反応は強い恐怖,無力感または戦慄に関するものである。

B:外傷的な出来事が,以下の1つ(またはそれ以上)の形で再体験され続けている。
  (1) 出来事の反復的で侵入的で苦痛な想起。心像,思考,知覚を含む。
  (2) 出来事についての反復的で苦痛な夢。
  (3) 外傷的な出来事が再び起こっているかのように行動したり,感じたりする(その体験を再体験する感覚,錯覚,幻覚,および解離性フラッシュバックのエピソードを含む,また,覚醒時または中毒時に起こるものを含む)
  (4) 外傷的出来事の1つの側面を象徴したり,または類似している内的または外的きっかけにさらされた場合に生じる,強い心理的苦痛。
  (5) 外傷的出来事の1つの側面を象徴したり,または類似している内的または外的きっかけにさらされた場合の生理学的反応性。

C:以下の3つ(またはそれ以上)によって示される,(外傷以前は存在していなかった)外傷と関連した刺激の持続的な回避と,全般的な反応性の麻痺。
  (1) 外傷と関連した思考,感情または会話を回避しようとする努力。
  (2) 外傷を想起させる活動,場所または人物を回避しようとする努力。
  (3) 外傷の重要な側面の想起不能。
  (4) 重要な活動への関心または参加の著しい減退。
  (5) 他の人から孤立している,または疎遠になっているという感覚。
  (6) 感情の範囲の減退(例:他者に対する愛情や親密さの感情の減退。)
  (7) 未来が短縮した感覚(例:仕事,結婚,子どもなどあたりまえの一生を期待しない)。

D:以下の2つ(またはそれ以上)によって示される,(外傷以前には存在していなかった)持続的な過覚醒症状。
  (1) 入眠または睡眠維持の困難
  (2) 易刺激性または怒りの爆発
  (3) 集中困難
  (4) 過度の警戒心
  (5) 過剰な驚愕反応

E:障害(基準B,C,およびDの症状)が1ヶ月以上持続する。

F:障害は,臨床的に著しい苦痛または,社会的,職業的または他の重要な領域において機能の障害を引き起こしている。

《主要参考文献》
講座もの,ハンドブック類は煩瑣なので最後にまとめておいた

オールポート,G. W.(詫摩武俊・青木孝悦・近藤由紀子・堀正共訳)1982 パーソナリティ―心理学的解釈― 新曜社
藤永 保・斎賀久敬・春日 喬・内田伸子 1987 人間発達と初期環境 有斐閣
藤原武弘 1997 社会心理学 培風館

波多野誼余夫　編　1996　認知心理学5　学習と発達　東京大学出版会
今田　寛・宮田　洋・賀集　寛　編　2003　心理学の基礎［3訂版］　培風館
アレン，E. アイビイ（福原真知子・椙山喜代子・國分久子・楡木満生　訳編）　1985　マイクロカウ
　　ンセリング　川島書店
窪内節子・吉武光世　2003　やさしく学べる心理療法の基礎　培風館
小此木啓吾・深津千賀子・大野　裕　編著　1998　心の臨床家のための精神医学ハンドブック　創元
　　社
ロータッカー，E.（北村晴朗　監訳）　1995　人格の成層論　法政大学出版局
下仲順子　1997　老年心理学　培風館
下山晴彦　編　1998　教育心理学Ⅱ　東京大学出版会
詫摩武俊・瀧本孝雄・松井　豊　他著　2003　性格心理学への招待［改訂版］　サイエンス社

講座　生涯発達心理学1～5　金子書房　1995
心理臨床大事典（改訂版）培風館　2004
性格心理学ハンドブック　福村書店　1998
発達心理学ハンドブック　福村書店　1992
心理アセスメントハンドブック（第2版）　西村書店　2001
心理学辞典　有斐閣　1999

2. 記述問題編

この記述問題編では，家裁，国Ⅰ，地方上級などに頻出する記述形式の過去問を収集して，解答・解説を施した。辞書，事典などを引けばすぐ分かるような問題は極力避けて，記述能力を要する問題を精選して配列している。なかにはごく簡単な問題も入れているし，択一問題や，第二部の心理検査，心理療法での解説と重なるものもあるが，頻出問題である場合は，あえて重複を厭わず掲載した。難問奇問を掲載するよりは，実際に出題される問題に触れ，慣れてもらう方が試験対策として有効であるためである。

なお，事例に関する解答例などは，「絶対」の解答があるわけではないし，あくまで一例として解答を掲載している点に留意してほしい。

§1．発達心理・生涯発達・発達臨床心理

> **試験にでるポイント**　用語説明では「ADHD（注意欠陥多動性障害）」，「広汎性発達障害」，「学習障害」「マターナル・ディプリベーション」が頻出である。定義，特徴，DSMでの診断基準などを整理すること。字数は150字～600字くらいまでさまざまに書けるようにするのが望ましい。論述では「児童虐待」に関する特徴や対策などを問うものが地方上級で頻出である。予防策などについては単なる心理的アプローチのみならず，コミュニティ・アプローチも押さえておくこと。

用語説明

●児童虐待（150字）（豊中市 H15）

《解答例》

親またはそれに代わる養育者によって行われる虐待行為である。特徴として，非偶発的で，長期にわたる継続性，反復性があること，通常のしつけや体罰の程度を超えていることなどがあげられる。児童虐待防止法では児童虐待を①身体的虐待，②性的虐待，③養育の放棄，怠慢，④心理的虐待，の4つに分類している。

☞ 児童虐待については210ページも参照のこと。

●移行対象（静岡県警 H14）

解答例

　ある時期の乳幼児が，毛布やぬいぐるみなどを肌身離さず持ち歩くなどの，特別の愛着を示す無生物の対象のこと。イギリスの小児精神科医 Winicott が唱えた。移行対象は，母親が留守のときや就寝時などにしばしば用いられる。Winicott によれば，正常な情緒発達における自我自律性への第一歩を示すとともに，母子の未分化な状態から分化した状態への移行を促すものである。

☞ 原語は transitional object で，過渡（的）対象という訳語があてられることもある。

●ADHD（豊中市 H15・150 字，奈良県 H15 など）

解答例

　注意欠陥多動性障害（attention-deficit / hyperactivity disorder）とも呼ばれる。DSM-IV の定義に基づけば，年齢あるいは発達に不釣合いな注意力，衝動性，多動性を特徴とする行動の障害で，社会的な活動や学業の機能に支障をきたす。これらの症状が 7 歳以前に現われ，その状態が継続し，中枢神経系に何らかの要因による機能不全があると推定される場合に診断される。

☞ ADHD については，択一問題 146 ページ参照のこと。

●アスペルガー症候群（奈良県 H15）

解答例

　小児期の発達障害の 1 つで，DSM-IV では，広汎性発達障害の中に分類される。アスペルガー症候群では，広汎性発達障害の主たる 3 つの症状，すなわち社会的相互作用の障害，コミュニケーションの障害，想像力の障害とそれに基づく行動の障害のうち，コミュニケーションの障害が軽微なグループである。独特の抑揚を持つ会話が特徴とされるが，言語発達の遅れが少なく，知的発達も保たれる。しかし共感性に乏しく，他人との情緒的な交流が困難で，興味・関心のいちじるしい偏りがみられるのも大きな特徴である。

☞ 自閉的精神病質（autistic psychopathy）と呼ばれることもある。

●学習障害（神戸市 H15）

解答例

　学習障害（Learning Disorders; Learning Disabilities; LD）とは，知能の全般的な発達水準では正常範囲にあるが，特定の基本的な学習能力にいちじるしい困難を示す発達障害を指す。文部科学省の定義では，基本症状として「聞く，読む，話す，書く，計算する，推論する」の6種の能力にみられるいちじるしい困難としている。学習障害ではこれらの基本症状以外に随伴しやすい症状（注意障害や不器用さ）などもあり，他の発達障害との区別や重複も重要であるとされる。学習障害の発現は男子に多く，女子の2～4倍の発現率とも言われ，この障害の背景に生物学的な要因を指摘する立場もある。

　学習障害の児童は，学校場面で学力において顕著なつまずきを示す。しかし知能も平均的であり障害としては軽度であるため，周囲の理解を得にくく，不適切な対応がなされやすい。結果，いじめや仲間外れにあったり，二次症状として自尊心の低下や動機づけの減退を招くことが多い。不登校の発生率も一般の児童より高い。

　臨床的な援助として必要とされるのは，まず親や教師が学習障害に対して共通の理解を持つことである。そして学習障害を持つ児童に対してアセスメントを的確に行い，個々の認知特性や問題状況を把握することによって，学力面でのサポートのみならず，二次症状としての自尊心の低下や無気力といった心理的問題にも対応していくことが求められている。

●「広汎性発達障害」について説明せよ。（警視庁 H16 など）

解答例

　省略。「アスペルガー症候群」（145ページ）参照。

●「心の理論 theory of mind」について説明せよ。

解答例

　他者の行動の背後に「心」というはたらきがあることを仮定して，他者の目的，意図，信念，思考などを理解し，その上でその他者の行動を予測するような知識ないし

認知的枠組みのこと。Premack, D. がチンパンジーの行動研究からこの概念を提出（1978）して以来，心の理論は発達心理学の重要なトピックとなり，乳幼児期の自己及び他者の心の理解の問題として多くの研究が行われている。

たとえば，「娘が外出しているとき，母がテーブルの上のクッキーを箱に入れて戸棚にしまったとする。帰宅した娘はクッキーがどこにあると思っているか」というような問題（誤信念課題）について，3歳児では，娘があると思っている場所ではなく，実際にある場所を答えてしまうのに対し，4歳児になると娘があると思っている場所を答えられるようになる。これらの結果から，およそ4歳をすぎると自己と他者の観察不可能な心的状態を推測できるようになる（「心の理論」が成立する）ということが示された。この他にも，心的状態（思う，知っている，覚えている等）を表わす動詞の使用や区別，合同注意（joint attention），物理的実体と想像されたものとの区別等をめぐって心の理論とその発達に関する研究が重ねられている。

補足 1

Wimmer, H. と Perner, J. らの報告（1983）では，誤信念課題の正答率が4歳から7歳にかけて上昇するというデータが得られている。しかし，3歳児が誤信念課題に失敗するとしても，それが「3歳児には他者の心がまったく理解できない」ということをそのまま意味するものではないことに留意したい。

補足 2

自閉性障害について，心の理論の視点からとらえようとする試みがある。知能に遅れはないとされる高機能自閉症の児童であっても誤信念課題に失敗すること，自発的な合同注意がみられないことなどから，自閉性障害においては「心の理論」が欠如しているという指摘がなされている。バロン-コーエン（長野敬・長畑正道・今野義孝訳）「自閉症とマインドブラインドネス」青土社，子安増生「心の理論」岩波書店などを参照のこと。

● **「同一性拡散」**について説明せよ。

解答例

Erikson, E. H. の生涯発達の理論における，青年期の心理社会的危機を構成する概念。同一性達成との対概念である。すなわち，特定の生き方，職業，価値観にコミットせず，自分の人生について責任のある主体的な選択ができず途方にくれている状態をいい，同一性の危機を経験する多くの青年に一過性的にみられる自己喪失の状態である。Erikson は，この状態の症状として，自意識過剰，焦燥感，偶然に身をまかすこと，希望の喪失，時間的展望の拡散，不信感などを挙げている。

☞『幼児期と社会』(1950) において Erikson は，同一性「拡散 diffusion」と命名したが，

後に「混乱 confusion」という表現に言い換えている。

●マターナル・ディプリベーション（神戸市 H15, 東京都Ⅱ類 H11 など）

解答例

マターナル・ディプリベーション（maternal deprivation）とは，Bowlby, J. によって提出された概念で，母性的養育の剥奪または母性剥奪とも呼ばれる。WHO の要請によって刊行したモノグラフの中で Bowlby は，「乳幼児と母親，またはそれに代わる母性的養育者との人間関係が，親密かつ持続的で，しかも両者が満足と幸福感によって満たされるような状態が精神的健康の基本である」と述べ，このような状態の欠如をマターナル・ディプリベーションと呼んだのである。さらに彼は，ホスピタリズムや Spitz, R. A. によるアナクリティック抑うつの概念などをふまえ，こうした剥奪を乳幼児期に被った場合，精神発達の遅滞，身体的成長の障害（矮人症），情緒を欠いた性格の障害などを残すことになる危険性を指摘した。

Bowlby のマターナル・ディプリベーションの研究は，後に愛着（attachment）理論の確立へと展開する。愛着とは，乳児の特定の対象に対する情緒的な結びつきのことである。乳児は特定の他者（母親などの養育者）に対する接触を生まれながらに求める生得的な傾向を持ち，特定の他者（母親などの養育者）との相互作用により愛着を形成していくという。

愛着は，人間の健全な社会行動の発達にとって欠かせないものであるが，マターナル・ディプリベーションは，こうした愛着の形成を阻害する。近年急激に報告が増加している幼児虐待の問題も，直接間接にマターナル・ディプリベーションに関連するものであり，乳幼児の発達の問題を考える上で，マターナル・ディプリベーションは今日においてなお，きわめて重要な概念であるといえよう。

☞ アナクリティック抑うつとは，母子関係の良好な乳児（6〜12 か月児）が，母親から引き離されることにより，抑うつ症状を呈すること。

●虐待を受けた児童の影響について（神戸市 H15）

解答例

児童虐待とは，①身体的虐待，②養育放棄（ネグレクト），③心理的虐待，④性的虐待などの行為であって，それらが無意図的に生じたものではなく，通常のしつけの

範囲を超えており，反復，継続して行われる場合を指す。

　虐待は，児童の発達において，身体的にも精神的にもさまざまに深刻な影響を及ぼすことが指摘されている。そのうち代表的なものを4つ取り上げる。第一に，身体的な成長の遅れがあげられる。器質的な疾患がないにもかかわらず，身長，体重がその年齢の平均よりもいちじるしく下回ることである。これは，不適切な養育によって十分な栄養を与えられないことなどによって生じるだけでなく，ネグレクトや心理的虐待がある場合でも，心理的・感情的影響によって生じることがある。第二に，知的発達の遅れがあげられる。これは，身体的虐待による中枢神経系の損傷や，食物を十分に与えられないことによる栄養障害が原因で生じる場合，さらにネグレクトなどにより，知能の発達に必要な環境からの刺激が不足することなどによっても生じる。第三に，愛着等の対人関係の問題がある。愛着とは，子どもと特定の養育者との間の情緒的な結びつきのことである。発達初期の子どもと養育者との愛着のありようは，その後の人間関係のあり方に大きく方向づける。虐待を受けた子どもはしばしば，この愛着の形成に問題があり，このために健全に対人関係を営むことに困難が生じる。たとえば，周囲の大人に誰彼なく親密に振舞ったり，あるいは，他者と情緒的な結びつきを持てずに心理的に孤立したりすることがある。第四に，問題行動があげられる。虐待を受けた児童は，家出や徘徊，万引きなどの問題行動や，他者に暴力を振るったり物を破壊するなどの反社会的行動がみられることがある。また性的虐待を受けた児童では，性的逸脱行動や自傷などがみられることもある。

　このほかにも，虐待を受けた児童の全般的傾向として，自尊心の低下や衝動のコントロールの困難などが指摘されている。これらの影響を最小限にとどめるためにも，虐待の早期発見と虐待を受けた児童への早急かつ適切なケアの必要性が求められている。

《参考・引用文献》
「そだちの科学2　特集・子ども虐待へのケアと支援」　日本評論社

論　述

●青年期のモラトリアムについて述べなさい。（A4用紙1枚）（神戸市 H15）

解答例

　モラトリアム（moratorium）とは，本来は経済学の用語であり，国家が災害や恐

慌などによって経済的パニック状態にあるとき，たとえば銀行などの債務の支払いを延長する猶予期間を設けることを指す。生涯発達理論やアイデンティティ理論を唱えた Erikson, E. H. は，このモラトリアムという概念を青年期の特質を示すために用い，青年期を心理社会的モラトリアム（psychosocial moratorium）と呼んだ。すなわち青年期とは，その発達課題であるアイデンティティ達成に向け，さまざまな試行錯誤を積極的に行うために，社会への本格的な参加を一時的に猶予される状態とみなされるということである。

モラトリアムを青年期の特質とする考えは，近代以降の社会におけるものである。近代以前においては，青年期という概念はなく，身体的成熟や一定の年齢に到達することにより，たとえば通過儀礼という形で子どもから大人への移行が一律に定められた。しかし近代産業社会が成立してからは，年齢や身体面の成長だけでは一人前の大人とはみなされず，心理的・社会的に成長し，さまざまな社会的役割を身につけることが必要とされるようになった。そのために，青年に対しては，社会人（＝大人）としての義務や責任を果たすことが一時的に猶予されるようになった。このモラトリアムの間に，青年はさまざまな活動に取り組みながら知識や技術を獲得し，アイデンティティを確立させていくのである。20歳前後の青年が大学など何らかの教育機関に所属している割合が高くなっている先進各国では，こうした心理社会的モラトリアム状態は，青年期の若者にとっては一般的となっている。

しかし小此木啓吾が「モラトリアム人間」と指摘したように，わが国において1960年代以降，モラトリアム状態にいつまでもとどまろうとする青年が増加した。従来のモラトリアムと異なる点は，社会的義務や責任を猶予された中で，自己決定を回避しようとする傾向である。すなわち小此木によれば，①半人前意識から全能感へ，②禁欲から解放へ，③修行感覚から遊び感覚へ，④同一化（継承者）から隔たり（局外者）へ，⑤自己直視から自己分裂へ，⑥自立への渇望から無意欲・しらけへといった変化である。彼らは積極的に自己探索することで社会的な役割を取得した大人になろうとするのではなく，むしろ青年としてとどまり，自己の多様な可能性を常に発揮できる存在であろうとする。

こうしたモラトリアム期の青年における変化の背景には，経済的に豊かになり，高度情報・消費社会になったわが国におけるいわゆる「青年期の延長」が指摘されている。若者を消費のターゲットとする特有の文化が興隆したことなども関連するであろう。

今日のわが国において，青年期特有の社会問題としてしばしば取り上げられる，フリーター，ひきこもり，パラサイトシングル等は，いずれも青年期の発達課題の達成に向かわない，いわゆる「大人になる」ことから外れた存在である。その意味で，こ

れらは青年期のモラトリアムのある種病理的な一側面であるとも言える。こうした現象は、「青年期の延長」に現代特有の社会的要因が相まって、青年がモラトリアムを健全に脱し、大人になることが難しい時代になっていることの表われでもあるだろう。
☞ エリクソン、E. H. に関しては、109ページ参照。モラトリアム、アイデンティティに関しては、既に紹介した『アイデンティティの心理学』（鑪，1990）などを読んでほしい。『現代用語の基礎知識』『知恵蔵』などにも必ず解説されている一般教養レベルの重要用語である。

●保育所でゼロ歳児の保育を行う上で、子どもの心身の発達において留意すべき事項を挙げなさい。さらに、それらへの対処について、あなたの意見を述べなさい。（国Ⅰ H15)

〔解答例〕
　女性の社会進出が進む一方で、社会制度の不備や企業側の無理解により、出産や子育てによって女性が退職を余儀なくされることが男女共同参画社会の推進を阻む問題のひとつとなっている。また出生率の低下とこれに伴う少子化傾向も、「就労と子育ての両立」というライフスタイルをとりにくいわが国の現状が影響していることが指摘されている。そうした中で、政府が策定する少子化対策である新エンゼルプランの展開によって、ゼロ歳児保育が広がりつつある。
　ゼロ歳児は、人間の発達過程の中で心身発達のテンポが最も早くかついちじるしい時期であり、また子どもにとってその後の精神発達の基礎を形成する重要な時期である。従ってその保育には特に配慮が必要とされる。以下、ゼロ歳児保育において、子どもの心身発達において留意すべき事項とそれらへの対処について2つの点から述べる。
　この時期の保育において留意すべき第一点めとして、愛着をめぐる養育者（保育者）と乳児の関係性が挙げられる。乳児は生後6ヶ月くらいから、特定の人物（母親などの養育者）に対して愛着を示すようになる。愛着とはBowlby, J. の提出した概念で、養育者と乳児との間の情緒的な結びつきのことである。通常愛着は、乳児からの養育者への積極的な働きかけに対し、養育者がきめ細かな応答性をもって的確に反応し、言語的、非言語的に親密な相互作用を持続的に展開することで形成される。ゼロ歳児の時期に健全な愛着を形成することは、その後の人生における対人関係様式の形成や社会的な適応に重要な意味を持つ。というのも、この時期は、Erikson, E. H. の生涯発達段階でいうところの「基本的信頼対不信」という心理・社会的危機の段階であり、危機の克服はこの時期の養育者－乳児関係によって決まるとされるから

である。すなわち，養育者との間に健全な愛着を形成することによって，他者は基本的に温かい存在であり，自分には価値があり，自分が生きているこの世界は居心地がいいという基本的信頼感を体得するのである。

ゼロ歳児の時期に乳児に対して養育者の的確な応答性や親密かつ持続的な相互交流を欠くならば，それはある種のマターナル・ディプリベーション的な状況となる。この状況においては，上記のような基本的信頼の獲得は困難となり，乳児の発達に情緒的・社会的に望ましくない影響が及ぶと考えられる。

保育所においては，しばしば1人の保育者が数人の子どもを担当することになる。近年の研究では，いわゆる「3歳児神話（子どもが3歳になるまでは家庭で母親が育児をするべき）」に反し，育児は必ずしも母親によって行われる必要はなく，また乳児は初期から複数の愛着対象に異なる愛着を発達させることなども示されている。従って，愛着の健全な発達という観点からは，ゼロ歳児であっても母親以外の者が保育を行うのは，まったく問題ないであろう。ただ理想としてはやはり，子ども1人に保育者1人が持続的にかかわるというのが望ましい。新エンゼルプランによって近年は，保育者1人にゼロ歳児3人という規定となっているが，この場合は，同じ保育者が継続的にかかわることが求められよう。具体的なかかわりとしては，乳児1人ひとりの生活リズムを尊重すること，乳児の示すサインに対し適切に応答するよう努めること，授乳するときは1人ずつ抱くことなどであろう。また，ゼロ歳児保育を受ける乳児は必然的に実の養育者（母親など）と接する時間が少なくなる。しかしその養育者が健全な育児観に基づいて，乳児とともに過ごすときは密に接し，少ない接触量を質で補うことも重要であろう。このためにも，保育所側は養育者に対して，乳児の保育所での様子をきめ細かに伝えることが必須である。

留意すべき第二点めは，乳児の発達障害の早期発見である。知的発達障害を引き起こす先天的疾患がある場合，多くは新生児のスクリーニング検査で発見される。またゼロ歳児においては一般に，一時的に正常な発達と異なる行動的特徴が見られても，成長の過程で正常に発達していくこともあり，発達障害につながる兆候と即断することは困難な場合が多い。しかしそのような中でも広汎性発達障害（自閉性障害）は，日常の保育の場面でそうした兆候を見いだしやすいものだといえよう。すなわち，抱っこをしようとすると身体を反るなどするため抱きにくい，アイ・コンタクトが乏しい，愛着行動が乏しい，などの特徴が自閉性障害の場合ゼロ歳児からみられる場合がある。自閉性障害の場合，養育者と愛着関係を築くことに困難が生じるため，その後の発達の各段階で養育者からの発達支援を受けにくく，適切な対応を行わないでいると発達障害が加重される場合もある。従って，早期発見と早期対応が重要であるとされる。こうした問題に備え，保育者は発達障害に関する知識を深め，また早期乳幼児

期に発見される心身の障害に関連する情報の周知をふだんから養育者に伝えていくことも有効であろう。そして保育士が乳児のこうした特徴に気づいた場合は，直接養育者に障害のおそれがあるといった告知を行うことは避けるべきであり，まずは関連機関の保健士や医師に相談し，診断等も含めて慎重に対応していくことが大切であろう。この点でもまた，ふだんから保育所側と養育者の間に十分な意思疎通が行われていることが望ましい。

　近年，保育所入所児童数に占めるゼロ歳児の割合は増加傾向にある。新エンゼルプランでは2004年までに0～2歳児の保育について10万人増を目標としており，ゼロ歳児保育が特別なものではなくなりつつある。今後もますます一般化するであろうゼロ歳児保育においては乳幼児発達心理学や発達臨床心理学の成果等も取り入れ，乳幼児の心身の健康を促す，より豊かな保育が行われることが望まれる。

《参考・引用文献》
「心理臨床大事典」　培風館
藤永保監修　1990　「人間発達の心理学」　サイエンス社
小此木啓吾・深津千賀子・大野裕編　1998　「精神医学ハンドブック」　創元社

●マズローの「欲求階層説」について説明せよ。(警視庁H16など)

解答例

　人間は自由意志を持つ主体的な存在であるとしてとらえる人間性心理学の立場の1人であるMaslow, A. H.は，人間は自己実現に向かってたえず成長していく生き物であるという人間観に立ち，欲求階層説を提唱した。欲求階層説においては，人間の欲求はより基底的なものから上層のものへとピラミッド状の階層をなしている。まず基底層（第一層）として生理的欲求があり，その上に安全と安定を求める欲求（第二層），愛情と所属の欲求（第三層），承認と自尊の欲求（第四層）と順に生じてくる。この第一層から第四層までをまとめてMaslowは欠乏欲求と呼んだ。欠乏欲求は，満たされる度合いが少ないほど強くなり，満たされることによって減少する。そして部分的にでも満たされれば，その高次の階層の欲求が生じてくるという。具体的に説明すると，もしある人が難破して無人島にたどり着いたとしたら，まず食べ物と飲み物を確保し，次に住居を整えて身の安全を確保するだろう。そして，それらがある程度満たされれば，仲間を探し始めるといったように，欲求の階層を登っていくだろう。

　第四層までの欲求が適度に充足されると，次には第五層にある自己実現の欲求が生じる。Maslowはこれを第一層から第4層までの欠乏欲求に対して，成長欲求と呼ん

だ。自己実現の欲求はきわめて個人的な欲求であり，いわば個性発揮の欲求である。Maslowによれば「個人がなるところのものにますますなろうとする願望，個人がなることのできるものなら何にでもなろうという願望」である。このような欲求は自己の内面的な成長と深くかかわるものである。ただし，この欲求を完全に達成できる人はごく限られており，むしろ成長や自己実現を求めようとする志向性が大事であるという。

《参考・引用文献》
「心理学辞典」有斐閣
今田寛・宮田洋・賀集寛共編　2003　「心理学の基礎（三訂版）」　培風館
無藤隆・森敏昭・遠藤由美・玉瀬耕治　2004　「心理学」　有斐閣

●児童虐待への臨床心理学的援助について述べよ。（警視庁H16など）

解答例

　児童虐待とは，18歳に満たない児童に対する保護者による虐待行為を指す。児童虐待防止法では，虐待行為を以下の4項目，①身体的虐待，②性的虐待，③養育の放棄・怠慢（ネグレクト），④心理的虐待，に分類している。ここ数年児童虐待の相談件数・報告件数は大幅に増加しており，できる限りの早期発見・早期対応が求められている。

　児童虐待への臨床心理学的援助については，児童相談所をはじめ，さまざまな公的機関により行われているが，それらは①被虐待児童へのアプローチ，②親・家族へのアプローチ，③地域との連携，に大別できる。
①被虐待児童へのアプローチ：虐待の事実が認められ，実際に処遇が行われる場合，親子を分離し，子どもを施設入所させる場合がある。虐待を受けてきた子どもであっても，親と離れることを望まない子どもも少なくない上，長い目で見た場合親子を分離することが望ましくない結果につながることもあるので，一時保護や施設入所の際には慎重なアセスメント（見立て）が必要とされる。

　被虐待児童への対処としては，まずその子どもが安全で安心していられる生活環境を確保することである。すなわち食事，入浴，清潔な衣類や居住空間などが整い，起床・就寝といった日々の営みが規則正しく予測可能な状態を，子どもが受け入れられる程度に準備することである。

　こうした治療的環境の中で援助者は，子どもとの相互作用を通し，安心感の回復，子ども自身の守られているという感覚の形成，他者に対する信頼感の獲得などを図っ

ていく。さらに，必要に応じて遊戯療法などの心理療法的アプローチを行い，きめ細かに子どもの様子を把握していくことも大事である。ただし，被虐待児童の多くが愛着などの対人関係の形成に問題を生じていたり，情動のコントロールが困難であったり，否定的な自己イメージを持っている場合がある。こうした子どもに対しラポールを築くべく，援助者が抱っこや添い寝をしようとすると逆に子どもが混乱することもある。従って，アセスメントの結果等をもとに，被虐待児童1人ひとりの様子をよく観察し特徴を整理した上で，その子どもの行動の背景の理解につとめ，かかわりの工夫を行うことが求められる。

②親・家族へのアプローチ：虐待問題への対処においては，子どもに対する援助と同時に，親に対する援助も欠かせない。自らの子どもを虐待してしまう親の中には，経済的困窮や親の人格の未熟さのほか，虐待の世代間伝達がかかわる場合もあり，虐待行為の背景には複雑な要因が絡んでいる。親・家族への援助を行う場合には，最終的には家族が再統合することを目的に，慎重に対処する必要がある。虐待をする親に何らかの心理的障害があることがわかれば，個別のカウンセリングや精神科の受診をすすめる。また育児不安等の問題が中心的であれば，他の家族メンバーの協力や子育て支援サークルといった社会的資源の利用も考えられる。ただし，親の中には虐待事実を否認したり，支援を拒否したりするケースもある。こうしたケースについては，まず親と援助者の間に信頼関係を築くことが重要とされるが，実際には多くの困難があるという。

③地域との連携：児童虐待の問題は家庭内に限定されず，地域による援助もまた重要である。何よりも，虐待が生じないよう，その発生を予防する取り組みは，地域ならではのものであろう。自治体における子育て支援の取り組みや，育児に悩む養育者の自助グループなどは，虐待の予防や早期発見と対処に役立つ。また起こってしまった虐待に対して，対処がなされ，家族関係の修復と家族の再統合に向かう側面でも，地域でのフォローは大きな意味を持つ。この場合，児童虐待にかかわる関係各機関でのネットワーク作りが重要となるであろう。

　以上のように，児童虐待の問題に取り組む場合，子どもばかりでなく親や家族への臨床心理的援助も重要である。また地域との連携も組み込んだ，総合的なアプローチが求められている。

《参考・引用文献》
小木曽宏編著　2003　「Q＆A子ども虐待問題を知るための基礎知識」　明石書店
下山晴彦・丹野義彦編　2001　「講座臨床心理学5　発達臨床心理学」　東大出版会
「そだちの科学2　特集・子ども虐待へのケアと支援」　日本評論社

> ●心理学における横断的方法と縦断的方法について説明せよ。(警視庁 H16 など)

◯解答例

　発達研究では，個人の発達的変化の実態を記述し，またその発達的変化の背景にあるメカニズムを探ることが行われる。これらを調べるために，発達心理学では，横断的研究法（cross-sectional method）と縦断的方法（longitudinal method）という2つの方法が一般的に用いられてきた。

　横断的方法とは，ある時点で，異なる多くの年齢集団を対象として，ある心理的・行動的現象についてのデータをとる方法である。すなわち，一定の時間軸と直交して「横に」データを切り取るのである。これにより年齢ごとの発達的データを収集することができるが，実際の時間経過に伴う変化を調べたものとは異なることに注意をしなければならない。つまり横断的方法はある時点での異なる年齢集団の違いを調べる年齢効果の分析であるといえる。このほか横断的方法の特徴として，研究の期間が短く，コストがかからないこと，一度に比較的多数のデータが得られることなどの利点がある。

　一方，縦断的方法は，特定の個人または集団を継続的に追跡して，ある心理的・行動的現象についてのデータを取る方法である。すなわち，一定の時間軸にそって「縦に」データを切り取るのである。このようにして，発達的変化を取り出し，発達の現象や道筋を研究する。それゆえ因果関係の推測には強力である。

　しかし，縦断的方法は，研究期間，費用，労力がかかることに加え，特定の被験者（集団）を長い年月にわたって追跡することの困難さ，多数の被験者をとることの困難さから，十分な統計的分析ができないこと，同一の測定用具（たとえば知能検査）を何度も用いることによる結果の歪みなど，実施上の問題点が多い。また得られた結果が他のコホート（同時期出生集団）に必ずしも一般化できないという点にも留意しなければならない。つまり縦断的方法は同一集団について，異なる時点での変化を調べる時間効果の分析であるといえる。

《参考・引用文献》
子安増夫・二宮克美　2004　「キーワードコレクション発達心理学（改訂版）」　新曜社
「心理学事典」　平凡社

☞ 発達研究における発達的変化の分析方法としては，これら2つの難点を補うべく開発された「系列法（cross-sequential method）」や「コ（ー）ホート分析（cohort analysis）」も重要。必ず調べておくこと。

§2．心理検査・臨床心理査定（アセスメント）

試験にでるポイント　用語説明としては，心理検査や知能検査についての説明や，投影法と質問紙法の違いを説明させる問題が目立つ。ここでは解答例としては取り上げていないが，「TAT」，「Y-G性格検査」「バウムテスト」などについての用語説明も頻出であるため，個々のテストの目的・方法・概要などは確実に理解し覚えておくこと。論述としては「テスト・バッテリー」や「臨床心理査定（アセスメント）」が頻出である。特に家裁では毎年アセスメントに関する問題が出ている。アセスメントに関しては，その理念は目的は同じであっても，テキストによってアセスメントをとらえる視点が若干異なるので，一冊のテキストに頼り切ってしまうのは要注意である。学習するときは，執筆者の異なる複数の臨床心理学のテキストを用い，アセスメントについて書かれている項目を読み比べたりするとよいだろう。

用語説明

●**知能検査**（静岡県警 H14）

〈解答例〉
　知能という精神機能の個人的特徴を，客観的に測定し，表示することを目的とする尺度である。今日さまざまな知能検査が開発，使用されている。それらの特徴別に個人検査と集団検査，言語性検査と非言語性検査，一般知能検査（概観的検査）と知的機能別検査（診断的検査）に分けることができる。たとえば児童の一般知能の検査としてはビネー式がよく知られており，成人向けの診断的知能検査としてはWAIS(-R)が有名である。使用に際しては，被検査者の特性や目的に合わせ，適切な検査を用いることや，複数の検査を組みあわせて用いることが大切である。

●**ビネー式知能検査**と**ウェクスラー式知能検査**の特徴について，両者を比較しながら簡潔に説明せよ。（400字以内）（家裁 H15 一次試験）

〈解答例〉
　ビネー式知能検査とは，フランスの Binet, A. によって開発された史上初の知能検査の流れをくむ。一般に，問題が1歳級から成人までの年齢水準に沿って難易度順に配列されている。各問題はいくつかの小問からなり，うち何問正答できればその段階に合格するかが定められている。従って，知能の個人内差を調べることはできず，検査結果は，いわゆる一般知能である知能指数（IQ）を比率として求める。ウェクスラー式知能検査は，アメリカの Wechsler, D. により開発された。成人用（WAIS）と

子ども用（WISC）とがある。ビネー式のように問題を年齢水準ごとに分けず，言語性検査（6種類）と動作性検査（5ないし6種類）とに分けている。これにより結果の個人内差を見ることができる診断的な検査となっている。検査結果は偏差知能指数で表示されるため，何歳レベルの知能かではなく，同年齢集団の中でどのくらいの位置にいるかがわかる。

☞51ページも参照のこと。ちなみに，ウェクスラー式知能検査については，しばしば「知能の診断」が可能というのが特徴であることが言われるが，実際に妥当性のある診断をするには，検査者に高い熟練が要求されることはいうまでもない。

●心理アセスメント（150字）（豊中市 H15）

解答例

心理的援助を必要とするクライエントに対して，面接，心理テスト，行動観察等により，その性格特性や能力等に関する情報を収集・分析し，クライエントの状態を理解し，処遇方針を定めていく方法と過程のこと。精神医学的診断と異なり，病理や問題点だけでなく健康的な側面や可能性にも着目するのが特徴である。

☞ アセスメントについては，220ページ以降の「臨床心理査定」に関する問題・解答例も参照のこと。

●テスト・バッテリー（頻出）

解答例

心理アセスメントの手法の1つである心理検査において，クライエントに対して，複数の異なるタイプのテストを併せて用いる場合，それらテストの組み合わせをテスト・バッテリーと呼ぶ。心理検査は通常，クライエントのパーソナリティや問題点を多面的にとらえ，病態の診断や，治療・処遇方法への指針を立てるなどの目的を持つ。このため基本的には，知能検査，質問紙法，投影法の3種を組み合わせることが多いが，クライエントの状況や主目的となる査定対象を勘案してバッテリーを組むことが求められる。

☞216ページも参照のこと。

●内因性精神病（大阪市 H14）

〈解答例〉

　現在のところ身体的な原因（器質因）は完全には確認されていないが，遺伝的素因等の器質因が想定される精神病を指す。具体的には統合失調症と非定型精神病と躁鬱病のことである。これらの精神病は，個人的な素因が主たる発病原因であると考えられるが，その発病機序として「脆弱性－ストレス」モデルが提出されている。すなわち，脆弱性というのがこの場合個人的な素因，器質因のことであり，脳のはたらき方の特性によって規定される身体的な特性である。その疾患に特有な素因を持つ者が，ストレスにさらされると，そのストレスを適切に対処できずに発症してしまうと説明する，気質要因と環境要因の相互作用を考慮したモデルである。

　なお，内因性精神病という分類は，Kraepelinの分類体系に基礎をおく伝統的な病因論的分類体系における精神病のとらえ方である。この分類体系では，内因性精神病の他，外因性，心因性に精神病を分類する。今日では，こうした伝統的な病因論的分類以外に，症候論的に分類する米国の診断分類体系DSM，病因論と症候論の中間的立場をとる国際疾病分類ICDが提出されており，精神病理学における分類体系は多様なものとなっている。

〈補足〉

　精神病理学では，心理機能を基本単位に分化（知覚，思考，記憶，知能，自我，感情，欲求・行動）し，その機能障害を精神症状として記述し，精神疾患分類を構成する。

　その際，「病因」を前提とするのが，Kraepelinの分類体系に基礎をおく伝統的な病因論的分類体系である。これに対して病因論を排し，記述症候論的分類体系を採用するのが米国の診断分類体系であるDSM-IVである。なお，病因論と症候論の中間的立場をとるのがWHOの国際疾病分類であるICD-10である（ICDもかなりDSM寄りになっているが）。

　Kraepelinによる伝統的な病因論的分類体系では，精神疾患を外因性（exogenous：身体因が明らかなもの），内因性（endogenous：明確な証拠がないにもかかわらず，遺伝的素因等の身体因を想定するもの），心因性（psychogenic：心理的原因によるもの）に分類する。

《参考・引用文献》
「心理学辞典」　有斐閣
「心理臨床大事典（改訂版）」　培風館
下山晴彦編　「教育心理学Ⅱ　発達と臨床援助の心理学」　東大出版会

● DSM-IVについて簡潔に説明し，従来の疾病分類との違いについて述べよ。

解答例

　DSMとは，精神障害の診断・統計マニュアル（Diagnostic and Statistical Manual of Mental Disorder）を指し，DSM-IVは1994年に改定された第IV版を表わす。従来の慣用的な疾病分類が，外因，内因，心因といった病因を前提としていたのに対し，DSM-IVでは，そのような病因論を排し，疾病を臨床像の記述概念として分類している。また操作的診断が用いられており，症状のリストに一定以上の項目があてはまると診断が決まるというシステムになっている。このように診断基準が明確であるため，従来の疾病分類に基づいた診断のように，特定の学派や診断者によって偏ることなく，公共性のある安定した診断が可能である。さらにDSMでは多軸評定方式を採用し，臨床的な症状のみならず，人格的要因，身体的要因，社会的要因などからクライエントを多面的に理解するための視点が提供されている。

補足

　DSMでは，原則として病因論を排してはいるが，PTSDに関しては例外である。
　またDSMへの批判としては，精神疾患とみなしにくいものまで分類の対象になっているということ，操作的診断においてはクライエント個人の示す症状でも診断基準の項目にあてはまらないものは見落とされる可能性があること，アメリカ中心で文化差が考慮されていないことなどがある。

《参考・引用文献》
「心理学辞典」　有斐閣
氏原寛・成田善弘共編　「臨床心理学②診断と見立て　心理学的アセスメント」　培風館
下山晴彦編　「教育心理学II　発達と臨床援助の心理学」　東大出版会
恩田彰・伊藤隆二編　「臨床心理学辞典」　八千代出版

論　述

● テスト・バッテリーの意義について述べよ。（警視庁 H16）

解答例

　心理アセスメントの方法の1つとして心理検査がしばしば行われる。このときクライエントのパーソナリティや心理的障害の状況を多面的にとらえるため，複数の異なる検査を組みあわせて用いることがあり，この組み合わせをテスト・バッテリーと呼

ぶ。

　テスト・バッテリーを用いる場合は，アセスメントの目的やクライエントの状況にあわせて検査を選ぶ。組み合わせる検査の種類や数について特に規定はないが，一般的によく用いられる組み合わせとして，「知能検査（ウェクスラー式やビネー式など）・質問紙法（Y-GやMPIなど）・投影法（ロールシャッハ・TAT）」などがある。検査を実施する際に注意すべきは，検査にかかる時間とそれに伴う被検査者の心理的負荷である。検査の施行は1日2時間を超えないようにし，場合によっては2日に分けて行うことが望ましい。

　テスト・バッテリーを用いる意義は主として3点挙げられる。まず，それぞれの心理検査は，構造や水準が異なり，効用と限界とがあるため，1つのテストが明らかにできる範囲は限られている。従って，複数のテストを適切に組み合わせることで，これらを補い，クライエントをより総合的に理解することが可能となること。第二に，心理検査から得られるクライエントの反応が，可能な解釈を複数含む場合がある。その場合，同じ特性について測定することのできる他のテストを用いることにより，検査結果の妥当性をより高めることができること。第三に，検査目的が最初は単純であっても，その背後に予想外の重大な要因が絡んでいることがある。学業不振から知能検査を依頼されたが，そのほかの投影法をバッテリに加えたところ，学業不振の背景に深刻な心的外傷体験があったことが判明した例などもある。単一の検査では気づかれにくいことが，テスト・バッテリーを使用することによって発見されることがあること。

　最後にテスト・バッテリーの限界について述べる。テスト・バッテリーを用いることで，確かに検査結果の妥当性を高めることはできるが，それは被検査者の全体像が正確に把握できることとは別問題である。得られた結果はあくまで心理検査の枠組みでの結果であって，臨床心理アセスメントにおいては，このほか，査定面接や行動観察など他のアセスメント資料との照合もまた欠かせない。

《参考・引用文献》
「心理臨床大事典（改訂版）」　培風館
氏原寛・成田善弘共編　「臨床心理学②診断と見立て　心理学的アセスメント」　培風館

> ●パーソナリティ診断の方法としての質問紙的技法と投影的技法の特徴を，テスト状況，刺激特性，結果の処理などの観点について対比的に提起した上，それぞれの代表的テストを挙げ，更にそのよるべき性格理論について論述せよ。(家裁 H7)

解答例

　パーソナリティ診断における質問紙的技法とは，質問紙法とも呼ばれ，被検査者に呈示した一連の質問項目から自己報告の形で回答を得る方法である。これに対し投影的技法とは，投影法とも呼ばれ，比較的あいまいな刺激を与えて，被検査者からできるだけ自由な反応を引き出す方法である。

　テスト状況の特徴として，質問紙法は，個別でも集団でも実施することが可能であることが挙げられる。すなわちテストが実施されている間は，検査者と被検査者の間で基本的に相互作用をほとんど必要としない。一方，投影法では，ほとんどのテストが個別で実施され，テストの間は検査者と被検査者が一対一でやりとりをするのが通例である。従って，検査者と被検査者との関係が反応に影響を及ぼすこともあり，検査者と被検査者との関係も検査実施上の重要な留意点となる。

　刺激特性として，質問紙法では，「はい」「いいえ」「わからない」など限定された回答から選択する方式が主である。質問は明確かつ一義的で，そのため質問ないし検査の意図が被検査者に伝わりやすく，反応の意図的な歪曲が行われる可能性がある。一方，投影法で用いられる刺激は，あいまいかつ多義的なものである。従って検査意図や求めているものがわかりにくく，被検査者が反応を意図的に操作することは難しい。

　結果の処理については，質問紙法が，決まった一連の手続きに従って統計的に処理されるのに対し，投影法では判定の基準が明確でなく結果の処理に検査者の主観が入る余地がある。つまり質問紙法は初心者であっても手順に従えば，採点や解釈が比較的容易であるが，投影法は妥当性の高い解釈のためには専門的な知識と相当の熟練を必要とする。

　質問紙法の代表的な検査として，ここでは Eysenck, H. J. によって開発された MPI（モーズレイ人格目録）を取り上げる。彼は，因子分析（正確にはクライテリオン分析）の手法を用い，神経症傾向と外向性－内向性という２つの独立の因子を見いだし，これらの因子を性格特性として測定する検査として MPI を編み出した。Eysenck の理論は性格の類型論的な立場と特性論的な立場とを結ぶものとして位置づけられるが，MPI は基本的に特性論的な理論の基礎に立っている。性格の特性論とは，各個人には共通した性格特性があり，これらの性格特性の量的な個人差でパーソナリティをと

らえようとする視点である。

　Eysenck の理論で言えば，たとえば内向性という特性は，〈持続度〉〈硬さ〉〈主観性〉〈羞恥性〉〈易感性〉という5つの特性から構成されている。同様に，外向性という特性は〈活動性〉〈社交性〉〈冒険性〉〈衝動性〉〈表出性〉〈反省の欠如〉〈責任感の欠如〉の7つの特性から，神経症傾向は〈自尊心の低さ〉〈不幸感〉〈不安感〉〈強迫性〉〈自律性の欠如〉〈心気性〉〈罪悪感〉の7つの特性から構成される。MPI では全部で80の質問項目からこれらの特性の多寡を総合し，個人の性格傾向を9つの類型に分類するのである。

　次に，投影法の代表的な検査として，ここでは Murray, H. A. によって開発された TAT（主題統覚検査）を取り上げる。TAT は，Murray が Freud の人格理論を欲求と圧力の力動的理論としてとらえなおした理論モデルを基礎としている。Murray によればパーソナリティとは，全生涯にわたるさまざまな「できごと」の時間的・歴史的系列である。

　TAT では，パーソナリティを形作る，短い単位としてのエピソードを個体と環境の相互作用としてとらえ，これを「欲求－圧力」という力動的構造，すなわち「主題」と考える。この場合の欲求とは，物語の主人公が環境に働きかける行動を引き起こす内部からの力であり，圧力とは，環境の側から主人公に働きかける力である。欲求には対人関係の欲求，社会的欲求，圧力排除欲求，防衛逃避欲求に，圧力には，社会対人関係の圧力，環境的圧力，内的圧力に分けられる。個人の人生におけるエピソードは，常にこの欲求と圧力の結合体として現われるという。個人はそれぞれ特有の主題を持ち，それが人生の中で繰り返されると Murray は考えた。TAT では，社会的な状況を多義的に描いた絵画を刺激とし，これを被検査者に対し意味的に解釈させ空想として物語をつくらせる。すなわちテスト刺激から作られる空想的物語に被検査者の主題（欲求－圧力の構造）が投影されているとみなすのである。作られた物語から，被検査者の人生におけるその人ならではの主題を推定し，パーソナリティを理解しようとするのである。

☞ パーソナリティ検査における質問紙法と投影法，それぞれの長所・短所は必ず整理し，確実に理解しておくこと。

《参考・引用文献》
詫摩武俊・瀧本孝雄・鈴木乙史・松井豊　2003　「性格心理学への招待（改訂版)」　サイエンス社

第二部　Ⅳ章　過去問・類問の解答・解説

> ●次の1から6までの用語をすべて用いて、臨床心理査定に関する小論文をまとめよ。
> （家裁 H9）
>
> 1．行動観察　2．クライエントの福祉　3．査定面接　4．テスト・バッテリー　5．精神的健康度・病理水準　6．処遇方針の決定

解答例

　臨床心理査定とは、臨床心理的援助を必要とするクライエントの心理的側面に関する情報を収集・分析し、それらを統合して、適切な処遇の指針を立てる過程のことである。

　この過程において重要なことは、査定は精神医学的診断とは異なり、クライエントの福祉に資する目的で行われるということである。すなわち、クライエントの病理のみに注目しこれを査定するのではなく、パーソナリティや能力、対人関係様式など幅広く情報を収集し、クライエントの健康的な部分、適応機能に注意を向けることや、問題解決のために利用可能な資源を探ることも考慮する必要がある。

　実際の臨床心理査定の過程においては、まず、面接法、検査法、行動観察法などの方法が適宜用いられ、情報収集が行われる。この場合行われる面接が査定面接である。査定面接においては、クライエントの問題について情報を収集し、問題を把握する受理面接から、問題の背景を明らかにする生活史面接に引き継がれることが多い。受理面接は比較的構造化されており、識別情報のほか、主訴、過去の処置、健康状態、家族状況などについて聴取ないし、クライエントに記入してもらう。受理面接を受けて、生活史面接に入るが、ここではクライエントが直面している問題を詳しく知り、問題の発生や継続に関与している背景要因を明らかにしていく。このために、発達段階ごとにどのような出来事があり、葛藤の処理をどのように行い、そのときの対人（家族）関係がどうであったかなどを、半構造的な形式で聴取する。このとき、面接者はクライエントとラポールをとり、クライエントが伝えようとすることを理解すべく、積極的に傾聴する受容性を発揮することは言うまでもない。

　次に、行動観察においては、面接やテストといった限定された場面では把握しにくいクライエントの情報を行動面から収集することができる。言語能力の未発達な幼児の問題行動が主訴である場合などは、その行動を日常の文脈の中でとらえることができるため、有用な情報収集の手段となる。行動観察の方法には、自然な環境で生じる行動を観察する自然観察法、問題となる行動が生じる要因が仮定されている場合、これを統制した上で行動を観察する実験的観察法などに分けられる。通常、臨床心理査

定において，行動観察は独立で行われるのではなく，面接でのクライエントの言動や，心理テストの結果など，他の情報との統合作業の中でその資料が用いられる。従って，クライエントについての予備知識や先入見によるバイアスが生じる場合がある。行動観察を用いる場合はこの点に注意し，複数の観察者による観察結果の一致率の検討も行う必要がある。

さらに臨床心理査定においては，しばしば心理検査を用いる。心理検査は，複数組みあわせてテスト・バッテリーという形で用いることが多い。すなわち，心理検査は単独で明らかにできる範囲が限られているため，複数の異なる特徴を持った検査を組み合わせることで，クライエントの心理的側面を多面的にとらえ，総合的に把握することが可能となる。テスト・バッテリーにどの検査を組み入れるかについては，クライエントの状況や査定の目的によって決まってくる。一般的なバッテリとしては，知能検査（ウェクスラー式など），質問紙法の性格検査（Y-GやMPIなど），投影法の性格検査（ロールシャッハやTAT），描画検査（HTP，バウムなど）の組み合わせがある。これらを実施するときには，実施の順序に十分留意する必要がある。侵襲性の強いロールシャッハやTATを先に行うのは避け，不安や緊張をあまり生じない検査，たとえば成人なら質問紙法の性格検査，子どもなら描画法から入るとスムーズであるともいわれる。

以上の各方法を用いて収集した情報から，クライエントの精神的健康度・病態水準についての見立てを行い，適切とされる処遇方針を決定していく。ただし，これらの臨床心理査定から導かれた解釈や見立ては，あくまでも仮説である。従って，その後必要に応じて新たに査定を行い，その結果に応じて見立てを修正していくことも忘れてはならない。

《参考・引用文献》
田中富士夫　1996　「臨床心理学概説」　北樹出版
高橋雅春・高橋依子　1993　「臨床心理学序説」　ナカニシヤ出版

●次の「　」内に記されている事例の様子を読み，各自で主訴を具体的に想定して記述し，その後に挙げられているから6までの用語すべてを用いて，臨床心理査定に関する小論文を作成せよ。

なお，小論文に記述する1から6までの用語のそれぞれに下線を引きなさい。また1から3までの用語については，それぞれの用語の後に〈　〉をつけて，語義を20字以内で簡潔に説明せよ。（家裁 H12）

> 「ある日，知人に紹介されたという40歳台の女性が初めて相談センターに単身で訪ねてきた。
>
> 見るからに，表情は青白く，いかにも何か事情があるらしいということが推測できた。服装は地味であり，化粧もしていなく，頭髪も手入れをしていないことがわかる。手には一冊の週刊誌らしいものしか持っていないこともわかる。視線も合わず目もうつろであり，挨拶も十分にできない風である。既婚者で思春期の子どもが2人いるということはわかっている。
>
> ここで初回の受理面接が始められた」
>
> 1．問題の発生と経過　2．生活史　3．インフォームド・コンセント　4．受容的態度　5．テスト・バッテリー　6．家族関係

解答例

　臨床心理査定とは，臨床心理的援助を求めるクライエントに対して，その症状やパーソナリティに関する情報を系統的に収集・分析し，その結果を総合して介入方針を決定するための一連の過程のことを指す。受理面接においては，臨床心理査定にかかる重要な情報を収集することが1つの目的となる。

　本事例の女性は，表情が青白く，目もうつろで，挨拶も十分にできないといった生気に乏しい印象や，服装，髪型，化粧などの身だしなみにあまり気を使っていない様子などが示されている。主訴は，「子どもとの接し方に悩んでいる」，「落ち込んだ気持ちがいつまでも回復しない」などの抑うつ状態などを示唆するものであるとここでは想定する。

　受理面接の開始にあたっては，まず治療者は，クライエントに対してインフォームド・コンセント〈患者が医療について説明を受け納得すること〉を求める。すなわち，治療者が用いる技法や可能な援助，心理テストを行う目的，守秘義務などについてクライエントが理解できるように説明を行い，クライエントからの疑問があればそれに答える。ここでクライエントが同意してはじめて，受理面接が開始される。面接の初回において重要なのは，治療者とクライエントとの間に信頼関係（ラポール）を形成することである。初回の面接は，治療者がクライエントを見るだけではなく，クライエントの側でも治療者の態度や説明の仕方などを観察し，信頼に足る人物かどうかを見立てるものでもある。このため，クライエントとの間に信頼関係を築くべく，受容的態度を取ることが求められる。つまり，導入の段階であっても，治療者はクライエントの気持ちを理解し受容しようと努め，治療者側の理解をクライエントに伝えるというコミュニケーションが必要とされる。

受理面接では，まずクライエントの氏名，生年月日といった基礎情報に続けて，問題の発生と経過〈主訴が発現した契機と今に至る状況の展開〉，生活史〈各年齢段階における主要な出来事や状況〉，両親や現在の配偶者との関係も含め，家族関係について聴取する。これらについて情報を得ることにより，クライエントの主訴の背景にある問題理解がより深まる。

これらの情報を収集することにより，本事例について以下のことが明らかになったとしよう。すなわち，この女性の主訴の問題は，子どもが2人とも思春期に入ってから生じたこと。この女性が，子どものころから女性であっても働き続けることを大事に思ってきたことや，結婚して購入した住宅のローンもあるため，今後も仕事を続けるつもりでいること。そして，家族関係については，夫との仲は悪くはないが夫の仕事が忙しくなかなか家にいないこと，またこの女性を育てた母親も仕事と子育てを両立してきた人であるため，彼女自身もその母親を理想としていること，などが示されたとする。

こうした情報から，この女性が，思春期という発達段階に入った子どもとしっかりと向かい合いたいが仕事も続けざるを得ず，思うようにできないという葛藤状態にあり，理想である自分の母親のようになれない自分への劣等感にさいなまれている，といったこの女性の問題の理解が仮説的に成立する。生活史や家族関係について情報が収集されることにより，本事例の現在の主訴をより深く，多面的に理解することが可能となるのである。

これらの所見に基づき，さらに援助に役立つ情報を得，具体的に介入方針を立てるために，心理検査を行うことが求められる。クライエントの症状の状況やパーソナリティをより的確に把握するためには，心理検査をいくつか組み合わせ，テスト・バッテリーとして実施することが多い。しばしば用いられるバッテリーとしては，YG性格検査，ロールシャッハ，描画法など，質問紙法と投影法との組み合わせがある。本事例のように，抑うつ状態が窺われる場合はさらに，ベック抑うつ目録など抑うつ状態を査定する検査を組み入れるなど，状況や目的に応じて柔軟にバッテリーを組むのが望ましい。

臨床心理査定においては，以上を通して収集された査定情報は最終的に，クライエントに対する適切な心理的介入のために分析，総合され，報告書としてまとめられる。

●補足●1
　本問では「各自で主訴を具体的に想定し」とあるが，主訴だけを具体的に想定すると解答として書きにくいため，主訴に加え事例の女性の背景も想定した。

●補足●2
　生活史という用語について今回の問題で説明を求められているが，この用語については，

心理学者間で一定の意味が定まっているわけではない。たとえば伝記資料などをもとにして，人格形成の機序を追求する心理学的研究を，Erikson, E. H. や西平直樹らが行っているが，この場合は，生育史（life-history）という言い方をされる場合が多い。この生育史を調べるということは，個人のライフサイクルに関してのいわば年譜を作る作業である。具体的に個人のある特別な行動様式，性格特性が，いつどのような条件下で形成されていったかを生活空間の中で解き明かすのである。臨床心理査定において生活史面接という場合には，これとほぼ同義であろう。特に発達課題や，各発達段階における危機に関して関心を払って叙述することを指している。臨床心理査定における生活史面接については，田中富士夫の『臨床心理学概説』（北樹出版）参照のこと。生活史・生育史という概念については『生育史心理学序説』（西平直樹，金子書房）などを参照のこと。

●「　」内の事例の様子を読み取り，次の１，２の問いに答えよ。（家裁H13）

「ある日，60歳に近い年齢の女性が，単身で心理相談室に来所した。
　申し込み票の主訴（問題）の欄には，"息子の引きこもりについて"と，"私の対処について助言がほしい"というふうに記入されていた。また，家族に関しては，夫と息子の３人であり，夫は単身赴任中で月に１，２回帰宅する程度と書かれていた。なお，この女性は，この初回受理面接の日に約束した時間の30分も前から来所していた。
　面接の開始とともに，この女性は自分自身のことを"老体の身である"と呼び，医療機関にもかかっていると話し始めた。顔には見るからに険しい表情を浮かべ，家庭内での息子の自分に対する暴力に脅えており，深刻に困っていることについて語り始めた」
１．この事例の初回受理面接を実施し，その後の処遇と援助を行うために，留意したり重視したりしなければならないことを３つ挙げ，それぞれについて簡単に説明せよ。
２．次の１～５の用語をすべて用いて，この事例の臨床心理査定に関する小論文を作成せよ。

なお，小論文で用いたそれぞれの用語には，すべて下線を引くこと。また，１～３の用語については，それぞれの用語の後ろに（　）をつけ，その語義を30字程度で説明せよ。

１．問題の発生　２．精神的健康度　３．スーパービジョン　４．心理テスト　５．家族内葛藤

〔解答例〕
１．この事例について，留意したり重要視したりしなければならない点として，①緊

急度の高さ，②クライエント自身の心身の健康の問題，③家族における夫のかかわりを挙げることができよう。

①緊急度の高さ：「家庭内での息子の自分への暴力に脅えて」いるということから，対応を誤れば，この女性に危害が及ぶ可能性も考えられる。必要な場合は危機介入を行い，女性を息子から引き離すことが求められる。従って，息子の暴力の程度や頻度などについて具体的に話を聞くことが重要となる。

②クライエント自身の心身の健康の問題：クライエントの年齢が60歳に近いこと，医療機関にもかかっていることなどから，クライエント自身の心身の健康状態について留意する必要がある。特に医療機関に通っている理由と経過を聞くことは必須である。また60歳という年齢は，中年期から老年期へとさしかかる時期であり，発達段階的にもさまざまな問題を生じやすい。女性の場合，更年期障害などに伴って抑うつ的になる場合もあり，そのことが主訴に影響を及ぼしている可能性もある。

③家族における夫のかかわり：家族は夫と息子の3人で，夫は単身赴任中とのことである。引きこもりの問題はしばしば，当事者のみならず，家族全体の問題としてとらえる視点が欠かせない。従って，夫のふだんからの息子の問題に対する態度，夫の家庭に対するかかわりの程度や質を含め，家族間の関係性について十分に情報を得ることに留意すべきである。

2．本事例では，来所した女性の主訴は，自身ではなく子ども（息子）がひきこもり及び暴力という問題を抱えているというものである。そして暴力に対する対処について助言を求めている。ところが臨床心理査定とは，そもそも来談者のパーソナリティや能力，人間関係や問題解決に利用可能な資源までをも含めて総合的に把握し，介入方針を定めていく過程である。従って，女性に対してまずそのことを理解してもらう必要がある。すなわち対処についての助言をただちに与えるのではなく，問題についてさまざまな側面から話を聴き，最善の対処方法を考えることを目的としていることを説明し，同意してもらう。

しかし，約束の時間より30分も前から来所していることや，面接のはじめから険しい表情を浮かべていることからも，緊急性の高いケースである可能性は第一に考慮されるべきである。従って，まず子どもの暴力の状況について，どのような頻度でどのような暴力が振るわれるかを具体的に聴き，女性に危害が及ぶ危険度が高いと判断されれば，危機介入的な対処を考えることがまず必要となろう。危機介入の検討に関しては，査定の担当者が単独で判断するのではなく，必要に応じて<u>スーパービジョン</u>（査定に携わる上級者から指導を受けること）を受けることが望ましい。

女性が息子のひきこもりと暴力によって危機状態にあると仮定した場合，まずは女

性の<u>精神的健康度</u>（精神機能が健全に発揮されている度合い）を把握する必要がある。医療機関にかかっている理由や経過を聞き，また60歳に近いという年代特有の疾患－女性の場合では更年期障害に伴う抑うつ－を抱えている可能性も考慮しつつ，情緒の安定度やメタ認知の働きが正常であるかを判断することが求められる。そのために必要に応じ，CMIなどの<u>心理テスト</u>を実施することも必要となろう。

次に，危機状態を理解するために，<u>問題の発生</u>（主訴となる問題の発生した時期と経過）について，いつごろからひきこもりが始まったか，暴力が伴うようになったのはいつか，それらが今日までどのような経過を経たかを聴く。しかし，ひきこもりの問題は，子どもと母親（家族）を切り離して考えることはできず，背景に何らかの<u>家族内葛藤</u>の存在が窺われるため，問題の経過を聴取するにあたっては母親や父親（夫）を含めた家族関係に留意することが求められる。特に単身赴任中の父親（夫）の問題へのかかわりについて把握することは忘れてはならない。

本事例については，以上の各側面から情報を収集し，危機介入的な対応を踏まえつつも，根本的な問題解決を目指す介入の指針を立てていくことが求められる。

《参考・引用文献》
「心理臨床大事典（改訂版）」 培風館

●次の1から5までの用語をすべて用いて，臨床心理査定（アセスメント）についての小論文をまとめよ。なお，用語を用いた際にはすべて下線を引き，用語についての簡潔な説明もすること（用語は順不同に用いてよい）。（家裁H15）

1．受理面接　2．分析と解釈　3．臨床的理論　4．心理検査　5．査定面接

解答例

臨床心理査定（以下「アセスメント」とする）とは，臨床心理的援助を必要とするクライエントについて，パーソナリティや行動とその規定要因に関する情報を系統的に収集し，介入方針を決定するために作業仮説を立てる過程である。またアセスメントは，個人の問題点や病理のみに焦点を当てるのではなく，能力や肯定的な側面も含めたクライエントの理解を目指すものでもあり，その点で精神医学的診断と区別される。

Nietzel, M. と Bernstein, D.（1987）によれば，アセスメントは，4段階からなる。それらは，①アセスメント目的の決定と準備，②資料収集，③解釈，④結果報告であ

る。この展開に従って，以下説明する。

　①アセスメントの目的の決定と準備：この段階では，クライエントの何を，どのように調べるかのアセスメントの方針を立てる。この段階でしばしば受理面接が行われる。受理面接はインテーク面接とも呼ばれ，識別情報や主訴を聞く初回の面接のことである。聴取される項目は，識別情報（氏名，年齢，住所，職業など）のほか，主訴，過去の病歴，生育歴，家族状況等である。これにより，クライエントの現在抱える問題を，その背景をも含めて把握する。受理面接で得られた資料を基に，アセスメントの目標をどこに置き，どのような方法で行うかといったアセスメントの計画が立てられるのである。

　②情報収集：この段階では，査定者がクライエントに対して，面接法，観察法，心理検査法などを用い，アセスメントに必要な情報を収集する。

　ここで行われる面接は，先の受理面接とあわせて査定面接と呼ばれることもある。査定面接とはクライエントの問題理解のために必要な情報を収集する面接のことである。ここでは，クライエントの問題状況，経過，背景などについて時間をかけて詳しく本人から聴取していく。このとき，クライエントの言語的報告内容のみならず，外見（髪型や服装，化粧などの身だしなみ）や視線，表情，話し方といった非言語的な情報にも十分留意する必要がある。さらにクライエントの問題を具体的，多面的に理解するため，クライエントがその問題をめぐりどのような感情，認知を持っているか，どのような人的・物理的状況で問題が生じるのかを細かく聴取する。なお，この過程で援助に有効な情報を得るためには，査定者とクライエントとの間に信頼関係（ラポール）が築かれていなければならないことは言うまでもない。

　アセスメントでは，面接法と組みあわせて心理検査を用いることが多い。心理検査とはクライエントのパーソナリティや心理状態などを理解するための標準化された体系的な方法のことである。心理検査を用いることによって，面接ではアプローチしにくい情報を，面接とは異なる角度から短期間で得られる。この場合，複数の心理検査を組み合わせたテスト・バッテリーとして実施することが望ましい。検査によって得られる情報の水準や内容が異なるため，異質な検査を組み合わせ相互補完的な情報が得られるようにすることが多い。代表的な組み合わせとして，質問紙法と投影法と知能検査といった組み合わせがあるが，アセスメント目的やクライエントの状況に応じて組み合わせを考える必要がある。

　③解釈：以上で得られた面接の記録や検査結果を総合し，分析と解釈を行う段階である。すなわち，収集された情報を量的・質的に分析し，そこからクライエントのパーソナリティや問題についての仮説を導き出すのである。これに基づいて，介入のための作業仮説が立てられる。得られた情報の解釈と作業仮説の作成に関しては，種々

の臨床的理論のモデルを用いてなされる。臨床的理論とは，具体的には精神分析学，学習理論，認知理論，家族システム論などの臨床心理学的理論を指す。このとき，理論にクライエントを当てはめるのではなく，クライエントのあり方を中心に考えることが重要となる。

④結果報告：この段階では，以上の①から③でまとめられた結果を，アセスメントの依頼者や当事者に対して報告する段階である。通常は文書としてまとめられる。このとき，なるべく専門用語は用いず，一般の人でも理解しやすいことばで記述することが求められる。

☞ テキストによっては，「査定面接＝インテーク面接」としているものもある（たとえば，平木典子・袰岩秀章「カウンセリングの基礎」北樹出版など）。ここでは「受理面接＝インテーク面接」とし，査定面接は受理面接を引き継いでさらに詳しく情報を収集するために行われるものと位置づけた（220ページの解答例も参照のこと）。このような用語の使い方は相談機関や臨床家によっても多少異なることがあるので注意してほしい。

§3．カウンセリング・心理療法

> **試験にでるポイント** 　カウンセリングや心理療法に関しては，用語説明よりは，むしろ論述で多く出題されている。それぞれの心理療法について提唱者，方法，効果，限界などその特徴を整理し，さらには心理療法どうしの共通点や相違点をまとめておくとよいだろう。また，近年注目されている「エビデンス・ベースド（実証に基づく）の臨床心理学（Evidence based clinical psychology; EBCP）」についても，その考え方や方法論を知っておくことをすすめておく。

用語説明

> ●**自律訓練法**について簡潔に説明せよ。（200字以内）（家裁 H15）

解答例

心の状態と関連の深い身体的側面の変化を重視した心理・生理学的訓練法である。Schultz, J. H. によって体系化された。身体がリラックスしたときに身体に現われる四肢の重さや温かさを自己暗示により積極的に作り出すことによって，全身の緊張を解き，心身を安定させ，心身の状態を自分でコントロールできるようにしようとする。心身医学の領域で中心的に用いられてきたが，今日では学校教育，スポーツ，産業場面でも広く用いられている。

☞ 85ページも参照のこと。

●精神分析における「**自我**」,「**超自我**」,「**イド（エス）**」の関係について簡潔に説明せよ。(400字以内)（家裁 H15 一次試験）

◆解答例◆

　Freud, S. は，心の構造について，自我，超自我，イドから構成される心的装置であるとした。超自我とは，幼少期の両親からのしつけが内在化されたもので，「〜してはならない」という禁止の形で，道徳や規範として働く。イドとは，最も原始的な本能的衝動（欲動）の源泉である。乳幼児期以来抑圧されたものが貯蔵されている。衝動を即座に満足させようとする快楽原則に支配されており，無意識的である。自我は，現実に適応する心の働きの主体である。現実原則に従って，イドの衝動を意識化しつつ，超自我との関係を調整する。当初 Freud は，自我を，現実と超自我やイドとの関係における葛藤の調整，すなわち防衛をつかさどる機関として定義していた。後に Hartmann, H. がこの考えを発展的に修正し，超自我やイドによって制約される防衛的な自我とは区別される，自由で自律的な自我の概念を提出した。

☞ 本問は心理療法とは関連が薄いが，精神分析の理論的背景にある概念としてこの章で扱うことにした。

論　述

●心理療法の限界について。（A4用紙一枚）（神戸市 H15）

◆解答例◆

　心理療法とは，心理的援助の理論と技術に習熟した者によってなされる，クライエントの心理面での問題に対する治療行為である。心理療法にはさまざまな理論的立場があり，技法も多岐にわたる。しかし共通するのは，クライエントと治療者の信頼関係を基に，相互作用を繰り返しながら，症状の除去を行ったり，症状の背後にあるパーソナリティに働きかけ，自己の成長を促すといった点である。

　しかし心理療法は，いかなる心理的な問題に対しても有効というわけではない。心理療法の限界については，以下の3点から考えることができよう。

　第一に，心理療法全般についていえることであるが，心理療法の狭義での目的は，症状や問題行動の除去である。従って，まずは治療者とクライエントとの間に，問題意識が共有されている必要がある。それが成立しない場合，たとえば，クライエント

に現われている症状を自覚していなかったり，自覚していても治療を望んでいない場合などが挙げられる。こうした場合は，いかにすぐれた治療者であっても，心理療法を開始すること自体が困難であるし，開始したとしても効果はほとんど得られないであろう。

　第二に，個々の心理療法についてであるが，いかなる心理療法であっても，あらゆる心理的問題を解決できる万能の心理療法はない。たとえば認知行動療法ならうつ症状に，行動療法のフラッディング法であれば強迫神経症に有効性が認められる，などのように特定の心理的問題や症状に一定の治療効果が認められているものがある。その一方で，境界性人格障害にクライエント中心療法を施してもあまり効果がない等のように，心理療法ごとに適不適があるということである。

　第三には，心理的な問題は，個人の心の次元に限定できないものがあるということ。たとえばある高校生が問題行動を起こした場合，これを心理的問題によるものとして，クライエント中心療法的なカウンセリングを受けるだけでは，症状の治癒や問題解決に至らないことがある。場合によっては家族全体に働きかける必要があるかもしれないし，あるいは学校，地域に働きかける必要がでてくることもある。特定の心理療法だけで問題に当たるのではなく，複数の考え方，技法を組み合わせ，社会システムをも組み込んだ，統合的な心理援助を行うことが重要な場合もあるのである。

補足

　もちろん心理療法は単独で行われるものではなく，心理学的アセスメントと組みあわせて用いられるものである。従って，心理的症状や問題の解決に心理療法が有効に機能するためには，まずアセスメントが適切に行われる必要があるということも付け加えられるであろう。

　また，心理療法は，そもそも器質異常や身体的障害を治癒するものではない。その点では，薬物や外科的手術のみがその症状の主たる治癒方略である場合には根本的に不向きである。上記の解答では，そこまでを視野に入れて書かなかったが，そもそも心理療法に対して否定的な立場もありうる。現在では否定されているロボトミー手術を行った医師の立場などは，この心理療法否定派の極端な部類に入るだろう。現在でも，統合失調症患者の幻覚症状やうつ病患者の自殺念慮などを抑えるためには，まず薬物治療を施すのが一般的であるし，これらの症状を示す患者には心理療法は無効であるとする立場もありうるのである。

> ●精神療法とカウンセリングについてそれぞれ簡単に説明し，その違いを述べよ。またそれぞれの効用と限界について説明せよ。（豊中市 H15）

解答例

　精神療法とは，心因性の症状や異常の存在を前提とし，その除去を目標とするもので，治療者は特別な専門的知識や技能，経験を必要とする。これに対してカウンセリングは，症状や異常を必ずしも前提とせず，取り上げられる問題は幅広く，その現実的解決が目標とされる。

　事実上，精神療法とカウンセリングとを明確に区別することは困難であるし，Rogers, C. R. のように，これらを区別しない学派もある。しかし少なくとも以下の2点で区別できよう。①精神療法はヨーロッパ医学に起源を持ち，医学モデルに基づいて，病理に働きかけるものとして発展してきた。他方カウンセリングは，アメリカの職業ガイダンス運動に起源を持ち，教育モデルに基づいて，Rogers流のアプローチとあいまって発展してきた。②カウンセリングは主として言語的なアプローチが前提とされるが，精神療法では，描画，箱庭，遊戯療法等にみられるように，非言語的なアプローチをも含んでいる。

　上記の違いを前提とした場合，カウンセリングにおける効用は，問題解決のみならず，個人がより健康に生きるための成長促進を援助するという点である。また問題が本格的に発生するのを予防するといった効用も，カウンセリングならではと言える。限界としては2点挙げられよう。1つは，カウンセリングは基本的に言語的アプローチを主とするため，必然的に幼児等には不向きであるということ。もう1つは，たとえば摂食障害やうつ病のように，カウンセリングだけでは援助しきれないケースがどうしても出てきてしまうことである。

　精神療法においては，幼児など言語を用いたカウンセリングにのりにくいクライエントを対象とすることが可能なこと，問題の根本的解決に結びつくような人格変容を促すようなアプローチが可能なことが効用と言えよう。限界としては，カウンセリングと同様，精神療法単独では治療が困難な事例があり，投薬，身体面へのケアなどを組み合わせる必要があることであろう。

補足

　本問では「精神療法」を「心理療法」と同義として解答例を作成したが，第Ⅱ章の冒頭部で述べたように，精神療法と心理療法とを明確に区別する場合もある。精神療法が医師によるもの，心理療法は臨床心理士が行うものという区別である。こうした名称に関しては，臨床家の立場によってはなはだしく語義が異なる場合があるので，問題がどのような文脈で出題されているかを見極めて解答するしかないであろう。あまり教条主義的に一語

一義で対応してはならない。

なお，カウンセリングと心理療法・精神療法の関係について現在心理臨床の現場でどのようにとらえられているかは，『こころの科学113』の特集「カウンセリングと心理療法——その微妙な関係——」が参考になる。

《参考・引用文献》
田中富士夫　1996　「臨床心理学概説」　北樹出版
氏原寛・成田善弘共編　1999　「臨床心理学①　カウンセリングと精神療法」　培風館

●心理療法について説明し，代表的なものを2つ概説しなさい。それぞれの効用と限界についても併せて書くこと。(静岡県警H14)

解答例

心理療法とは，クライエントに対する臨床的介入のうち，心理的，行動的，認知的技法などを用いて心理的障害を除去する方法である。今日心理療法と呼ばれるものは，精神分析療法，行動療法，クライエント中心療法，認知療法，遊戯療法など多数ある。ここでは，代表的な心理療法として行動療法とクライエント中心療法について取り上げる。

行動療法とは，学習（行動）理論を理論的背景に持ち，これをもとにしてクライエントの行動変容を促す技法の総称である。Wolpe, J., Eysenck, H. J., Skinner, B. F. らによって体系化され，1950年代以降大きく発展した。行動療法はいずれもオペラント学習とレスポンデント学習を基本にしているが，今日においては理論的にも技法的にもきわめて多岐にわたっている。基本となる考えは，不適応行動の原因は適切な行動の学習の欠如か，あるいは不適切な学習の結果によるというものである。従って，これを治療するためには，学習理論にそって不適応行動を解除するか，適応行動の再学習を行うかであるべきと考える。行動療法の具体的な特徴として，①客観的に測定や制御が可能な行動を治療対象とし，治療目標を明確に定める，②治療の最終目標を行動の自己制御とする，などが挙げられる。

効用としては，第一に，行動療法の理論的基盤の1つであるオペラント学習が人間行動を広汎に支配する原理であることもあって，不適応行動の治療技法として適用範囲が広いことがまず挙げられる。次に，技法が多様であることから，クライエントの特徴や症状に応じて柔軟に技法を使い分けることができる。そして，精神分析療法など他の心理療法と比較して治療に要する時間が短く，治療の経過を客観的に理解することができることも利点であると言えるだろう。行動療法の限界は，まず行動療法の

よって立つ学習（行動）理論がそもそも実験的検証の困難な心理学的説明概念を導入することに慎重であることから，クライエントの認知的，意識的側面をあまり重視してこなかった点である。この点については近年，クライエントの認知的側面に積極的にアプローチしようとする手法が新たに用いられるようになり，認知行動療法として展開している。

クライエント中心療法とは，Rogers, C. R. により創始された心理療法であり，「人間の成長と変容に対する，たえず継続的に発展しつつあるアプローチ」であると定義される。この療法の理論的基盤の1つである Rogers のパーソナリティ理論の中心となる概念は，自己構造（自己として定義されているもの：自己概念）と経験（ある時点で生起している感覚や知覚，感情や欲求などの総体）である。この自己構造と経験とが不一致の時，つまり矛盾やズレが多いとき，不適応状態が生じると考える。

治療によりパーソナリティ変容が起こる，すなわち経験と自己が一致するためには，次の6条件が必要であるとされる。
①まずセラピストとクライエントの間に心理的接触が生じ，②クライエントの不一致があり，③セラピストは自己一致の状態であり，④セラピストはクライエントに無条件の肯定的配慮を行い，⑤セラピストはクライエントの内的準拠枠を共感的理解し，これを伝え返す努力をする，⑥クライエントが，セラピストの無条件の肯定的配慮，共感的理解を知覚すること，である。以上のうち，③〜⑤はセラピストの三条件として有名である。

クライエント中心療法の効用は，まず神経症など心の問題を抱えた人ばかりでなく，葛藤を解決したり自己成長を図るために，健康な個人においても適用可能なことである。そして Rogers の示した「自己一致（純粋性）」，「無条件の肯定的配慮」，「共感的理解」の三要件が，今日では心理療法の流派を超えて，セラピストがふまえるべき基本的な態度であるとされるほどに幅広く受け入れられていることも，この療法の効用であると言えるだろう。

限界としては，そもそもは神経症のクライエントを対象として治療理論を発展させたということもあり，クライエントの自我の力を前提としている点であろう。このため境界性人格障害や，統合失調症には適用困難となり，精神的健康度が比較的高いクライエントに対象が限定されてしまう。また，この療法では基本的に先のセラピストの三要件があれば，クライエントに治療的変化が起こるとしており，そのためのいくつかの応答技法以外に，治療についての技法論が明確化されていないことも限界として指摘できよう。

●心理療法における治療者とクライエント（患者）の関係について，次の諸療法ではおのおのどのように考えられているか。関係の位置づけ，関係の果たす役割，関係の取り扱い方などについて，例を挙げながら述べよ。（家裁 H9）

精神分析療法，来談者中心療法，認知行動療法

解答例

　精神分析療法においては，まず治療者はクライエントに対して「医師としての分別」を持つことが求められる。これは Freud, S. のことばであるが，すなわち，クライエントとの関係を日常生活の人間関係とせず，現実の私生活での自分の姿をクライエントの前で表わさないようにする（「分析の隠れ身」）ということである。治療者とクライエントとの関係は，ある意味「医師と患者」という関係として扱われるといってよいだろう。こうした関係は，治療者を空白のスクリーンとして呈示し，クライエントが自分の葛藤，症状や障害の原因となった親との関係などを投影しやすくするという役割がある。精神分析療法では，クライエントの自我の精神的な健康を回復させるために，幼児期に親との間で生じた葛藤を，治療者との間で転移関係として再現させ，これに分析や解釈を行っていく。転移はクライエントを理解し，その無意識の葛藤を意識化させるための貴重な情報となる。従って治療過程を順調に進めるためにも，「医師としての分別」が求められるのである。関係の取り扱いについては，治療者が自分自身をよく統制し，クライエントに対して中立的で受動的な態度を取ることが求められる。すなわち，中立性とクライエントの理解において，治療者が自分の価値観や理想を押し付けず，自由な立場でクライエントの内面を理解することである。また受動性とは，クライエントの言動を傾聴し，ただちに直接的な解釈をしたり指示・指導することを控え，患者が自ら気づき改善するのを援助する態度である。

　Rogers, C. R. によって開発された来談者中心療法においては，治療者とクライエントの関係は，「個人対個人」という対等な関係である。そもそも心理的援助を求めて来談する人を「患者」や「被分析者」ではなく「クライエント（来談者）」と呼びはじめたのも，Rogers である。すなわち従来の医学や精神分析において特徴的であった〈医師−患者〉のようなタテの人間関係ではなく，クライエントを，治療者と対等な立場にある，自らの力で成長していける自己治癒力のある人とみなす視点である。ここで治療者に求められるのは，クライエントの抱える問題の原因を指摘したり，解釈したりすることではなく，クライエントが経験しつつあることをありのままに受けとめ，共感的に理解することであるとした。この関係は，クライエントが本来有して

いる自己実現への潜在能力を尊重するものであり，ひいては「成長促進的風土」をもたらす役割を果たす。クライエント中心療法においては，自己概念と経験との不一致が不適応をもたらすと考え，両者が一致するように援助を行う。援助の過程においては，クライエントに対する治療者の態度が重要となる。クライエントに治療的変化が生じるための態度要件として，Rogersは次の三点を挙げている。①無条件の肯定的配慮（クライエントの体験の1つひとつをクライエントの姿としてあるがままに温かく受容すること），②共感的理解（クライエントの感情をあたかも自分のものであるかのように感じ取り，しかも巻き込まれないこと），③自己一致（関係の中で自己と経験とが一致していること），である。これらの要件が満たされれば，クライエントは自己を受容し，経験と自己概念の一致が目指されるようになるという。現実のカウンセリング場面でこれらを実現するために，感情の受容，感情の反映といった応答技法があわせて用いられる。

　認知行動療法においては，治療者とクライエントとの関係は「共同的経験主義（collaborative empirism）」ということばで表わされる。これは認知療法を確立させたBeck, A. T.によることばである。すなわち認知行動療法は，治療者の能動的な働きかけが大きな役割を持つが，クライエントが単に受身になるのではなく，対話を繰り返しながらいっしょに自動思考などの認知の歪みを見つける作業を行うものである。また治療の開始にあたっては，治療者がクライエントに，症状が起こる機序や問題の構造，治療で用いる技法等について説明し理解を得ることも行われる。その意味で，治療者とクライエントの関係は教育的ニュアンスを持った「共同作業のパートナー」関係ともいえるだろう。

　この関係においては，治療者とクライエントが共同で問題を検証していくことが，クライエントが認知の歪みに自ら気づき，自己統制しつつ問題を合理的に解決できるようになることを促す役割をはたしている。

　認知行動療法においては，認知的な歪みに気づかせるだけではなく，認知的技法や行動的技法を状況に応じて組みあわせて，多面的に問題解決を図ろうとする。治療者とクライエントの関係の扱い方としては，良好な治療関係を維持することが特に重要とされる。つまり治療者がクライエントを温かく受け入れることで，両者の間に協同する体制が確立するのである。性急な介入をすることでクライエントが自責的になり，そこから抑うつ的になる可能性もあるので，クライエントが自分の意見を表現しやすい雰囲気を作り出し，治療を進める配慮が必要となる。

☞ 認知行動療法においては，Beck, A. T.の認知療法をベースにして書いた。もしEllis, A.の合理情動療法などを念頭において書くとすれば，また若干異なる書き方になるので要注意（たとえば合理情動療法だと非合理な信念に対する扱いがもっとラディカルであるし，治療

者とクライエントとの関係は〈教師 – 生徒〉的なものになる)。

《参考・引用文献》
「心理臨床大事典（改訂版）」　培風館
S. J. コーチン（村瀬孝雄監訳）　1980　「現代臨床心理学」　弘文堂

> ●心理療法やカウンセリングにはいろいろな立場があり，それぞれが独自の理論と実践法を持っている。しかし近年，実践的には各種の立場が統合され，共通性が強調される傾向が見られる。以上のことに関して，次の 1 ～ 3 の問いに答えよ。(家裁 H13)
>
> 1．心理療法やカウンセリングの立場の違いを特徴付ける軸を 3 つ挙げ，具体的な立場あるいは療法名を挙げながら説明せよ。
> 2．各種の心理療法やカウンセリングの実践面において共通するカウンセラーのあり方及び要件について論ぜよ。
> 3．心理療法やカウンセリングが統合的立場に向かいつつある理由について，特にその必要性や必然性を中心として考えを述べよ。

解答例

1．心理療法やカウンセリングの立場の違いを記述する概念的軸として，ここでは①「指示的 – 非指示的」，②「過去志向 – 現在志向」，③「経験 – 行動」という 3 つをとりあげる。

①「指示的 – 非指示的」という軸は，心理療法やカウンセリングを進める過程において，治療者ないしカウンセラーが，クライエントに対して指示的にふるまうかそうでないかという視点である。指示的なアプローチとして代表的なものに，行動療法や認知療法（特に合理情動療法）などが挙げられる。これらの療法においては，治療者がクライエントの問題に応じて解決のためのプログラムを立て，これを実行していく。このとき治療者はクライエントがなすべきことを「宿題（ホームワーク）」という形で具体的に指示することもある。これに対する非指示的なアプローチの代表はクライエント中心療法である。クライエント中心療法においては，カウンセラーがクライエントに具体的な指示を出すということはなく，クライエントの示すどのような態度にも肯定的な関心を持ち，クライエントの内的なフレームを共感的に理解するという，一貫して受容的な態度をとることによりクライエントの治療的変化を導くという点が特徴的である。

②「過去志向 – 現在志向」という軸は，心理療法やカウンセリングを実施するにあた

って、クライエントの生活のどの時点に重点を置くかという視点である。過去に重点を置くアプローチとして、力動的な心理療法（特に精神分析療法）が挙げられる。精神分析療法においては、クライエントの示す症状について、その原因を生育史の初期に遡って特定しようとする。これに対して現在に重点を置くアプローチとしては人間学的・実存的アプローチが挙げられる。たとえばゲシュタルト療法では、クライエントの過去経験や生育史を探索するのではなく、クライエントの「今、ここ」の体験と関係の全体性に重点を置く。

③「経験－行動」という軸は、心理療法やカウンセリングの扱う対象が「心理的な経験」か「行動」かという視点である。精神分析療法に代表されるような力動的心理療法においても、ゲシュタルト療法やクライエント中心療法に代表される人間学的実存的心理療法においても、無意識か意識的かの違いはあれ、扱っているのは個人の心理的な経験であるという意味では、同じアプローチとしてくくることが可能である。これに対し、行動療法では、クライエントの感情ではなく表面に現われた観察可能な問題行動に着目し、クライエントの心理的メカニズムではなく問題行動を引き起こす状況的諸条件に焦点をあて、その解決を図ろうとする。

2．今日ではさまざまな心理療法の学派や技法があり、各派・各技法それぞれに特有の側面を有している。しかしそれらには共通する要素があり、それらが治療に効果をもたらす要因ともなっている。たとえば、①カウンセラーとクライエントが信頼関係を築くこと、②クライエントの治療への動機づけを高めること、などが挙げられる。①では、まずカウンセラーがクライエントを受容し、信頼関係を築くべく働きかけることである。その結果、クライエントと互いに信頼しあうことができ、目的に向かって協力することができる。②は、①を踏まえ、治療の過程においてカウンセラーがクライエントの望ましい反応や変化について、意図的無意図的に強化する、あるいは適切な情報提供を行うことで、クライエントの治療への動機づけが高まる。種々の技法に通底する、カウンセラーのこれらの態度がクライエントに肯定的な影響をもたらすと言えるだろう。

3．近年、上記1．で挙げた種々の個人療法の立場に加え、システムズ・アプローチやコミュニティ・アプローチといった、心理的問題を、個人の問題としてではなく、その個人を取り巻く社会システムとの関連でとらえていこうとする立場が注目されている。こうしたアプローチが臨床心理的援助の場に持ち込まれたことで、心の問題は、心理的要素または行動的要素だけで構成されているのではなく、社会的、対人関係的要素も影響して生じていることが改めて認識されるようになった。さらに臨床心理的

援助においても，心理的な次元のみならず行動的な次元，社会的な次元とさまざまに働きかけることが有効であるという考えが広まった。

また，近年，実証に基づく心理療法（エビデンス・ベースド・カウンセリング）という概念が急速に広がり，心理療法やカウンセリングの技法に実証性が求められるようになってきた。心理療法の効果研究やメタ分析を通して，心理的問題ごとに有効とされる心理療法が明らかにされつつある。

今日の社会におけるわれわれの心理的問題は，個人の要因と社会の要因とが複雑に絡み合って生じている。以上のことから，こうした問題の解決には，学派や技法にとらわれず，さまざまな側面から問題に働きかけることがますます必要となっている。具体的には，個人の心理的次元に働きかけるのであれば，クライエント中心療法や内観療法，行動的次元に働きかけるなら，認知行動療法やブリーフ・セラピー，社会的次元に働きかけるなら家族療法やコミュニティ心理学の技法が適用できる。また，抑うつには認知療法，恐怖症には系統的脱感作など，特定の心理的障害に有効性が実証された心理療法も次々と報告されつつある。個々の問題に有効な対応を行うために，事例の状況，経過に応じて，有効とされる技法を柔軟に組み合わせて，統合的な心理援助を行うことが今後いっそう求められるであろう。

☞ 心理療法やカウンセリングの立場の違いを特徴づける3つの軸としては，本稿で挙げた軸以外にも，「個人－集団」，「意識－無意識」，「言語的－運動的」などさまざまなものが挙げられるであろう。

《参考・引用文献》
S. J. コーチン（村瀬孝雄監訳） 1980 「現代臨床心理学」 弘文堂

●次の2つの心理療法はわが国独自のものである。それぞれの療法について，考え方，一般的な進め方，どのような人々に適するかについて述べよ（解答は順不同でよい）。
（家裁 H15）

1．森田療法
2．内観（内観療法，内観法）

解答例
1．森田療法
☞ 第Ⅱ章心理療法編 83 ページ参照。

2．内観（内観療法，内観法）

内観とは，吉本伊信によって創始された修養法である。本来は浄土真宗の一派に伝わる「身調べ」という苛酷な修行法であったが，この本質を歪めずに宗教色を排し，一般の人々のための自己修養法となるように吉本が改めて開発した。多くは簡略化して内観と呼ぶことが多いが，心理療法的な側面を強調するときは内観療法，自己啓発的な側面を強調するときは内観法と呼ぶことがある。

内観は，もともと精神医学や心理学とは異なる宗教的な修行法から発展したものであるため，理論的な裏づけは遅れている。基本となる考え方は，次の通りである。両親など身近な他者について，過去から現在までを振り返ることを通じて深い内省を行うことにより，自分が他者から愛され受け入れられてきたという安心感を得る。これにより自己中心性からの脱却が図られ，肯定的な自他の認知に至るというものである。

内観には研修所などにこもって行う集中内観や日常生活の中で行う日常内観などさまざまな形態がある。ここでは一般的な進め方として，最も基本である集中内観について説明する。

集中内観は，日常から離れた静かな場所で，一週間泊り込みで連続して行われる。部屋の隅を屏風などで囲んだ約1メートル四方の空間に楽な姿勢で座る。そして朝6時から夜9時まで，約15時間内観に専念する。内観のテーマは，母親（かそれに代わる養育者）について，①してもらったこと，②して返したこと，③迷惑をかけたこと，の3つのテーマについて年代順に，具体的な事実について調べて（回想して）いく。母親に対する内観が済んだら次は父親，配偶者などに対して同様に進めていく。面接者は約2時間ごとに一回3〜5分，クライエントの部屋を訪れる。このときクライエントはこの間に調べた内容について報告をする。面接者は，クライエントが基本的に内観の形式に合っていないやり方をした場合だけ指導するが，後は受容的に聴き，クライエントの内観を励ます。

クライエントは最初の1，2日は雑念がわいたり不慣れさから苦痛を感じたりする。3〜6日目には内観が深まり，これに伴って苦しさが増す。これを乗り越えるとき，自分が愛されていたことを身にしみて感じ，内観が終結する時には，自己洞察が得られ自分や周囲に対する認知の変革が生じる。

内観は，もともと一般人の自己修養法として開発されたものであるため，適用対象は幅広い。心理的問題を抱えた人ばかりでなく，一般人の自己啓発や人生上の悩みの解決にも適している。具体的には，夫婦や親子の不和，非行，不登校，神経症などや，矯正教育の現場やアルコール依存などにも有効とされる。ただし，内観を行うにはある程度の自我の発達が必要であるため，幼児，精神遅滞者，重度の精神障害者には不向きである。

《参考・引用文献》
氏原寛・成田善弘共編　1999　「臨床心理学①　カウンセリングと精神療法」　培風館
「心理臨床大事典（改訂版）」　培風館

§4．コミュニティ・アプローチとこれに関連する異常心理

試験にでるポイント　「PTSD（心的外傷後ストレス障害）」，「危機介入」などが頻出である。特にPTSDは平成7年の阪神淡路大震災後，この概念が注目されるようになり，心理職の試験でもしばしば出題されるようになっている。特徴や診断基準，治療方法などを整理しておくこと。また，近年児童虐待やDV（ドメスティック・バイオレンス）が社会的な問題として取り上げられる中で，コミュニティ・アプローチの有効性が注目されている。危機介入やエンパワーメントも今後出題が増加することが予想される。

用語説明

●**エンパワーメント**（150字）（豊中市 H15）

解答例

　もとは社会的・政治的な概念であったが，近年対人援助の領域でも注目されるようになった。社会的援助を受ける人が，専門家から一方的にサービスを提供されるのではなく，主体的に問題解決ができるような力（パワー）を獲得していけるように援助するということがエンパワーメントの目的とされている。

補足

　従来は，女性，障害者，開発途上国の人などが，能力を十分に発揮できるように，社会的・政治的な権限を与えることを指して言うことが多い。近年心理的援助の場面でもこのことばが使われるようになってきている。この場合，エンパワーメントの構造を，個人・組織・コミュニティの3つのレベルでとらえることができる。個人が抱えている問題に対して，単に受動的に援助を受けるだけの解決ではなく，問題意識を持って他の同様な問題を抱えた仲間と結びつき（たとえば「セルフ・ヘルプグループ」），そこから地域，社会にはたらきかけを起こすなど，能動的に問題解決が図られていくといったプロセスでエンパワーメントが図られる。

《参考・引用文献》
下山晴彦編　2003　「よくわかる臨床心理学」　ミネルヴァ書房

●危機介入（150字）（豊中市 H15 など頻出）

解答例
　危機介入とは，災害，事故，病気，家族の死などにより情緒的な均衡が崩れた状態，すなわち危機状態にある人に対し，必要な援助を短期集中型で行うことを言う。その目的は，危機状態に陥った人に対して，少なくとも情緒的な均衡状態を回復させることであり，新たな対処法の検討や利用可能な資源が検討される。

☞ 危機介入については242ページも参照のこと。

●解離性障害（奈良県 H15）

解答例
　意識の一過性の解離を示す精神障害の総称である。解離とは，強い情動体験や外傷的な記憶によって，意識や人格の統合的な機能が一時的に破綻したり，首尾一貫した形で交代したりする現象である。かつては Jane, P. によって，ヒステリー性の朦朧状態を説明するための概念として知られていた。今日 DSM-IV では，解離性障害を，解離性健忘（一定期間の出来事について記憶を失う），解離性遁走（一時的にアイデンティティを喪失し，失踪して新たな生活をはじめるなど），解離性同一障害（いわゆる多重人格），離人性障害（自分が自分であるという感覚が障害され，自分を外から眺めているような感じになる）などに分類している。

●PTSD について簡潔に説明せよ。（200字以内）（家裁 H15 など頻出）

解答例
　心的外傷後ストレス障害ともいう。戦争，災害，犯罪被害などの強い恐怖感を伴う外傷的体験によって発症し，激しい恐怖や無力感などを症状に含む，不安障害の一種である。PTSD の主たる症状は，3つに分けられる。①再体験：外傷的出来事を繰り返し思い出したり夢に見る。②回避：外傷的出来事と関連のある刺激を意識的無意識的に避ける，あるいは反応の麻痺が起こる。③過覚醒：交感神経系の亢進が続き，不眠やイライラが起こる。

論 述

●近年，災害の被災者や事件の被害者に対する危機介入の必要性が叫ばれている。この危機介入の理論と実践の特徴について，通常の心理療法やカウンセリングとの相違を含みながら説明せよ。（家裁 H12）

解答例

　危機介入とは，災害，事故，病気，家族の死などにより情緒的な均衡が崩れた状態，すなわち危機状態にある人に対し，短期集中型の援助を行うことを言う。危機介入の理論は，予防精神医学を唱え，地域精神衛生運動を促進させた Caplan, G. や，Lindemann, E. の危機理論を基盤としている。

　危機介入の目的は，上記のような偶発的な事象やライフサイクルの節目で生じたライフイベント（難問発生状況）によって危機状態に陥った人に対して働きかけ，少なくとも以前のような情緒的均衡状態に回復させることである。危機状態において個人が示す症状は，精神的混乱や，自殺や他傷の恐れなど多様であるが，これら難問発生と同時に生じるのではない。難問が発生するとまず個人は，それまで用いてきた対処方法（コーピング）をさまざまに試みる。それでもうまく行かないときに危機状態となる。このとき，タイミングよく適切に介入を受けることが重要となる。

　適切な介入によって健康的に均衡が回復されれば，自己および環境に対する新たな認知や対処方法（コーピング）の獲得がなされ，自己成長の機会を得られる場合もある。このように危機理論によれば，危機状態とは決して否定的なものではなく，乗り越え方によっては個人の人格発達を促進する可能性を有していると考える。

　危機介入の方法の特徴は，まず第一に危機状態にある個人が援助を求めてきたときに，即時に対応することである。いろいろ対処方法を試みたがそれらに失敗し危機状態に陥った時が最も介入が求められている時である。この危機状態は通常1週間から6週間程度と短い期間であるとされる。このタイミングを逃して不適切な解決策が採用されれば，一次は均衡を取り戻しても再び未解決な問題が生じ，これらの対処もまた不適切であれば，結果として不健康なパーソナリティを導くことにもなる。すなわち，危機介入においては当事者にとっての利用しやすさが最も重要な要件となる。これに対して通常の心理療法やカウンセリングでは，問題を抱えた個人がクリニックや病院に予約を入れても，場合によっては何週間も待たされることがある。しかし通常の心理療法の対象となる人々の場合，その心理的問題はある種一定の病的平衡状態が保たれた状態である場合も多く，治療介入のタイミングが最重視されるものではない。

　第二に，短期集中型のアプローチということである。できるだけ早くもとの情緒的

均衡状態を取り戻すためにも，介入における面接回数はせいぜい5回までとされる。面接の中では，現時点の危機状態の中で問題となることの解決にエネルギーが集中される。危機状態の原因を生育歴の中に探し求めるなどのアプローチは行わない。あくまで危機状態を引き起こすのに関係のある過去，現在，そして将来に向けての対処の仕方に焦点があてられる。通常の心理療法やカウンセリングでは，治療期間をあらかじめはっきり限定せずに長期の治療を前提とすることが多い。短期精神療法でも，面接回数で言えば十数回以下であり，危機介入に比較すれば回数も時間も長くかかると言えよう。

　第三に，危機状態を引き起こした難問についての認識の仕方に働きかけを行うことである。本人の思い込みや情報不足による認識の歪みがある場合もあるため，それを変更したり訂正したりする働きかけを行ったり，状況に対して距離をおいて柔軟に考えられるように促す。その過程で，本人の中にあるまだ取り組んでいない対処方法が見いだされれば，その利用を提案する。通常の心理療法やカウンセリングと異なるのは，まずは当事者個人の持つ対処方法や可能な対処方法を用いて危機状態にあたろうとする点である。個人の認知の歪みの修正を行う認知行動療法，合理情動療法のようなアプローチがあるが，これらがある種慢性化した不合理な信念の修正を目的としているのに対し，危機介入では，もともと健康な個人が危機状態に陥ることで一時的に混乱して認知が歪む場合を対象としている点で区別されうる。

　第四に，個人ばかりではなく環境への働きかけや調整も行うということである。具体的な介入の場面では，面接によって個人の内面に働きかけるのみならず，周囲の人的，物理的資源も利用して問題解決を図ろうとする。精神分析や来談者中心療法といった，心理的問題を個人内に限定して扱う従来の個人療法と異なり，問題解決に必要であれば，家族，職場の上司，その他関係者とも面接をしたり，関係の調整をも行う柔軟で積極的な方法である。

　近年，阪神・淡路大震災や地下鉄サリン事件，大阪（池田小）児童殺傷事件など，突発的な災害や犯罪が相次いでいる。こうした災害や犯罪事件では，特定の地域に限定し，心身ともに重大な影響をこうむる被害者が数多く出るため，地域援助という形での危機介入が必須である。実際，阪神・淡路大震災では，大規模かつ組織的に危機介入的な臨床心理的な地域援助が行われた。今後不幸にして同様の自然災害や犯罪事件が生じた際，その被害を最小限に食い止めるためにも，地域援助としての迅速かつ的確な危機介入のシステムの構築が求められていると言えよう。

☞ 危機介入に関しては241ページも参照のこと。

《参考・引用文献》
「心理臨床大事典(改訂版)」 培風館
山本和郎 1986 「コミュニティ心理学」 東京大学出版会

●次の1および2の小問に答えよ。(家裁 H14)

1. 次の(1)及び(2)の言葉を簡潔に説明せよ。
  (1) コミュニティ・アプローチ
  (2) コンサルテーション
2. 心理臨床家が不登校の中学生に対して心理臨床的援助を行う場合,何を大切にし,どのような手順で援助することが望ましいか。次の(1)~(4)の単語を用いながら,考えるところを述べよ(単語は順不同に用いてよい)。
  (1) クリニックモデル
  (2) コミュニティアプローチ
  (3) カウンセリング
  (4) コンサルテーション

解答例

1.(1)コミュニティ・アプローチにおいては,心理的障害の原因を個人の問題としてとらえるのではなく,その個人を取り巻く社会的状況との相互作用によって生じたものとみなす。危機介入,コンサルテーション,ソーシャル・サポートといった方法がある。心理的障害への対応については,その個人を取り巻く社会的・物理的環境要因について分析・検討し,利用可能な社会的資源を活用した支援体制をとるなどによって,問題の解決を図る。

(2)コンサルテーションとは,コミュニティ・アプローチにおける1つの方法であり,ある専門家(コンサルタント)が,別の専門家(コンサルティ)の直面している問題に対して,問題解決のための援助を行うことである。コンサルティの持つ専門性などの資源を活かしつつ,必要に応じて他の社会的資源とも連携する形での対処方法などが検討される。コンサルテーションの回数は,通常1,2回であり,問題解決の責任主体はコンサルティにあるのが特徴である。

2. 心理臨床家が不登校の中学生に対して心理臨床的援助を行うにあたって,第一に留意すべき点は,当該の生徒の状況を的確に把握することである。一口に「不登校の中学生」といっても事例によってさまざまな特徴があるため,学校の教師等からその

生徒についての基本的な情報を提供してもらい，状況に応じた援助を行うことが求められる。

　不登校の生徒に対し，直接，臨床家が心理臨床的援助を行う場合は，まずその中学生が抱える問題，すなわちなぜ学校に通えなくなったのかについて，アセスメントないし見立てを行う。このとき病理的な面にばかり注目するのではなく，その生徒の持つ肯定的，健康的な側面にも留意することが大切である。そのようにしてはじめて適切な援助の指針が立てられるのである。そしてその見立てに基づいてカウンセリングを行ってゆく。もちろん，この過程において必要に応じて見立てを修正することもある。こうした援助方法を，クリニックモデルと呼ぶ。

　これに対して，不登校の中学生への心理臨床的援助は，しばしば学校の教師からのコンサルテーションという形をとることも多い。この場合，コンサルタントとしての心理臨床家は，コンサルティである教師から，この生徒に関するより幅広く詳細な情報を収集し，問題の構造を理解していく。次にそれらに基づいて，臨床心理学的な見立てを行い，生徒の不登校という問題を見るための新たな枠組みを教師に提供する。これにより，教師が自身の持つ専門性を活かして主体的に問題解決に取り組めるようになっていく。この際，臨床家は，教師の持つ専門性や経験から得られたノウハウなどの資源を最大限に活用できるよう配慮するが，必要に応じて他の社会的資源，すなわち地域，家庭，他の相談機関などとの連携をも促すことが大切である。不登校の問題は，学校と生徒との間に限定されず，家庭環境や地域社会の要因もしばしば関係しているからである。このようにして援助を行う方法をコミュニティ・アプローチと呼ぶ。

　クリニック・モデルとコミュニティアプローチとは対立するものではなく，むしろ両者を必要に応じて組み合わせることが，より適切な解決をもたらすことになろう。

　以上のように，不登校の中学生に対する心理臨床的援助を行うにあたっては，さまざまな観点から知見を収集し，総合的に援助の方略を考えてゆくことが求められる。

《参考・引用文献》
山本和郎　1986　「コミュニティ心理学」　東京大学出版会

●喪の作業について説明せよ。（警視庁 H16）

解答例

　たとえば配偶者や近親者の死など，人が愛着や依存の対象を喪失することを対象喪

失と言い，この対象喪失において生じる心的過程を Freud, S. は喪の作業（mourning work）と呼んだ。Bowlby, J. は，乳幼児の母子関係の研究から，対象喪失から喪の作業が遂げられるまでの過程をいくつかの段階に分けて示した。①対象喪失反応：対象喪失が生じると，数時間から1週間程度の無感覚の状態が生じる。②抗議の段階：対象喪失の事実に抵抗する段階である。すなわち客観的には対象喪失が生じているのに，心的にはその事実を否認し，取り戻し，保持しようとする対象保持の時期である。③絶望と抑うつの段階：やがて対象喪失の現実を認め，あきらめるようになる。すると，対象の存在によって保たれていた心的な体勢が崩れ，絶望や失意に襲われ，ついで不安や引きこもり，無気力に陥る。④離脱の段階：正常な悲哀の過程では，失った対象への思慕の情を最終的に断念し，対象に対する備給を解消する。これらの過程を経て，対象へのとらわれから離脱し，新しい対象との結合によって心的体勢が再び整うに至るという。

　喪の作業は，臨床的には一方向性というより，行きつ戻りつ遂行される。また，時期遅れの喪（delayed mourning）や，命日反応（anniversary reaction）など，時間経過が連続的でない場合もある。喪の作業の遂行に影響を及ぼす要因は多岐にわたる。内的な要因としては，年齢，情緒的成熟度，情緒的対象恒常性，苦痛に耐える能力，自己と対象の分化の程度などがある。また外的な要因としては，対象喪失の状況，喪の作業をともにする外的な依存対象の有無などが指摘されている。

《参考・引用文献》
「心理臨床大事典（改訂版）」　培風館
恩田彰・伊藤隆二編　「臨床心理学辞典」　八千代出版

付　録

　本書では解答例を付さなかったが，筆者（高橋）の手元にある各種心理職の過去問から，臨床心理学及び発達心理学領域の記述問題をピックアップして以下に示す。これらは実際に受験した学生たちからの報告に基づいている。そのため，問題文の言い回しなどがあいまいだったり実物と異なる場合があるが，了承されたい。なお，問題を報告してくれた関西大学の公務員受験研究会（当時）の学生，河合塾ライセンススクールの受講生（当時）に，この場を借りて深く感謝する。

1　家裁調査官補Ⅰ種

●次の1及び2の小問に答えよ（解答は順不同でよい）
1　ある依頼者から，同人の担当するクライエントの指導，援助，治療等を考えるにあたって心理査定（アセスメント）を依頼され，その結果をレポートにして依頼者に提出することになった。この一連の作業において留意すべき点をいくつか挙げ，簡潔に説明せよ。
2　カウンセリングや心理療法の効果判定の考え方を論じた上で，その方法を3つ以上挙げ，それぞれについて簡潔に説明せよ。

(家裁 H16)

●次の「　」内に記されている事例について，臨床心理査定を行うためには，どのようなことに留意したり，確認したりする必要があるか，5点を挙げてそれぞれ具体的に説明せよ。
　「ある日，親戚の人に伴われて，未婚の成人男性が初めて来談した。年齢は29歳で，大学卒業後，ある会社に勤務していたが，数年前に体調不良となり勤務ができなくなって職場を退職し，来談当時は無職という状態であった。上下揃いの背広を着用し，頭髪もきちんと整えており，面接当初は一見して普通の様子であったが，表情は固い感じがしていた。
　挨拶を交わし受理面接を開始して，この男性から来談の理由や事情を聞き始めると，"自分には誕生日が2つある"，"小さいころ父親に頭を金づちで叩かれた跡がある"，"家族と離れてひとり住まいをしている"，などが語られ始め，様子が普通でないことが判明してきた」

(家裁 H14)

●次の「　」内の記述を読み，そのあとに挙げられている1から7までの用語をすべて用いて，初回受理面接で臨床心理査定（アセスメント）を行うものとして小論文をまとめよ。なお小論文作成に際して，1から7の用語には，それぞれ下線を引きなさい。
　「中学2年生男子が，その保護者に同伴されて，相談機関に来所してきた。
　こちらが会ってみると，何か無表情であり，むっつりしている。ことばをかけても，何の応答もしないで，ただ突っ立っている。しかし，口をへの字に結んでいることから，どうやら身体で反応している部分があり，臨床心理査定は出来そうな感じのする少年であるように思えた」
1．面接者の態度　2．非言語的な反応　3．主訴　4．知的な水準　5．情動・思考様式　6．保護者との面接　7．秘密保持

(家裁 H11)

●次の心理療法に対するコメントは，誤解に基づいた誤ったものである。それぞれについて誤りを指摘した上で，正確なコメントの全文を作成せよ。
1　精神分析では，できるだけ初期から象徴論に基づいた解釈を患者に与えて洞察を促す。治療者と患者の関係は二次的なものであり，治療者は権威を持って，何よりも理論によって正しい解釈を与えるように心がけなければならない。
2　来談者中心療法では，傾聴と共感的理解を心がけ，治療者の個人的見解を一切はさんではならない。そして，反射的相づちを続けることによって，クライエントが自己洞察を深めるのを待つのである。
3　行動変容では，治療者と患者の関係は心理的問題として排除し，ひたすら患者の問題行動をターゲットにする。治療者が正確な計画を立て，患者に提示し，実施してもらう。それぞれの問題に対する対処法は精密に決まっており，治療者が勝手に変えることは許されない。

(家裁 H11)

2　さいたま市

●地域精神保健に携わる臨床家の特徴を挙げ，地域精神保健に携わる臨床家として求められる役割について自分の考えを述べよ。(800-1200字)
●用語説明
・チャム・グループ
・集合的無意識
・投影法
・境界性人格障害
・オペラント条件づけ

(さいたま市 H15)

3　神奈川県川崎市

●マターナル・ディプリベーションについて，どのように対処したらよいか述べよ。
●家庭内暴力の力動的な面について述べよ。

(川崎市 H10)

- LD（学習障害）の特性を述べ，どのように対処したらよいかについて述べよ。
- 子どもの発達における父親の役割について具体的に論ぜよ。

(川崎市 H11)

- 近年，家族療法，ブリーフセラピー，認知療法等の新しい心理技法が発展している。これらの技法を，精神分析，来談者中心カウンセリング，行動療法等の従来の心理療法と比較し，その意義を述べよ。
- 近年，少年犯罪が目立っている。少年非行については，さまざまなアプローチが試みられてきたが，最近の少年犯罪の原因，動機，背景とその対処法について，思うところを述べよ。

(川崎市 H12)

- 広汎性発達障害について，そのおもな症状，対処法を説明しなさい。また最近心の理論について取り上げられることがあるがそれについて説明し，広汎性発達障害とのかかわりを説明しなさい。
- 思春期やせ症についてその症状と対処法について説明しなさい。

(川崎市 H13)

- 中高年の自殺について，その特徴と要因について述べよ。
- 子どもの問題について，家庭支援のあり方について述べよ。

(川崎市 H16)

4　警察（東京・大阪）

- テスト・バッテリーについて説明せよ。
- 発達の最近接領域について説明せよ。

(警視庁 H11)

- 筆跡について心理学的に考察せよ。
- 用語説明
  ・自我防衛機制
  ・生来的犯罪者観

(大阪府警　科学捜査研究所)

5　東京都

- E. H. エリクソンの発達段階説を述べ，青年期の特徴について自我同一性の概念を中心に説明せよ。
- ロジャースの自己概念及び「十分に機能している人間」について説明せよ。
- 心理劇について説明せよ。
- 学業不振児に対するリメディアル・ティーチングについて説明せよ。
- PTSDについて説明せよ。

(東京都Ⅰ類 H14)

- ストレス・マネージメント・トレーニング
- 第1次反抗期と第2次反抗期における人格上の影響
- 用語説明
  ・交流分析
  ・バーンアウト
  ・発達的危機

(東京都Ⅰ類 H11)

- マズロウの欲求階層説について説明せよ。
- 心理テストにおける投影法と質問紙法について説明し，両者の違いを明らかにせよ。
- 発達の加速化現象について説明せよ。

(東京都Ⅱ類 H13)

6　大阪府

- 阪神大震災をきっかけに「心のケア」を必要とする人々が増加していると言われている。そのような中で今後，医療・福祉・心理など臨床の仕事に携わる人々が期待される役割についてあなたの考えるところを述べなさい。
- 投映法を3つあげ，その特徴と方法論を概説せよ。
- 用語説明
  ・知的障害
  ・刻印付け（imprinting）
  ・アスペルガー障害
  ・事例研究（法）

・DSM-IV
・WISC
・ライフイベント

（大阪府 H13）

●認知行動療法について，あなたが用いるとしたら，どのようなクライエントに対し，どのようなアプローチをとるか。
●危機介入について述べなさい。
●不登校，引きこもりの増加について，あなたならどのような心理的背景を推測し，どのような治療過程を踏まえるか，述べなさい。
●用語説明
・学習性無力感
・P-F スタディ

（大阪府 H14）

7　岡山県

●児童虐待について，次の観点から論述しなさい。
①4つの種類と発達に及ぼす影響について
②早期発見の重要性について
③対応に際して留意すること
④防止への課題

（岡山県 H14）

あとがきにかえて

実録・平成16年度人間科学Ⅰ官庁訪問日記

　本シリーズで繰り返し筆者らが強調してきたことであるが，国家Ⅰ種試験の場合，最終合格後に官庁訪問を行い，希望の省庁から採用内定をもらうことが必要となる。人間科学Ⅰを採用する省庁は，官庁訪問における採用面接を通じて，その省庁が求める優れた資質を持った受験者に採用内定を出す。内定の出る出ないは，最終合格順位に関係なく，人物と適性の勝負になる。最終合格者数はだいたい25人程度であるが，そのうち採用が決まるのは10人前後である。内々定解禁日に省庁から連絡がもらえなかった受験者は翌年再受験する以外に採用のチャンスはない。従って，受験者にとって官庁訪問こそは，公務員受験の最後かつ最大のヤマ場になる。

　念のため，官庁訪問とはどういうものかについて改めて触れておく。国家Ⅰ種の場合，人事院の行う国家Ⅰ種採用試験に最終合格した後，官庁訪問の期間が設けられる。この間最終合格者は，自分の受けた試験区分の採用を予定している複数の省庁に次々と訪問し，採用面接を受ける。2回〜3回の面接を経て（面接の回数は省庁によって異なる。また2回目以降は省庁側が指定した人のみが面接を受けることになる），解禁日に人事担当者から内々定の連絡があれば，そこで採用は決まったと考えてよい。2回目以降の面接の連絡がもらえなければ，その省庁への採用はない，ということである。各省庁はあらかじめどの試験区分から何人程度採用するかといった予定採用人数を呈示しており，人間科学Ⅰであれば法務省，厚生労働省が定番だが，年度によっては科学警察研究所や農林水産省などでも採用がある。従って最終合格発表の日（＝官庁訪問開始日）から内々定解禁日までの間にどの省庁をどういう順番で回るかに留意しなければならない。自分の目当ての省庁しか回らないという人もあれば，採用予定のある官庁はすべて回るという人（こちらが圧倒的多数）もいる。いずれにせよ自分の志望と省庁の示すスケジュール（法務省では平成16年度は官庁訪問スケジュールをサイト上で設定した）を勘案して効率よく官庁訪問を行うことが求められる。

　今回，平成16年度に最終合格し，最終的に厚生労働省から内定（現時点では内々定）を獲得した，東京学芸大学教育学部4年のAさん（男性）に官庁訪問の経過を日記形式で報告して頂いた。以下，原文のまま掲載する。今後国Ⅰを目指す受験生にはきわめて貴重な資料になることと思う。大いに参考にしてほしい。

髙橋美保

●6月21日（月）
9:00　最終合格を人事院で確認後，すぐに第一志望である厚生労働省に訪問しました。厚生労働省は予約なしで訪問できるので，直接職業安定局総務課に訪問。合格発表直後ということもあり，私が一番最初の訪問でした。今思えば，この朝一番の訪問は厚生労働省への熱意を伝える意味では，非常に有効だったと思います。実際，人事の方は「朝一に訪問していただき光栄です」とのこと。別室で訪問カード（志望理由・卒業研究の内容・性格・サークル活動等）を記入（30分くらい）。その後，係長と課長補佐の方とそれぞれ1対1で面接。面接の最初に業務説明らしいことはありますが，基本的には志望理由や卒業研究の内容などを聞かれ，実質的には面接といっていいでしょう。この際，「何か質問はありますか？」と聞かれるので事前に質問を用意しておかないと，あっさり終わってしまうでしょう。また，厚生労働省は人間科学Ⅰからの採用はありますが，入省してから心理学の専門家としての仕事は恐らくできませんので，その点に関して志望のきっかけ等を整理しておいた方がよいでしょう。先輩からこの面接は，15分ずつくらいで終わると聞いていましたが，私の場合それぞれ40分くらいの時間を取っていただきました。面接終了後，人事の方から「28日の幹部面接（最終面接）に進める方には，24日か25日までに連絡します」と言われ，厚生労働省をあとにしました。帰り際，人事の方から「必ず28日を空けておいてね」と言われ，好感触であることを実感しました。この時点でまだ，次の官庁訪問の人が来ていなかったので，より印象が良かったのかもしれません。

　午前中には厚生労働省の訪問は終えましたが，他省庁にはまわらず帰宅しました。人間科学区分からの採用予定省庁は少ないので，ここで焦らなくともすべてまわろうと思えばまわれます。

●6月22日（火）
9:00　法務省に訪問。法務省は局ごとで採用を行っていますが，最初は必ず人事課で受付をします。ここで訪問カードを記入（30分程度）。記入内容は志望理由等の一般的なものでした。しかし，この時点で保護局・矯正局の両方を志望している人は両方の志望理由を1つの欄に書くことになります。また，各局の訪問の順番は，人事の方が調整しながら行っているので選考にいっさい関係ないと思います。私は保護局→矯正局の順番で訪問しました。また法務省では，HP上で各局別に官庁訪問スケジュールなるものを公表していましたので，非常に分かりやすく官庁訪問を進めることが出来ました。ちなみに保護局は業務説明→1次面接（業務説明時に予約）→最終面接（指定者のみ），矯正局は業務説明・1次面接→2次面接（指定者のみ）→最終面接（指定者のみ）という具合で進みます。

　実際，保護局は業務説明後に1次面接の予約を入れました。また業務説明の際，保護局独自の訪問カードを記入しますが，「更生保護に興味をもったきっかけ」や「大学時代に特に力を入れたこと（作文）」などの内容でした。保護局終了後，また人事課の方へ戻り，今度は矯正局の訪問を待ちました。

　矯正局への訪問は，時間帯が他の人とずれていたせいか私一人でした。矯正局のスケジュ

ールでは一回目の訪問は業務説明・1次面接となっていましたので，業務説明をしながらの1対1の面接という形でした。この面接は「なぜ矯正局なのか？」，「ほかの職種，省庁への訪問・受験状況」などの一般的な質問と業務説明を兼ねているということもあり「何か質問はありませんか？」という質疑応答の形で進みました。面接終了後，「次の面接に進める方は6月28日までに連絡します」とのことでした。またこの際，少年鑑別所の見学参加の意向を尋ねられるので，是非参加しておいた方が良いと思います。私は保護局の1次面接の関係で25日の午前中を予約しました。

　保護局，矯正局への訪問を終了後，帰宅しました。実際，人間科学区分は俗に言う"拘束"はされません。他の区分の方と比べれば，幾分か余裕を持って官庁訪問を進めることが出来ると思います。

●6月23日（水）
13:30　科学警察研究所に訪問。科学警察研究所は事前に予約を入れての訪問になります。会議室のようなところに案内されて訪問カードを記入し，科警研についてのビデオを観ました。別室に移動し，採用予定の研究室長より研究内容等の説明。その後，個人面接を3回行いました。室長と研究員の方→部長（2人）→総務課長（1人）の順番で行われました。面接では「卒業論文の内容」，「どうして公務員としての研究職を志望するのか？」の説明を深く求められます。また，総務課長は警察の方なので，警察組織としての面接が行われます。面接の結果は，7月10日くらいまでに連絡するとのことでした。面接終了後に帰宅。科警研は千葉県の柏にあり，最寄の駅からもバスで行かなくてはならないほど遠いので時間に余裕を持って訪問した方が良いでしょう。

　帰宅後，厚生労働省の人事担当の方から幹部面接の連絡を頂きました。また，今日訪問した科学警察研究所からも「2回目の面接をしたいので来てください」との連絡を頂きました。

●6月24日（木）
10:30　科学警察研究所2回目の訪問。連日の訪問となりましたが，今回は採用予定の研究室の研究員の方全員と3回の面接を行いました。室長と研究員の方→研究員の方（3人）→部長（2人）の順番で行いました。研究員の方との最初の2回の面接は，主に「この人と研究をいっしょにやって行きたいか」というのをみることを目的にしているように感じました。そのため，形式ばった質問より個人的な質問が多かった気がします。逆に，昨日と同じ部長（2人）の方との面接は，「研究者としての資質」をみる面接だった気がします。質問内容として「研究者に必要なものは？」とか「卒業論文はどのような研究スタンスで行っているの？」といったものがありました。3回の面接が大体1時間ぐらいで終わり，帰宅しました。室長から「次の面接に進める人には後日連絡を行います」とのこと。

●6月25日（金）
10:00　少年鑑別所に到着。少年鑑別所内を見学後，質疑応答をして終了です。質疑応答の

際，名前をチェックされますので何か1つぐらい質問を考えておきましょう。私はまったく考えていませんでしたので，苦し紛れに言った質問に対して「その質問の意図は？」と厳しく突っ込まれてしまいました。

14:30　法務省保護局に到着。保護局の1次面接は，事前予約で時間帯と人数が調整されているのであまり待たされることはないと思います。面接は4対1の形で行われました。訪問カードに志望理由等を記入しているので，改めて聞くということより「付け加えることはありませんか？」という形で聞かれました。また，「他の職種（家裁調査官補など）や矯正局ではなく，なぜ保護局なのか？」，「更生保護に興味をもったきっかけ」，「大学時代，力を入れたこととそれによって得たもの」などについて30分くらい聞かれました。面接終了後，「最終面接に進める人には28日までに連絡します」とのことを告げられ帰宅。しかし帰宅後，即日で保護局から最終面接の連絡を頂きました。

●6月28日（月）
11:00　厚生労働省に到着。私は，11時30分からの面接とのことでしたが，先に2人ほど面接を受けていました。幹部面接は面接官3人，係りの方1人でした。幹部面接では，「卒業論文についての説明」と「自分の長所」，「友人について」，「全国転勤について」などの一般的な質問に加えて，雇用政策についても「〜についてどう考えますか？」，「〜という問題について個人的な考えでいいから良い政策はないかな？」という形でいくつか聞かれました。去年採用された先輩からは，「人間科学区分からの採用なのであまり政策的なことについては聞かれない」とのことでしたが，その年度で違うのだと思います。面接終了後，人事の方から「感触が良かった方には本日か明日中に連絡します」とのことを伝えられ，厚生労働省を後にしました。また，この日の午前中に科学警察研究所から所長面接（最終面接）の連絡を頂きました。

　帰宅後，法務省矯正局から次の面接の連絡を頂きました。その後，厚生労働省の人事の方からも連絡を頂き，今日の幹部面接の結果，非常に感触が良かったことを伝えられました。内々定解禁日が7月2日のため，内々定とは言及しませんでしたが高評価であるとの旨を伝えられました。また，電話だけでは心配でしょうとのことで人事の方からメールでも連絡を頂き，丁重に対応して頂いている気がしました。

●6月29日（火）
　昨日，第一志望の厚生労働省から高評価を頂いたこともあり，朝一番で法務省保護局と矯正局に辞退の電話を入れました。その後はやることなし，ボーっとして過ごしました。

●6月30日（水）
　特にやることなし。ボーっとして過ごしました。

●7月1日（木）
13:00　科学警察研究所に到着。私のほかに5人ほどすでに来ていました。所長、副所長、総務部長とそれぞれ10分くらいの面接を受けました。それぞれ志望理由や卒業論文の内容等の質問を1つ、2つ質問されて終了。「内々定を出す人には、翌日（7月2日）に連絡する」とのこと。

●7月2日（金）
　厚生労働省人事担当の方から、改めて高評価であったことと内々定の連絡を頂きました。また、就労・雇用関係の広報を送って下さるとのことでした。おそらく人間科学区分からの採用なので気を遣って下さったのだと思います。厚生労働省は、特に内々定解禁日に本省に訪問するなどのことはありませんでしたが、法務省などは内々定解禁日に呼ばれるらしいです。
　また、科学警察研究所からの連絡はありませんでした。と同時に私の長くて短かった官庁訪問が終了致しました。

筆者（髙橋）註：なお、この官庁訪問日記を報告してくれたAさんは、このほか家庭裁判所調査官補にも合格し、内々定をもらった（平成16年7月2日現在）。

重要事項索引

【50音順】
＊いずれも最重要事項ばかりである。試験前に最後のチェックをしてほしい。もちろん、これ以外にも重要な用語はあるが、まずは以下の用語について簡潔な説明ができるようになることを目標において勉強してほしい。

<あ>
RISB（The Rotter Incomplete Sentence Blank, Second Edition）　43
RCRT（Role Construct Repertory Test, Rep Test）　119
ISB（Incomplete Sentence Blank）　43
アイ・コンタクト　208
ICD（ICD-10, 国際疾病分類第10版）　145, 195, 215
愛情遮断性小人症（deprivation dwarfism）　131
アイゼンク人格目録（EPI; Eysenck Personality Inventory, EPQ; Eysenck Personality Questionnaire）　34, 116
愛着（attachment）　132, 135, 136, 204, 205, 207
愛着タイプ　142
ITPA（Illinois Test of Psycholinguistic Ability）　29, 49, 52, 53, 149
アイデンティティ（理論）　76, 87, 109, 110, 143
iB（非理性的，非合理な信念）　79
IP（identified patient）　95
アヴェロンの野生児　131
アクティング・アウト（acting out）　153, 154
Agreeableness（協調性）　35
アコモデーション（Accommodation）　162, 163
アスペルガー障害（Asperger's disorder）　145, 250
アスペルガー症候群　201
アセスメント（見立て）　210, 226
遊び　127, 128
アッハ体験　90
アナクリティック抑うつ　204
アメリカ陸軍式知能検査（アーミーテスト）　50
あるがまま療法　83
アルツハイマー型痴呆　143, 144
α（式）検査　26, 50, 150
暗示療法（suggestive therapy）　86
安定型　142
アンビバレント型　142

<い>
E（extraversion）尺度　33
EPPS（Edwards Personal Preference Schedule）性格検査　29, 30, 42, 147
家と樹木と人物描写検査　60
イギリス中間派　180
移行対象（transitional object）　74, 201
医師としての分別　234
意志療法（will therapy）　73, 74
依存性　136

一次的自己愛（primary narcissism）　182
一時妄想　144
一般システム理論　95, 97
一般職業適性検査　48
一般精神健康質問紙　35
一般知能検査（概観的検査）　213
イド（エス）　229
意味への意志　166
イメージドラマ法　88
イメージ分析療法　88
イメージ面接　88
イメージ療法（imagery therapy）　87
インクブロット・テスト（inkblot test）　39, 40
因子的妥当性　24, 32, 33
因子分析　218
インシュリン昏睡療法　99
インテーク・カンファレンス（intake conference, 受理会議）　153, 154
インテーク面接（intake interview, 受理面接）　70, 154, 227, 228
インフォームド・コンセント　65, 70, 222

<う>
VIT（Vocational Interest Test）　47
WISC（Wechsler Intelligence Scale for Children）　27, 51, 148, 152, 214, 251
WISC-R　51
WISC-III　51
VPI（Vocational Reference Inventory）　27, 29, 47
WPPSI（Wechsler Preschool and Primary Scale of Intelligence）　51, 149, 150
WAIS（Wechsler Adult Intelligence Scale）　51, 148, 213
WAIS-R　51, 150
ウェクスラー式（知能検査）　29, 49-51, 148, 213, 214, 217, 221
ウェクスラー－ベルビュー知能検査（Wechsler-Bellevue Intelligence Scale）　51
打ち消し（undoing）　178, 179
内田クレペリン（精神作業）検査　29, 58, 59, 151
うつ病　189

<え>
HTP（the H-T-P technique）　29, 39, 60, 152, 221
HTPs　60
HTPP　60
HDS　29
HDS-R　29, 57
A式検査　26, 50, 161

ABCシェマ　79, 154, 155
液量の保存問題　135
Extraversion（外向性）　35
Exner法　40, 41
SAT（Senior Appercention Test (Technique)）　29, 42
SAT（Scholastic Aptitude Test）　47, 48
SCM（Sentence Completion Method）　43
SCT（Sentence Completion Test）　29, 43, 149, 152
STAI（State-Trait Anxiety Scale）　33
エドワーズ人格目録　30
NEO-PI-R　35
N（neuroticism）尺度　33
NTL（National Training Laboratory）　92
エビデンス・ベースド・カウンセリング　238
エビデンス・ベースド（実証に基づく）の臨床心理学　6, 228
F-尺度（権威主義尺度）　147
FDT（Family Drawing Test, 家族画法, 家族描画法）　29, 62
MRI（Mental Research Institute）　96
MAS（Manifest Anxiety Scale）　29, 32, 147
MN式発達スクリーニング検査　56
MMPI（Minnesota Multiphasic Personality Inventory, ミネソタ多面人格目録）　25, 27, 29, 31, 32, 36, 147, 148, 151, 152
MG（本明-ギルフォード）　32
MCCベビーテスト　29, 54, 56
MJ式SCT　43
MPI（Maudsley Personality Inventory, モーズレイ人格目録）　29, 33, 116, 167, 217, 218, 221
MP親子関係診断検査　57
エルグ　169
L尺度　151
エンカウンター・グループ（encounter groups）　90-92, 158
遠城寺式乳幼児分析の発達検査法（遠城寺式）　29, 55, 56
エンパワーメント　14, 240
円枠家族描画法　62
〈お〉
横断的研究法（cross-sectional method）　212
横断的データ　143
横断的方法　212
大阪大学法　40
Openness to experience（経験への開放性）　34
オールポート・ヴァーノン・リンゼイ価値尺度　112
お話療法（talking cure）　72
オペラント　232
オペラント技法　76, 78
オペラント条件づけ　76, 117, 248

親子関係診断検査　29, 57
親子関係診断尺度EICA　57
親子関係診断テスト　152
オルゴン（オーゴン；orgon）療法　75
音楽療法（music therapy）　82
〈か〉
外因性　215
絵画-欲求不満テスト　43
絵画（描画）療法（painting therapy）　81
外向性（extraversion）　170
外向性-内向性　218
階段のぼり　130
回避型　142
回避性人格障害　192
快楽原則　229
解離性健忘　241
解離性障害　241
解離性同一障害　241
解離性遁走　241
カウンセリング　231
鏡渇望型（mirror-hungry）　172
学習障害（learning disorders; LD）　145, 146, 200, 202, 249
学習性無力感　251
学習理論　95
隔離　179
家族画　148
家族療法（family therapy）　87, 90, 95, 162, 185, 238, 249
片口法　40
学校カウンセリング　166
家庭限局性行為障害　146
家庭的療法　83
家庭内暴力　248
仮面うつ病　189
感覚運動期　135
環境形成特性　169
環境療法（milieu therapy）　97
観察学習（observational learning）　117
観察法　227
感受性訓練（sensitivity training; ST）　91, 92
完全習得検査（mastery learning test, mastery test）　25
〈き〉
危機介入　225, 240-244, 251
危機状態　226
器質的構音障害　144, 145
気質特性　169
基準関連妥当性　36
規準準拠検査（norm referenced test）　26
拮抗条件づけ（脱感作）技法　78
機能的構音障害　144, 145

機能的自律性（functional autonomy） 112
帰納的推理 143
基本的信頼対絶対的不信 136
基本的信頼対不信 207
基本発達スクリーニング 55
逆制止（拮抗条件づけ） 77, 157
虐待 204
逆転移 70, 72, 107
?（can not say）尺度 152
急性ストレス障害（Accute Stress Disorder; ASD） 197
Q-Sort Technique（Q分類，Qテクニック，Q技法） 29, 45, 66, 123
教育分析（personal analysis） 73
境界性人格障害 192, 230, 233, 248
境界例 71, 81, 93
共感 70
共感覚 126
共感の理解 233, 235
強制選択式検査 26
強制選択法 31
鏡像段階 126
京大NX知能検査（NX） 50
共通特性 169
共同（的）経験主義（collaborative empirism） 155, 235
強迫神経症 230
虚偽尺度（lie scale） 31, 148, 149
虚偽反応 59
拒食症 93
桐原・ダウニー意志気質検査 29, 59
緊急ブリーフセラピー（emergency brief therapy） 87
勤勉性対劣等感 144

<<>
具体的操作期 134
グッドイナフDAM検査 59, 61
クライエント（来談者）中心療法 20, 90, 123, 155, 166, 230, 232, 233, 235, 236
クライシス 109
クライテリオン分析 218
Grid Technique 119
クリニックモデル 245
Klopfer法 40
Cronbachのα係数 24

<け>
KIDS 29
K-ABC
K-ABC（Kaufman Assessment Battery for Children, カウフマン児童査定バッテリー） 29, 53, 149, 150
経験 233

経験への開放性（openness to experiences） 170
継時（逐次）処理尺度 150
K尺度 151
芸術療法（art therapy） 74, 81
系統的合理的構成法（systematic rational restructuring; SRR） 80
系統的脱感作法（systematic desensitization） 77, 157, 238
刑法第39条 186
系列法 212
ケース・カンファレンス（case conference, ケース会議） 153, 154
ゲシタルト（ゲシュタルト）療法（Gestalt therapy） 90, 158, 164-166, 237
ゲシュタルトグループ 91
ゲスフーテスト（Guess-Who test） 26, 29, 65
結晶性知能 113, 143, 150
欠乏動機（deficiency motivation, D-motivation） 121
欠乏欲求 209
元型（Archetypus） 74
顕現性不安尺度 32
健康な人格 174
言語性IQ 51, 148
言語性検査 50, 151, 213
言語の自己調整機能 128
言語連想語テスト 39
顕在性不安尺度 32
顕在性欲求リスト 30
検査法 220
現実原則 229
原始的防衛機制 178-180
原始的理想化（primitive idealization） 179, 180
現存在分析 73, 76, 165
見当識障害 144
権力への意志 183

<こ>
五因子性格検査（Five-Factor Personality Questionnaire; FFPQ） 35
行為障害（conduct disorder） 145, 146
構音障害（articulation disorder） 144
口唇期 135, 136
向性検査（extroversion-introversion test） 29, 37
構造的家族療法（structual family therapy） 96
構造的システムアプローチ 162
交代自我渇望型 172
合同家族療法（conjoint family therapy） 96
行動観察（法） 217, 220
合同注意（joint attention） 203
行動変容 248
行動療法（behavior therapy） 71, 76, 158, 230, 232, 236, 249

行動理論　95
行動論的アプローチ　95
更年期障害　226
広汎性発達障害（自閉性障害）　145, 200-202, 208, 249
合理化（rationalization）　178, 180
合理情動療法（rational-emotive therapy; RET）　79, 80, 155, 166, 236, 243
交流分析（transactional analysis; TA）　91, 92, 160, 161, 250
コーネル・メディカル・インデックス　34
コ（ー）ホート分析（cohort analysis）　212
刻印付け（imprinting）　250
心の理論　202
個人検査　26, 213
個人心理学（individual psychology, アドラー心理学）　73, 74, 107, 182
個性化　138
個性記述的（idiographic）方法　112
コホート（同時期出生集団）　212
コミュニティ・アプローチ　200, 237, 240, 244, 245
コミュニティ心理学　98, 99, 238
コラージュ療法　82
K（correction）尺度　152
根源特性　169
コンサルタント（consultant）　98, 244
コンサルティ（consultee）　98, 244
コンサルテーション（consultation）　98, 244
コンサルテーション・リエゾン精神医学（consultation-liaison psychiatry）　98, 99
Conscientiousness（勤勉性）　35
コンストラクト　119
コンテイン（contain）　94

＜さ＞
罪業妄想　144
再検査信頼性　42
最高値検査　26
採点者（評定者）間信頼性　38
催眠イメージ面接法　88
催眠性トランス　87
催眠療法（hypnotherapy）　85-87
作業検査法　28, 58, 64, 146, 151, 152
査定面接　217, 220, 226, 228
三角（形）イメージ療法　88
産後うつ病　189
3歳児神話　208
参与しながらの観察　183

＜し＞
GHQ（General Health Questionnaire）　29, 35, 36
CAT（Children's Apperception Test）　29, 39, 40, 42
CAT-H　42
GATB（General Aptitude Test Battery）　27, 29, 48, 58
CMI（Cornell Medical Index-health questionnaire）　29, 32, 34, 226
CMAS（Children's form of Manifest Anxiety Scale; CMA）　33
シーショア音楽的才能検査（Seashore's Measurement of Musical Talent）　49
JDDST　29
JPDQ　29
シェイピング（漸近的行動形成）技法（shaping）　76-78, 157
シェマ　127
自我（ego）　175, 229
自我機能（ego function）　175
自覚療法　83
自我状態　160
自我心理学　73, 76
自我同一性　138, 166, 249
自我同一性の拡散　166
自我による自我のための退行（regression in the service of the ego）　180
自我の自律性　176
自我の強さ（ego strength）　175, 176
自我防衛機制　249
弛緩技法（Benson's relaxation technique）　86
時間制限心理療法（time-limited psychotherapy）　87
時期遅れの喪（delayed mourning）　246
自己一致　233, 235
志向性　210
自己概念　233
自己強化（self reinforcement）　117
自己構造　233
自己効力感（self efficacy）　79, 118
自己指示法　80
自己実現（self-actualization）　121
自己実現者　175
自己実現の欲求　209
自己心理学　75
自己対象　172
自己中心性（egocentrism）　134, 135
自己治癒力　156, 234
自己分析（self-analysis）　73, 75
指示身ぶり　125, 126
システムズ・アプローチ　90, 97, 237
システム論的アプローチ　95, 96
システム論的家族療法（family systems approach, systemic family therapy）　95, 96
自責的　44
自然観察法　220
実験的観察法　220

失語　144
失行　144
実存分析（ロゴテラピー）　165, 174
質問紙的技法　218
質問紙法　28, 29, 151, 214, 217-219, 221, 223, 227, 250
児童虐待　200, 204, 210, 211, 240, 251
自動思考　80, 154, 235
児童分析（child analysis）　73, 74, 82
指導（誘導）覚醒夢法　88
自閉症　71, 145
自閉性障害　203
自閉的精神病質（autistic psychopathy）　201
社会劇　39
社会性行為障害　146
社会的解離児　131
社会的性格　174
社会的治療（療法）（social therapy）　97
社会的望ましさ　25, 30, 32, 59
自由イメージ法　88
自由からの逃走　75
集合的無意識　248
修正フロイト派　73, 76, 110
集団検査　26, 213
集団精神療法（group psychotherapy）　94
縦断的方法（longitudinal method）　212
集団療法　93
執着気質　181, 186
執着性格　185
自由なC（FC）　161
十分に機能している人間　250
自由連想法（free association）　39, 72, 107
16PF（The sixteen Personality Factor questionnaie）　29, 34, 35, 113, 114, 147, 167
主題（thema）　172
受容的態度　222
受理面接　220, 222, 224, 226-228, 247
馴化－脱馴化（habituation-dishabituation）法　141, 142
循環気質　186
順応したC（AC）　161
ジョイニング（joining）　96, 162, 163
昇華　179
生涯発達段階説　136
生涯発達理論　127
消去　157
条件性制止技法（conditioned inhibition）　77, 78
症候論　215
症候論的分類体系　195
状態－特性不安尺度　33
象徴的解釈　156
焦点心理療法　87

情動焦点型コーピング　183
衝動的な自己自身への向け換え（turning the impulse against the self）　179
職業ガイダンス運動　231
職業適性検査（vocational aptitude test）　48
職業レディネステスト　29, 48
ジョハリの窓（Johari window）　92
自律訓練法（autogenic training; AT）　85, 86, 157, 228
自律的自我（autonomous ego）　176
事例研究（法）　250
心因性　215
新エンゼルプラン　207
人格学（personology）　171
人格障害（personality disorders）　194
進学適性検査　48
新奇場面法　142
心気妄想　144
神経症　71, 81, 83
神経症的傾向（neuroticism）　170, 218
心身症　71, 81
心神喪失者　186
心身耗弱者　186
新制田中B式知能検査　149, 150
身体的虐待　204, 210
心的外傷後ストレス障害（PTSD）　196-198, 216, 240, 241, 250
心的外傷体験　217
心的装置　229
新発達診断学　56
新版K式（精神）発達検査法　29, 55, 56
新フロイト派（フロイト左派）　73, 75, 110, 165, 182
親密（さ）対孤立　138, 176
信頼関係（ラポール）　222, 227
心理アセスメント　214, 216
心理学的アセスメント　230
心理劇（サイコドラマ, psychodrama）　84
心理検査　214, 216, 221, 223, 227
心理検査法　227
心理査定（アセスメント）　247
心理誌的手法　112
心理・社会的危機　136, 137
心理社会的モラトリアム（psychosocial moratorium）　206
心理－性的発達（psychosexual development）　178
心理的虐待　204, 210
心理療法　232

<す>
スーパーヴァイザー（supervisor）　1, 27, 71, 73, 154
スーパーヴァイジー（supervisee）　71

スーパーヴィジョン（supervision）　1, 70, 71, 91, 98, 153, 154, 224, 225
スキーマ（仮説／スキーマ）　80, 127
スクールカウンセラー　166, 167
スクリプト　127
図式的投影法　29, 39, 46
鈴木ビネー式知能検査（鈴木ビネー）　49, 50, 149
スタディ（問題の発見）　154
スタンフォード・ビネー知能検査　50, 151
ストラテジー催眠療法　87
ストラテジー心理療法　87
ストループ効果　143, 144
ストレス学説　187, 188
ストレンジ・シチュエーション（strange situation, SS）法　141, 142
ストロング職業興味検査（Strong Vocational Interest Blank）　48
すべて良い対象（all-good object）　179

＜せ＞
生育史（life-history）　224, 237
性格検査　221
性格特性5因子モデル（Big Five Model）　169
性格分析（character analysis）　73, 75
生活形式の6類型　169
生活構造（life structure）　138
生活史　222, 223
生活史面接　220, 224
生活年齢（Clonological Age）　50, 54
制限　70
精研式文章完成法テスト　43
誠実性（conscientiousness）　170
脆弱性－ストレスモデル　215
成熟したパーソナリティ　174
成熟優位説　129
生殖性対停滞　144
精神医学の診断　226
精神的健康度　221, 226
精神年齢（Mental Age; MA）　49, 50, 61
精神発達順序尺度（OSPD）　55
精神病質傾向　170
精神分析　243, 248, 249
精神分析的の自我心理学　176
精神分析的・対象関係論的アプローチ　95
精神分析療法（psychoanalytical therapy）　72, 232, 234, 237
精神分析理論　93, 95
精神療法　70, 231
成長促進的風土　235
成長動機（growth motivation, being motivation, B-motivation, mentaneed）　121
成長欲求　209

性的虐待　204, 210
性同一性障害（gender identity disorders）　189
生得説　129
性度検査（masculinity-feminity test）　29, 36
生来の犯罪者観　249
世界技法（World Technique）　80, 155
世代理論的（intergenerational）理論　95
世代論的アプローチ　95
積極的療法　87
接触回避型（contact-shunning）　172
絶対臥褥療法　83
セルフ・ヘルプグループ　240
セルフモニタリング技法　78
ゼロ歳児保育　207
世話（care）　135
漸近的接近（successive approximation）技法　77
選好注視（preferential looking, PL）法　141, 142
漸進的弛緩法（progressive relaxation）　86, 88, 89, 157
前操作期　134
全体IQ　51, 148
選択的注意　144
前頭葉ロボトミー（prefrontal lobotomy）　99
戦略的アプローチ（strategic approach）　87
戦略的家族療法（strategic family therapy）　95, 96

＜そ＞
躁鬱病　71, 215
早期発達診断検査　56
操作の診断　195, 216
操作の診断基準　195
創造的退行（creative regression）　179, 180
創造の病（creative illness）　180
早発性痴呆　185, 186
躁病親和的な性格類型　181
相貌の知覚　126
層理論　173
ソーシャル・サポート　188, 244
速度検査　26
ソシオグラム（sociogram）　65
ソシオマトリックス（sociomatrix）　65
ソシオメトリー（Sociometry）　29, 64, 85
Sociometric test　64
Szondi test（ソンディ・テスト）　29, 39, 45

＜た＞
第1次反抗期　250
体液学説　185
体験療法　83
退行（regression）　72, 73, 177-179
第三勢力　174
体質的特性　169
対処（coping）　183
対象関係論　73, 93, 180, 184

対象喪失　246
対象リビドー　182
対処スタイル　183
対処方法（コーピング）　242
対人関係論　93, 95
態度・興味分析検査（attitude-interest analysis test）　36
第2次反抗期　250
タイプA行動パターン　188
代理強化（vicarious reinforcement）　117
代理母実験　135
direct reference　88
田研式親子診断検査　57
田研式「事務の職業適性検査」　49
多軸診断システム　194, 195
多軸評定方式　216
多重人格　241
他責的　44
脱中心化　134
妥当性尺度　31, 152
多動性障害（hyperkinetic disorder）　145, 146
田中A式　150
田中向性検査　37
田中B式　150
田中ビネー式知能検査（田中ビネー）　49, 50, 150
短期精神病性障害（brief psychotic disorder）　186
短期精神療法（short-term psychotherapy）　87, 243
短期戦略的心理療法　87
短縮型精神分析的心理療法（short term of psychoanalytic psychotherapy）　87

<ち>

地域精神医療　97
地域精神衛生運動　242
地域精神保健　248
知性化（intellectualization）　178, 180
父親的なP（CP）　161
知的機能別検査（診断的検査）　213
知的障害　250
知能因子　143
知能検査　25, 26, 28, 59, 213, 214, 217, 221, 227
知能指数（Intelligence Quotient; IQ）　50, 151, 213
知能偏差値　150
痴呆　143
チャム・グループ　248
注意欠陥・多動性障害（attentional-deficit hyperactivity disorder; ADHD）　145, 146, 200, 201
中心化　134
超自我　229
調整（accomodation, 調節）　135, 136
調和性（agreeableness）　170
直感像法　88

治療共同体（therapeutic community, コミュニティ）　97
治療的退行（therapeutic regression）　73, 180

<つ>

壺イメージ療法　88
津守式乳幼児精神発達診断法　29, 54-56

<て>

DAM（Draw-A-Man）　61
TAT（Thematic Apperception Test）　37-41, 148, 149, 172, 213, 217
DAP（Draw-A-Person test, 人物画検査）　29, 39, 60, 61
DSM　94, 195, 200, 215, 216
DSM-IV　189, 191-195, 198, 201, 215, 216, 241, 251
DSM-IV-TR　145, 194-196
Tグループ（training group）　92
TAT（主題統覚検査）　38, 41, 219, 221
DAT式適性検査　49
TK式診断的新親子関係検査　57, 58
抵抗（resistance）　72, 107
抵抗分析　75
適応機制（adjustment mechanism）　177
適性検査（Aptitude test）　28, 47
テストバッテリー　24, 32, 33, 38, 50, 53, 150, 152, 213, 214, 216, 217, 220-223, 227, 249
転　移（transference, Übertragung）　70, 72, 107, 234
電気ショック療法（ECT）　99
典型値検査　26
転倒（reversal into opposite）　179
デンバー発達スクリーニング検査（DDST）　55

<と>

同一性拡散　203
同一性達成　203
動因低減説　135
投影　179
投影の技法　218
投影の同一視　180
投影同一化（projective identification）　178
投影法（projective technique (method)）　27, 28, 37, 38, 59, 64, 146, 151, 214, 217-219, 221, 223, 227, 248, 250
同化（assimilation）　135, 136
統合失調症　71, 81, 94, 144, 215, 233
動作性IQ　51, 148
動作性検査　151
洞察　70
動作療法（motor action therapy）　89
同時処理尺度　150
統制の所在　119
動物家族描画法（Kinetic Family Drawings; KFD）　62

トークンエコノミー技法　76, 78
独自特性　169
特性5因子モデル（Five Factors Model; FFM）　168, 170
特性2因子論　169
特性論　167, 168, 171, 218
ドメスティック・バイオレンス（DV）　240
トラッキング（Tracking）　162, 163
盗られ妄想　143, 144
トランスパーソナル理論　93
取り入れ　179
ドル・プレイ（doll play, 人形遊び）　39, 82
トレーニング・グループ　92
<な>
内因性精神病　215
内観　238, 239
内観法　238
内観療法　84, 238
内向性－外向性　170, 173
内容的妥当性　32
内容分析　112
名古屋大学法　40
<に>
二次的自己愛（secondary narcissism）　181
二次動因説　136
二次妄想　144
二重拘束理論（double bind theory）　96, 184
日本版デンバー式発達スクリーニング検査（JDDST）　55, 56
日本版プレ発達スクリーニング検査（JPDQ）　56
乳幼児簡易検査　56
乳幼児精神発達診断検査　54-56
乳幼児発達スケール（KIDS）　55, 56
乳幼児発達評価尺度　56
乳幼児分析的発達検査法　56
乳幼児用発達スクリーニング目録（DSI）　55
Neuroticism（情緒不安定性）　35
人間関係ラボ　91
人間主義的理論　93
人間性心理学（humanistic psychology）　161, 174
認知行動療法（cognitive behavior therapy）　78, 80, 229, 233-235, 238, 243, 251
認知行動理論　93
認知スタイル（様式）（cognitive style）　120
認知的複雑性（cognitive complexity）　120
認知療法（cognitive therapy）　78, 79, 154, 155, 166, 232, 236, 249
<ね>
ネオ森田療法　83
<の>
能力特性　169

<は>
バーンアウト　250
バイオフィードバック技法　78
バウムテスト（Baumtest）　29, 61, 146, 221, 213
暴露法（エクスポージャー）　78
箱庭　231
箱庭療法（Sandspiel, Sand Play Technique）　39, 45, 62, 74, 80-82, 155, 156
長谷川式簡易知能評価スケール（HDS）　57
発達課題　137
発達指数（Developmental Quotient; DQ）　54, 57
発達障害　144
発達診断　130
発達段階説　249
発達の危機　250
発達年齢（Developmental Age; DA）　54, 57
発達の加速化現象　250
発達の最近接領域（zone of proximal development）　126, 249
発達予定説　129
母親的なP（NP）　161
反抗挑戦性障害（oppositional defiant disorder）　145, 146
汎適応症候群（general adaptation syndrome）　188
反動形成（reaction-formation）　178, 179
万能的否認　180
反応歪曲　30, 59
<ひ>
PILテスト（the Purpose In Life test）　29, 65, 76
BSRI（Bem Sex Role Invetory）　36
P-Fスタディ（Picture-Frustration study）　29, 38, 39, 43, 44, 148, 149, 167, 169, 251
PCR 親子関係診断検査　57
B式検査　26, 50
PDI（Post Drawing Interrogation）　60
Piotrowski法　40
非言語性検査　50, 213
非指示的療法　90, 123, 158
非社会性行為障害　146
Big Five 人格検査　29, 34, 37, 116, 168
否定　177
非定型精神病　215
ひとり遊び　128
否認（denial）　177
ビネー式知能検査　29, 49, 50, 150, 151, 213, 217
病因論　194, 215
描画　231
描画検査　221
描画法　59, 60, 223
標準検査　26
病前性格　181, 186

病態水準　221
表面特性　169
貧困妄想　144
〈ふ〉
ファシリテーター（facilitator）　91
不安階層表　77, 157
不安喚起療法　87
風景構成法（The Landscape Montage Technique）　29, 39, 59, 62, 63, 81
夫婦療法（marital therapy）　95
フェルトシフト　88, 89
felt sense（フェルトセンス）　20, 88
フォーカシング（focusing, 焦点づけ）　20, 88
複合家族療法（multiple family therapy）　95
輻輳説　173
フラッディング技法（flooding）　77, 78, 157, 230
F（frequency）尺度　152
ブリーフセラピー（brief therapy）　87, 96, 238, 249
ブルドン末梢検査　59
フレーム　127
Projective Drawings（投影法的描画検査）　40
文化的に公正な検査（culture free, culture fair test）　26
文章完成テスト　43
文章完成法　39, 40, 43, 146, 148
分析心理学　73
分析の隠れ身　234
分類不能の人格障害　194
分裂（splitting）　178, 180
〈へ〉
並行遊び　128
ベーシック・エンカウンター・グループ　91, 123
β（式）検査　26, 50, 150
Beck 法　40
ベック抑うつ目録　223
Bennet Test of Mechanical Comprehension（ベネット式機械的理解力検査）　49
ベム性役割尺度　36
偏差IQ（deviation IQ, 偏差知能指数）　51, 151, 214
ベンダー・ゲシュタルト検査（Bender Visual Motor Gestalt Test; BGT）　29, 40, 59, 63
ベントン視覚記銘検査（Benton visual retention test）　29, 64
弁別的適性検査（Differential Aptitude Test; DAT）　49
〈ほ〉
防衛（Abweh）　177
防衛機制（defense mechanism）　177-179
包括的システム　40
傍観　128
法則定立的（nomothetic）方法　112
ホールディング（holding）　94

ホスピタリズム（hospitalism, 施設病）　73, 75, 131, 204
母性的養育の剥奪　204
母性剥奪　204
保存　135
〈ま〉
マイクロ・カウンセリング　160
マイクロ技法（micro skills）　158, 160
マイム（Mimesis）　162, 163
マズロウの欲求階層説　250
マターナル・ディプリベーション（maternal deprivation, 母性剥奪, 母性的養育の剥奪）　131, 132, 136, 200, 204, 208, 248
マタニティ・ブルーズ（maternity blues）　189
マニー型　181
マニー親和型　181
〈み〉
3つの山問題　134
見本合わせ（matching-to-sample; MTS）法　141, 142
ミュンヘン機能的発達診断法　29, 55, 56
〈む〉
無条件の肯定的配慮　233, 235
無責的　44
無秩序型　142
〈め〉
命日反応（anniversary reaction）　246
メタ分析　24
メランコリー親和型（melancholic type）　181, 185, 186
面接法　220, 227
メンタルモデル　127
〈も〉
妄想　143, 144
妄想性障害（delusional disorder）　186
妄想性人格障害　192
燃えつき症候群（burnout syndrome）　187
モーズレイ性格検査　33
黙従傾向（acquiescence, yes-tendency）　30
目標準拠検査（criterion referenced test, content referenced test）　26
モデリング技法　76, 78, 157
喪の作業　245, 246
モラトリアム（moratorium）　109, 205, 206
モラトリアム人間　206
森田神経症　83
森田療法　83, 157, 238
問題焦点型コーピング　183
〈ゆ〉
遊戯分析（play analysis）　73, 74
遊戯療法（play therapy）　39, 81, 82, 210, 231, 232
融合渇望型（merger-hungry）　172

誘導感情イメージ法（GAI） 88
指絵（フィンガーペインティング） 82
夢判断 75
夢分析 74, 75, 107
夢療法 88
＜よ＞
良い対象 180
養育の放棄・怠慢（ネグレクト） 204, 210
幼児虐待 204
抑圧（repression） 177-179
欲求－圧力（need-press）（の理論） 171, 172, 219
欲求－圧力分析 42, 146, 149
欲求階層説 175, 209
欲求の段階説 122
予防精神医学 242
夜と霧 76
＜ら＞
L（lie）尺度：虚偽尺度 152
来談者中心カウンセリング 249
来談者中心療法（client-centered therapy） 90, 234, 244, 248
ライフイベント 251
ライフイベント（難問発生状況） 242
ライフサイクル説 136
ライフサイクル理論 76
Rapaport-Schafer 法 40
＜り＞
力動的特性 169
力量検査 26
離人性障害 241
理性感情行動療法（rational-emotive behavior therapy; REBT） 79
理想渇望型（ideal-hungry） 172
リビドー 135
リファー（refer） 153, 154

リメディアル・ティーチング 250
流動性知能 113, 150, 143
リラクセーション（弛緩法） 77
リラクセーション・トレーニング 89
臨床心理査定（アセスメント） 213, 214, 220-222, 224-226, 247
臨床心理面接（clinico-psychological interview） 69
臨床動作法 89
＜る＞
類型論（内向－外向） 74, 167, 168, 171, 218
ルクセンブルガーの図式 173
＜れ＞
レスポンデント（古典的）学習 232
レスポンデント技法 78
レスポンデント（古典的）条件づけ 76, 77
レディネス（readiness） 128, 130
連合遊び 129
練成療法 83
＜ろ＞
老年期 143
老年期うつ病 144
locus of control（ローカス・オブ・コントロール） 118
ロールシャッハ検査（Rorschach Test） 27, 29, 33, 38, 40, 42, 43, 60, 64, 146, 148, 180, 217, 221, 223
ロールプレイ（role play） 45, 84
ロールプレイングテスト 64
ロゴセラピー（logotherapy） 73, 76, 165
論理情動療法 79
論理療法（rational therapy; RT） 79
＜わ＞
YG 性格検査（矢田部ギルフォード検査） 29-32, 148, 149, 213, 217, 221, 223
悪い対象 180

人名索引

【アルファベット順】

＜A＞
Abraham, K.　73, 74
Adler, A.　73, 74, 101, 103, 105-108, 118, 121, 183
Adorno, T. W.　147
Ahsen, A.　88
Ainsworth, M. D. S.　142
Alexander, F.　51, 73, 74
Allen, F.　82
Allport, F. H.　111
Allport, G. W.　34, 102, 103, 105, 106, 111, 113, 115, 122, 165, 168, 169, 173
Amatruda, C. S.　54
新井清三郎　54, 56
Axline, V. M.　82
＜B＞
Bühler, C.　54, 139
Balint, M.　87, 180
Bandura, A.　78, 103, 105, 106, 117, 118
Bartlett, F. C.　127
Bateson, G.　96, 184

Beck, A. T.　　79, 80, 84, 154, 155, 235
Bellak, L.　　42, 87, 176
Bellak, S. S.　　42
Bem, S. L.　　36
Bender, L.　　64
Benedict, R.　　121
Benne, K.　　92
Bennett, G. K.　　49
Benson, H.　　86
Benton, A. L.　　64
Bergson, H.　　120
Berne, E.　　93, 161
Bernheim, H. M.　　85
Bernstein, D.　　226
Bertalanffy, L.　　97
Bieri, J.　　120
Binet, A.　　40, 47, 49, 213
Bini, L.　　99
Binswanger, L.　　73, 76, 165
Bion, W. R.　　94
Bleuler, E.　　186
Boss, M.　　73, 76
Bowen, M.　　95
Bowlby, J.　　131, 132, 136, 204, 207, 246
Bowlby, J. M.　　135
Bradford, L.　　92
Brodman, K.　　34
Bronfenbrenner, U.　　98
Buck, J. K.　　152
Buck, J. N.　　39, 60
Buck, R. E.　　82
Burns, R. C.　　62
＜C＞
Cameron, N.　　32
Caplan, G.　　98, 99, 242
Cattell, J. M.　　113
Cattell, R. B.　　33, 35, 54, 66, 104, 106, 112, 143, 147, 167-169, 171
Cerletti, U.　　99
Charcot, J. M.　　85, 86, 183
Costa, P.　　169, 170
Costa, P. T.　　34, 115
Cronbach, L. J.　　25
Crumbaugh, J. C.　　65, 76
Curtiss, J.　　130
＜D＞
Desoille, R.　　88
Dodds, J. B.　　55
土居健郎　　188
Dollard, J.　　106
＜E＞
Ebbinghaus, H.　　43

Edwards, A. L.　　30, 147
Ellenberger, H. F.　　180
Ellis, A.　　79, 80, 155, 166, 235
遠城寺宗徳　　56
Erdman, A.　　34
Erickson, M. H.　　86, 87, 96
Erikson, E. H.　　73, 76, 87, 101, 103-106, 109-111, 127, 135-137, 139, 143, 166, 172, 176, 178, 180, 203, 206, 207, 250
Eysenck, H. J.　　33, 76, 104, 106, 113, 115, 168-173, 218, 232
＜F＞
Fantz, R. L.　　142
Ferenczi, S.　　73, 74, 87
Frankenburg, W. K.　　55
Frankl, V. E.　　65, 73, 76, 165, 166, 173, 174
Freidman, M.　　188
Freud, A.　　73, 74, 76, 82, 177-179
Freud, S.　　39, 45, 72-76, 86, 101-109, 111, 118, 122, 135, 137, 138, 173, 177-179, 181, 218, 234
Freudenberger, H. J.　　187, 188
Fromm, E.　　73, 75, 101, 106, 110, 121, 165, 168, 173, 174, 183
Fromm-Reichman, F.　　73, 75, 165
藤原勝紀　　88
＜G＞
Galenus　　104, 185
Gendlin, E. T.　　88, 165
Gesell, A. L.　　54-56, 129, 130
Goldberg, D. P.　　35
Goldberg, L. R.　　34, 115
Goldfried, M. R.　　80
Goldstein, K.　　165
Goodenough, F.　　60, 61
Gottschaldt, K.　　172, 173
Gould, R. L.　　140
Guilford, J. P.　　31
＜H＞
Haley, J.　　96
Harlow, H. F.　　121, 130, 131, 135
Harris, D.　　61
Hartmann, H.　　73, 76, 176, 229
Hartshorn, H.　　65
Hasthaway, S. L.　　36
Hathaway, S. R.　　31, 147
Havighurst, R. J.　　137-140
Heidegger, M.　　76
Hellbrügge, T.　　55, 56
Hippocrates　　104, 185
Holland, J. L.　　47
Horn, J. L.　　143
Horney, K.　　73, 75, 101, 106, 110, 121

267

Hull, C. L.　86
Hulse, W. C.　62
Hunt, J. McV.　55, 56
Hurlock, E. B.　127, 128

＜I＞

生澤雅夫　56
Illingworth, R. S.　55
稲毛教子　54, 56
Ingham, H.　93
Ivey, A. E.　158, 159

＜J＞

Jackson, D.　96
Jacobson, E.　86, 88, 89
Jane, P.　241
Jaques, E.　140
John, O. P.　34
Jones, E.　73, 74
Jones, M.　97
Jung, C. G.　37, 39, 45, 73, 75, 101, 106, 108, 137, 139, 156, 168, 172, 173

＜K＞

皆藤章　63
Kalff, D.　80, 156
Kaufman, A. S.　53
Kaufman, N. L.　53
Kaufman, S. H.　62
河合隼雄　81, 156
Kelly, G. A.　102-106, 118-120
Kernberg, O.　179
Kirk, S.　52
Klages, L.　115
Klein, M.　73, 74, 82, 179, 180
Knobloch, H.　54-56
小林重雄　61
Koch, K.　60, 61
児玉省　48
古賀行義　54, 56
Kohut, H.　70, 75, 172
Korzybski, A.　165
Kraepelin, E.　58, 185, 186, 215
Kretschmer, E.　168, 186
Kris, E.　180
栗山一八　88

＜L＞

Lacan, J.　126
Laing, R. D.　98
Lazaus, R. S.　183
Leuner, H.　88
Levin, K.　92
Levinson, D. J.　137, 140
Levy, D.　82
Liébeaut, A. A.　85

Lincoln, A.　120
Lindemann, E.　242
Lindsley, O. R.　117
Linzey, G.　112
Lippit, R.　92
Lowenfeld, M.　80, 155, 156
Luft, J.　93
Luria, A. R.　128

＜M＞

Machover, K.　60, 61, 62
Mann, T.　87
Marcia, J. E.　110
Marx, K.　75
Maslach, C.　187
Maslow, A. H.　102-106, 120, 121, 165, 173, 175, 209, 250
May, M. A.　65
McCrae, R. R.　115, 169, 170
McCre, R. R.　34
Mckinley, J. C.　31
Meichenbaum, D. H.　80
Mesmel, F. A.　85, 86
Miller, J. G.　97
Miller, N.　106
Milton, H.　87
Minuchin, S.　96, 162, 163
三宅和夫　55
三宅鉱一　50
水島恵一　39, 46, 88
Moniz, E.　99
Moreno, J. L.　39, 64.84, 92
Morgan, C. D.　41
森田正馬　83
向井幸生　56
Murray, H. A.　30, 39, 41, 171, 218

＜N＞

中井久夫　81, 63
成瀬悟策　87-89
Nietzel, M.　226

＜O＞

小此木啓吾　206
大村政男　55
大塚義孝　45

＜P＞

Parten, M.　127, 128
Pasamanick, B.　54-56
Pavlov, I. P.　86
Perls, F.　90, 164-166
Perner, J.　203
Piajet, J.　127, 132, 134-136
Pratt, J. H.　94

Premack, D.　203
Promin, R.　104
Provancher, M. A.　83

＜R＞
Rank, O.　73, 74, 87
Reich, W.　73, 75
Rogers, C. R.　66, 70, 88, 90-93, 102-107, 122, 123, 155, 165, 166, 173, 175, 231, 233, 234, 250
Rollo-May　122, 165
Rorschach, H.　39, 40
Rosenberg, M.　132
Rosenman, R. H.　188
Rosenthal, R.　132
Rosenzweig, M. R.　130, 132
Rosenzweig, S.　39, 43, 132
Rotter, J. B.　39, 43, 106, 117, 118
Rubin, J. A.　62

＜S＞
Sachs, H.　74, 75
Sakel, M. J.　99
Satir, V.　96
Schager, R.　180
Sears, R.　136
Segal, L.　96
Selye, H.　183, 187, 188
Shearn, C. R.　62
Sheehy,　140
Sheldon, W. H.　168
柴田出　88
下田光造　181
Shultz, J. H.　85
Sifneos, P. E.　87
Simon, T.　49
Simonds, P. M.　58
Skinner, B. F.　76, 101-106, 116, 232
Spearman, C.　113
Spinoza, B. de　120
Spitz, R. A.　73, 75, 178, 204
Spranger, E.　47, 112, 167, 168, 172
Stephenson, W.　66
Stern, W.　49, 173

Stroop, J. R.　144
Sullivan, H. S.　70, 73, 75, 165, 179, 183
鈴木治太郎　50
Szondi, L　39, 45

＜T＞
田嶌誠一　88
高橋雅春　60
田中寛一　37, 50
Taylor, J. A.　32, 147
Tellenbach, H.　181, 186
Terman, L. M.　36, 50
Thorndike, R. L.　113, 121
津守真　54, 56

＜U＞
Užgiris, I.　55, 56
内田勇三郎　58
上田礼子　56
牛島義友　54, 56

＜V＞
Vernon, P. E.　112
Virel, A.　88
Vogt, O.　85
Vygotsky, L. S.　125, 126

＜W＞
Watson, J. B　106, 173
Wechsler, D.　51, 213
Werner, H.　126
Wertheimer, M.　122
Wimmer, H.　203
Windelband, W.　112
Winnicott, D. W.　73, 74, 94, 180, 201
Wolberg, L. R.　87
Wolff, H. G. Jr.　34
Wolpe, J.　76, 77, 232

＜Y＞
Yalom, I. R.　94
矢田部達郎　31
吉本伊信　84, 239

＜Z＞
Zajonc, R. B.　183

著者プロフィール

山口　陽弘　（やまぐち・あきひろ）
1964年　滋賀県長浜市生まれ。
1988年　東北大学教育学部教育心理学科卒業後，労働省（国家Ⅰ種心理職）に入省，1990年同省退職。
1995年　東京大学大学院教育学研究科教育心理学科博士課程満期退学。
現　在　群馬大学教育学研究科専門職学位課程（教職大学院）教授。
　　　　小中学校の学習支援・教育評価，教授学習全般，パーソナリティ研究などが勤務先での主領域。
【主著・論文】
心理尺度に着目したこの一年の概観　教育心理学年報　2011年
学習の支援と教育評価（分担執筆）　北大路書房　2013年
実験・実習で学ぶ心理学の基礎（分担執筆）　金子書房　2015年
感情・人格心理学（分担執筆）　遠見書房　（印刷中）

髙橋　美保　（たかはし・みほ）
1964年　東京都生まれ。
1988年　上智大学文学部心理学科卒業後，労働省（国家Ⅰ種心理職）に入省，1996年同省退職。
2008年　東京大学大学院教育学研究科修士課程教育創発学コース修了（教育学修士）。
2013年　早稲田大学大学院人間科学研究科博士後期課程満期退学。
現　在　群馬大学教育学部非常勤講師。放送大学非常勤講師。
　　　　心理職公務員受験指導では，クレアールの他，大学生協が行う学内公務員試験対策講座で心理職コースを担当。
【主著・論文】
試験にでる心理学シリーズ　北大路書房
心理学教育のための傑作工夫集（分担翻訳）　北大路書房　2010年
誤解から学ぶ心理学（分担執筆）　勁草書房　2013年
高等学校「倫理」教科書の中の心理学（共著）　日本高校教育学会年報，18，57-66．2011年

試験にでる心理学　臨床心理学編
心理系公務員試験対策／記述問題のトレーニング

2004年9月20日　初版第1刷発行
2019年7月20日　初版第7刷発行

定価はカバーに表示してあります。

著　者　　山　口　陽　弘
　　　　　髙　橋　美　保

発行所　　㈱北大路書房
　　　　　〒603-8303　京都市北区紫野十二坊町12-8
　　　　　電　話　(075) 431-0361㈹
　　　　　ＦＡＸ　(075) 431-9393
　　　　　振　替　01050-4-2083

©2004　制作　見聞社　印刷／製本　㈱太洋社
検印省略　乱丁・落丁本はお取り替えいたします

ISBN978-4-7628-2391-6　Printed in Japan

・ JCOPY 〈(社)出版者著作権管理機構 委託出版物〉
本書の無断複写は著作権法上での例外を除き禁じられています。
複写される場合は，そのつど事前に，(社)出版者著作権管理機構
（電話 03-5244-5088,FAX 03-5244-5089,e-mail: info@jcopy.or.jp)
の許諾を得てください。

試験にでる心理学

豪華小冊子

新試験制度の実際を解説!!

Ⅰ　はじめに 　　～新試験制度においても心理学の専門試験対策は従来通りである～	2
Ⅱ　新試験制度における心理系公務員試験の実施方法	4
Ⅲ　平成24年度　新試験受験者からの報告	8
Ⅳ　[新試験制度] 国家公務員試験（総合職人間科学・法務省専門職員） 　　択一専門試験　問題と解説	9
Ⅴ　地方自治体の心理職・心理判定員の出題傾向	31
Ⅵ　[新試験制度] 裁判所総合職（人間科学）一次専門試験　解答例	34
付録：心理職公務員を目指すにあたってのよくある質問	37

北大路書房

I はじめに～新試験制度においても心理学の専門試験対策は従来通りである～

1 新試験制度での心理学

　平成24年度から国家公務員試験が新制度に変わり，人間科学区分の心理学における出題傾向がどうなるかが注目された。国家総合職（旧国Ⅰ），法務省専門職員（新設），裁判所総合職（旧家裁調査官補），いずれの試験においても，心理学の専門択一・記述問題について，平成24年度の問題冊子を見た限りでは，出題内容の傾向も難易度も，新たな対策が別途必要なほど変わったと思われる点はなかった。試験が新制度になったとしても，心理学の専門試験対策として勉強すべきことは従来と変わらないという印象を持った。これが新試験制度に対する筆者らの率直な感想であり，この小冊子で強調したいことの一つである。

　新試験制度の詳細については，4ページ以降の試験の実施方法の表を参照してほしいが，心理学に関して，国家総合職の一次試験で択一40題（平成23年度より5題減），二次試験で専門論述2題という形式，裁判所総合職の一次試験で語句説明6題，二次試験で専門論述2題という形式は従来と同様である。国家総合職では択一問題が5題減ったのでむしろ負担は軽くなったくらいである。

　さて，最も大きな制度の変更点は，新たに設定された「法務省専門職員」の試験である。矯正心理職，保護観察官，法務教官に分けられており（試験日が同じであり，これら三者の併願は不可），専門試験は40題。矯正心理職と保護観察官については，従来と異なり，専門択一では心理学以外の科目も解かなければならない。矯正心理職は40題中30題心理学を選べるが，残りの10題は教育学，社会学，福祉のいずれかから選択する。保護観察官と法務教官については，心理学，教育学，社会学，福祉から各10題ずつ合計40題を解く。このため，心理学専攻で保護観察官を目指す学生は，他の教科の対策を余分にしなければならない（法務教官は従来から教育学，社会学等が専門試験科目に入っていたので従来とさほど変わらない）。試験の具体的な実施方法については6ページの表を参照のこと。

　平成24年度に法務省専門職員で出題された心理学（全30問）は，社会心理と臨床心理の出題が多めで，難易度はかつての国Ⅰに比べると易しい印象（過去の法務教官試験の心理学のレベル）である。従来通り心理学の各領域からバランスよく出題された国家総合職とは対照的である。『試験にでる心理学』の各巻で過去問を解くことにより十分対応できる。

　この別冊では平成24年度の試験で出題されたもののうち17題を，9ページ以降で採録し，解答と解答のポイントを加えている。『試験にでる心理学』（本冊）の内容と比較してみると，傾向がほとんど変わっていないことが確認できるだろう。

2　合格するための試験対策

●全体の出題傾向は過去問でつかむ

　過去問に優る対策はない。心理学の歴史は短く（「過去は長い」としても），ヴント（Wundt, W.）に始まるとしてせいぜい130年くらいである。ゆえに，過去に一度も出題されておらず，かつ心理学の試験として内容的に妥当なものをいくつも次々と出題するということ自体，無理である。その証拠に，「シケシン」の各シリーズをご覧になればわかるように，ここ十数年にわたって同じテーマ，理論を扱った問題が繰り返し出題されている。一例をあげると，Meyer, Schvanevelt, & Ruddy の意味プライミングの実験は，過去12年間で4回出題されている（近年では，平成22年の国家Ⅰ種，平成24年の法務省専門職員の試験で登場）。まずは過去問をしっかりと解き，心理学辞典や心理学の各領域のテキストで知識を再確認することが最善の対策である。

●新たな研究動向や知見は大学の講義や演習で学ぶ

　しかし当然，新たな研究動向を反映した新しい知見も少しずつ出題されるようになってきている。平成22年には国家Ⅰ種でfMRIやNIRS，TMSなどの脳機能測定法が，平成24年にはBaddleyのエピソードバッファが，それぞれ択一問題で扱われている。また心理統計においても，構造方程式モデリングの見方などが出題されるようになっている。こうした比較的新しい研究動向の対策についても筆者らがこれまで主張してきたとおり，現在学部生，院生であれば，大学の講義，演習，実験演習などを有効活用してほしい。大学にはその領域の専門家でありかつ最新の研究に取り組んでいる先生方がたくさんいる。講義やゼミで新たな研究動向に触れる機会はあふれていることと思う。そうした先生方から直接講義を受けたり指導してもらえるということは，それだけで公務員試験にも有利である。

　某地方国立大（旧帝大ではない）のある学部生は，予備校には通わず（教養試験対策のみ学内講座を利用），心理学の勉強に関しては，大学で講義名に「〇〇心理学」のように"心理学"のついた授業は可能な限りすべて履修ないし聴講し，外部講師による集中講義も履修はしなくともすべて出席して聴講したという。最新の研究動向はそのように勉強し，それ以外は「シケシン」で過去問をひたすら解いたそうだ。彼女は家裁と地上心理の両者に合格，内々定を得た。

　心理系公務員を目指す人には，市販の心理学書や辞典，「シケシン」を利用して古典かつ標準的な知識を身につけるとともに試験問題の解き方を覚え，大学の授業や演習を利用して研究の新動向を押さえるというバランスで対策することを勧めたい。

II 新試験制度における心理系公務員試験の実施方法

平成24年度に試験制度に変更があったのは，国家公務員，特に心理系の場合，国家総合職（旧国家Ⅰ種）と裁判所総合職（旧家裁調査官補）である。そこで，平成24年度新制度の試験の方法について，概要を以下に示す。最新の国家公務員（総合職人間科学／法務省専門職員）の採用試験情報は，人事院のサイト（国家公務員試験採用情報ナビ http://www.jinji.go.jp/saiyo/saiyo.htm）をチェックすること。同様に，裁判所総合職（人間科学）の最新の採用試験情報等については，裁判所（http://www.courts.go.jp/saiyo/index2.html）のサイトを確認するようにしてほしい。

なお，地方自治体の心理職，心理判定員の採用試験に関しては基本的に従来どおりである。自治体によって試験の実施方法が異なることもあるため，各自受験を希望する自治体の人事委員会の職員採用に関するサイトを確認すること。

1 国家公務員総合職・法務省専門職試験（旧・国家Ⅰ種 人間科学Ⅰ）

●総合職　院卒者試験（心理系の場合）（※試験の内容は大卒程度試験と共通）

試験	試験科目	解答時間 解答題数	内容	配点比率
第1次試験	教養試験 （多肢選択式）	2時間20分 30題	公務員として必要な一般的な知識及び知能についての筆記試験。 知能分野24題（文章理解，判断・数の推理，資料解釈含む），知識分野6題（自然，人文，社会，時事含む）	2/15
	専門試験 （多肢選択式）	3時間30分 105題出題， 40題解答	Ⅰ部5題 人間科学に関する基礎（人間科学における調査・分析に関する基礎，人間科学における行政的問題を含む） Ⅱ部15題　心理系 人間の資質及び人間の行動並びに人間関係の理解に関する心理学的基礎（心理学史,生理,知覚,学習等），心理学における研究方法に関する基礎 Ⅲ部20題　次の14科目（各5題）から4科目を選択 認知心理学，臨床心理学，教育環境学，教育心理学，教育経営学，教育方法学，社会福祉総論，社会福祉各論，福祉計画論，地域福祉論，社会学（理論），社会学（各論），社会心理学，現代社会論	3/15

試験	試験科目	解答時間 解答題数	内容	配点比率
第2次試験	専門試験（記述式）	3時間30分 2題解答	選択問題2題（同じ領域から2題選択可） ○ 心理学に関する領域（人間の資質及び行動並びに人間関係の理解に関する心理学的基礎，行政的な課題・社会的事象について，心理学的な視点から論述をするもの）， ○ 教育学，福祉及び社会学に関する領域 ○ 教育学に関する領域，福祉に関する領域，社会学に関する領域	5/15
	政策課題討議試験	1時間30分程度	課題に対するグループ討議によるプレゼンテーション能力やコミュニケーション力などについての試験（課題に関する資料の中に英文によるものを含む） 6人一組，レジュメ作成（25分）→個別発表（3分）→グループ討議（30分）→討議を踏まえて考えたことの個別発表（2分）	2/15
	人物試験		人柄，対人的能力などについての個別面接（参考として性格検査を実施）	3/15

●総合職　大卒程度試験（心理系の場合）（※試験の内容は院卒者試験と共通）

試験	試験科目	解答時間 解答題数	内容	配点比率
第1次試験	基礎能力試験（多肢選択式）	3時間 40題	公務員として必要な一般的な知識及び知能についての筆記試験 知能分野27題 文章理解，判断・数的推理，資料解釈含む，知識分野13題（自然，人文，社会，時事含む）	2/15
	専門試験（多肢選択式）	3時間30分 105題出題，40題解答	I部5題 人間科学に関する基礎（人間科学における調査・分析関する基礎，人間科学における行政的問題を含む） II部15題　心理系 人間の資質及び人間の行動並びに人間関係の理解に関する心理学的基礎（心理学史，生理，知覚，学習等），心理学における研究方法に関する基礎 III部20題　次の14科目（各5題）から4科目を選択 認知心理学，臨床心理学，教育環境学，教育心理学，教育経営学，教育方法学，社会福祉総論，社会福祉各論，福祉計画論，地域福祉論，社会学（理論），社会学（各論），社会心理学，現代社会論	3/15
第2次試験	専門試験（記述式）	3時間30分 2題	選択問題2題（同じ領域から2題選択可） ○ 心理学に関する領域（人間の資質及び行動並びに人間関係の理解に関する心理学的基礎，行政的な課題・社会的事象について，心理学的な視点から論述をするもの）， ○ 教育学，福祉及び社会学に関する領域， ○ 教育学に関する領域，福祉に関する領域，社会学に関する領域	5/15

第2次試験	政策論文試験	2時間 1題		政策の企画立案に必要な能力その他総合的な判断力及び思考力についての筆記試験（資料の中に英文によるものを含む）	2/15
	人物試験			人柄，対人的能力などについての個別面接（参考として性格検査を実施）	3/15

●法務省専門職員（人間科学）試験（※大卒，院卒の区別はなし）

試験	試験科目	解答題数 解答時間	配点比率		内容
			矯正心理 専門職	その他 の区分	
第1次試験	基礎能力試験 （択一式）	40題 2時間20分	2/11	2/10	公務員として必要な能力（知能及び知識）についての筆記試験 知能分野27題（文章理解，判断推理，数的推理，資料解釈） 知識分野13題（自然・人文・社会，時事含む）
	専門試験 （択一式）	40題 2時間20分	3/11	3/10	法務省専門職員（人間科学）として必要な専門的知識などについての筆記試験 【矯正心理専門職区分】60題出題40題解答 必須問題　心理学に関連する領域 選択問題　次の40題から任意の計20題選択 心理学Ⅰ，教育学Ⅰ，福祉Ⅰ，社会学Ⅰ 【法務教官，保護観察官区分】40題出題40題解答 心理学Ⅰ，教育学Ⅰ，福祉Ⅰ，社会学Ⅰ
	専門試験 （記述式）	1題 1時間45分	3/11	3/10	法務省専門職員（人間科学）として必要な専門的知識などについての筆記試験 【矯正心理専門職区分】　心理学に関連する領域　1題 【法務教官，保護観察官区分】　選択問題 次の領域から4題出題，任意の1題選択 ○ 心理学に関連する領域，教育学に関連する領域， ○ 福祉に関連する領域，社会学に関連する領域
第2次試験	人物試験		3/11	2/10	人柄，対人能力などについての個別面接（矯正心理専門職区分：心理臨床場面において必要になる判断力等についての質問も含む） 参考として性格検査を実施
	身体検査		＊	＊	主として胸部疾患，血圧，尿，眼・聴器その他一般内科系検査
	身体測定		＊	＊	視力についての測定

注：具体的な採用人数は毎年変更があるため要注意。平成24年度からは，法務教官の他，法務省矯正心理専門職，保護観察官も男女別となる。枠はA（男子），B（女子）で表される（例：法務教官A，法務教官Bなど）。なお，法務教官のみ社会人枠あり。

2 裁判所職員採用総合職試験・人間科学区分 (旧・家庭裁判所調査官補採用Ⅰ種試験・心理区分)

●院卒者試験 (※試験の内容は大卒程度試験と共通)

試験	試験科目	内容・出題分野・出題数	解答数	解答時間	配点比率
第1次試験	基礎能力試験(択一式)	公務員として必要な基礎的能力(知能及び知識)についての筆記試験 (知能分野27題,知識分野3題)	30題	2時間25分	2/18
第1次試験	専門試験(記述式)	心理学 (200字×2題,400字×4題)	6題	2時間30分	3/18
第2次試験	政策論文試験(記述式)	組織運営上の課題を理解し,解決策を企画立案する能力などについての筆記試験。	1題	1時間	1/18
第2次試験	専門試験(記述式)	次の科目のうち選択する2科目(2題) 臨床心理学,発達心理学,社会心理学,家族社会学,社会病理学,社会福祉援助技術,児童福祉論,老人福祉論,教育方法学,教育社会学,教育心理学	2題	2時間	3/18
第2次試験	人物試験	人柄,対人能力などについての集団討論・個別面接			9/18

●大卒程度試験 (※試験の内容は院卒者試験と共通)

試験	試験科目	内容・出題分野・出題数	解答数	解答時間	配点比率
第1次試験	基礎能力試験(択一式)	公務員として必要な基礎的能力(知能及び知識)についての筆記試験 (知能分野27題,知識分野13題)	40題	3時間	1
第1次試験	専門試験(記述式)	心理学 (200字×2題,400字×4題)	6題	2時間30分	1.5
第2次試験	政策論文試験(記述式)	組織運営上の課題を理解し,解決策を企画立案する能力などについての筆記試験。	1題	1時間30分	0.5
第2次試験	専門試験(記述式)	次の科目のうち選択する2科目(2題) 臨床心理学,発達心理学,社会心理学,家族社会学,社会病理学,社会福祉援助技術,児童福祉論,老人福祉論,教育方法学,教育社会学,教育心理学	2題	2時間	1.5
第2次試験	人物試験	人柄,対人能力などについての集団討論・個別面接			4.5

III　平成24年度　新試験受験者からの報告

1　法務省専門職員試験　専門択一試験を受験した学生の感想

「法務省専門職員の矯正心理職の専門択一試験は，全体に臨床・発達と社会の出題が多めであった。専門試験は40題である。うち必須の心理学が20題，残りの20題は科目を選択するのではなく，心理学，教育学，社会学，福祉からなる40問（各科目10問ずつ）のいずれを回答してもよいという方式であった。最初は全部心理学で解こうと思っていたが，教育学や福祉で解けるものがあったので，何問かはそちらを選んで解いた。」

　※心理学以外の科目も対策する場合は，最初から勉強する科目を限定しすぎず，少し広めに勉強していた方が本番で余裕を持てるということが窺われる報告である。

2　裁判所総合職（人間科学）の集団討論

平成24年度より，裁判所総合職では人物試験に新たに集団討論が加わった。ところがその実施手順等についての情報は，試験前にはいっさい発表されなかった。受験者の報告によれば以下のとおりであったという。平成25年度以降はまた方法が変更される可能性もあるため，その点には注意すること。

・すべての受験者が，「集団討論→個別面接」の順で受けた。
・集団討論は5人一組，討論テーマはその場で出題された。
　テーマは「若者の早期離職が増えているといわれているが，その社会的背景について論ぜよ」。
・試験官は3名で，受験者5人がU字（半円）型に座っている前に並んで観察していた。
・テーマについての検討時間10分，討論時間30分。
・司会者（進行役）は決めない。最後のグループとしてのまとめもなかった。
・集団討論の後に行われる個別面接では，集団討論の時の受験者のふるまいや発言の様子についての，ふりかえり的な質問があった。
・裁判所（家裁調査官）の面接の定番の質問のほか，新たに「総合職」となったことや，新たな養成制度について意見や考えを求められた。

3　国家総合職（人間科学）院卒者試験の政策討議（集団討論）

国家総合職でも，院卒者の二次試験で「政策討議試験」という名の集団討論が新たに導入された。5ページの院卒者試験の実施方法にも書いたように，国家総合職では政策討議の具体的な手順等が事前に公開されるので，最新の情報を必ず確認すること。

・個別面接（人事院面接）→政策討議の順に行われた。

- 討議は受験者5人一組。試験官5名。
- テーマ（救急車有料化に賛成か，反対か）について，配付された資料（英文やグラフ等も含む）を見ながら控室でレジュメ（A4白紙1枚）を作成する（25分）。レジュメにはグラフなどを書いてもよいと試験官から教示があったが，その余裕はなかった（同じグループの他の受験者もグラフ等を書いた人はいなかった）。
- 別室に移動して討議開始。まず，作成したレジュメをもとに個別発表（3分）してから，グループで討議（30分）。討議終了後もう一度，個別発表（2分）。

    ※受験者が作成したレジュメは，討議に移る前にいったん回収され，コピーされてグループの各受験者に配付される。全員が他の受験者のレジュメを手元に持って討論をする。配付資料やレジュメは終了後すべて回収される。

IV ［新試験制度］平成24年度国家公務員試験（総合職人間科学・法務省専門職員）択一専門試験 問題と解答

国家総合職人間科学，法務省専門職員の試験において平成24年度に出題された問題を17問選び，**解答**と**解答のポイント**を加えた。なお，本問中の「国総」は国家総合職，「法専」は法務省専門職員で出題されたことを示す。

1 心理学史

①心理学における生物学的アプローチに関する記述として妥当なのはどれか。（国総H24）

1　ロマーニズ（Romanes, G. J.）は動物と人間の連続性を踏まえ，動物の行動の記録や観察事例の収集に基づいて動物の知能研究を行った。しかし彼が利用した逸話法という方法は，動物の知能の擬人的解釈を避けることができなかった。この問題は「賢いハンス（clever Hans）」の事例に典型的に表れている。ハンスは文字を読んだり，計算をしたり，簡単な問題に答えることができ，一時は高度な知能を持つと考えられた。しかしその後，飼い主が意図的に送っていた合図に反応していたに過ぎないことが判明した。このような擬人的解釈に基づく動物研究の傾向に歯止めをかけたのが，「効果の法則」とも呼ばれる，「モーガン（Morgan, C. L.）の公準」であった。

2　実験室内での統制された状況下での動物の行動を研究する動物心理学に対して，エソロジー（ethology）は自然環境下での種に固有な「本能行動」に焦点を当てた研究である。例えばローレンツ（Lorenz, K. Z.）は，ハイイロガンのヒナの

生後初期に生じる親鳥に対する追従行動を詳細に検討している。彼が「刻印づけ（imprinting）」と呼んだ行動は，同種の親鳥に対してのみ成立する，限定された期間でのみ成立する，一度成立すると恒久的に影響を与え続けるという特徴をもっており，動物の本能行動が，環境からの刺激がなくとも，種に固有な遺伝的な要因によって発現することを明らかにした。

3 ゲシュタルト心理学者のケーラー（Köhler, W.）は動物による問題解決を調べることによりその知能を検討した。チンパンジーを被験対象とした実験では，目標物に到達するための通路の迂回を必要とする「回り道」，目標物に到達するために介在物を必要とする「道具の使用」，既存の道具では成功しないため有効な道具をチンパンジー自身が作り出す「道具の制作」，の三つの状況を設けて観察した。このような問題解決状況では，解決に先立って探索的な行動が繰り返されることもあるが，解決それ自体は突如出現する。このように状況についての認知の再体制化により問題解決のための手がかりが獲得される過程をケーラーは「洞察」と呼んだ。

4 ダーウィンのいとこであるゴールトン（Galton, F.）は，「相関」という統計的概念を開発して，人間の遺伝的特性と個人差について先駆的な研究を数多く行ったが，中でも「双生児法」は，現在でも人間行動遺伝学の主要な研究方法として受け継がれている。人間行動遺伝学では，ある形質や能力における一卵性双生児の相関係数と二卵性双生児の相関係数の差異に基づいて「遺伝率」が推定される。特に知能検査の得点における一卵性双生児と二卵性双生児の相関係数には大きな差異がみられることから，知能における環境の影響は遺伝の影響に比べてかなり大きいと見積もられている。

5 ヒトがなぜ大きな脳をもつように進化したかという疑問に対して，バーン（Byrne, R.）は「マキャベリ的知能仮説」を展開している。この説ではヒトの高度な知能は，物理的な環境に対する適応よりも，むしろ社会的環境に対する適応として進化したと主張している。ヒトは，脳全体に占める大脳新皮質の割合が大きいが，これは，社会構造が複雑になり集団内での他の個体とのかけひきや協力，時には相手を欺くといった能力が生き残りに必要となったためであるとされる。バーンによれば，道具の使用はヒト以外の類人猿でも観察されるが，意図的に他の個体を欺くような行動は他の霊長類には認められずヒトのみに観察される。

①の解答　3
解答のポイント
1は「モーガンの公準」は正しくは「節約の法則」と呼ばれている。

2は「同種の鳥に対してのみ」が間違い。おもちゃの電車や光点にまで刻印づけが生じることが報告されている。

4は最後の節「知能における環境の影響は遺伝の影響に比べてかなり大きい」が誤り。IQの相関でいうと一卵性は0.72, 二卵性は0.42というデータがある（安藤, 2012）。

5は最後の節「意図的に他の個体を欺くような行為は…ヒトのみに観察される」が誤り。類人猿も欺きなどの行為を行うことが報告されている。

2 感覚知覚

②日常的に遭遇する図（figure）の見え方に関する記述として最も正しいのはどれか。
（国総 H24）

1 視野の中に複数の図が存在する場合，我々はそれらの図の配置に基づいて，ある一定の見かたをしている。その一つの例として，近接の要因を挙げることができる。これは，物理的に近接している複数の図を相互に類似したものとして知覚する傾向のことであり，日常的に頻繁に生じる現象である。

2 視野の中に複数の図が存在する場合，それらの図の見え方が，我々の誕生後に遭遇した種々の経験によって影響を受けることはない。なぜならば，それらの図の見え方は，我々が経験を通して獲得した情報ではなく，図自体が持つ物理的特性からの影響を大きく受けているからである。

3 視野の中に複数の図が存在する場合，我々は，視野全体のまとまり具合というよりも，それぞれの図の独自な性質から影響を受けて，それらの図をみているといえる。こうした傾向をゲシュタルト心理学者であるウェルトハイマー（Wertheimer, W.）は，プレグナンツの傾向（法則，原理）と呼んだ。

4 視野の中に図が存在する場合，背景がどのような図柄であっても，我々はそれらの図を簡単に知覚することができる。ただし，背景が一様でなく複雑な図柄の場合は，背景が図の背後にも広がって知覚するのではなく，図が背景に埋め込まれているように知覚する傾向がある。

5 視野の中に存在する複数の図が，閉じた領域を作るように配置されている場合，我々は，それらの図を一つのまとまりとして知覚する傾向がある。これは閉合の要因と呼ばれ，背景に対してどの部分が図になりやすいかという図と地の分化の場合にも働いている要因である。

②の解答　5

解答のポイント

1は「複数の図を相互に類似したものとして知覚」が誤り。「…相互にまとまりのあるものとして知覚」が正しい。

2は経験の要因はWertheimerも一応指摘している。また主観的輪郭や一部の幾何学的錯視は現実の三次元空間の見えとの関連が指摘されている（例えばGregory）し、ついでにいえば「ダルマチア犬」の見え方も経験が影響している。

3は「それぞれの図の独自な性質から影響を受けて」が誤り。プレグナンツの傾向は、「視野が全体として最も簡潔な、最も秩序あるまとまりをなそうとする傾向」（『心理学辞典』有斐閣）である。

4は背景の図柄によっては簡単に図を知覚することができない場合がある。

---

③ ある実験参加者の両手の手のひらにおもりをのせ、一方のおもり（標準刺激）の重量を固定し、もう一方のおもり（比較刺激）の重量を少しずつ減じていく操作を行ったところ、標準刺激が100gの場合、比較刺激が94グラムとなったときに、実験参加者はおもりの重さの差異を初めて弁別できたとする。

標準刺激の重量を300gに変更して同様の実験操作を行ったとき、この実験参加者によって初めて弁別可能となる比較刺激の重量として最も妥当なのはどれか。ただし、ここではウェーバーの法則が成立しているものとする。(法専 H24)

1　276g　　2　282g　　3　288g　　4　292g　　5　294g

---

③の解答　2

解答のポイント　弁別閾が6g、原刺激は100g→300g なので3倍。ウェーバーの法則は「原刺激量に対する弁別閾の割合は常に一定」なので、6 × 3=18gとなる。したがって、原刺激300gのとき初めて弁別可能になるのは282g。

3　学習

④ Read the following passage and select the most suitable statement about aversive learning. (国総 H24)

A famous example of biologically prepared learning is taste aversion. The taste aversion violates several of the old assumptions about animal learning. The gap between the cue (CS) and the biological response (UCR) can be very long, the aversion to a food can be learned in just one trial, and taste aversion violates the assumption of the equivalence of associations, because the illness is almost always blamed on food, even if it is due to some other factor such as a flu virus.

　The highly selective nature of food aversion is called the Garcia effect. John Garcia showed that animals associated illness with food, even if the illness was caused by something else. If rats got sick from a dose of radiation after drinking saccharin-flavored water in a cage illuminated with red light, the rats later avoided saccharin-flavored water. But they did not avoid red light. Similarly, if they got shocked after tasting the water, they learned to avoid the environment where they got shocked, but they did not learn to avoid the water.

1　Food aversion is coming from operant conditioning, not from classical conditioning.
2　The Garcia effect demonstrates that some kinds of animal's learning are not arbitrary but semantically constrained.
3　Food aversion is quite unique as learning because taste can always be learned from any kinds of CS.
4　The highly selective nature of aversion means that even though the illness has many causes, animal learn that an environmental factor is its main reason.
5　The rat cannot learn the connection between color of the light in the cage and receiving shocks.

④の解答　2
解答のポイント　味覚嫌悪条件づけ（ガルシア効果）の機序を知っていれば解ける問題。ある種の動物の学習は条件づけの法則に従って偶然に（恣意的に）起こるのではなく，生得的に意味のある制約が働くということ。
1は食物嫌悪がオペラント条件づけで生じるというのが誤り。
3は味は常にCSによって学習されるとしているのが誤り。
4は嫌悪が高度に選択的な性質を持つのは環境からの学習が主たる理由というのが誤り。
5はラットはケージの中の光の色と電気ショックの連合を学ぶことはできないというのが誤り。

⑤スキナー箱を用いて，ハトのキーつつき反応（以下，反応という）のパターンを測定する実験を行った。次の選択肢は，定時隔（fixed interval）強化スケジュール，変時隔（variable interval）強化スケジュール，定比率（fixed ratio）強化スケジ

ユール,変比率(variable ratio)強化スケジュール,低反応率分化強化(differential reinforcement of low rate)スケジュールの下でそれぞれ生じやすい反応パターンについて記したものである。このうち,定時隔(fixed interval)強化スケジュールの下で生じやすい反応パターンの記述として最も妥当なのはどれか。(法専 H24)

1 強化刺激が出現した後,しばらく反応を休止する。その後,反応を再開すると,時間経過とともに反応の頻度は増し,次に強化刺激が出現する直前に最も高頻度になる。
2 強化刺激が出現した後,反応を休止することはほとんどなく,非常に高頻度の反応が一定のペースで持続する。
3 強化刺激が出現した後,反応を休止することはほとんどなく,比較的低い頻度の反応が一定のペースで持続する。
4 強化刺激が出現した後しばらく反応を休止する。その後,反応を再開してからは次に強化刺激が出現するまで,一定の頻度で休まず反応する。
5 強化刺激が出現した後,しばらく反応を休止する。また,反応しても強化刺激が出現しなかった場合,極めて短い時間間隔で連続した反応が出現する。

⑤の解答 1
解答のポイント 定時隔(fixed interval)強化スケジュールといえば「FIスケジュール」つまり,四つの基本スケジュールの中では,スキャロップ現象など,累積反応記録の描かれ方が一番わかりやすいスケジュールである。
2はVRスケジュール。
3はVIスケジュール。
4はFRスケジュール。
5は本問で取り上げられているどの強化スケジュールにも当てはまらない。DRL(定反応率分化強化スケジュール)は,決められた反応率以上の速さで反応すると強化子は与えられないスケジュールであるため,反応の頻度は落ちる。

4 認知

⑥概念およびカテゴリに関する記述として最も妥当なのはどれか。(国総 H24)

1 ロッシュ(Rosch, E.)は,カテゴリは三つの水準からなる階層構造を持つと考えた。例えば,動物,イヌ,チワワは,順に上位水準,下位水準,基本水準に相当する。このうち,概念獲得の基盤となり,最も情報量が多いのは基本水準であるとし,その特徴として,発達的に最も早期に学習されること,カテゴリ間の相互の区別が容易であ

ること，日常の認知活動において頻繁に利用する水準であることなどを挙げている。

2　ロッシュとマーヴィス（Rosch, E. & Mervis, C. B.）は，家族的類似性の概念に基づくモデルを提唱した。これは，全ての事例が共有する定義的特徴ではなく，多くの事例が部分的に共有するような特性的特徴を通じて事例が相互に結びつき，概念としてのまとまりを作り出しているというようなモデルである。しかし，家族的類似性の高さと典型性の高さの間に関連が認められておらず，典型的な事例ほどカテゴリに分類される速度が速いなどの典型性効果と矛盾するという問題点がある。

3　プロトタイプ・モデル（prototype model）では，カテゴリ内の事例の特徴情報を抽象化し，統合した典型的な表象（プロトタイプ）を用いて，それとの類似性の判断によって事例のカテゴリ化がなされるとする。このモデルは，典型性効果をうまく説明できる一方で，カテゴリの特徴間の関係（例えば，羽がある事例は，飛ぶという特徴を備えている可能性が高い）や特徴のばらつき（例えば，イヌの大きさにはばらつきがある）などについて，人は判断できるということをうまく説明できない点が問題点として挙げられる。

4　事例モデル（exemplar model）では，カテゴリの表象は単一のプロトタイプに集約されるのではなく，カテゴリの個別事例がそのまま記憶されているとする。事例のカテゴリ化は，その事例と以前に学習された個々の事例の集合的な類似性に基づいて決定されるのである。このモデルは，アドホック・カテゴリ（「バザーで売る物」のように，特定の目的に応じて構成されるカテゴリ）の一見ばらばらにみえる事例が，目的に応じてまとまった概念を構成する現象を説明する枠組みとして提唱された。

5　理論に基づくモデル（theory-based model）では，概念としてのまとまりを作り出しているのは類似性ではなく，何らかの理論や知識，説明の枠組みであるとする。従って，概念形成には，その概念を定義し，説明するのに必要十分な特徴が必要であり，その概念に属する全ての事例がその共通特徴を備えているとした。概念が獲得される過程を調べたブルーナー（Bruner, J.S.）らの実験は，このモデルの基づいたものである。

⑥の解答　3
解答のポイント

1は正しくは，「動物，イヌ，チワワは，順に上位水準，基本水準，下位水準」である。この部分以外は妥当。

2は家族的類似性の高さと典型性の高さに関連があることが実証されている（改田，1986など）。

4は三文目が誤り。アドホック・カテゴリを説明する枠組みとして提唱されたのは理論ベ

ースモデルである。

5は二文目（「従って」で始まる文）以降は，理論ベースモデルの説明ではなく，定義的特性（特徴）理論の説明である。

⑦次は，ある心理学の実験についての記述である。A～Dに当てはまる語句の組合せとして最も妥当なのはどれか。（法専 H24）

先行刺激として，"WINE"（「ワイン」）や"BAME"（無意味綴り）などの文字列が実験参加者に対して一つ視覚呈示され，それが有意味語であるか否かについての回答，すなわち語彙判断が求められる。次に，後続刺激として"HAIR"（「髪の毛」）や"TRIEF"（無意味綴り）などの文字列が一つ視覚呈示され（先行刺激は画面に映されていない），再び語彙判断が求められる。これら2回の語彙判断において，判断に要した時間（反応時間）が計測される（下図参照）。

このとき，先行刺激として"BREAD"（「パン」）が呈示された場合には，後続刺激として（ A ）が呈示されると，後続刺激として（ B ）が呈示された場合に比べて語彙判断の反応時間が（ C ）。この現象は（ D ）効果と呼ばれ，意味記憶の記憶構造や検索メカニズムが影響していると考えられている。

注視点呈示　先行刺激呈示　先行刺激への反応　後続刺激呈示　後続刺激への反応

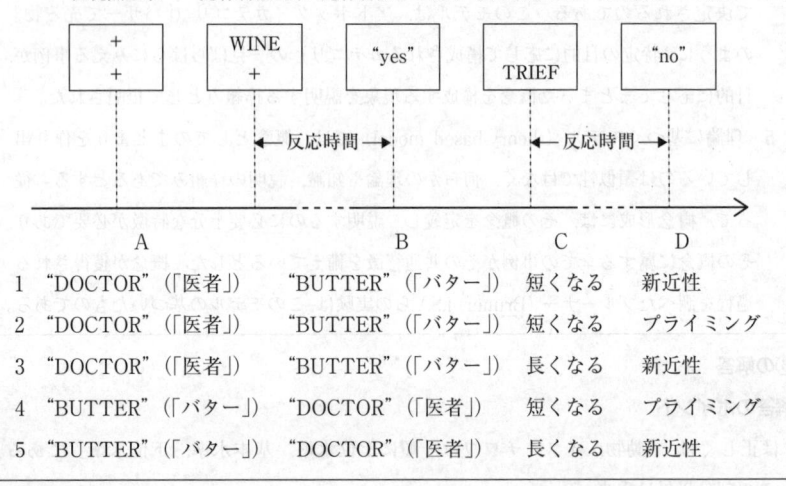

	A	B	C	D
1	"DOCTOR"（「医者」）	"BUTTER"（「バター」）	短くなる	新近性
2	"DOCTOR"（「医者」）	"BUTTER"（「バター」）	短くなる	プライミング
3	"DOCTOR"（「医者」）	"BUTTER"（「バター」）	長くなる	新近性
4	"BUTTER"（「バター」）	"DOCTOR"（「医者」）	短くなる	プライミング
5	"BUTTER"（「バター」）	"DOCTOR"（「医者」）	長くなる	新近性

⑦の解答　4

解答のポイント　メイヤーら（Meyer, Schvanevelt, & Ruddy, 1975）の語彙判定課題における意味プライミングを示した実験。これまでもたびたび出題されている。解説は，本冊（『試験にでる心理学 一般心理学編』増補改訂版，p.247-248）を参照のこと。

5 教育

⑧既有知識と学習に関する記述として最も妥当なのはどれか。（国総 H24）

1　概念地図法による学習では，学習者は概念を表すノードを結合線でつないでいき，ネットワークとして外的に構成することで，学習者が概念間の関係を深く理解することを目指す。概念地図は学習者が既有知識の状態を視覚的に把握できるだけではなく，学習内容の構造を見出そうとする動機づけを学習者にもたらすことができるという点で重要である。これは機械的学習の流れをくむものと位置づけることができる。

2　「ある特定の状況で行われるであろう一連の行動の知識」は物語文法と呼ばれ，このような日常世界に関する一般的な知識が文章を正しく理解するためには必要である。例えば，文章の中に，ある人が日常的に繰り返し遭遇する事象の一部が含まれているとすると，読み手は物語文法の働きによって，明示的に書かれていない他の部分も再生し，理解することが可能になる。

3　新しい知識を獲得する過程は，有意味受容学習（meaningful reception learning）の枠組みで研究されている。学習者の誤った既有知識が新しい概念や知識の獲得を妨害することが示されているが，有意味受容学習は，学習者が持っている既有知識を教授者に示し，教授者が誤った知識を修正していくことで学習を促進する学習方法である。

4　先行オーガナイザーは，知識獲得を促進する方法である。これは，短い具体性の高い文章を本文章に先立って導入することで，関連する知識構造を活性化させ，本文に提示される抽象度の高い新しい情報を知識構造内にとどめやすくするということである。先行オーガナイザーは，新しい情報に合わせて既有知識を再編することで学習を促進できると考えられる。

5　文章読解の際には，スキーマと呼ばれる読み手のもつ既有知識が学習を促進する。スキーマは過去の経験や外部環境についての構造化された知識である。テキスト内容と関連する領域の既有知識が豊富な者は，そうでない者と比べて，深い読み取りができることが研究により示されている。

⑧の解答　5
解答ポイント　「教育心理学」のジャンルで出題された問題。
1 は最後の一文，「機械的学習の流れをくむもの」が誤り。概念地図法は Novak によって提唱されたもので，Ausubel の有意味受容学習の流れをくむもの。
2 は一行目，「物語文法」が誤り。正しくは「スクリプト」である。
3 は最後の二行，「学習者が持っている既有知識を教授者に示し…学習を促進する」が誤り。

有意味受容学習では，学習者が新たな知識を既有知識に関連づけやすくなるよう，学習材料の提示に先立って，先行オーガナイザーと呼ばれる情報を学習者に提示する。

4は先行オーガナイザーは「知識獲得を促進する方法」ではない。正しくは，「知識獲得を促進するために，学習材料に先行して提示される情報」である。また，最後の一文も誤り。正しくは「先行オーガナイザーは，新しい情報が，既有の知識構造内に組み入れられ，関連づけられやすくすることで，学習を促進すると考えられる」。

6 社会

⑨次は，社会的ジレンマ状況における社会的影響過程を説明するモデルを記述したものである。図で示された状況及びモデルによって予測される状況に関する記述として最も妥当なのはどれか。(国総 H24)

電力の受給が逼迫し節電を求められている状況で，単純に考えると私たちには二つの選択肢がある。すなわち節電するか，しないかである。1人，2人くらい節電せずに好きなだけ電気を使っても電力の需要全体にはほとんど影響はないだろう。そして節電しない人は節電している人よりも快適な生活を送ることができる。しかし，節電しない人が増えて全員あるいはほとんどの人が節電しなくなると，計画停電せざるを得なくなったり，あるいは大停電が起きたりといった最悪の事態が生じてしまう。

この場合，「何が何でも節電する」という人や「絶対節電しない」という人はおそらくごく少数で，多くの人は自分の周りの人の行動を参考にして自分の行動を決定している。例えば「私の周りの人も結構節電しているから自分も節電しよう」という具合である。この「周りの人の〜割ぐらいが節電しているから自分も節電しよう」というときの「〜割」は人によって異なると予想される。

図1の二つの棒グラフは，10人程度の集団で様々な考えを持った人がどのように分布しているかを示している。図の横軸は，ある時点で協力している人々の人数を示している。図1の上の棒グラフの高さは，自分が協力をするためには，自分以外に少なくとも横軸に示された人数以上の人々が協力している必要がある，と考えている人の人数を示している。例えば2人以上の人が協力していれば自分も協力しようと考えている人が1人いることを示している。横軸が0の時に「1人」となっているが，これは「誰も協力していなくとも自分は協力する」と考えている人である。横軸が10の時に「2人」となっているが，この集団は10人であり，自分を除く全員が協力しても9人にしかならず，10人が協力しているということは現実にはあり得ないので，この2人は他の全員が協力しても自分は協力する意志がないことを意味する。

図1の下の棒グラフは，上の棒グラフを累積したものである。したがって，下の棒グラフの高さは，自分以外に横軸に示された数の協力者がいるならば，自分も協力しようという人の総数を表している。例えば，誰も協力していなくても自分は協力するという人が1人いて，2人協力していれば自分も協力するという人が1人いるので，協力者が自分以外に2人いるならば自分も協力しようという人は合計2人いることになる。したがって，横軸が2の場合には，棒グラフの高さも2となるわけである。また横軸が9の場合，すなわち自分以外の全員が協力している場合，自分も協力しようという人は，合計8人いることがわかる。

　この下の棒グラフを一般化したものが図2である。この図に示された横軸は，ある時点で協力している人のパーセンテージを表しており，これを協力率と呼ぶ。縦軸は，それだけのパーセンテージの人が協力しているなら自分も協力しようと思っている人のパーセンテージを示している。この図は，ある集団における協力傾向の累積分布の一例にすぎず，別の場合や別の集団では異なった形になる。

1　社会的ジレンマは囚人のジレンマを3人以上の集団に拡大したものと考えることができる。図2に示されるように，集団の人数が多くなればなるほど協力行動を維持することが容易になる。これは，1人の非協力的な行動の周囲に及ぼす影響が分散されるためである。
2　図2より，協力者が新たな協力者を生み，あるいは非協力者がさらなる非協力者を生じさせるといったドミノ的プロセスの存在が予想される。特に後者のような悪循環は社会的ジレンマにおける「二次的ジレンマ（second order dilemma）」と呼ばれている。

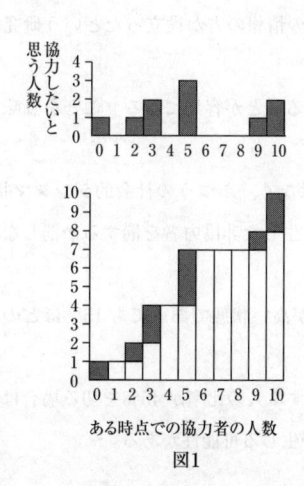

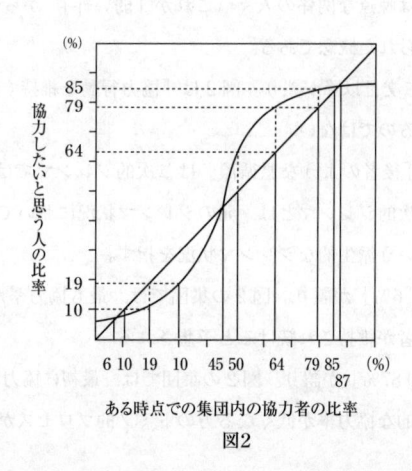

図1

図2

3 図2に示されるように，集団内の協力者が相互に影響を及ぼしあったとしても，非協力者を集団から完全になくすことはできない。図2の集団では，最も協力率が高い状態であっても全体の6%ほどの非協力者が集団内に維持され続け，一方的に集団からの利益を享受し続けると予想される。
4 集団内における人々の協力傾向が同じ場合であっても，最初にどれだけの人が協力しているかによって，最終的な協力率が変わってくる。図2の集団では，最初に協力行動を示している人の比率が集団の45%を超えているか満たないかによって，最終的な集団の協力率は大きく変わってくると予想される。
5 当初の協力率が高い場合でも，集団の力動によって最終的な協力率が低くなる場合がある。例えば，図2の集団では，最初に協力行動を示している人数の比率が87%の場合でも，最終的な協力率が6%になりうることが示されている。

⑨の解答　4

解答ポイント　亀田・村田『複雑さに挑む社会心理学』（2000年，有斐閣アルマ）の，「社会的影響」の部分（同書の改訂版ではp.45以降）で出てくる，M. Granovetterの「閾値モデル」の話である。社会的影響過程において，「周囲の〇割が行動を起こしたら自分もそうする」という現象がよくあるが，その「周囲の〇割が行動を起こしたら」の部分が「社会的感受性に対する閾値」である。この問題文では，最初の協力者が45%という比率（閾値）を超えれば，その後もどっと相次いで協力するようになるということで，45%がその現象の拡大・収束の分かれ目になる（＝限界質量）ということを示している。

余談だが，社会学者でもあるGranovetterは，weak ties（弱い絆）という概念でもよく知られる。これは，転職の際に，日常的に親密な関係のネットワークからの情報よりも，普段は疎遠な関係の人々（これが「弱い絆」）からの情報の方が役立ったという研究から唱えられた概念である。

1は二文目以降が誤り。図2は「協力行動を維持することが容易になる」ことを意味しているのではない。
2は「後者のような悪循環」は二次的ジレンマではなく，ふつうの社会的ジレンマ状況。二次的ジレンマとは，元のジレンマ状況において生じた非協力者を罰するか罰しないかという派生的なジレンマ状況を指す。
3は「6%」が誤り。図2の集団では，最も協力率が高い状態であっても15%ほどの非協力者が維持され続けると予想される。
5は「87%」が誤り。図2の集団では，最初に協力する人の比率が45%を切る場合は，最終的な協力率が低くなる方のドミノ的プロセスが生じる可能性がある。

⑩ パットナム（Putnam, R. D.）が「個人間のつながり，すなわち社会的ネットワーク，及びそこから生じる互酬性（reciprocity）と信頼性の規範」と定義したソーシャル・キャピタル（social capital, 社会関係資本）に関する記述として最も妥当なのはどれか。（国総 H24）

1 パットナムは，ソーシャル・キャピタルを増加させる要因として，テレビを始めとする電子メディア的娯楽の増加，仕事時間や通勤時間の増加，世代が同じであることなどを挙げている。このうち，特に電子メディア的娯楽の要因を重視しており，世代変化が進む中でも，電子メディア的娯楽によって共通認識や相互理解の土壌が醸成されるとした。

2 我が国の内閣府国民生活局（2003）が，以下の変数を用いて都道府県別のソーシャル・キャピタル指数を算出している。すなわち，①付き合い・交流（近隣での付き合い，友人や趣味を通した付き合い），②信頼（一般的な信頼度，友人や近隣，親戚への信頼度），③社会参加（地縁的な活動参加状況，ボランティア活動参加率，人口一人当たりの共同募金額）の変数である。その結果，ソーシャル・キャピタル指数が高かったのは奈良県，東京都，大阪府であり，逆に低かったのは島根県，鳥取県，宮崎県であった。

3 パットナムによれば，ソーシャル・キャピタルにはポジティブな側面とネガティブな側面がある。前者は，個人間の相互扶助，協力，信頼などがもたらされることである。後者は，派閥の形成，自民族中心主義，汚職などである。前者には，橋渡し型（bridging）ソーシャル・キャピタルが関連し，後者には結束型（bonding）ソーシャル・キャピタルが関連しているといえる。

4 パットナムは，複数の指標を用いて米国におけるソーシャル・キャピタルの経年変化を捉えている。所属グループの平均数をはじめとする「コミュニティ内組織への積極的な参加」，例えば「大半の人は信頼できる」という質問項目への賛成度に基づく「社会的信頼」などの指標を用いたところ，米国のソーシャル・キャピタルが 1975 年から 1999 年にかけて増加していることが見出された。

5 ソーシャル・キャピタルという概念は，対面状況のコミュニティには当てはまるが，インターネット上のコミュニティには当てはまらないといえる。ソーシャル・キャピタルの重要な側面は，複数の個人が相互に信頼し合い，相互に助け合うという互酬性の規範に基づいた行動をとることであり，インターネット上の，直接的な対面状況にない個人間には，そうした信頼感や互酬性は醸成されないと考えられるからである。

⑩の解答　3

解答のポイント　「ソーシャル・キャピタル」は初出題である。この概念のもつ特性ゆえであろうが，選択肢の2のような社会データを含む問題が社会心理学のジャンルで出題されるのも珍しい。

1は「テレビを始めとする電子メディア的娯楽の増加，仕事時間や通勤時間の増加」は「増加させる要因」ではなく，「減少させる要因」である。

2はソーシャル・キャピタル指数が高いところと低いところがおおよそ逆である。

4は最後の一節が誤り。「増加している」のではなく，正しくは「減少している」。

5は「インターネット上のコミュニティ」にも当てはまる。

※ソーシャル・キャピタル（Social Capital）は「社会関係資本」とも訳され，「『信頼』『規範』『ネットワーク』といった社会組織の特徴であり，共通の目的に向かって協調行動を導くものとされる。いわば信頼に裏打ちされた社会的な繋がりあるいは豊かな人間関係」（内閣府，2003）と捉えられる。政治学者 R. B. Patnum がアメリカではコミュニティの崩壊によってソーシャル・キャピタルが減少しつつあることを著書『Bowling Alone（孤独なボーリング）』で指摘した。

参考：浦 光博『排斥と受容の行動科学』2009年，サイエンス社（セレクション社会心理学25）
内閣府（2003）平成14年度　ソーシャル・キャピタル：豊かな人間関係と市民活動の好循環を求めて https://www.npo-homepage.go.jp/data/report9.html（2012/12/30）

---

⑪他者との比較に関する記述として最も妥当なのはどれか。（法専 H24）

1　社会的比較過程の理論では，人間には自己評価への欲求があり，自分と能力や意見が類似した他者との比較を行うが，能力や成績に自信のある者は，自分より劣る他者と比較する傾向が強いとされている。

2　自己評価維持モデルでは，他者との比較過程で，自己関与度の高い課題における心理的に近い他者の優れた遂行は自己評価を上昇させるとされており，これは一般に栄光浴（basking in reflected glory）と呼ばれている。

3　社会的比較過程の理論では，自分より不運な他者と自己を比較することで主観的な安定感を得ようとする傾向を下方比較（downward comparison）と呼び，時には他者への非難や中傷，社会的弱者への攻撃行動が生じるとしている。

4　自己評価維持モデルによれば，人は，誰にも負けたくない科目で自分より優れ，負けても気にならない科目で自分よりも劣るものを「一緒にいたい人」として選択する傾向があるものと考えられる。

5　社会的比較過程の理論によれば，テストの成績が良くなかった者は，他の者の成績が悪いと告げられたときよりも，他の者の成績がよいと告げられた時の方が，他の者の成績を知りたがると考えられる。

⑪の解答　3

解答のポイント

1は最後の節が誤り。自分より劣る他者と比較する傾向が強いのは，能力や成績に自信がない者である。

2は「栄光浴」は正しくは，「自己関与度の低い課題における心理的に近い他者の優れた遂行が自己評価を上昇させる」ことである。

4はTesserによれば，「誰にも負けたくない科目で自分より劣り，負けても気にならない科目で自分よりも優れるものを『一緒にいたい人』として選択する傾向」がある

5はテストの成績が良くなかった場合，自己評価が下がり，下方比較が起こりやすくなるので，「他の者の成績が悪いと告げられた時の方が，その他者の成績を知りたがる」。

7　発達

⑫乳幼児期の発達に関する記述として最も妥当なのはどれか。(法専 H24)

1　ボウルビィ (Bowlby, J.) は，特定の対象に対する特別な情緒的結びつきを愛着 (attachment) と名付け，乳児期に，愛着対象とその他を区別した行動が見られない段階から，愛着行動が極めて活発になる段階を経るとした。そして，成長とともに特定の対象に対する愛着は消失するとし，これがいつまでも残存すると，その後の自立や社会性の伸長を阻害するとした。

2　エインズワース (Ainsworth, M. D. S.) らは，乳児期の母子間の情緒的結びつきの質を観察し，その測定法としてストレンジ・シチュエーション法を開発し，乳児の反応に基づき，三つの類型に分類した。このうち，母親との分離場面では激しく泣き，再会場面では身体的接触を求めると同時に母親を叩くなど，分離に伴う怒りの感情を素直に示せるタイプを「安定型」とした。

3　マーラー (Mahler, M. S.) は，新生児は母親との共生状態にあるとし，そこから自己像と他者像が分化していくと考えた。自他の区別が始まり，やがて安定した他者像を内在化させる過程は分離－個体化過程と呼ばれ，4段階に分けられる。そのうちの「再接近期」では，子どもは分離について両価的な状況であり，この時期に母親の応答が不適切な場合，再接近危機と呼ばれる不安定な状態に陥るとした。

4　エリクソン (Erikson, E. H.) は人の発達を8段階に分け，各段階特有の課題を対概念で示した。それによれば，乳児期の発達課題は「基本的信頼」対「基本的不信」であり，心の深いところで自己肯定し，世界への基本的信頼を培っていくことであるとした。一方，不信の感覚は否定的な自己像につながるため経験すべきではないとし，養育者は徹底的に乳児の行動を受容することが重要だとした。

5　ファンツ（Fantz, R. L.）らは，乳児の興味や視覚的能力を観察するための手法として選好注視法を開発し，実験的研究を行った。それによれば，目の前に複雑さの異なる二つの図形を並べて提示されると，生後1年頃まではどちらの図形も同程度の長さで注視するが，生後1年を過ぎると，より複雑な刺激や人間の顔が描かれたものを長く注視するとした。

⑫の解答　3

解答のポイント　発達の問題は，認知発達等の実験系の問題も出題される一方，精神分析的なアプローチもよく出題されている。特に M.S. Mahler の分離－個体化過程の理論は近年択一で頻出である。Mahler のみならず精神分析的発達理論では，Spitz の「3か月の無差別な微笑」や「8か月の人みしり不安」，Winnicott の「原初的没頭」「ほどよい母親」「移行対象」など，Klein の「妄想－分裂態勢」と「抑うつ態勢」など，確認しておこう。

1は二文目が誤り。愛着は消失することはない。その後の自立や社会性のためにも重要。

2は二文目が誤り。「安定型」ではなく，「アンビバレント（抵抗）」型。

4は三文目がすべて誤り。不信の感覚を経験することも必要。全体として不信より信頼の感覚の経験が優るというのが大事。

5は生後6か月で解像度（視力）は急速に高まり，複雑な刺激を好むようになる。また Fantz（1961）によれば，生後5日以内の新生児でも，人の顔，新聞紙面，同心円，白，黄，赤といった刺激を見せると人の顔を最も長く注視する。

⑬次は，安藤ら（1992）による2種類の英語教授法の比較研究の概略である。得られた結果の図として最も妥当なのはどれか。（国総 H24）

＜実験参加者の適性の測度＞　英語学習経験のない小学5年生を対象に，適性をみる検査として集団式知能検査（言語性知能検査と非言語性知能検査を含む）を実施し，その中の90名を，コミュニカティブ・アプローチ（CA）群と伝統的な文法中心教授法（GA）群に，各群の総知能偏差値の平均値が等しくなるように割り当てた。適性の測度は，総知能偏差値，言語性知能偏差値，非言語性知能偏差値である。

＜授業＞　10日間にわたって1日当たり正味90分間の授業を実施した。授業はあらかじめ作成された群ごとの共通の教案に従って行われた。

CA 群：文法的説明や日本語訳は行わず，特に実際場面での有意味な言語使用をする活動が授業の大部分を占めるようなカリキュラムを作成した。例文を筆記させるような活動も行わず，口頭によるパタン・プラクティスや生徒どうしのやりとりが主な活動であった。

GA群：授業全体を通じ，英語では規則を覚えることが重要であることを強調した。文法項目ごとに「例文導入→文法的説明→口頭によるパタン・プラクティス→筆記による確認」の順で授業が構成され，文法的説明では板書や配付プリントの中で文の構想や変換規則が明確になるように努めた。

表　重回帰分析による有意性

適性	適性の主効果	教授法の主効果	交互作用
総知能偏差値	**	n.s.	**
言語性知能偏差値	***	n.s.	**
非言語性知能偏差値	*	n.s.	**

* : $p<.05$, ** : $p<.01$, *** : $p<.001$

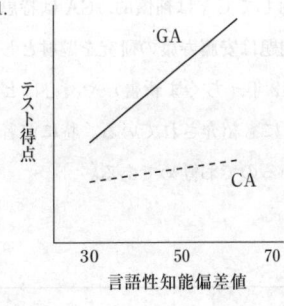

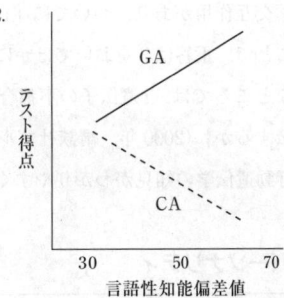

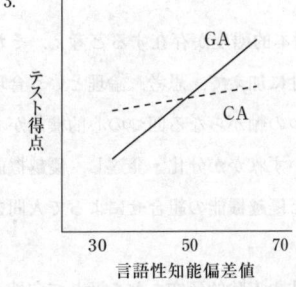

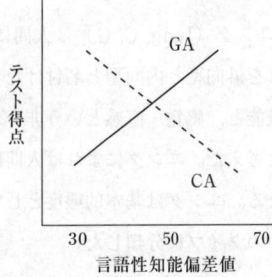

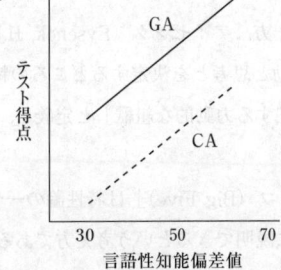

＜評価＞ 授業期間の最後に集団式筆記による英語のテストが実施された。

＜結果＞ それぞれの知能偏差値ごとに，適性の主効果，教授法の主効果及び適性×教授法の交互作用を独立変数，テスト得点を従属変数とする重回帰分析で行った。ここで教授法は，例えばCA群に「1」，GA群に「－1」を割り当てるといった方法で変数化した。表は，その結果を表したものである。言語性知能のような知的能力特性に対して，CAは補償的に効き（compensate），またGAは特恵的に効く（capitalize）というパタンが見出された。

⑬の解答　3

解答のポイント　表から，言語性知能（適性の測度の一つ）については，適性の主効果があり，交互作用があり，ついでに「言語性知能に対してCAは補償的，GAは特恵的」ということで，正答は3をおいてほかにない。この問題は安藤寿康の研究を題材としている。手短なところでは，『遺伝子の不都合な真実』（2012年，ちくま新書）や『心はどのように遺伝するか』（2000年，講談社ブルーバックス）にも紹介されている。特に前者は，近年の行動遺伝学の知見がわかりやすく紹介されているのでお勧めである。

8　パーソナリティ

⑭パーソナリティ理論に関する記述として最も正しいのはどれか。（国総 H24）

1　ユング（Jung, C. G.）は人間には相反する基本的態度が存在すると考え，それぞれを外向型と内向型と名付けた。またこの向性に加えて，思考，論理という合理的機能と，感覚，直感という非合理的機能の二つの軸からなる四つの心的機能があると考えた。ユングによれば人間は心的機能のいずれかが分化・発達し，優越機能となる。ユングは基本的態度として二つの向性と優越機能の組合せによって人間を八つのタイプに分類した。

2　オールポート（Allport, G. W.）は，因子分析法や実験的研究などを通じて向性（外向性－内向性），神経症性（情緒安定－不安定）の2因子類型と，後に追加した精神病性を含めて因子論的類型論を展開した。一方，アイゼンク（Eysenck, H.J）は，パーソナリティを「個人を特徴づけている行動と思考とを決定するところの精神・身体的システムであり，その個人の内部に存在する力動的な組織」と定義し，アイゼンク人格目録を作成した。

3　1980年代以降盛んになった「ビッグ・ファイブ（Big Five）」は特性論の一つで，主要な五つの特性でパーソナリティを包括的に説明できるという考え方である。一

般的にそれらの特性は，①外向性（Extroversion），②神経症傾向（Neuroticism），③経験への開放性（Openness to experiences），④協調性（Agreeableness），⑤誠実性（Conscientiousness）とされている。ビッグ・ファイブの代表的な研究者にシェルドン（Sheldon, W. H.）がいる。

4　クロニンジャー（Cloninger, C. R.）は生物学的気質論を提起し，パーソナリティを新奇性追求（novelty seeking），損害回避（harm avoidance），報酬依存（reward dependence），固執（persistence）という四つの気質の次元で捉え，これらを生物学的，進化論的なものと考えた。また，気質や性格を測るTCI（Temperament and Character Inventory）を作成した。彼はこれらの気質の側面と，ドーパミンなどの神経伝達物質との関連を仮定し，パーソナリティ研究の新しいパラダイムを提案した。

5　ケリー（Kelly, G. A.）は，実存主義の立場から，人がどのように自分や世界に関する情報を処理するかの違いがパーソナリティであると考えた。彼はパーソナリティ心理学の目的は質問紙検査によってパーソナリティ特性を明らかにすることではなく，むしろ各人が自分や他者を解釈するのに用いている次元を明らかにすることだと主張した。彼の理論はパーソナル・コンストラクト（構成体）理論と呼ばれている。

⑭の解答　4

解答のポイント

1 でJungの四つの精神機能は「思考，感情という合理的機能」と「感覚，直観という非合理的機能」の二軸からなる。それ以外の部分は妥当な記述である。

2 は「Allport」となっているところが「Eysenck」で，「Eysenck」となっているところは「Allport」が正しい。「アイゼンク人格目録」は「サイコグラフ（心誌）」が正しい。

3 は「Sheldon」が間違い。Big Five 理論では McCrae & Costa, Goldberg などの名前が挙がるだろう。

4 の Croninger はパーソナリティを，4つの気質と3つの性格(自己志向,協調性,自己超越)の7次元から構成されるとする。4つの気質と関連する神経伝達物質は以下のとおりである。新奇性追求：ドーパミン，損害回避：セロトニン，報酬依存：ノルアドレナリン，固執：対応する神経伝達物質は未特定。

5 「Kelly」は実存主義者ではない。むしろ現象学的理論や構造主義に関連するといわれる。

9　臨床

⑮ベック（Beck, A. T.）の提唱した認知療法に関する記述として最も妥当なのはどれか。（法専 H24 ）

1 この療法においては，クライエントが何に傷つき，どのような経験を隠しているのか，どの方向に進みたいのか，どのように成長したいのかなどについて知っているのはクライエント自身であると想定する。治療者は，クライエントを説得したり解釈したりするのではなく，クライエントの話を傾聴し，受容的かつ共感的な態度で受け入れることを重視する。

2 この療法においては，クライエントの示す症状は，学習の原理に従って後天的に獲得されたものであるので，学習の原理を応用した技法によって治療することが可能であると想定する。客観的に観察可能な具体的行動が治療対象であり，症状の背後にある観念内容を問題としない。代表的な介入技法としては，系統的脱感作やフラッディングなどがある。

3 この療法においては，意識するには耐えられないような体験は無意識の領域に抑圧され，それがクライエントの不安や葛藤を引き起こすと想定する。そのため，無意識にあるもの意識化することが目指される。技法としては，寝椅子に横たわっているクライエントに対して，頭に浮かんでくることをそのまま話させる自由連想法などが用いられる。

4 この療法においてはクライエントが自分を取り巻く世界をどのように捉えているかが，クライエントの感情や行動に大きく影響していると想定する。そのため，感情や行動を混乱させるようなクライエントの考えやイメージを同定し，修正することに主眼が置かれる。治療者とクライエントは，協同作業によって体験を理解したり，思考の内容を検討したりする。

5 この療法においては，グループのメンバーの協力を得ながら，クライエントが即興劇的に自己の心の問題や葛藤を表現することで，自己の洞察やカタルシス，他者への理解などが得られると想定する。技法としては，役割交換法や二重自我法などが用いられる。クライエントは演者として，治療者は監督として，他のメンバーは補助自我や観客などとして参加する。

⑮の解答　4

解答のポイント　1はクライエント中心療法，2は行動療法，3は精神分析療法，5はサイコドラマである。

10　統計

統計に関しては，十年程度で重要な内容が変化することはないので，これまで通りの勉強法でほぼ十分である。ただし，全体の解説のところでも触れられているように，パソコ

ンやソフトの進歩により，共分散構造分析がこの十年でも人口に膾炙されるようになってきている。したがって，わずかではあるがごく初歩的な構造方程式モデリングの見方を問うものが出題されることが，ここ数年での目新しい点である。しかしこれも「シケシン」（本冊）で紹介されている古典的なテキスト『Q＆A心理データ解析』（服部 環・海保博之，1996年，福村出版）の最終章でほぼ対応できるレベルの簡単な問題である。

「シケシン」でカバーできない傾向としては，「分散分析」に関する問題が比較的頻出している。これは「シケシン」でもこの領域は出題しにくいと，勇み足？で述べてしまったことを受けてのことだろうか。分散分析で学習するポイントは，分散分析表を埋めることを一回はやっておくことである。せいぜい二元配置計画までで十分なので，やはり古典的な『Q&A心理データ解析』で解説されている分散分析表の自由度や縦と横の数値の関係を確認しておくことである。

統計に関して出題がされなくなったと誤解している受験者がいるが，国家総合職でも地方上級でも一定数はもちろん出題されている。例えば2012年の国家総合職の「心理系（選択A）」「教育・福祉・社会系（選択B）」ともに統計に関する問題が3～4題出題されている。前者ではいわゆる（心理）統計学，後者では社会調査という出題傾向の若干の違いはあるが，根本的に両者の知識は土台が同じである。「シケシン」で勧めた本はいまだに有効である。

「心理系」の心理統計学では「統計的仮説検定」「実験計画」「カイ二乗検定」「多変量分散分析」に関しての問題が出題されており，このうち実際に計算させるのが「カイ二乗検定」の問題であり，この内容は，「シケシン」で解説されているものと全く変わっていない。

「教育・福祉・社会系」の社会調査では，「標本抽出理論」「歪度と尖度（英語）」「偏差値」が出題されており，このうち実際に計算させるのが「偏差値」に関する問題であるが，これも「シケシン」で解説されている正規分布を前提として，平均と標準偏差を計算させるごく簡単な問題である。これらはまた，地方上級などでの頻出問題ともほぼ同傾向のものであり，難易度もそれほど高くないので，こうした基礎的かつ頻出する問題をきちんと押さえることが合格の秘訣である。「心理系」「教育・福祉・社会系」からそれぞれ1題ずつ取り上げて解説しておこう。

⑯ 表1は，ある大学の学生150名の「文系・理系」と「アルバイトをしているか否か」について調査した結果である。この表の解釈として最も妥当なのはどれか。
なお計算に当たっては，小数点第3位を四捨五入するものとする。また，参考にχ^2分布表を表2に示す。（国総H24心理系）

1　表1の集計表には観測度数5以下のセルが一つあるため，χ^2検定はできない。し

表1　大学生の文系・理系とアルバイトをしているか否かの調査結果

	アルバイトをしている	アルバイトをしていない	合計
文系	25	75	100
理系	5	45	50

表2　χ^2分布表（χ^2の臨界値）

df	χ^2値	
1	3.84	6.63
2	5.99	9.21
3	7.81	11.34
4	9.49	13.28
出現確率	0.05	0.01

たがって，フィッシャーの正確確率検定（Fisher's Exact Probability Test）を行う必要がある。

2　χ^2値を計算するために，各セルの期待度数を計算した。その結果，「文系・アルバイトをしている」のセルの期待度数は30，「理系・アルバイトをしている」のセルの期待度数は15であった。

3　χ^2値を計算すると4.69であり，5％水準で統計的に有意であった。したがって，この大学では有意水準5％で，文系の学生の方が理系の学生よりアルバイトをしている比率が高いといえる。

4　2×2表の連関を表すものにファイ係数（ϕ）がある。$\phi = \sqrt{\chi^2}$であるため，ここでは2.62となる。

5　「文系・理系」と「アルバイトをしているか否か」に1％水準で統計的に有意な連関があるためには，χ^2値が11.34以上でなければならない。χ^2値を計算すると7.91であったため，有意水準1％で両者に連関があるとはいえない。

⑯の解答　3

解答のポイント　カイ二乗に関する基礎的かつ古典的な問題（『試験にでる心理学 統計編』p.106〜参照）。

1のフィッシャーの正確確率は諸説あるが，観測度数ではなく，期待度数が5以下の時に用いることを推奨される方法である。観測度数としては0であったりする場合は要注意となる。

2は期待度数の割振り方が間違っている。各々20と10になる。以下，確認のため，期待度数を（　）で計算しておく。タテ，ヨコどちらでもよいので周辺度数を算出して，その割合で再分配すると期待度数を算出することができる。

```
25 (20)    75 (80)    → 100
 5 (10)    45 (40)    →  50
  ↓          ↓
 30         120
```

3はカイ二乗値を計算する。2の時点で期待度数を出しているので，

$(25-20)^2 / 20 + (75-80)^2 / 80 + (5-10)^2 / 10 + (45-40)^2 / 40 = 4.6875$

したがって，4.69でよい。有意差判断も自由度が（行-1）×（列-1）= 1 ゆえ正しい。

4はファイ係数とカイ二乗値との関係を覚えていなくとも大丈夫である。2.62を二乗すると6.8644，したがって誤りである。なおファイ係数とカイ二乗値との関係は，$\phi = \sqrt{\chi^2/N}$ であり，これも誤りである。

5はそもそもカイ二乗値が3でも説明したように4.69ゆえ誤り。自由度も1であるので1％水準で有意差があるためには，6.63以上であればよいということになる。

⑰次のア，イは偏差値についての記述であるが，A，Bに当てはまるものの組み合わせとして最も妥当なのはどれか。（国総H24教育・福祉・社会系）

ア　z得点とは，平均（　A　），標準偏差1になるように標準化した得点のことである。z得点を10倍して50を加えたものを偏差値という。

イ　ある市町村の中学校3年生全員に国語の学力テストを実施したところ，受験者全体の得点分布は平均68.0点，標準偏差（　B　）の正規分布をしていた。このテストを受験したA君の得点（粗点）は82点であり，偏差値は67.5であった。

	A	B
1	0	7.0
2	0	8.0
3	0	9.0
4	1	7.0
5	1	8.0

⑰の解答　2

解答のポイント　正規分布を使った推測に関する基礎的かつ古典的な問題である（『試験にでる心理学 統計編』p.126～参照）。

Z得点とは平均0，標準偏差1になるように標準化した得点のこと。したがって，Aは0。

偏差値67.5ということは，Z得点に換算すると，$(67.5 - 50)/10 = 1.75$，

求める標準偏差をSとすると，$(82 - 68.0)/S = 1.75$，S=8.0，したがって，Bは8.0である。

V　地方自治体の心理職・心理判定員の出題傾向

国家公務員試験は新試験制度になったが，地方自治体の大卒程度（上級）試験（地上試験）は今のところ変更はない。以下に，平成24年度の地上心理の択一式専門試験問題の

出題テーマの再現を紹介する。

　読者はすでにご存知であろうが，東京都や大阪府，大阪市など一部の自治体・政令指定都市を除いて地上の試験問題は持ち帰り不可であり，かつ各自治体等の試験情報サイトでも専門択一試験は一部（2問）しか公表されない。このため，毎年の出題傾向の把握は受験者有志による再現に頼っている。

　以下は千葉，宮城，秋田，福島などの自治体を受験した学生たちの報告をまとめたものである。専門択一試験の形式は五肢択一であるが，そこまでの再現はしていない。それでも出題傾向を把握したり，どのような知識が求められるかの確認に役立つであろう。

　出題内容は，自治体で「心理」「心理判定員」という職種で募集をしていて専門試験が択一40題であれば，基本的に共通と考えてよい。

　平成24年度の傾向を見る限り，従来とまったく変わりない。心理学史から統計までバランスよく出題されている。基本的に大学生が使う心理学書にあるような基本的，古典的な内容がほとんどであるが，グラウンデッド・セオリー・アプローチといった比較的新しいものが出題されていることにも注目したい。

平成24年度　地方上級心理職　択一式専門試験（40問）出題テーマの再現

1　心理学史上重要な人物について正しいものはどれか。
　▶選択肢は，デカルト，ロック，スペンサー，フェヒナー，ロレンツについて。
2　精神分析の諸学派についての英文問題で，文中の下線部が表す心理学の学派を選択する。
　▶アンナ派ともクライン派とも違うと書かれていたので新フロイト派が正解か。
3　神経細胞の働き（ニューロンなど）について正しいものはどれか。
4　自律神経系（交感神経系，副交感神経系）の働きについて正しいものはどれか。
5　心的回転についての穴埋め問題。
　▶穴埋めの内容は，「回転する角度が大きくなるほど時間がかかる」と，イメージ論争の話。
6　パタン認識について（THE　CATのHとAが同じ形でもそのように読める錯視が提示されていて，それはどのような処理によって知覚されているか）。
　▶選択肢には，トップダウン処理とボトムアップ処理，鋳型照合，特徴分析など。
7　ジェームズ・ランゲ説の説明はどれか。
　▶正答の他の選択肢は，キャノンバード説，シャクターの二要因理論，ラザルスの認知説とザイアンスの説。
8　達成動機について正しいものはどれか。
　▶マレー，アトキンソン，ワイナーなど，5人の心理学者とその説明があった。

9 ハルの動因低減説の説明はどれか。
　▶ 選択肢は，動因説，誘因説など。
10 ラザルスの認知論的不安論の説明で正しいものはどれか。
11 部分強化効果の説明で正しいものはどれか。
12 メタ認知の説明について正しいものはどれか。
13 記憶の問題。何度も繰り返して覚えることをなんというか。
　▶ 選択肢は，リハーサル，体制化，場所法，チャンキングなど。
14 計算論的モデルに関する穴埋め問題。
　▶ 正解の選択肢は，「活性化拡散モデル」と「潜在記憶」か。
15 失語症について正しい説明はどれか。
　▶ 選択肢は，ブローカ失語，ウェルニッケ失語，全失語など。
16 シュプランガーのパーソナリティ理論について正しいものはどれか
　▶ 他の選択肢は，クレッチマー，ユング，ビッグ・ファイブなど。
17 ヘレーネ・ドイッチュが提唱したパーソナリティについて正しいものはどれか。
　▶ 選択肢はシゾイド型，かのような人格（as if personality），偽りの自己（ウィニコット）。
18 質問紙法と投影法の違いについて正しいものを選べ。
　▶ 質問紙法と投影法それぞれの長所，短所が混ざった選択肢があった。
19 ピアジェの三つ山課題がうまくできない子どもの認知的特徴は何か。
　▶ 選択肢は，自己中心性など。
20 幼児期に見られる連合遊びの説明として正しいものはどれか。
21 エコラリアの説明として正しいものはどれか。
22 老年期の適応に関する理論について正しいものはどれか。
　▶ 離脱理論が正解か。（離脱理論とは，Cumming & Henry（1961）によれば高齢者は死に備えて社会活動から離れ，社会的環境を縮小することで，主観的幸福感を維持するいう仮説）。
23 対応推論理論の説明について正しいものはどれか。
24 議題設定効果の説明について正しいものはどれか。
25 ミルグラムのアイヒマン実験の説明として正しいものはどれか。
26 集団極性化の説明として正しいものはどれか。
27 教育の問題。下線部の語句の正誤判断の問題で，下線部が引いてある単語は実質陶冶，発見学習，同一要素説。
28 自己制御学習の説明について正しいものはどれか。
29 シャインの組織内キャリア発達について正しいものはどれか。

30 パラ言語の説明について正しいものはどれか。
　▶ パラ言語とはイントネーションやリズムなどの言語の周辺的情報のこと。
31 フランクルの実存分析に関する穴埋め問題。
　▶ 実存分析がわかれば解けるような選択肢。
32 アスペルガー障害の説明について正しいものはどれか。
　▶ 他の選択肢は，ADHDや行為障害など。
33 イマジナリー・コンパニオンの説明として正しいものはどれか。
34 PTSDの治療法である，EMDRに関する記述として正しいものはどれか。
　▶ 選択肢は，「視覚障害者には使えない」「その出来事があった24〜27時間以内に行うのがよい」「目を左右に動かして想起を抑制する」など。
35 境界性パーソナリティ障害の治療法について。
　▶ 文中にマスターソンの名前あり。
36 縦断研究の説明について正しいものはどれか。
37 グラウンデッド・セオリー・アプローチについての穴埋め問題。
38 三つの文章を読んで，適切な統計の手法を選ぶ問題。
　▶ 選択肢は分散分析とt検定，単回帰と重回帰，クラスター分析など。
39 カイ二乗検定（計算しなくても表を見て解ける）。
40 ピアソンの積率相関係数に関する正しい記述はどれか。

VI ［新試験制度］平成24年度　裁判所総合職（人間科学）一次専門試験　解答例

　従来の家裁調査官補の試験と変わらず，平成24年度の一次試験の語句説明は6題。「心理学概論」を中心とした古典的かつ基本的なものが出題された。近年の傾向として，古典的な研究の「実験手続き」を書かせるものがあるが，今年はそれが2題あった（Banduraの観察学習とRosenthalのピグマリオン効果）。今後もこの傾向は続くかもしれない。

　以下，今年度の語句説明の解答例を示す。解答例の中には指示された文字数に若干足りないものもあるが，これは，解答用紙に用意されたマス目の中で改行しながら記述をしたときに，ほどよく枠に収めることを想定しているためである。

　なお，指示された文字数に対して，改行せずにきっちり詰めて書くべきだという考えもあるかもしれない。筆者らは，公務員試験もまた就職試験であり，記述試験で解答用紙（マス目）に書く場合も社会人としての常識が求められると考える。ゆえに，書き出しは一文字空ける，必要に応じて改行し段落を作る，数字やアルファベットなどは半角扱い（一マスに2文字），句読点を正確に使う等のルールを守って書くよう，学生に指導している。

第1問　仮現運動について200字以内で簡潔に説明せよ。

解答例　広義には静止している対象が運動して見える現象である。狭義には、ゲシュタルト心理学者のWertheimerが見出したβ運動を指すことが多い。β運動とは、静止した2つの刺激が一定の時間間隔で交互に出現、消失を繰り返すと、その2刺激間に往復運動が観察される現象である。刺激呈示に関して一定の条件下で滑らかな運動印象のみが観察され、これをφ現象と呼ぶが、その条件間の関係はコルテの法則として定式化されている。(200字)

　※ここではたまたまβ運動とコルテの法則について書いたが、これが唯一絶対の正答ということではない。β運動についてのみ詳しく書くとか、コルテの法則については触れないとか、広義の仮現運動について書くとか、いろいろなまとめ方があるだろう。

第2問　動因と誘因についてそれぞれ具体例を挙げて説明した上で、動機づけの考え方である動因説と誘因説について、400字以内で簡潔に説明せよ。

解答例　動因とは、生体の内部にあって行動を引き起こす要因であり、具体的には飢えなどが挙げられる。動因説によれば、飢えにより生体は行動を起こし、食物を得ることで動因は低減する。Hullの動因低減説でも知られるように、動因を低減させる行動は強化される。

　誘因とは、環境にあって行動を引き出す要因であり、具体的には食物が挙げられる。誘因説によれば、生体が飢えの状態になくとも、食物が目の前にあるとそれを得るための行動が起こる。またネズミの迷路学習で目標箱の餌の量を突然減らすと、ネズミの走行速度は急激に低下するというクレスピ効果も誘因説を支持している。

　動因説と誘因説とは、相互に作用し合い、生体の行動を動機づけるといわれるが、特にヒトの動機づけ過程は複雑化しており、誘因の役割が大きな力を持つこともある。(344字)

　※問題が一見古典的すぎるように見え、何かひねった意図があるのかと思ったが、どうもそういうことではなく、単純に誘因と動因について書けばよいらしい。
　文献：鹿取廣人・杉本敏夫・鳥居修晃　『心理学〔第三版〕』　1996年、東京大学出版会

第3問　A．バンデューラの観察学習の理論について、具体的実験手続きを示しながら400字以内で簡潔に説明せよ。

解答例　観察学習とはモデルの観察により新たな行動型を学習することであるが、Banduraは行動の習得と遂行を分け、習得した行動の遂行には、代理強化などの動機づけが関わるとした。

　実験では、子どもたちに大人のモデルがプレイルームで人形を攻撃する映像を鑑賞させた。子どもは映像により強化群、罰群、統制群に分けられた。強化群では映像の最後でモデルが実験者からほめられ、罰群ではモデルが叱られるものであった。統制群はモデルが攻撃をする場面の映像だけであった。

　鑑賞後、子どもたちは映像と同じ人形のおいてあるプレイルームで自由に遊ぶように教

示された。この結果,モデルと類似した攻撃行動は,罰群の子どもでは低く抑えられたが,強化群と統制群では多く見られた。よって,観察学習と代理強化の効果が確かめられた。(340字)

文献：鹿取廣人・杉本敏夫・鳥居修晃『心理学〔第三版〕』1996年,東京大学出版会

第4問 外傷性ストレス障害（Posttraumatic Stress Disorder）について200字以内で簡潔に説明せよ。

解答例　災害,大事故や暴行などによる非常に強い苦痛を体験した後,それが心の傷となり,その後の適応に重篤な障害をもたらすものをいう。

症状としては,覚醒時や夢でその出来事が再体験されること,出来事と関連する刺激を回避したり,現実感が麻痺すること,不眠や集中困難などの過覚醒などが挙げられ,DSM-IV-TRでは,これらの症状が4週間以上にわたって持続する場合,この障害として診断される。(187字)

文献：APA　高橋三郎・大野 裕・染矢俊幸（訳）『DSM-IV-TR　精神疾患の診断・統計マニュアル〔新訂版〕』2002年,医学書院（APA 2000 *Diagnostic and Statistical Manual of Mental Disorders*, 4th ed., Text Revison; Washington, D. C.: American Psychiatric Association.）

第5問 気質について,A.トーマスとS.チェスの乳児研究に触れながら400字以内で簡潔に説明せよ。

解答例　ニューヨークに住む中流家庭の子ども133人を対象とした縦断的な発達研究で,「ニューヨーク縦断研究」とも呼ばれる。具体的には,子どもたちの乳児期と青年期に,行動観察の他,養育者や教師のインタビュー,心理テスト等を通じて,子どもの気質の個人差を調べた研究である。

この結果,活動水準,接近・回避,周期性,順応性,反応の閾値,反応の強度,気分の質,気の散りやすさ,注意の範囲と持続性といった,子どもの気質を評定する9つの基準が見出された。これらの基準に基づいて調査対象の子どもたちを評価した結果,気質は,「扱いにくい子ども」「扱いやすい子ども」「エンジンがかかりにくい子ども」の3つのタイプに分類された。

研究が開始された20世紀半ばは,子どもの発達に対する環境決定論が優勢であったが,この研究によって子どもの気質の個人差やその環境との相互作用が注目されるようになった。(382字)

文献：東 洋・繁多 進・田島信元（編）『発達心理学ハンドブック』1992年,福村出版
Thomas, A. & Chess, S. 1980 *The dynamics of psychological development*. Brunner/Mazel.（林　雅次（監訳）『子どもの気質と心理的発達』1981年,星和書店）

第6問 R. ローゼンサール（R. Rosenthal）とL. ヤクブソン（L. Jacobson）による教師期待効果（ピグマリオン効果）の研究について，具体的実験手続きを示しながら400字以内で簡潔に説明せよ。

|解答例| 教師が児童に対してある期待を持つと，それを意識されるか否かにかかわらず，期待が実現する方向に機能することを教師期待効果という。

Rosenthalらは，小学校の教師18人に対し次の手続きで実験を行った。①潜在的な能力が伸びるかどうかわかるテストであると伝えて，児童にただの知能テストを実施した。②ランダムに選んだ生徒について伸びる児童であると教師に伝えることにより，その児童に対する期待を持たせた。③学年末に再び知能テストを実施した。この結果，伸びるといわれた児童は，ランダムに選んだ児童であったにもかかわらず，有意にテストの成績（IQ）が伸びた。

この効果が生じる理由としては，教師が特定の児童に期待を持つことにより，意識せずともその児童にヒントを与えたり，質問を言い換えたりといった動機づけるような働きかけをしているからであることが明らかにされた。(374字)

※ Rosenthalら（1963）によれば，教師期待効果は低学年にしか効果がなかったという。
文献：Rosenthal, R., & Jacobson, L. 1963　Teachers' expectancies: Determinants of pupils' IQ gains. *Psychological Reports, 19,* 115-118.

付録　心理職公務員を目指すにあたってのよくある質問

Q1 心理職の採用では臨床心理士の資格がある人が有利なのですか？
A1 裁判所総合職と国家総合職の人間科学区分に関しては，臨床心理士の資格の有無はまったく関係がないといってよい。国家総合職，裁判所総合職の仕事を調べるとわかるが，臨床心理士であることは必ずしも国家公務員としての適性を保証しない。筆記試験や人物試験を通して公務員総合職としてのその仕事に適性がある人が各省庁，裁判所で採用されているようである。

法務省専門職員，特に矯正心理職については，平成24年度に初めて試験が行われたためまだわからないことも多いが，平成24年度に限っていえば，学部生や臨床系以外の院生も最終合格している。臨床心理士の資格があるから有利ということはなさそうである。

しかし，自治体の心理職・心理判定員に関しては話は少しばかり別である。自治体によって，二次試験の段階で臨床心理士有資格者や臨床系の院生を優遇するところはある。近畿圏の自治体が典型といえる。東北，関東，中部，東海圏等では一部の政令指定都市を除き，近年も心理学専攻の学部卒が採用されている。ただし，この傾向もいつ変わるかわからない。東京都の心理職では，数年前までは学部卒を多く採用していたが，近年は院生，院卒

(臨床系)の採用が増えている（平成24年度は最終合格10人中8人が院生ないし院卒）。受験希望の自治体が学部卒でも採用してくれるかどうか知りたい場合は，説明会やセミナーに足を運び，率直に質問するとよい。「これまで心理で採用になった人で学部卒（新卒）はどのくらいの割合ですか」と。

Q2 心理職を採用していない自治体は，心理の仕事は誰がやっているのですか？
A2 確かに，心理職を採用していない自治体は昔からある。これらの自治体では，臨床心理士の有資格者が非常勤で心理職として働いていることも多いようである。心理職を採用している自治体でも，公務員試験で採用された心理職の職員とは別に非常勤で採用された臨床心理士の人が現場で働いている。これら非常勤の職員は，自治体にもよって基準が異なるようだが，数年勤務したのち何らかの試験を受けて常勤の職員になるという。

Q3 心理学専攻ではないのですが，心理職公務員を受験しても大丈夫ですか？
A3 一部の自治体では心理職に関して「選考採用」を行っているところもあり，その場合は，心理系を専攻していないと受験できない。まずは受験したい自治体の募集要項を確認すること。それ以外の自治体の心理や国家公務員試験（裁判所含む）では他専攻でも心理職を受験可能である。実際に最近も，経済学部出身の既卒者で，北関東の某自治体の心理職として合格し，採用された人がいる。

しかしながら，筆者らは積極的には他専攻の学生の心理職受験を勧めていない。第一の理由は，そうした学生の多くにとって，彼・彼女らの期待とは違って心理学が「難しい」からである。心理学専攻以外の学生で心理職に関心を持つ人の多くは，心理学がどういう学問か，どんな知識が試験で問われるかを知らないことも多い。予備校や大学の学内講座でも，心理学の予想外の難しさに講義についていけず，他専攻の学生が途中で行政系の公務員へと志望を変えることは少なくない。それでも心理職になりたいという場合は，まず『試験にでる心理学』で心理系公務員の過去問をみたり，鹿取・杉本・鳥居の『心理学』（東京大学出版会）などをざっと読んでみるなど，情報収集をしてほしい。周囲にいる心理学専攻の大学生に相談してみるのもよいだろう。それからもう一つ，他専攻の受験者の場合，受験先は，国家総合職，法務省専門職員，裁判所総合職に限られると考えておいた方がよい。基本的に自治体の心理職は即戦力志向が強いため，実質的に他専攻の人は採用されにくい傾向がある。これらの事情を理解したうえで心理職公務員を目指すかどうかを決めてほしい。

Q4 新制度の院卒の試験と学部卒の専門（心理）試験は，難易度が異なるのですか？
A4 平成24年度から国家総合職と裁判所総合職において院卒と学部卒で試験が分かれる

ようになったが，専門科目（心理学）の試験の出題内容は院卒も大卒も同じであるため，難易度に違いはない。

Q5 法務技官として鑑別所で働きたい場合は，これからは法務省専門職員の矯正心理職を受験すればよいのですか。

A5 法務技官として鑑別所で働きたいという場合，従来は2つのルートがあった。国家Ⅰ種を人間科学で受験し，法務省矯正局で採用されるというルートと，心理系の大学院に進学して法務技官のA種採用試験を受験するというルートである。平成24年度の新試験制度からは，大雑把にいえば，前者が国家総合職（人間科学）であり，後者が法務省専門職員の矯正心理職にあたると考えてよい。ただし，法務省専門職員の矯正心理職は，学部卒にも受験枠を拡大している。

　国家総合職と法務省専門職員は，試験日が違うので併願ができる。平成24年度に受験した人の中には，国家総合職では法務省矯正局での採用内定に至らなかった人が，併願していた矯正心理職の方で内定を得たということもあった。なおこの二つの仕事内容やキャリアパスの違いの詳細については，法務省の説明会（セミナー）等に出席して自分で確認してほしい。また，毎年夏に法務省のインターンシップも行われているため，心理系の希望者は申し込んでみるとよいだろう。

Q6 省庁や裁判所，自治体の説明会やセミナーは行かないと不利ですか。

A6 有利・不利以前の問題である。受験先に関連する説明会には必ず一度は足を運ぶこと。説明会（セミナー）では，その年の受験についてや仕事内容，その自治体・省庁が抱える課題など，最も重要な情報が得られるからである。説明会と一口にいっても，「裁判所見学セミナー」「霞が関OPENゼミ」「女子学生セミナー」「霞が関特別講演」「総合職中央省庁セミナー」…と，国家公務員関係だけでも一年間にわたって様々に開催される。国家総合職関係のセミナーは地方でも開催される。また家裁のセミナーは人数の都合で先着とか抽選ということもある。ゆえに人事院の採用試験情報ナビや裁判所のサイトで常に説明会等の情報をチェックし，機会を作って参加しよう。

　仕事についてはネットで調べるからわざわざ説明会には行かずにすませたい，という学生もいるが，ネットの情報は誰もが知っている陳腐化された情報や古い情報であることが多く，場合によっては間違った情報であることも少なくない（「国家総合職は大学院生しか受からない」など）。自ら会場に足を運び，直接相手に会うことで得られる情報の価値は高く，後々面接等の人物試験で生きてくる。面倒くさがらずに，情報は足で稼ごう。